普通高等院校"十二五"创新型规划

金融企业会计项目化教程

主　编　张文明　孙玉庆

副主编　苗　娟　朱先锋　王玉丽

国家行政学院出版社

图书在版编目（CIP）数据

金融企业会计项目化教程/张文明，孙玉庆主编
—北京：国家行政学院出版社，2014.8
ISBN 978-7-5150-1233-9

Ⅰ.①金⋯　Ⅱ.①张⋯　②孙⋯　Ⅲ.①金融企业—会
计—高等学校—教材　Ⅳ.①F830.42

中国版本图书馆CIP数据核字（2014）第195550号

书　　名	金融企业会计项目化教程
作　　者	张文明　孙玉庆
责任编辑	张晋华
出版发行	国家行政学院出版社
	（北京海淀区长春桥路6号100089）
电　　话	（010）68920640　68929037
编 辑 部	（010）68928761　68929009
网　　址	http://cbs.nsa.gov.cn
经　　销	新华书店
印　　刷	北京长阳汇文印刷厂
版　　次	2014年8月第1版
印　　次	2014年8月第1次印刷
开　　本	787mm×1092mm　1/16开本
印　　张	19.5
字　　数	475千字
书　　号	ISBN 978-7-5150-1233-9
定　　价	38.00元

　　金融机构体系是指金融机构的组成及其相互联系的统一整体。我国在市场经济条件下，形成了以中国人民银行为核心，国有商业银行为主体，政策性银行、保险公司、信托投资公司等非银行金融机构，外资金融机构并存和分工协作的金融机构体系。

　　随着经济全球化、金融一体化进程的加快，金融机构（企业）在一国经济发展中发挥着越来越大的作用。

　　随着我国《企业会计准则》的实施、信息技术的发展，金融业务创新的不断进行以及会计改革的不断深入，我们编写了这本金融企业会计教材，以反映金融业务新的变化内容，并满足相关高校、金融企业工作者的需求。

　　本教材主要体现以下几个方面的特点。

　　一是以高职高专培养目标为准则，以就业为导向，注重培养学生实际动手能力。在介绍金融企业会计基本核算理论、核算方法的基础上，增加了实训内容，以切实加强学生实务动手训练，使我们培养的学生既能掌握从事金融企业工作所需要的基本知识、基本技能，又具有创新精神、实事求是的学风以及与人沟通合作的良好品质。

　　二是以项目为导向，任务驱动。本书打破传统章节结构，在编写过程中采用项目引领、任务驱动的模式。全书以金融企业会计岗位为导向，工作任务和完整的业务流程贯穿于各个项目中，并配以课后实训，使学生在完成任务的同时，掌握相关理论以及金融企业会计工作所需的职业技能。

　　三是从实务出发，注重实用性。金融企业会计从事的就是实务性很强的工作，要做到反映准确、控制严密，因此，不仅需要会计核算准确，还必须有正确、合理的业务流程做保障。本教材在编写时就侧重于这些方面。

　　本书由焦作大学张文明、孙玉庆担任主编，焦作大学苗娟、朱先锋和

FOREWORD

厦门东海职业技术学院王玉丽担任副主编。具体分工如下：张文明编写了项目一、项目二、项目三和项目四；苗娟编写了项目五和项目六任务一、任务二；朱先锋编写了项目六任务三和项目七任务一、任务二；孙玉庆编写了项目七任务三、项目八、项目九和项目十；其他章节由王玉丽编写。全书最后由张文明总纂定稿。

由于编者学识有限，加上时间仓促，书中难免存在不足，敬请本书的读者予以指正，以便以后进一步更正。

编　者
2014年4月

CONTENTS 目录

第一篇　金融企业会计核算基础

项目一　金融企业会计概述

学习目标 ///

1. 了解我国的金融体系；
2. 掌握金融企业会计的概念；
3. 了解金融企业会计的特点和金融企业会计要素等。

案例导入 ///

沐浴着改革开放的春风，1992 年 10 月，华夏银行在北京成立；1995 年 3 月，实行股份制改造；2003 年 9 月，首次公开发行股票并上市交易（股票 600015），成为全国第五家上市银行；2005 年 10 月，成功引进德意志银行为国际战略投资者；2008 年 10 月和 2011 年 4 月，先后两次顺利完成非公开发行股票计划。

截至 2013 年 9 月末，华夏银行在 76 个中心城市设立了 34 家一级分行、30 家二级分行和 12 家异地支行，营业网点达到 520 家，形成了"立足经济发达城市，辐射全国"的机构体系，与境外 1 000 多家银行建立了代理业务关系，代理行网络遍及五大洲 110 个国家和地区的 320 个城市，建成了覆盖全球主要贸易区的结算网络；总资产达到 15 518.09 亿元，综合盈利能力快速提升，资产质量显著改善，业务结构明显优化，经营效率较快提高，保持了良好的发展势头。在 2013 年 7 月出版的英国《银行家》杂志世界 1 000 家大银行评选中，华夏银行按资产规模排在第 94 名；在 2013 年中国企业 500 强中排名第 152 名、中国服务业企业 500 强中排名第 52 名。

思考：华夏银行开展了哪些业务？是如何进行会计核算的？

任务一　金融企业会计概述

一、金融企业概述

金融企业会计是以金融企业为会计主体的一种行业会计，把会计基本原理及其程序、方法等应用于金融企业，从而反映金融企业经济活动，提供金融企业财务状况、经营成果、现金流量的信息系统。按照我国现行会计制度的分类，金融企业包括商业银行、信用社、信托投资公司、租赁公司、财务公司、证券公司等。

（一）金融机构体系的构成

所谓金融机构体系，是指一国所有从事金融活动的组织按照一定结构形成的整体。现代经济条件下，各国金融机构体系一般包括三个环节：商业银行、中央银行和非银行金融机构。金融机构体系是指金融机构的组成及其相互联系的统一整体。在市场经济条件下，各国金融体系大多数是以中央银行为核心来进行组织管理的，因而形成了以中央银行为核心、商业银行为主体、各类银行和非银行金融机构并存的金融机构体系。在中国，就形成了以中央银行（中国人民银行）为核心，国有商业银行为主体，政策性银行、保险、信托等非银行金融机构，外资金融机构并存和分工协作的金融机构体系。

1. 商业银行

商业银行在金融机构体系中居主体地位，是最早出现的金融机构。它们以经营工商业存、放款为主要业务，并为顾客提供多种服务。其中通过办理转账结算实现着国民经济中的绝大部分货币周转，同时起着创造存款货币的作用。

2. 政策性专业银行

政策性专业银行是由政府投资设立的，根据政府的决策和意向专门从事政策性金融业务的银行。它们的活动不以营利为目的，并且根据分工的不同，服务于特定的领域。政策性专业银行有国家开发银行、中国进出口银行和农业发展银行。

3. 其他非银行机构

商业银行、中央银行及其他专业银行以外的金融机构，统称为非银行性金融机构。非银行性金融机构筹集资金发行的金融工具并不是对货币的要求权，而是其他的某种权利，如保险公司发行的保险单只代表索赔的权利。从本质上来看，非银行金融机构仍是以信用方式聚集资金，并投放出去，以达到营利的目的，因而与商业银行及专业银行并无本质区别，如保险公司、投资公司、信用合作社等。

4. 金融监管机构

金融监管机构是根据法律规定对一国的金融体系进行监督管理的机构。其职责包括按照规定监督管理金融市场；发布有关金融监督管理和业务的命令及规章；监督管理金融机构的合法合规运作等。中国的金融监管机构包括银监会、证监会和保监会。

（二）金融企业（机构）主要业务

1. 商业银行

商业银行是以追求最大利润为目标，以多种金融负债筹集资金，以多种金融资产为其经营对象，并向客户提供多功能、综合性服务的金融企业。商业银行在一国金融机构体系中居于主体地位。

根据《中华人民共和国商业银行法》的规定，我国商业银行可以经营下列业务：吸收公众存款，发放贷款；办理国内外结算、票据贴现、发行金融债券；代理发行、兑付、承销政府债券，买卖政府债券；从事同业拆借；买卖、代理买卖外汇；提供信用证服务及担保；代理收付款及代理保险业务等。按照规定，商业银行不得从事政府债券以外的证券业务和非银行金融业务。

2. 非银行金融机构

非银行金融机构是以发行股票和债券、接受信用委托、提供保险等形式筹集资金，并将所筹资金运用于长期性投资的金融机构。主要有信托投资公司、基金管理公司、租赁公司和保险公司、证券公司、财务公司等。

（1）信托投资公司。

信托投资公司是一种以受托人的身份，代人理财的金融机构。它与银行信贷、保险并称为现代金融业的三大支柱。中国信托投资公司的主要业务：经营资金和财产委托、代理资产保管、金融租赁、经济业务咨询、证券发行以及投资等。根据国务院关于进一步清理整顿金融性公司的要求，中国信托投资公司的业务范围主要限于信托、投资和其他代理业务，少数确属需要的经中国人民银行批准可以兼营租赁、证券业务和发行一年期以内的专项信托受益债券，用于进行有特定对象的贷款和投资，但不准办理银行存款业务。

（2）证券公司。

证券公司是指依照《中华人民共和国公司法》和《中华人民共和国证券法》的规定设立的并经国务院证券监督管理机构审查批准而成立的专门经营证券业务，具有独立法人地位的有限责任公司或者股份有限公司。证券公司的业务范围包括①证券经纪；②证券投资咨询；③与证券交易、证券投资活动有关的财务顾问；④证券承销与保荐；⑤证券自营；⑥证券资产管理；⑦其他证券业务。

证券公司经营上述①～③项业务的，注册资本最低限额为人民币5 000万元；经营④～⑦项业务之一的，注册资本最低限额为人民币1亿元；经营④～⑦项业务中两项以上的，注册资本最低限额为人民币5亿元。其注册资金必须是实缴资本。

（3）金融租赁公司。

金融租赁公司是指经中国银行业监督管理委员会批准，以经营融资租赁业务为主的非银行金融机构。未经中国银监会批准，任何单位和个人不得经营融资租赁业务或在其名称中使用"金融租赁"字样，但法律、法规另有规定的除外。

经中国银行业监督管理委员会批准，金融租赁公司可经营下列部分或全部本外币业务：①融资租赁业务；②吸收股东 1 年期（含）以上定期存款；③接受承租人的租赁保证金；④向商业银行转让应收租赁款；⑤经批准发行金融债券；⑥同业拆借；⑦向金融机构借款；⑧境外外汇借款；⑨租赁物品残值变卖及处理业务；⑩经济业务咨询及中国银行业监督管理委员会批准的其他业务。

（4）基金管理公司。

基金管理公司是指依据有关法律法规设立的对基金的募集、基金份额的申购和赎回、基金财产的投资、收益分配等基金运作活动进行管理的公司。

1）接受其他股权投资基金委托，从事非证券类的股权投资管理、咨询。不得从事下列业务：以公开方式募集资金；在国家禁止外商投资的领域投资；二级市场股票和企业债券交易（但所投资企业上市后，股权投资基金所持股份不在此列）；期货等金融衍生品交易；直接或间接投资于非自用不动产；挪用非自有资金进行投资；向他人提供贷款或担保；法律、法规以及外资股权投资基金设立文件禁止从事的其他事项。

2）接受其他股权投资基金委托，从事非证券类的股权投资管理、咨询，不得从事其他经营活动。

3）非证券业务的投资管理、咨询。不得从事下列业务：①发放贷款；②公开交易证券类投资或金融衍生品交易；③以公开方式募集资金；④对除被投资企业外的企业提供担保。

（5）财务公司。

财务公司又称金融公司，是为企业技术改造、新产品开发及产品销售提供金融服务，以中长期金融业务为主的非银行金融机构。各国的名称不同，业务内容也有差异。但多数是商业银行的附属机构，主要吸收存款。中国的财务公司不是商业银行的附属机构，是隶属于大型企业集团的非银行金融机构。

中国的财务公司都是由企业集团内部集资组建的，其宗旨和任务是为本企业集团内部各企业筹资和融通资金，促进其技术改造和技术进步。

（6）保险公司。

保险公司是指经营保险业的经济组织。在中国，保险公司是指经中国保险监督管理机构批准设立，并依法登记注册的商业保险公司，包括直接保险公司和再保险公司。保险公司分为人寿保险公司和财产保险公司两大类。

保险公司是采用公司组织形式的保险人，经营保险业务。保险关系中的保险人，享有收取保险费、建立保险费基金的权利。同时，当保险事故发生时，有义务赔偿被保险人的经济损失。

二、金融企业会计的特点

1. 金融企业会计的核算对象是金融资产与负债

从总体上看，金融企业会计的对象主要包括各类金融资产与负债，如传统的贷款、客户存款、债券投资以及新兴的各种衍生金融工具等。金融企业业务活动的特点，决定了金融企业的资产与负债形式区别于其他企业。金融企业在经营活动中，会产生经营业务收入与支出，这种收入与支出主要表现为贷款与债券投资的利息收入及存款的利息支出，与一般工商企业的收入与支出表现为商品销售收入与销售成本相比有很大不同。

2. 会计核算过程与金融企业业务处理程序的一致性

金融企业发生的大量业务，如各项存款的收付业务、同城与异地的结算业务、货款的归还业务等，均由会计出纳部门具体办理。例如，客户提交结算凭证、委托银行办理资金划拨会给企业带来经济利益。收付业务，商业银行会计出纳部门从接柜审核、凭证处理、传递到登记账簿完成结算，这一系列程序，既是业务活动的过程，又是会计核算的过程，当业务活动结束时，会计核算也已完成。由此可见，它们是不可分离的，商业银行会计处于银行业务活动第一线。

3. 金融企业会计具有广泛的社会性

金融企业的业务活动是伴随着社会各部门、各企业、各单位的经济活动和居民个人的存取款、贷还款活动而展开的，因此金融企业会计除了核算和监督金融企业自身的业务活动与财务收付活动的情况外，还必须面对社会，反映和监督与金融企业有着经济联系的各部门、各企业和各单位资金活动的情况，并反映居民的存取款、贷还款的情况，从而掌握国民经济发展的动态资料，通过综合分析，以充分发挥金融企业反映和调节社会经济发展的杠杆作用。

4. 金融企业会计具有更严密的内部管理控制机制

现代金融企业的业务品种和交易品种越来越多，诱发操作风险的因素日趋增加，操作风险已成为金融企业风险管理的重要内容。金融企业会计核算的对象较之一般工商企业更具货币性，金融企业会计通过柜台办理各种业务，与社会各方面发生密切联系。金融企业会计结果的准确与否，不仅影响自身，而且影响其他企业、单位的经济活动。金融企业会计的这种特殊性，要求金融企业会计核算不仅要做到准确、及时、真实、完整，更要注重对操作风险的防范，如商业银行会计较之一般工商企业，其内部管理与控制机制更为严格，以保证银行会计核算的正确无误，在《新巴塞尔资本协议》中，专门对商业银行的操作风险控制提出了相关要求。为顺应国际金融业风险管理的发展趋势，我国银行业正在推行全面风险管理，构建以会计结算业务操作风险控制能力，维护银行的正常经营和银行资金的安全。

5. 金融企业会计的集约化、信息化程度相对较高

会计业务是金融企业各项经营活动的基础，具有业务量大、专业性强的特点，如果采用分散型、个别式模式，不但效率低下而且也孕育了大量的风险，如近20年来，现代信息技术在银行中得到了大规模的应用，各商业银行普遍采用超大型计算机和商业智能等技术来处理跨空间、跨部门、跨产品的会计核算和数据集成问题，高度集中的后台业务处理中心的建成成为一种潮流。在一些先进国家的主要商业银行中，总行可以通过计算机系统和网络，将全球范围内所有客户资料信息审查、单据审查、账务处理等后台工作集中完成，

专业人员进行 24 小时的集中处理，以充分利用资源、降低成本、提高效率和强化风险控制。近年来，我国银行业在技术领域进行了大量的基础建设，建设的模式基本上是围绕着"数据大集中"这条主线进行的。

任务二　金融企业会计要素和会计信息质量要求

一、金融企业会计要素

会计要素是以会计前提为基础而对会计对象进行的基本分类，是会计用于反映会计主体财务状况、确定经营成果的基本单位。

由于采用货币计量，不同的经济活动都转化为货币运动。货币运动在会计上就是资金运动。资金的筹集、运用，收入的实现，支出的发生，利润的计量等，都表现为资金运动，会计上将这些资金分为资产、负债、所有者权益、收入、费用和利润，它们通常被称为会计六要素，其中，资产、负债、所有者权益是资产负债表要素，收入、费用、利润是利润表要素。

（一）资产

1. 资产的定义

资产是指对过去的交易或事项形成的、由企业拥有或控制的、预期会给企业带来经济利益的资源。

资产一般可以认为是企业拥有和控制的能够用货币计量，并能够给企业带来经济利益的经济资源。简单地说，资产就是企业的资源。与联合国国民账户体系（System of Natio-nel Accounts，SNA）中的核算口径相同，我国资产负债核算中的"资产"指经济资产。所谓经济资产，是指资产的所有权已经界定，其所有者由于在一定时期内对它们的有效使用、持有或者处置，可以从中获得经济利益的那部分资产。

2. 资产的特征

第一，资产是由于过去交易或事项所形成的。

也就是说资产必须是现实的资产，而不能是预期的资产，是由于过去已经发生的交易或事项所产生的结果。企业过去的交易或者事项包括购买、生产、建造行为以及其他交易或者事项。预期在未来发生的交易或者事项不形成资产。

第二，资产是公司、企业拥有或者控制的。

由企业拥有或者控制，是指企业享有某项资源的所有权，或者虽然不享有某些资源的所有权，但该资源能被企业控制，如融资租赁。

第三，资产能给公司、企业带来未来经济利益。资产包括各种财产、债权和其他权利。预期会给企业带来经济利益，是指直接或间接导致现金和现金等价物流入企业的潜力。

会计上能否确认一项资产，很重要的一个判断标准是看该项资源是否为本单位所拥有或能够控制，以划清自己的资产和别人的资产的界限，比如向外单位以经营租赁方式租入的资产就不是本单位的资产,因为这不是本单位所拥有的;另外,还要看该项经济资源能否为单位带来经济利益,凡不能带来经济利益的东西不能确认为资产,比如一些已经报废的机器设备,已不能为单位带来经济利益,就不能在会计上确认为资产。

3. 资产的确认条件

将一项资源确认为资产,需要符合资产的定义,还应同时满足以下两个条件。

(1)与该资源有关的经济利益很可能流入企业,即该资源有较大的可能直接或间接导致现金和现金等价物流入企业。

从资产的定义可以看到,能否带来经济利益是资产的一个本质特征,但在现实生活中,由于经济环境瞬息万变,与资源有关的经济利益能否流入企业或者能够流入多少实际上带有不确定性。因此,资产的确认还应与对经济利益流入的不确定性程度的判断结合起来,如果根据编制财务报表时所取得的证据,与资源有关的经济利益很可能流入企业,那么就应当将其作为资产予以确认;反之,则不能确认为资产。

对资产的确认关键判断是:是否存在未来经济利益。如果不具备未来经济利益,即使过去为取得该资产发生过巨额耗费,也不能确认为企业资产。按照这个要求,递延资产、待处理财产损溢、没有任何价值的存货、老化的设备等就不应作为企业的资产。

(2)该资源的成本或者价值能够可靠地计量,即应当能以货币来计量。

财务会计系统是一个确认、计量和报告的系统,其中计量起着枢纽作用,可计量性是所有会计要素确认的重要前提,资产的确认也是如此。只有当有关资源的成本或者价值能够可靠地计量时,资产才能予以确认。

(二)负 债

1. 负债的定义

所谓负债,是指由于过去的交易或事项所引起的公司、企业的现有债务,这种债务需要企业在将来以转移资产或提供劳务加以清偿,从而引起未来经济利益的流出。

负债一般具有确切的债权人和到期日。有些负债在其确立时,并无明确的债权人和确定的日期,但其债权人和日期是可以预计的,这亦称或有负债,如售出产品的保修业务,在其保修期内,购买该产品的单位和个人都可能成为其债权人。

2. 负债的特征

(1)负债是企业负担的现时义务。

现时义务是企业在现行条件下已承担的义务。未来发生的交易或事项形成的义务,不属于现时义务。

义务可以是法定义务,也可以是推定义务。

法定义务是指具有约束力的合同或者法律、法规规定的义务,如企业的应纳税款。

推定义务是指企业根据多年来的习惯,公开地承诺或者公开宣布政策而导致企业将承担的责任,如企业的质量保证承诺。

负债是企业在过去和现时的经济业务中所产生的,且在未来偿还的一项经济负担。它代表企业未来资金的交付或对资产、劳务的提供,但未来经济业务可能发生的负债,不包括在会计负债之内。

(2)负债是由企业过去交易或事项形成的。

购买货物或接受劳务会产生应付账款（已经预付或是在交货时支付的款项除外），接受银行贷款则会产生偿还贷款的义务。只有源于已经发生的交易或事项，会计上才有可能确认为负债。

（3）负债会导致经济利益流出企业，如用现金偿还或以实物资产偿还，以提供劳务偿还，以部分转移资产部分提供劳务形式偿还。

（4）负债须有确切的债权人和到期日。

对于可以做出合理估计的，可以做出合理的估计；对于某些不能合理估计的，但是有可能在将来发生损失的事项，可以作为或有负债在资产负债表附注中或用其他方式予以揭示。"或有负债"一般是由于某种约定的条件或允诺的责任，在将来可能成为企业的负债，但当前并不是负债，如进行中的诉讼案件，由于可能败诉而造成赔偿，就会产生或有负债。又如应收票据贴现后，可能发生出票人到期不能偿付而形成或有负债。

3. 负债的确认条件

将一项现时义务确认为负债，除应符合负债的定义外，还要同时满足两个条件：

第一，与该义务有关的经济利益很可能流出企业；

第二，未来流出的经济利益的金额能够可靠地计量。

负债须以货币为计量。有些负债的金额要视经营情况而确定（应付所得税）或需要暂时估计的（质量"三保"费用），对其偿付金额可以做出合理的估计，但难以用货币计量的负债就不能入账。

（三）所有者权益

1. 所有者权益的定义

根据《企业会计制度》对所有者权益的定义：所有者权益是指企业投资人对企业净资产的所有权。

净资产是指企业的资产总额减去负债总额后的余额。

所有者权益由实收资本、资本公积、盈余公积和未分配利润四部分构成。

（1）实收资本：企业的实收资本是指投资者按照企业章程，或合同、协议的约定，实际投入企业的资本。所有者向企业投入的资本，在一般情况下无须偿还，可以长期周转使用。

（2）资本公积：由于资本本身升值或其他原因而产生的投资者的共同权益。包括资本（或股本）溢价、接受捐赠资产、外币资本折算差额等。

（3）盈余公积：企业从实现的利润中提取或形成的留存于企业内部的积累。

（4）未分配利润：企业留于以后年度分配的利润或待分配利润。

2. 所有者权益的特征

（1）所有者权益是企业可长久使用的资金来源，除非发生减资、清算，企业不需要偿还所有者权益。

（2）企业在清算时，所有者权益的清偿列在负债之后。

（3）所有者权益的满足由企业实现的收益程度决定，所有者凭借所有者权益参与利润的分配。

3. 确认条件

所有者权益体现的是所有者在企业中的剩余权益，因此，所有者权益的确认主要依赖于其他会计要素，尤其是对资产和负债的确认；所有者权益金额的确定也主要取决于资产和负债的计量。

所有者权益反映的是企业所有者对企业资产的索取权，负债反映的是企业债权人对企业资产的索取权，两者在性质上有本质区别，因此企业在会计确认、计量和报告中应当严格区分负债和所有者权益，以如实反映企业的财务状况，尤其是企业的偿债能力和产权比率等。在实务中，企业某些交易或者事项可能同时具有负债和所有者权益的特征，在这种情况下，企业应当将属于负债和所有者权益的部分分开核算和列报。

（四）收入

1. 收入的定义

我国现行制度采用的是狭义的收入概念，即收入是指企业在日常活动中形成的、会导致所有者权益增加的、与所有者投入资本无关的经济利益的总流入。

2. 收入的特征

（1）收入从企业的日常活动中产生，而不是从偶发的交易或事项中产生；日常活动是指企业为完成其经营目标所从事的经常性活动以及与之相关的活动。

（2）收入必然能导致企业所有者权益的增加。

（3）收入是与所有者投入无关的经济利益的总流入。

（4）收入可能表现为企业资产的增加，或企业负债的减少，或二者兼而有之。

（5）收入只包括本企业经济利益的流入，不包括为第三方或客户代收的款项。

3. 收入的确认原则

销售商品的收入只有同时符合以下四项条件时，才能加以确认。

（1）企业已将商品所有权上的主要风险和报酬转移给购货方。

①商品所有权上的风险和报酬。

②对商品所有权上的主要风险和报酬是否已转移的判断。

（2）企业既没有保留通常与所有权相联系的继续管理权，也没有对已售出的商品实施控制。

（3）与交易相关的经济利益很可能流入企业。

①与交易相关的经济利益主要表现为销售商品的价款。

②在实务中，企业售出的商品符合合同或协议规定的要求，并已将发票账单交付买方，买方也承诺付款，即表明销售商品的价款能够收回。

③如企业判断价款不能收回，应提供可靠的证据。

（4）经济利益的流入能够可靠地计量。相关的收入和成本能够可靠地计量。

①收入能否可靠地计量，是确认收入的基本前提。

②成本不能可靠计量，即使其他条件均已满足，相关的收入也不能确认。

③经济利益流入企业的结果会导致资产的增加或负债的减少。

（五）费用

1. 费用的定义

费用是指企业在日常活动中发生的、会导致所有者权益减少的、与向所有者分配利润无关的经济利益的总流出。费用按照其功能可以划分为营业成本和期间费用两大部分。

2. 费用的特征

（1）费用是在企业的日常活动中所产生的，而不是在偶发的交易或事项中产生的。日常活动是指企业为完成其经营目标所从事的经常性活动以及与之相关的活动。日常活动将费用与损失相区分：企业为销售产品而从其他单位租用销售场所，并支付销售场所租赁费用，租用该场地所支付的租赁费用，应确认为费用。企业处置固定资产发生的净损失，应确认为损失。

（2）费用会导致所有者权益的减少。

（3）费用会导致企业负债的增加，或企业资产的减少，或者二者兼而有之。

3. 费用的确认

费用的确认和计量与资产的确认及计量密切相关，费用的确认应遵循以下两条基本标准：

第一是划分资本性支出和收益性支出。这一原则限定了费用确认的时间界限。

第二是权责发生制。这一原则限定费用应当按照权责发生制原则在确认有关收入的同一期间予以确认，从而为费用的确认提供了进一步的指南。确认费用的标准一般有 3 种。

（1）与费用相关的经济利益很可能流出企业。

（2）经济利益流出企业的结果会导致资产的减少或负债的增加。

（3）经济利益流出的金额能够可靠地计量。

（六）利润

1. 利润的定义

利润是指企业销售产品的收入在扣除成本和税金以后的余额。在不同的社会条件下，利润的内涵不同，体现的社会关系也不同。

2. 利润总额的构成

利润的确认和计量，简单说就是利润的确定。根据我国现行《财务通则》规定，企业的利润总额主要由营业利润、投资净收益和营业外收支净额构成，其关系为

$$企业的利润总额＝营业利润＋投资净收益＋营业外收支净额$$

基本计算如下：

营业利润＝营业收入－营业成本－营业税金及附加－销售费用－管理费用－财务费用－资产减值损失＋公允价值变动损益（－公允价值变动损失）＋投资收益（－投资损失）。

营业收入是指企业经营业务所确认的收入总额，包括主营业务收入和其他业务收入。

营业成本是指企业经营业务所发生的实际成本总额，包括主营业务成本和其他业务成本。

资产减值损失：企业计提各项资产减值准备所形成的损失。

公允价值变动收益（或损失）：企业交易性金融资产等公允价值变动形成的应计入当期损益的利得（或损失）。

投资收益（或损失）：企业以各种方式对外投资所取得的收益（或发生的损失）。

$$利润总额＝营业利润＋营业外收入－营业外支出$$

营业外收入：企业发生的与其日常经营活动无直接关系的各项利得。

营业外支出：企业发生的与其日常经营活动无直接关系的各项损失。

$$净利润＝利润总额－所得税费用$$

所得税费用：企业确认的应从当期利润总额中按一定比例向地方政府税务机关计缴的所得税和费用。

3. 利润确认条件

利润的确认条件：利润反映的是收入减去费用，利得减去损失后的净额概念。因此，利润的确认主要依赖于对收入和费用以及利得和损失的确认，其金额的确定也主要取决于对收入、费用、利得、损失金额的计量。

二、会计信息计量要求

会计信息质量要求是对企业财务报告中所提供会计信息质量的基本要求，是使财务报告中所提供会计信息对投资者等使用者决策有用应具备的基本特征，它主要包括可靠性、相关性、可理解性、可比性、实质重于形式、重要性、谨慎性和及时性等。

1. 可靠性

可靠性要求企业应当以实际发生的交易或者事项为依据进行确认、计量和报告，如实反映符合确认和计量要求的各项会计要素及其他相关信息，保证会计信息真实可靠、内容完整。

2. 相关性

相关性要求企业提供的会计信息应当与投资者等财务报告使用者的经济决策需要相关，一项信息是否具有相关性取决于预测价值和反馈价值。

3. 可理解性

可理解性（清晰性）要求企业提供的会计信息应当清晰明了，便于投资者等财务报告使用者理解和使用。

4. 可比性

可比性原则又称统一性原则。是指会计核算应当按照现定的会计处理方法进行，会计指标元素口径一致，提供相互可比的会计信息。可比性要求企业提供的会计信息应当相互可比。

5. 实质重于形式

实质重于形式要求企业应当按照交易或者事项的经济实质进行会计确认、计量和报告，不仅仅以交易或者事项的法律形式为依据。

6. 重要性

重要性要求企业提供的会计信息应当反映与企业财务状况、经营成果和现金流量有关的所有重要交易或者事项。

7. 谨慎性

谨慎性要求企业对交易或者事项进行会计确认、计量和报告时应当保持应有的谨慎，不应高估资产或者收益、低估负债或者费用。

8. 及时性

及时性要求企业对于已经发生的交易或者事项，应当及时进行确认、计量和报告，不得提前或者延后。

 课后实训

业务实训题

金融会计核算对象的具体内容。

将表 1-1 所示资料归类填入表 1-2，并结算出合计数。

表 1-1 金融会计核算对象的具体内容

单位：元

经济内容	金额	经济内容	金额
市百货公司存款	85 600.00	实收资本	3 000 000.00
第一机械厂贷款	120 000.00	钢铁公司贷款	2 500 000.00
市印刷厂存款	57 820.00	向中央银行借款	800 000.00
活期储蓄存款	286 540.00	电子计算机设备	1 865 000.00
财贸学校定期存款	50 000.00	应付税金	37 800.00
市机床厂贷款	150 000.00	固定资产改良支出	108 000.00
存放中央银行款项	356 200.00	应收利息	226 000.00
房屋及建筑物	1 678 000.00	应付固定资产租赁费	74 800.00
向同业拆入	500 000.00	存放联行款项	968 500.00
计提贷款呆账准备	181 000.00	股票溢价	2 898 140.00

表 1-2

资 产		权 益	
类别	金额	类别	金额
固定资产		吸收存款	
现金资产		借款	
贷款		发行债券	
无形资产		其他负债	
递延资产		资本金	
其他资产		资本公积	
		盈余公积	
		公益金	
		准备金	
合 计		合 计	

项目二 商业银行会计基本核算方法

学习目标 ///

1. 了解银行会计科目的概念、作用及分类；
2. 了解银行账户的种类、账户与会计科目之间的关系；
3. 掌握银行会计的基本记账方法；
4. 掌握银行会计凭证的种类；
5. 掌握银行账务组织的构成、账务处理、账簿登记规则及错账冲正的方法。

案例导入 ///

2013 年 10 月 5 日某支行发生以下业务：

1. 贸易大厦将现金 30 万元收入存入活期存款账户，账号 34000100012345。
2. 大商百货将账号为 340001000133235 的活期存款 60 000 元转为定期存款，账号为 340001000134106。
3. 万达百货在活期存款账户中存入销货现金 125 000 元，已入库。
4. 东风工厂因托收承付结算货款 88 000 元，逾期 28 日。今按每日 5‰ 计算，支付给在工商银行朝阳支行开户的托收方宏远公司赔偿金。

思考： 针对上述发生的业务，该行应如何进行核算？要使用哪些核算方法？

任务一 会计科目

金融企业每天发生的经济业务是多种多样的，要及时提供相关的会计信息，就必须对会计对象的具体内容按不同的特点和经济管理的要求进行科学的分类。所以，会计科目就是指按照经济业务的内容和经济管理的要求，对会计对象所做的科学分类。

一、会计科目的作用

金融企业在经营活动中所发生的各种各样的经济业务必然会引起各项资产和各项负债以及所有者权益的增减变动，这就需要对各项经济业务的发生情况和由此引起的资金增减变动的结果进行分门别类的核算与监督。因此，设置和使用会计科目，是组织会计核算工作的基础，在金融企业的会计核算中具有重要作用。

1. 会计科目是连接核算方法的纽带

在会计的各种核算方法中，无论是运用复式记账原理填制和审核凭证，还是分类登记账簿、编制会计报表，都离不开会计科目，通过会计科目把各种核算方法联结起来，形成一个有机的整体，保证会计核算工作有组织、有秩序地进行。

2. 会计科目是进行系统核算的前提

金融企业的经济业务种类繁多、错综复杂，利用会计科目可加以归类，是指科学化、条理化和系统化，为各有关方面提供各种有用的会计信息。

3. 会计科目规范了核算对象内容，统一了核算口径

会计科目都具体体现特定的核算内容，规定了一定的科目名称和代号，互不混淆。在全国范围内，各地区、各金融行业都按照各自上级主管部门规定的会计科目进行分类核算，以相同的口径，进行汇总和分析利用，便于归属到全国统一的会计科目中去，综合反映全国金融业的资金活动全貌，为宏观经济决策提供口径统一的数据。

二、金融企业会计科目的设置原则

根据我国 2006 年 2 月 15 日颁布的《企业会计准则》及《企业会计准则——应用指南》（以下简称《应用指南》）规定在不违反会计准则中确认、计量和报告规定的前提下，企业可以根据本单位的实际情况进行增设、分拆、合并会计科目；企业不存在的交易或事项，可不设置相关会计科目对于明细科目，企业可以比照《应用指南》附录中的规定自行设置；会计科目的编号供企业填制会计凭证、等级会计账簿、查阅会计科目、采用会计软件系统参考，企业可结合实际情况自行确定会计科目的编号。具体要求是：

（1）按经营管理要求设置会计科目，便于考核企业的经营管理状况；

（2）按会计核算要求设置会计科目，便于提供可靠的会计信息资料；

（3）按资金性质设置会计科目，便于全面反映资产和负债的增减变化情况；

（4）按业务特点设置会计科目，便于分别反映不同业务的经营状况与规模。

三、金融企业会计科目的分类

1. 金融企业会计科目按照其反映的经济内容分为资产类、负债类、所有者权益类、损益类和共同类

（1）资产类科目。

资产类科目反映金融企业资金的占用和分布情况，它包括各种财产、债券和其他权益类科目，如流动资产、长期股权投资、投资性房地产、固定资产和无形资产等科目。

（2）负债类科目。

负债类科目反映金融企业资金的取得和形成的渠道，它包括各种债务、应付款项和其他应偿付债务类科目，如向中央银行借款、衍生金融负债、吸收存款、应付职工薪酬和应付债券等。

（3）所有者权益类科目。

所有者权益类科目反映所有者权益类情况，它包括资金投入者的资金及留存收益类科目，如实收资本（或股本）、资本公积、盈余公积、一般风险准备和未分配利润等。

（4）损益类科目。

损益类科目反映金融企业财务收支和经营成果，它包括行业的收入支出和费用类科目，如主营业务收入、其他业务收入、营业外收入、利息支出、营业外支出和投资损益等。

（5）共同类科目。

这类科目反映金融企业在日常核算中资产负债性质不确定，其性质视科目的期末余额轧差而定的资金，它包括系统内联行往来、清算资金往来和货币兑换等科目。

2014 年企业会计科目如表 2-1 所示，表中打"√"的为金融企业常用会计科目。

表 2-1　企业会计科目名称和编号

序号	编号	会计科目名称	序号	编号	会计科目名称	序号	编号	会计科目名称
		一、资产类	29	1404	材料成本差异	58	1622	生产性生物资产累计折旧
1	1001	库存现金√	30	1405	库存商品	59	1623	公益性生物资产
2	1002	银行存款√	31	1406	发出商品	60	1631	油气资产
3	1003	存放中央银行款项√	32	1407	商品进销差价	61	1632	累计折耗
4	1011	存放同业√	33	1408	委托加工物资	62	1701	无形资产√
5	1012	其他货币资金√	34	1411	周转材料	63	1702	累计摊销√
6	1021	结算备付金√	35	1421	消耗性生物资产	64	1703	无形资产减值准备√
7	1031	存出保证金√	36	1431	贵金属√	65	1711	商誉√
8	1101	交易性金融资产√	37	1441	抵债资产√	66	1801	长期待摊费用√
9	1111	买入返售金融资产√	38	1451	损余物资	67	1811	递延所得税资产√
10	1121	应收票据	39	1461	融资租赁资产√	68	1821	独立账户资产
11	1122	应收账款	40	1471	存货跌价准备	69	1901	待处理财产损溢√
12	1123	预付账款	41	1501	持有至到期投资√			二、负债类
13	1131	应收股利√	42	1502	持有至到期投资减值准备√	70	2001	短期借款√
14	1132	应收利息√	43	1503	可供出售金融资产√	71	2002	存入保证金√
15	1201	应收代位追偿款√	44	1511	长期股权投资√	72	2003	拆入资金√
16	1211	应收分保账款√	45	1512	长期股权投资减值准备	73	2004	向中央银行借款√
17	1212	应收分保合同准备金√	46	1521	投资性房地产√	74	2011	吸收存款√
18	1221	其他应收款	47	1531	长期应收款√	75	2012	同业存放√
19	1231	坏账准备√	48	1532	未实现融资收益√	76	2021	贴现负债√
20	1301	贴现资产√	49	1541	存出资本保证金√	77	2101	交易性金融负债√
21	1302	拆出资金√	50	1601	固定资产√	78	2111	卖出回购金融资产款√
22	1303	贷款√	51	1602	累计折旧√	79	2201	应付票据
23	1304	贷款损失准备√	52	1603	固定资产减值准备√	80	2202	应付账款
24	1311	代理兑付证券√	53	1604	在建工程√	81	2203	预收账款
25	1321	代理业务资产√	54	1605	工程物资√	82	2211	应付职工薪酬√
26	1401	材料采购	55	1606	固定资产清理√	83	2221	应交税费√
27	1402	在途物资	56	1611	未担保余值√	84	2231	应付利息√
28	1403	原材料	57	1621	生产性生物资产	85	2232	应付股利√

（续表）

序号	编号	会计科目名称	序号	编号	会计科目名称	序号	编号	会计科目名称
86	2241	其他应付款√			四、所有者权益类	132	6111	投资收益√
87	2251	应付保单红利√	110	4001	实收资本√	133	6201	摊回保险责任准备金√
88	2261	应付分保账款√	111	4002	资本公积√	134	6202	摊回赔付支出√
89	2311	代理买卖证券款√	112	4101	盈余公积√	135	6203	摊回分保费用√
90	2312	代理承销证券款√	113	4102	一般风险准备√	136	6301	营业外收入√
91	2313	代理兑付证券款√	114	4103	本年利润√	137	6401	主营业务成本√
92	2314	代理业务负债	115	4104	利润分配√	138	6402	其他业务成本√
93	2401	递延收益	116	4201	库存股√	139	6403	营业税金及附加√
94	2501	长期借款			五、成本类	140	6411	利息支出√
95	2502	应付债券√	117	5001	生产成本	141	6421	手续费及佣金支出√
96	2601	未到期责任准备金	118	5101	制造费用	142	6501	提取未到期责任准备金√
97	2602	保险责任准备金√	119	5201	劳务成本	143	6502	提取保险责任准备金√
98	2611	保户储金√	120	5301	研发支出	144	6511	赔付支出√
99	2621	独立账户负债	121	5401	工程施工	145	6521	保单红利支出√
100	2701	长期应付款	122	5402	工程结算	146	6531	退保金√
101	2702	未确认融资费用√	123	5403	机械作业	147	6541	分出保费√
102	2711	专项应付款			六、损益类	148	6542	分保费用√
103	2801	预计负债√	124	6001	主营业务收入√	149	6601	销售费用
104	2901	递延所得税负债√	125	6011	利息收入√	150	6602	管理费用√
		三、共同类	126	6021	手续费及佣金收入√	151	6603	财务费用√
105	3001	清算资金往来√	127	6031	保费收入√	152	6604	勘探费用
106	3002	货币兑换√	128	6041	租赁收入√	153	6701	资产减值损失√
107	3101	衍生工具√	129	6051	其他业务收入√	154	6711	营业外支出√
108	3201	套期工具√	130	6061	汇兑损益√	155	6801	所得税费用√
109	3202	被套期项目√	131	6101	公允价值变动损益√	156	6901	以前年度损益调整√

2. 金融企业会计科目按照其与资产负债表的关系分为表内科目和表外科目

（1）表内科目。它是指反映在资产负债表上，用以核算和监督金融企业资金活动的科目，如库存现金等。

（2）表外科目。它是指不纳入资产负债表内，用以记载不涉及资金运动的重要业务事项的科目，如开出信用证等。

3. 金融企业会计科目按照其提供核算指标的详细程度分为总分类科目和明细分类科目

（1）总分类科目。总分类科目是指对会计要素的具体内容进行总括分类的科目，又称为一级科目。

（2）明细分类科目。明细分类科目是指根据核算与管理的需要对某些会计科目所做的进一步分类，按照分类的详细程度不同又可分为子目和细目。子目又称二级科目，细目又称三级科目。例如，吸收存款科目包括反映商业银行吸收存款的情况，根据管理与核算的需要，该科目又可以划分为吸收单位的单位存款和吸收居民个人的储蓄存款等，储蓄存款下还可以按储蓄人设立明细科目，以反映存款人的详细情况。

任务二　记账方法

记账方法是按一定的记账规则、使用一定的记账符号，将经济业务进行整理、分类和计入会计账簿的一种专门方法。它是随着会计的产生、发展而形成的一种对经济业务进行处理的特定技术方法，按其登记某项经济业务是涉及一个账户还是涉及两个或两个以上的账户，可将其分为复式记账法和单式记账法。

一、复式记账法

复式记账法是对每项经济业务都要按照相等的金额在两个或者两个以上相互关联的账户中进行登记的记账方法。我国《企业会计准则》规定，企业核算应当采用借贷记账法。

借贷记账法是根据复式记账法原理，以资产等于负债加所有者权益的平衡公式为基础，以"借"和"贷"为记账符号，按照"有借必有贷，借贷必相等"的记账规则在账户中进行登记的一种复式记账方法。其主要内容包括记账主体、记账符号、记账规则和记账平衡四个方面。

（一）记账主体

借贷记账法是以会计科目为主，根据复式记账的平衡关系，将银行会计对象内容按会计科目划分为资产、负债、所有者权益和损益四类，经济业务发生后，根据其内在的联系按会计科目的性质来确定记账方向及其对应关系。

（二）记账符号

借贷记账法是以"借""贷"作为记账符号，将每个账户划分为借方和贷方两个基本部分。通常左方为借方，右方为贷方，即一方登记增加金额，一方登记减少金额。至于哪一方登记增加金额，哪一方登记减少金额，则取决于账户所要反映的经济业务内容。"借"和"贷"是纯粹的表示增加或减少的记账符号。

资产类：增加记借，减少记贷；

负债类：增加记贷，减少记借；

所有者权益类：增加记贷，减少记借；

成本类：增加记借，减少记贷；

费用类：增加记借，减少记贷；

收入类：增加记贷，减少记借。

他们的具体含义用表格表示为表2-2。

表 2-2　借、贷的含义

借　　方	贷　　方
资产增加	资产减少
负债减少	负债增加
权益减少	权益增加
损失增加	损失减少
收益减少	收益增加
余额表示资产或损失	余额表示负债和所有者权益或收益

（三）记账规则

借贷记账法是以"有借必有贷、借贷必相等"作为记账规则。当经济业务发生时，同时要引起至少两个账户发生变化，根据所涉及资金增减变化的内在联系，在确定应记科目的基础上，以相同的金额记入一个账户的借方、另一个账户的贷方；或者记入一个账户的贷方、另一个账户的借方。有借方必须有贷方，借贷双方金额必须相等。现以商业银行业务举例说明如下。

【例 2-1】储户李楠以现金 8 000 元存入活期储蓄存款。

这笔业务涉及"库存现金"和"活期储蓄存款"两个科目。现金增加属于银行资产增加，应记入借方；王楠活期储蓄存款增加了银行的负债，应记入贷方。其会计分录为：

借：库存现金　　　　　　　　　　　　　　　　　　　　　　　8 000.00

　　贷：吸收存款——活期储蓄存款——王楠　　　　　　　　　　　8 000.00

【例 2-2】某行收到某投资者以现金投入的资本金 100 000 元。

这笔业务涉及"库存现金"和"实收资本"两个科目。现金增加属于商业银行资产增加应记入借方；实收资本属于所有者权益增加，应记入贷方。其会计分录为：

借：库存现金　　　　　　　　　　　　　　　　　　　　　100 000.00

　　贷：实收资本　　　　　　　　　　　　　　　　　　　　　100 000.00

【例 2-3】红星机械厂归还所借流动资金贷款 400 000 元，利息 15 000 元，由其存款账户支付。

这笔业务涉及"吸收存款""货款"和"利息收入"三个科目。"贷款"属于商业银行资产减少，应记入贷方；"吸收存款"属于商业银行负债减少，应记入借方；"利息收入"属于商业银行收益增加，应记入贷方。其会计分录为：

借：吸收存款——活期存款——红星机械厂存款户　　　　　　415 000.00

　　贷：贷款——红星机械厂贷款户　　　　　　　　　　　　　400 000.00

　　　　利息收入——××利息收入户　　　　　　　　　　　　　15 000.00

【例 2-4】收兑黄金一份，价格为 10 000 元，以现金支付给客户。

这笔业务涉及"贵金属"和"库存现金"都属于商业银行资产，一项资产增加及一项资产减少，其会计分录为：

借：贵金属——黄金　　　　　　　　　　　　　　　　　　　10 000.00

　　贷：库存现金　　　　　　　　　　　　　　　　　　　　　10 000.00

【例 2-5】 某行通过转账支付贸易大厦活期存款利息 8 000 元。

这笔业务涉及费用支出的增加与一项负债的增加。存款利息支出增加属于费用支出的增加，应记入借方；企业活期存款增加属于负债的增加，应记入贷方。其会计分录为：

借：利息支出　　　　　　　　　　　　　　　　　　　　　　8 000.00
　　贷：吸收存款——活期存款——供销大厦户　　　　　　　　　8 000.00

【例 2-6】 经批准，按法定程序将资本公积 200 000 元转增资本金。

这笔业务是一项所有者权益的减少与另一项所有者权的增加。资本供给减少属于所有者权益减少，应记入借方；实收资本额增加属于所有者权益增加，应记入贷方。其会计分录为：

借：资本公积　　　　　　　　　　　　　　　　　　　　200 000.00
　　贷：实收资本　　　　　　　　　　　　　　　　　　　200 000.00

上述经济业务从不同的方面反映了商业银行资产、负债、所有者权益等的增减变化情况，概括起来可以归纳为四种类型：

（1）资产增加，负债或所有者权益增加；

（2）资产减少，负债或所有者权益减少；

（3）资产增加，另一项资产减少；

（4）负债或所有者权益增加，另一项负债或所有者权益减少。

（四）账务平衡

借贷记账法是根据复式记账法原理，按照"资产＝负债＋所有者权益"的平衡理论来检查和平衡账务的。由于每笔业务始终坚持"有借必有贷，借贷必相等"的记账规则，所以，每天或一定时期内的借方发生额和贷方发生额必然是相等的。而每天或一定时期内的上期借方余额和贷方余额是相等的，所以本期借方余额与贷方余额也必然是相等的。其账务平衡公式有两个。

（1）发生额平衡公式：

各科目借方发生额合计＝各科目贷方发生额合计

（2）余额平衡公式：

各科目借方余额合计＝各科目贷方余额合计

现根据上述六笔经济业务会计分录，通过试算平衡表试算平衡（见表 2-3）。

表 2-3　试算平衡表

会计科目	上期余额（假设）		本期发生额		本期余额	
	借方	贷方	借方	贷方	借方	贷方
吸收存款		500 000	415 000	16 000		101 000
贷款	690 000			400 000	290 000	
贵金属	30 000		10 000		40 000	
库存现金	300 000		108 000	10 000	398 000	
利息收入		23 000		15 000		38 000
利息支出	21 000		8 000		29 000	

（续表）

会计科目	上期余额（假设）		本期发生额		本期余额	
	借方	贷方	借方	贷方	借方	贷方
同业拆入		18 000				18 000
实收资本		200 000		300 000		500 000
资本公积		300 000	200 000			100 000
合　计	1 041 000	1 041 000	741 000	741 000	757 000	757 000

二、单式记账法

单式记账法是一种比较简单的不完整的记账方法。它对发生的每一项经济业务只通过一个科目、一个账户进行登记，单方面反映现金、实物或人欠、欠人等事项的一种记账方法。

这种记账方法内容单一，手续简便，各科目之间记录没有直接的联系，也没有内在的平衡关系，因而不能全面、系统地反映经纪业务的来龙去脉，也不便于检查账簿记录是否正确。

商业银行对于不涉及实际资金增减变化，但需承担一定经济责任的业务事项，如代保管的有价值品、重要空白凭证及托收款项等，设置表外科目核算，目前多采用单式记账法。

表外科目采用单式记账法的，使用登记簿记载反映，登记簿设收入、付出、余额三栏，某项业务发生或增加时记收入，销账或减少时记付出，余额表示结存。

【例 2-7】某企业购买支票 50 本。会计分录为：

付出：重要空白单证——支票

任务三　会计凭证

会计凭证是指记录经济业务的发生和完成情况，明确经济责任，商业银行发生任何一项经济业务以后，均应由执行或完成该经济业务的有关人员填制或取得能证明经济业务的内容和金额的凭证，并在凭证上签章，所有的凭证还必须由会计部门审核无误后，才能作为记账的依据。

在商业银行会计核算中，按照核算程序，一般是从受理或编制会计凭证开始的。在处理商业银行业务和核算中，由于需要将凭证在不同柜组之间进行传递记账，为此，商业银行会计凭证又称"传票"。

一、会计凭证的种类

1. 按凭证设置的程序和用途分为原始凭证与记账凭证

（1）原始凭证是在经济业务发生时，直接取得或根据业务事实填制的凭证；

（2）记账凭证是根据原始凭证编制的凭以记账的凭证。

2. 按凭证形式分为复式凭证和单式凭证

（1）复式凭证是将一笔经济业务所涉及的借方、贷方账户填在一张凭证上，其特点是资金来龙去脉清楚、对应关系明确，方便查对，但在手工操作情况下不便于分工记账和按科目汇总发生额；

（2）单式凭证是在每张凭证上只填记一个借方或一个贷方账户每一笔经济业务按其转账的对应关系编制两张或两张以上的会计凭证，其特点就是手工操作情况下便于分工记账、传递和按科目汇总发生额，但其反映业务不集中，不便于事后查找。

复式凭证与单式凭证在使用中各有利弊，目前我国银行业仍采用单式凭证。

3. 按凭证的使用范围分为基本凭证和特定凭证

（1）基本凭证是金融企业根据原始凭证或业务事实自行编制的记账凭证。由于该凭证要在银行内部各个专柜、小组及有关部门之间进行传递，所以也叫"传票"。

以商业银行为例，基本凭证可分为以下八种。

①现金收入传票（见表 2-4）。

表 2-4 现金收入传票

（贷）　　　　　　　　　　　　　　　　　　　　　　　　　　　　　总字第　号
（借）　现金　　　　　　　　　　　年　月　日　　　　　　　　　　字第　号

户名或账号	摘　要	金　额									附件
		百	十	万	千	百	十	元	角	分	
											张
合　计											

复核　　　　　　　记账　　　　　　收款复核　　　　　　收款

②现金付出传票（见表 2-5）。

表 2-5 现金付出传票

（借）　　　　　　　　　　　　　　　　　　　　　　　　　　　　　总字第　号
（贷）　现金　　　　　　　　　　　年　月　日　　　　　　　　　　字第　号

户名或账号	摘　要	金　额									附件
		百	十	万	千	百	十	元	角	分	
											张
合　计											

复核　　　　　　　记账　　　　　　收款复核　　　　　　收款

③转账借方传票（见表 2-6）。

表 2-6　转账借方传票

总字第　号

年　月　日　　　　　　　　　字第　号

科目 （借）		对方 科目（贷）										附 件
户名或账号		摘　要		金　额								
				百	十	万	千	百	十	元	角	分
												张
合　计												

复核　　　　　　记账　　　　　收款复核　　　　　　收款

④转账贷方传票（见表 2-7）。

表 2-7　转账贷方传票

总字第　号

年　月　日　　　　　　　　　字第　号

科目 （贷）		对方 科目（借）										附 件
户名或账号		摘　要		金　额								
				百	十	万	千	百	十	元	角	分
												张
合　计												

复核　　　　　　记账　　　　　收款复核　　　　　　收款

⑤特种转账借方传票（见表 2-8）。

表 2-8　特种转账借方传票

总字第　号

年　月　日　　　　　　　　　字第　号

付款单位	全称		收款单位	全称											附 件
	账号或地址			账号或地址											
	开户银行	行号		开户银行						行号					
金额				千	百	十	万	千	百	十	元	角	分		
	原凭证金额	赔偿金	科目（借）_____												
	原凭证名称	号码	对方科目（贷）_____												张
转账原因		银行盖章	会计　　复核　　记账												

⑥特种转账贷方传票（见表2-9）。

表2-9　特种转账贷方传票

总字第　号

年　月　日　　　　　　　　　　　字第　号

付款单位	全称		收款单位	全称										附件
	账号或地址			账号或地址										
	开户银行	行号		开户银行							行号			
金额					千	百	十	万	千	百	十	元	角 分	
														张
原凭证金额		赔偿金		科目（借）_____										
原凭证名称		号码		对方科目（贷）_____										
转账原因		银行盖章		会计　　　复核　　　记账										

⑦表外科目收入传票（见表2-10）。

表2-10　表外科目收入传票

总字第　号

表外科目（收入）空白重要凭证　　　　年　月　日　　　字第　号

户　名	摘　要	金额									附件
		百	十	万	千	百	十	元	角	分	
											张

⑧表外科目付出传票（见表2-11）。

表2-11　表外科目付出传票

总字第　号

表外科目（付出）空白重要凭证　　　　年　月　日　　　字第　号

户　名	摘　要	金额									附件
		百	十	万	千	百	十	元	角	分	
											张

　　在上述基本凭证中，现金收入、付出传票，转账借、贷方传票属于商业银行内部凭证，只限于内部使用，对外无效。特种转账借、贷方传票，由银行填制，可在内部和外部使用。表外科目收、付款传票，适用于需要登记表外科目的账务。

　　（2）特定凭证是根据各种业务的特殊需要而设置的各种专用凭证。

　　这种凭证由商业银行设计和印制。办理业务时，由外部单位提交或从联行寄来。凭证采用一次套写数联，外部单位和商业银行分别联次使用，凭以处理业务和登记账簿。特定凭证种类很多，如各种结算凭证、联行凭证、商业银行之间往来的划拨凭证、贷款凭证、贴现凭证和储蓄凭证等。特定凭证的具体使用将在后面各章业务核算中加以阐述。

二、会计凭证的基本要素

　　为了使会计凭证能正确、完整地反映每笔业务的真实情况，保证会计凭证的质量，发挥其应有的作用，对每一种作为记账依据的会计凭证都规定了必须填写的事项，这些事项称为凭证的要素。商业银行会计凭证虽然种类多、格式各异、具体内容各不相同，但一切凭证都必须具备以下基本要素：

　　（1）凭证的名称及编制的年月日；

　　（2）人民币或外币符号和大小写金额；

　　（3）款项来源、用途或经济业务内容摘要及附件的张数；

　　（4）会计分录和凭证编号；

　　（5）单位商业银行及有关人员的印章。

　　如果是特定凭证还应包括收付款单位的名称和账号，收付款单位开户银行的行名和行号。

三、会计凭证的处理与管理

　　会计凭证的处理是指从银行受理或填制凭证开始，经过审核、传递、记账，到装订保管为止的全过程，一般也称会计凭证的处理程序。会计凭证的管理是指对空白凭证的领取、保管、发售，以及处理完凭证的保管、查考等管理措施。

1. 会计凭证的编制

　　编制会计凭证时，应注意以下要求。

　　（1）凭证的种类要与业务和财务活动的内容相一致，对外业务要使用对外业务凭证，对内部资金和财务费用要使用内部凭证，不能相互串用和混淆。

　　（2）基本凭证一般都是单联式凭证，可分别填写，如需填制多联次专用凭证要一式数联套写，不准分张单写。

　　（3）人民币或外币要有符号，大小写金额数字一定要清楚、准确、一致。

　　（4）现金收付业务，只需填制××科目的现金收入凭证或现金付出凭证，不再编写"现金"科目的凭证；转账业务要根据科目的对应关系，分别填写转账借方凭证和转账贷方凭证，或用特定凭证的不同联次代替。

　　（5）反映科目之间的对应关系，在同一转账业务的凭证中要相互填写对方科目，并按业务序号编列传票号码及分码，便于查考。

2. 会计凭证审核

审核会计凭证时应确认凭证的真实性、正确性、合法性和有效性，反映和监督经济业务的主要步骤。审核的内容主要有以下几项：

（1）是否为本行受理的凭证；

（2）使用的凭证种类是否正确，凭证的内容、联次与附件是否相符，是否超过期限；

（3）账号与户名是否一致；

（4）大小写金额是否一致，有无涂改；

（5）款项来源、用途是否符合政策和有关资金管理的规定；

（6）是否超过存款或批准的贷款额度或拨款限额；

（7）密押、印鉴是否真实、齐全；

（8）有关信息收费罚金等计算是否准确；

（9）内部科目和账户名称使用是否正确。

经过审核，符合规定要求的凭证就可凭以处理账务和科学地进行传递。

3. 会计凭证的传递

会计凭证的传递是指会计凭证按照规定程序在商业银行内部各专柜或所属分支机构之间进行传送流转。商业银行会计凭证的传递过程，也就是处理业务和会计核算的过程，直接关系到国民经济各部门资金周转及会计工作的质量和效率。因此，一切会计凭证的传递，都要求严密合理科学，应当减少不必要的环节，避免无人负责和迟缓现象的发生，应当坚持先外后内，先急后缓；现金收入先收款后记账，现金付出先记账后付款，转账业务先付款单位账后收款单位账等处理原则，以加速进账，保证质量。在传递过程中，除特殊情况外，一律由商业银行内部传递，以防流弊。

4. 会计凭证的整理、装订和保管

会计凭证是会计档案的重要组成部分，按档案管理条例，在记账后进行整理装订和妥善保管。

每日营业终了，对已办完会计核算手续的会计凭证，应先按科目整理，每一科目的凭证应按现收现付转借转贷顺序排列，按照会计科目代号的大小顺序，表内科目在前，表外科目在后，装订成册，加具封面和封底，并有会计装订人员和会计主管盖章，以明确责任。会计凭证一般应按日装订，凭证过多时可装订成若干册。凭证少时可数日装订一次，但必须按顺序日排列。装订好的凭证，应编列凭证总号，并在凭证封面有关栏之内，注明起讫日期，登记会计档案登记簿，后入库保管。调阅已入库的凭证，应履行手续。根据规定，会计凭证的保管期限通常为十五年，对于超过规定保管期限的凭证，报经上级主管部门、档案部门和会计部门共同派人员销毁。

任务四　会计账簿及账务组织

会计账簿是由具有一定格式的账页组成，以会计凭证为依据，全面连续系统地记载各种资金增减变动的记录簿籍。会计账簿是会计核算的重要工具。按照一定程序，在账簿中登记各项经济业务所引起的资金增减变化叫作记账，也称登记账簿，它是一种重要的会计核算方法。

一、会计账簿的种类

会计账簿的分类要适应金融企业会计核算的特点，便于记账、算账、报账的需要，同时要做到账簿之间组织严密、分工明确，既有综合核算的账簿，也有明细核算的账簿；既要保持账簿的制约、统御关系，还要在保证会计记录系统完整的前提下，力求简便、避免烦琐、便于操作、便于检查，提高会计工作效率和质量。

银行的会计账簿大体上可分为分户账、总账、登记簿、序时账簿四种。

（一）分户账

分户账是银行会计账簿中详细、具体地反映经济业务的明细分类账簿。它按单位或具体对象立户，根据传票连续记载，具体核算和监督各个账户的资金活动情况。分户账根据商业银行不同业务核算的需要，除特定格式外，一般可分为甲、乙、丙、丁四种账式。

（1）甲种账（见表2-12）设有借方、贷方发生额和余额三栏，适用于不计息科目的账户，或使用余额表计息科目的账户和商业银行内部科目的账户。

表 2-12 　（甲种账）_____账

本账总页数　本户页数

户名：　　　　　　账号：　　　　　　领用凭证记录

年		摘要	凭证号码	对方科目代号	借方（位数）	贷方位数	借或贷	余额（位数）	复核盖章
月	日								

会计　　　　　　　　记账

（2）乙种账（见表2-13）设有借方贷方发生额及余额和积数四栏，适用在账页上计息的账户。

表 2-13 　（乙种账）_____账

本账总页数　本户页数

户名：　　　　　　账号：　　　　　　领用凭证记录

年		摘要	凭证号码	对方科目代号	借方（位数）	贷方位数	借或贷	余额（位数）	复核盖章
月	日								

会计　　　　　　　　记账

（3）丙种账（见表2-14）设有借方贷方发生额，借方贷方余额四栏，适用于借方贷方双方反映余额的账户。

表 2-14 （丙种账）_____账

本账总页数

本户页数

户名：　　　　　　　　　　　　　　账号：　　　　　　　　　　领用凭证记录

年		摘要	凭证号码	对方科目代号	借方	贷方	借或贷	余额	复核盖章
月	日				（位数）	位数		（位数）	

会计　　　　　　　　　　　　　　　　记账

（4）丁种账（见表 2-15）设有借贷发生额、余额、销账四栏，适用于逐笔记账、逐笔销账的一次性业务的账户，并兼有分户核算的作用。

表 2-15 （丁种账）_____账

本账总页数

本户页数

户名：　　　　　　　　　　　　　　账号：　　　　　　　　　　领用凭证记录

年		摘要	凭证号码	对方科目代号	借方	贷方	借或贷	余额	复核盖章
月	日				（位数）	位数		（位数）	

会计　　　　　　　　　　　　　　　　记账

（二）总账

总账是会计账簿中综合、总括核算和监督经济业务的分类账簿，对分户账起控制和统御作用，是定期编制各种会计报表的依据。它按会计科目设置，设有借贷发生额和借贷方余额四栏。总账的格式见表 2-16。

表 2-16 总账

科目代号：

科目名称：

年　月	借方		贷方			核对盖章
	（位数）		（位数）			
上年年底余额						
本年累计发生额						
上月底余额						
上月底累计未计息积数						
日期	发生额		余额			核对盖章
	借方	贷方	借方	贷方		复核员
	（位数）	（位数）	（位数）	（位数）		
1						
2						

（续表）

年　月	借方			贷方		
	（位数）			（位数）		
┆						
10 天小计						
┆						
20 天小计						
21						
┆						
31						
月计						
自年初累计						
本期累计计息积数						
本月累计未计息积数						

（三）登记簿

登记簿是适应某些业务需要而设置的，用来登记主要账簿未能或不必记录而又需要备查的业务事项，也可以用来统御卡片账和控制重要凭证、有价单证和实物等。在登记方式上，有的按不同对象分别立户登记，有的不分账户而按业务发生顺序逐笔记载。登记的格式随业务需要而定，除特定的专用格式外，一般采用收付方发生额和余额三栏的通用格式，并在各栏中增加数量栏。登记簿不论用于何种业务，都必须及时登记和及时销账。

（四）序时账簿

商业银行序时账簿是银行现金业务的序时记录，主要是指商业银行现金收入日记簿（见表 2-17）和现金付出日记簿，是用以记载核算现金收入、付出的一种明细分类账簿，根据现金收入凭证和现金付出凭证逐笔记载，是现金收付业务的详细记录。

表 2-17　现金收入日记簿

柜组名称：　　　　　　　　　年　月　日　　　　　　　　第　页共　页

凭证号数	科目代号	户名或账号	计划项目代号	金额（位数）	凭证号数	科目代号	户名或账号	计划项目代号	金额（位数）

复核　　　　　　　　　　　　　　　　　　出纳

二、账务处理和账务核对

（一）账务处理

会计账务处理程序是指商业银行经济业务发生时，从受理或填制会计凭证开始到编制会计报表为止的整个账务核算过程。

商业银行的账务组织分为明细核算系统和综合核算系统。明细核算系统由分户账、登记簿、现金收付日记簿格式前面已经列示，余额表格式见表 2-18。

表 2-18 计息余额表

科目名称：　　　　　　　　　　　　　　　　　　　　　　　　　　　共 页

科目代号：　　　　　　　　　年　月　日　　　　　　　　　　　　第 页

账　号					复核盖章
户　名					
余　额	（位数）	（位数）	（位数）	（位数）	
日　期					
上月底止累计应计息积数					
日期					
⋮					
10 天小计					
⋮					
20 天小计					
21					
⋮					
本月合计（本月计息积数）					
应加积数					
应减积数					
本期累计应计息积数					
结息时计算利息数					
备注					

会计　　　　　　　　　　复核　　　　　　　　　　记账

明细核算系统是按账户进行的核算，是对商业银行业务经营过程中各项资金详细、具体的核算。

综合核算系统由科目日结单、总账和日计表组成。科目日结单也称总传票，它是对每一会计科目当日借、贷方发生额和传票张数的汇总记录，是据以监督明细账户发生额和笔数，轧平当日账务及登记总账的依据。其格式见表 2-19。

表 2-19 科目日结单

年　月　日

借　　方			贷　　方		
传票	张数	金额	传票	张数	金额
现金			现金		
转账			转账		
合计			合计		

日计表是反映当日全部业务活动情况的会计报表，也是轧平当日全部账务的主要工具。日计表按日编制，设有借、贷方发生额和借、贷方余额四栏。其格式见表 2-20。

表 2-20　日计表

年　月　日

科目代号	科目名称	发生额		余额		科目代号
		借方（位数）	贷方（位数）	借方（位数）	贷方（位数）	
合计						

行长（主任）　　　　　会计　　　　　复核　　　　　制表

综合核算系统是按科目进行的核算，是对商业银行业务经营过程中各项资金所做的综合、概括的核算。明细核算对综合核算起着补充说明的作用；综合核算对明细核算起着概括统御的作用。两者之间相互联系、相互制约。

以商业银行为例，在手工操作条件下，其账务处理程序见图 2-1。

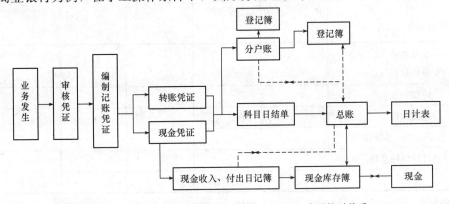

说明：（1）—— 表示核算程序　　（2）--▶◀-- 表示核对关系

图 2-1　商业银行手工操作账务处理程序

在电脑操作条件下，商业银行会计核算仍然分为综合核算和明细核算两个系统，坚持总分核对、相互制约，保证账务处理正确运行。其账务处理程序见图 2-2。

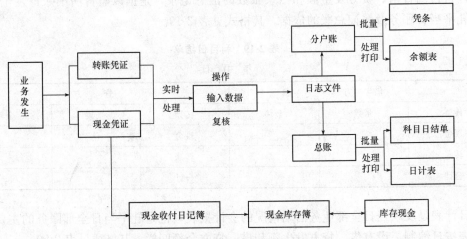

图 2-2　商业银行电脑操作账务处理程序

（二）账务核对

账务核对是指金融会计核算程序中的各有关部门，为防止差错所进行的核实和对账，确保账账、账款、账据、账实、账表及内外账务的全部相符。账务核对的方式主要有每日核对和定期核对两种。

1. 每日核对

（1）总分核对。每日营业终了，总账各科目余额与同科目分户账或余额表各户余额合计数核对相符。

（2）账款核对。现金收入、付出日记簿的合计数，必须与现金科目总账借方，贷方发生额核对相符；现金库存簿的现金库存数，应与实际库存现金和现金科目总账的余额核对相符。

（3）表外科目核对。各表外科目余额应与有关登记簿核对相符，其中空白重要凭证，有价单证应核对当日领入、使用、售出及库存数，并与实际库存数核对相符。

与手工操作相比，在计算机操作条件下，账务核对有下列变化。

（1）将计算机处理结果与手工操作结果进行核对的内容包括计算机打印的科目日结单与手工加计的各科目借、贷方发生额的核对；计算机打印的传票总张数与当天实际传票总张数的核对；计算机打印的现金科目发生额、余额与出纳现金收、付日记簿和现金库存簿的核对。

（2）计算机内部自行核对的有：分户账与总账发生额、余额的核对；总账与日记表发生额、余额的核对；总账与余额表的核对。

2. 定期核对

定期核对是对未能纳入每日核对的账务所进行的按规定日期的核对制度。它主要包括下列内容。

对未编余额表又未按日核对余额的各科目余额的核对；各类贷款的账据的核对；存款、贷款及金融机构往来利息的核对；金银、外币、有价单证、房屋、器具等的账实核对；金融业与企业的内外账务的核对；总账与会计报表的核对；表外科目核算的凭证与登记簿的核对；其他有关账务的核对等。

三、记账规则和错账更正

（一）记账规则

记账是金融企业处理账务和实现业务的重要环节。因此，要认真按照记账规则记账，如果记账中出现差错，亦应按统一的错账冲正办法冲正。

（1）账簿必须根据传票记载，做到内容完整、数字准确、摘要简明、字迹清晰。

凡应记入账簿的事项和数字，不应漏记、少记、重记、错记，严禁弄虚作假。如果传票内容有错误或漏记时，应将传票内容更正或补充后，再行记账。

（2）手工记账的应用蓝黑墨水钢笔书写，复写账页可用圆珠笔及双面复写纸套写，红色墨水只能用于画线和冲账以及按规定用红字书写的有关文字说明。

（3）账簿上所记载的文字及数字，一般只占全格的1/2。

摘要栏文字如一格写不完时，可在下一格连续填写，但其金额应填在末一行的金额栏内。账簿余额结算时，应在元位以"—0—"表示结平。

（4）账簿上的一切记载不准涂改、刀刮、橡皮擦、挖补和用药水销蚀。

（5）因漏记使账页发生空格时，应在空格的摘要栏用红字注明"空格"字样。

（6）一切账簿记载均以人民币"元"为单位以下计至角、分位，分以下四舍五入。

（二）错账更正

在会计核算中，由于种种原因，可能会产生各种各样的差错，一旦发生差错必须按照规定的错账更正方法进行更正，常用的方法有画线更正法、红蓝字更正法和蓝字反方更正法。

1. 画线更正法

这种方法适用于当日发现的错账，当日更正。

（1）日期或金额写错时，应用一道红线将全行数字划销（不能只划销其中的个别数字并保持原数字字迹清晰可辨，以备查考），然后将正确数字填在划销数字的上面，并由记账员在红线左端盖章证明。如错画红线，可在红线两端用红色墨水画"×"销去，并由记账员在右端盖章证明。文字写错，只需将错字用一道红线划销，将正确的文字写在划销文字的上边。

（2）传票填错科目或账户，应先改正传票，再按照（1）项中的办法更正账簿。

（3）账页记载错误无法更正时，不得撕毁，经会计主管人员同意，可另换新账页记载，但必须经过复核，并在原账页上画交叉红线注销，由记账员及会计主管人员盖章证明。将注销的账页另行保管，装订账页时，附在后面备查。

2. 红蓝字更正法

这种方法适用于在次日或以后发现的本年度内的错账更正。

（1）记账串户，应填制同一方向红、蓝字冲正传票办理冲正。用红字传票记入原错账的账户，在摘要栏内注明"冲销×年×月×日错账"字样；用蓝字传票记入正确的账户，在摘要栏内注明"补记冲正×年×月×日账"字样。

（2）传票金额填错，账簿随之记错，应重新填制借、贷红字传票将错误金额全数冲销，再按正确金额填制借、贷蓝字传票补记入账，并在摘要栏内注明情况，同时在原错误传票上注明"已于×年×月×日冲正"字样。

（3）传票填错科目或账户名称，应参照（2）项办法办理冲正，并在原错误传票上注明"已于×年×月×日冲正"字样。

3. 蓝字反方更正法

这种方法适用于本年度发现上年错账的更正。

更正时先填制一张与错账方向相反的蓝字传票，凭以冲销错账，并在摘要栏注明"冲正×年×月×日错账"字样，然后再填制一张正确的蓝字传票，补记正确的账务。

如果是计算机记账，当日发现未经复核的错账经办人员可以直接删除错误信息，另行输入正确信息；如果当日发现已经复核的账务错误，应经会计主管授权后进行错账冲正，先由复核将错误账务注销，再由记账员删除或修改，并经复核；如果是次日或以后发现的账务错误，必须经会计主管授权后，填写错账冲正凭证办理冲正不得做恢复处理。

无论采用哪种方法更正错账其冲正传票都必须经会计主管人员审查盖章后才能办理冲

账并对错账的日期、内容、金额及冲正的日期等进行登记，以便考核、分析研究及改进工作；另外，凡因冲正、错账影响到利息计算的都应计算应加、应减积数，并在余额表或乙种账页中注明。

课后实训

根据下述某商业银行支行 3 月 21 日发生的业务资料：①确定会计科目；②根据借贷记账法逐笔编制各笔经济业务会计分录；③根据试算平衡原理，填写试算平衡表（见表 2-21）。

1. 房地产公司向银行申请流动资金贷款 300 000 元，银行有关部门审核后，由会计部门予以发放。

2. 某商业个体户用现金归还银行抵押贷款本金 20 000 元，利息 2 000 元。

3. 经上级有关部门批准，将本行日前出纳长款 1 500 元列为本行收入。

4. 某建筑公司从活期存款账户转出 200 000 元，办理一年期的定期存款。

表 2-21　试算平衡表

科目名称	发生额	
	借方	贷方
合计		

第二篇 商业银行业务的核算

项目三 现金出纳业务核算

学习目标

1. 了解现金出纳的意义和任务；
2. 掌握出纳工作要遵循的原则；
3. 掌握现金收付业务的核算；
4. 库房管理与现金运送的核算；
5. 掌握假币识别的方法。

案例导入

2006年中国农业银行邯郸分行金库被盗案

2006年10月13日—18日，中国农业银行邯郸分行金库守库员任晓峰与赵学楠、张强利用看管金库的便利条件，先后两次从金库盗取人民币20万元购买彩票，后归还。

2007年3月16日—4月13日，任晓峰与马向景又多次从金库盗取人民币共计3 295.605万元，任晓峰用其中3 125万元购买彩票。在投入巨额资金未中奖的情况下，任晓峰用余款中的7.68万元购买了捷达轿车一辆，任、马二人准备出逃。

2007年4月14日8时许，任晓峰和马向景再次密谋后，从金库盗出现金6箱共计1 800万元，用其中1 410.1万元购买彩票。任晓峰分得余款329.9万元，马向景分得余款60万元。任晓峰得知彩票未中奖后，遂通知马向景分头潜逃。

马向景18日在北京被抓获，任晓峰19日在江苏连云港被捕。23日农行通报处理决定。2007年9月19日，任晓峰、马向景终审被判死刑。

(资料来源：央视国际.www.cctv.com.2007-4-19.)

思考： 农行邯郸金库被盗的原因是什么？如何加强金库管理？

任务一　现金出纳业务概述

一、现金出纳的意义

现金出纳是直接用现金经营的资金收付行为。由于我国对货币发行实行中央银行集中统一管理，并对一切机关、团体和企事业单位实行现金管理。因此，商业银行现金出纳就成为国民经济的总出纳和现金活动中心。商业银行在各项业务经营中，大量的资金收付活动都是通过转账方式进行的，但也有相当一部分业务需要通过现金收付来完成。例如，商业银行解付个人存款、收兑个人金银、办理储蓄业务，开户单位支取工资奖金、个人劳务报酬，以及提取备用金或交存商品销售和劳务供应收入现金等，这些业务一般都要通过现金收付活动来实现。因此，商业银行各分支机构都建立有现金出纳业务部门，集中办理现金出纳业务。

银行的现金出纳业务是实现银行基本职能的重要环节，也是商业银行整个经营活动中一项基础性工作。根据国家有关金融政策和现金管理规定，认真做好现金出纳及其核算工作，具有重要意义。

（1）可以确保国家财产安全，监督资金的管理应用。

（2）可以调节市场货币流通，加速资金周转，更好地为客户服务。

（3）可以促进商品流通和经济发展。

二、现金出纳工作的任务

现金出纳业务既是银行工作的重要组成部分，也是国民经济中的一项重要任务，其主要内容有以下六个方面。

（1）按照国家金融法令和银行制度，办理现金的收付、整点、调运以及损伤票币的兑换和销毁工作。

（2）按照市场货币流通的需要，调剂市场各种货币的比例，做好现金回笼和供应工作。

（3）按照国家规定，加强金银管理、办理金银收购、配售业务，开展金银回收和节约代用工作。

（4）保护现金、金银、外币和有价证券，做好库房管理，确保库款安全以及现金、金银运送的安全保卫工作。

（5）宣传爱护人民币，组织反假钞，与破坏人民币的行为开展斗争。

（6）加强柜面监督，做好出纳方面的保密工作，维护财经纪律，同一切经济违法犯罪活动斗争。

三、现金出纳工作的原则

根据出纳业务的性质和特点，在进行出纳工作时，必须建立和健全严格的责任制度，做到手续严密、责任分明、及时准确，并坚持以下原则。

（1）坚持钱、账分管、收付分开、交接清楚、责任分明的原则。钱账必须分开，实行管钱的不管账、管账的不管钱，钱、账绝不能由一个人管理。收付必须分开，经办收款的与经办付款的要分开，不能由一个人既收款又付款。交接必须清楚，经管现金的人员变动时，必须办理清点、交接手续。责任必须分明，只有坚持上述这些原则，明确各自职责，才能做到各尽其能，各尽其职。

（2）坚持双人经办的原则。双人经办是指在现金出纳的工作中，必须坚持双人临柜、双人管库、双人守库、双人押送的原则。这样，可以互相帮助和互相监督，防止差错事故的发生。如果发生意外情况，也便于互相协商和及时处理，以确保经办人员和国家财产的安全。

（3）收入现金必须坚持"先收款后记账"；付出现金必须坚持"先记账后付款"的原则。单位缴存现金，必须在现金出纳人员收妥现金后，才能给缴款单位账户记账；单位支取现金时，必须先经会计部门审查记账后才能付款。这样，可以避免现金没有收妥而给单位虚入了账或者单位账上不足而取了款。收购金银未收妥实物时，不能付款；配售金银时，没有收妥款项不能把实物交给顾客。收款必复点，付款必复核，这样做是避免发生差错，确保银行财产安全和维护银行信誉的需要。

（4）严禁挪用和库存实物，白条抵库，做到账实相符。

（5）维护国家利益和商业银行信誉，坚持服务和监督并重。商业银行出纳工作，必须维护国家利益和银行信誉。既要做好现金收付的服务工作，又要在具体的收付工作中体现国家的有关政策、法律和制度规定，做好监督工作。服务和监督是做好出纳工作的两个重要方面。

（6）坚持复核制度的原则。现金收付必须坚持收款复点、付款复核的原则。这样，可以避免发生差错，不至于给商业银行信誉和财产造成损失。因此，对外办理业务的行处要配备足够的专职或兼职的复点、复核人员，做到收款换人复点、付款换人复核。业务量较少的基层处所，也必须配备专职出纳人员，实行出纳、会计交叉复核。

（7）坚持交接手续和查库的原则。确保库款安全是出纳部门的重要职责。款项交接或出纳人员调换时，必须办理交接手续，分清责任。库房管理除必须坚持双人管库、双人守库外，还必须实行定期或不定期的查库制度，加强对库房的监督和检查，防止发生意外事故。

任务二　现金收付业务的核算

一、现金收支的核算

银行柜员受理客户交来的现金和一式两栏"现金交款单"（见表3-1）或"储蓄存款凭条"（略）时，清点现金、审查存款凭证无误后，在交款单或储蓄存款凭条上加盖个人名章，登记"现金收付清单"，将现金、交款单或存款凭条交复核员复核。经复核无误记账后，在现金交款单或存款凭条上加盖"现金收讫"章和个人名章，以现金交款单第二联或存款凭条作贷方记账凭证，银行编制一联"现金收入传票"作借方记账凭证。使用现金交款单交存现金的，应将计算机打印确认的现金交款单第一联加盖"现金收讫"章后退给客户。会计分录如下：

借：库存现金

　　贷：吸收存款——活期存款——××客户

　　　　吸收存款——活期储蓄存款——××存款户

表 3-1　现金交款单

券种明细		××银行										本次缴款情况记录		
券种	金额	现 金 交 款 单										多款		已退回
壹佰元		缴款日期　年　月　日										少款		已补收
伍拾元														
拾元														
伍元		交款单位	全　称				账　号							
贰元			开户银行				款项来源							
壹元		人民币（大写）						百	十	万	千	百	十	元　角　分
伍角														
贰角		现金收讫					出纳复核员　　出纳收款员 会计复核员　记账员							

二、现金付款的核算

商业银行柜员受理客户提交的"现金支票"（见表3-2）或"储蓄取款凭条"（略）时，按照有关规定审查无误后，应将现金支票或储蓄取款凭条作借方记账凭证，银行编制一联"现金付出传票"作贷方记账凭证。会计分录如下：

借：吸收存款——活期存款——××户

　　（或吸收存款——活期储蓄存款——××户）

　　贷：库存现金

同时登记"现金收付清单",按照现金支票背面登记付款券别,在现金支票正面加盖"现金付讫"章和个人名章。大额现金还需将现金、取款凭证交复核员复核,经复核无误后将现金点交给客户。

表3-2 现金支票

××银行现金支票存根	本支票付款期十天	××银行现金支票(省别简称)
支票号码 附加信息:＿＿＿＿＿ ＿＿＿＿＿＿＿＿＿＿ ＿＿＿＿＿＿＿＿＿＿ 出票日期　年　月　日 收款人＿＿＿＿＿＿＿ 金　额＿＿＿＿＿＿＿ 用　途＿＿＿＿＿＿＿ 单位主管　　会计		出票日期(大写)　　年　月　日 收款人: 人民币(大写)　　千 百 十 万 千 百 十 元 角 分 用途: 上列款项请从我账户内支付 出票人盖章　　　复核　　　记账

⊪▶ **拓展阅读**

银行出纳岗位职责

出纳人员的工作内容涉及多方面的经济利益,必须有具体的岗位责任对其行为进行规范和约束,而出纳人员也应在明确工作任务和岗位责任的基础上,保证出纳工作的质量。

1. 严格执行现金管理制度和银行结算制度

(1)管理库存现金。掌握每天库存金额,不得超过银行核定的限额,超出部分应及时送缴银行。如发生超库存罚款时,是因出纳未及时将超额现金存入银行造成的,由出纳人员负责。

(2)不准违反现金管理规定,从银行套取现金支出。也不准以转账支票向职工支付奖金、奖品的办法,逃避现金管理的监督。

(3)不准以"白条"抵充库存现金,不准贪污挪用现金。

(4)随时掌握银行存款余额,不准签发超过银行存款余额的空头支票。出纳人员开出空头支票发生的罚款,由出纳人员负责,情节严重的要追究责任。不得签发远期支票,套取银行信用。

(5)出纳人员不得将空白支票交给其他单位或个人签发。

(6)不准将银行账户出租、出借给任何单位或个人办理结算业务。不得多头开户,逃避经济监督。

2. 负责办理现金收支和银行结算业务

(1)根据会计审核人员签章的收付款凭证,经出纳人员复核后,才能办理现金收支及银行结算业务。复核主要是核对原始凭证和记账凭证的会计事项是否一致,金额是否相符,内容是否真实、合理,复核无误后再办理付款手续。

(2)收付款业务办理完毕,要及时在收付款凭证上签章,并加盖"收讫"或"付讫"

戳记，防止重付或漏付。

（3）开错的支票，必须加盖"做废"戳记，连同存根或其他联页一起保存。支票遗失，应立即向银行办理挂失手续，并通知有关单位共同防范结算风险的发生。

（4）对重大开支项目，如固定资产更新改造、安装工程款的支出等，须经会计主管人员、总会计师或单位领导审核后，再办理付款手续。

（5）涉及外汇的，应按照国家外汇管理和结售汇制度的规定及有关文件办理外汇收支业务。

3. 负责登记现金、银行存款日记账，并编制日报表

（1）根据已经办理完毕的收付款凭证，逐步顺时登记现金日记账或银行存款日记账，每天终了应结算出余额。现金账面余额应与实际库存现金核对，如发现短缺或溢余，应立即查找原因，做到账实相符，造成损失的应由相关责任人承担损失。

（2）银行存款账面余额，要定期与银行对账单进行核对。

月份终了，应及时编制"银行存款余额调节表"，使账面余额与对账单上的余额调节相符。出现未达账项，要及时查询调整。

对于现金收支业务和银行收支业务较多的单位，领导或有关管理部门需要掌握每天现金和银行存款的情况，还应于每天终了，根据现金日记账和银行存款日记账编制现金、银行存款日报表，以及时反映现金和银行存款的收、支、存情况。

（3）加强内部牵制制度，出纳员除自行填制向银行提取现金或从银行存入现金的收付款凭证外，不得填制其他会计事项的收付款凭证，也不得兼办收入、费用、债权、债务等账簿的登记、核对和会计档案保管工作，确保贯彻钱、账分管原则。

4. 负责保管库存现金、各种有价证券、各种支付、结算凭证、空白收据有关印章和其他贵重物品

（1）妥善保管库存现金及各种有价证券，确保安全。要注意管好保险柜（金库）钥匙，离开岗位时，人走锁库，不得随意交付他人。对保险柜及存折等的密码，应保守秘密。

（2）妥善保管好空白支票、空白收据、空白发票，并设立支票、收据和发票领用登记簿，切实办好领用、注销手续。

（3）妥善保管支票印鉴，必须严格按用途使用。

（4）核对外埠存款，并及时清理结算或收回。

（5）对上级领导部门，以及财政、税务、审计、银行、工商部门来单位了解情况、检查工作，要负责提供有关资料，如实反映，不弄虚作假。

任务三　库房管理与现金运送的核算

金库是商业银行的要害部门，集中保管人民币和外币现钞、金银、有价证券、票样、真假币鉴别手册、假币等贵重物品。金库管理是银行本外币现钞、金银等重要资产专人管理方面的核心工作，也是商业银行与人民银行之间及商业银行机构内部现金资产领缴与调拨的重要环节。商业银行的金库管理工作要求相当严格，必须坚固可靠、管理严密、责任

明确，确保账款相符、账实相符、账账相符。

一、商业银行金库的层级管理与基本规定

（一）金库的设置及职责

金库可分为中心库、分金库和为款项集中保管库三类。在同一个城市原则上只能设置一个中心库。一级分行金库由总行审批、验收；二级分行金库的设置由一级分行审批、验收。

中心库是指在同一城市的分、支行或一个县（市）支行集中设置的、与人民银行有直接现金往来的金库，用来集中保管本外币现钞、有价单证或尾箱款。中心库的管辖行应在人民银行统一开立存款账户，而其辖属营业机构不需在人民银行开立存款账户。中心库的库款及收支业务，应由中心库管辖行的会计部门单设账户核算。

分金库是指经批准设立的城市中心库的分库，是负责保管中心库指定区域内的现金，有价单证和尾箱款的专用库。每个县（市）支行至多设立一个中心库。支行以下的营业机构与中心库的运输距离较短，且交通不便，钞票运输距离比较特殊的，可以书面形式申请人民分行批准后设立尾箱款集中保管库。

偏远地区和现金业务量小的县支行和以下的营业机构（降格为分理处或储蓄所的县支行）报经一级分行批准后，也可将现金、有价单证及尾箱款寄存于其他银行分库保管。

（二）各级分库的业务及职责

1. 中心库的主要任务

（1）负责分金库的管库人员、日常业务的管理。

（2）负责向人民银行发行库上缴和提取现金。

（3）保管现金、有价单证，办理现金、有价单证的出入库，登记库存登记簿，保证实物、登记簿、明细账之间的三相符。

（4）受理辖属分金库或营业机构（向其交存现金、寄存尾箱款的支行、办事处、分理处、储蓄所的统称，下同）的现金缴存、领取，以及主、辅币兑换。

（5）办理辖属营业机构尾箱款的寄存保管。

（6）办理辖属分金库或营业机构伤损币的收缴、整理和解缴人民币的工作。

（7）负责伪、变币的收缴、整理和解救人民币的工作。

（8）合理匡算库存现金头寸，灵活调剂现金短缺，最大限度地压缩现金。

2. 分金库的主要工作

（1）保管现金、有价单证、办理现金、有价单证的出入库，登记库存登记簿，保证实物、登记簿、明细账之间的三相符。

（2）保管或代管贵重物品及按规定入库保管的重要机制，建立登记簿，认真做好交接登记工作，保证证实相符。

（3）负责向中心库上缴和提取现金。

（4）受理辖属营业机构的现金缴存、领取，以及主、辅币兑换。

（5）办理辖属营业机构尾箱款的寄存保管。

（6）负责辖属营业机构损伤币的收缴、整理和解缴中心库的工作。

（7）负责伪、变币的收缴、整理和解救人民币的工作。

（8）合理匡算库存现金头寸，灵活调剂现金短缺，最大限度地压缩现金。

3. 尾箱款集中保管的主要任务

（1）办理上级指定区营业机构尾箱款的寄存保管，建立登记簿，保管尾款箱数与登记簿一致。

（2）保管或代管贵重物品及按规定入库保管的重要机制，建立登记簿，认真做好交接登记工作，保证证实相符。

金库管辖行应统一印刷、办理"接送钞专用证"，有关人员在办理接送钞业务时应携带"接送钞专用证"、身份证和工作证，以便于营业机构人员交接时进行核对。

运钞方式根据不同情况可分为集中运钞和分散运钞两种方式。集中运钞是指由金库集中运钞车、押送人员、接送款人员同意运送钞币及尾箱款；分散运钞是指有关营业机构自行管理运钞车、配备押送人员和接送款人员，自行负责运送钞票及尾箱款。

钞币、有价单证等的运送原则上采取集中运送方式。受客观条件的限制，实行集中运送方式确有困难的，也可经一级分行保卫、出纳部门批准后采取分散运送方式。实行集中运钞的，库款押运由中心库、分金库首押人员负责；实行分散运钞的，押送任务应视押送人员的配备方法分别由中心库管辖行派驻各营业机构自行配备的押送人员或营业机构自行配备的首押人数负责，并各自为尾箱款的路途安全负责。

运钞车根据当地的运钞路线、需运钞营业机构的数量及其现金业务量等因素合理配置。具体配置数量须报经二级分行审批同意并报一级分行备案。运钞车原则上应实行集中管理。中心库和集中库的运钞车有金库管辖行保卫部门会同金库管理部门统一管理；尾箱款保管库集中的运钞车由金库管辖行运钞车管理部门委托所在行处统一管理。经批准采取分散运钞的，运钞车由有关营业机构自行确定一个部门管理。负责不同线路运钞任务的运钞车要不定期相互调换，运钞线路须不定期变换并做好对外保密工作。

二、库房管理

金库库房必须建在本行楼内，不得直接接触其他单位和居民住宅，不得裸露于公共场所，库体上下、四周环境应该安全可靠。库房一律采用钢筋混凝土六面浇筑结构。库房面积必须能够适应业务开拓和发展的需要，使用面积不得小于 10 平方米。库房必须设置库门和安全门，库门不得面对营业室柜台。库房管理具体可分为库房人员管理、库房钥匙管理、库房安全管理与查库工程四个方面。

1. 库房人员管理

中心库和代理人民银行发行基金保管库库房均设主任、副主任各一名，金库主任由管辖行长担任，副主任由主管行长担任。金库主任、副主任的职责是：全面负责对金库管理工作的领导，解决金库管理工作中存在的问题；负责管库人员配备、更换的审批和库存现钞、实物调出业务的审批；按要求查库和参与开库、锁库，妥善保管未用钥匙；做好安全防范工作，防止各类事故、案件的发生。

金库应正式配备管库人员两名、预备库管员两名。库管员应保持相对稳定。库管员须由政治可靠、责任心强、熟悉业务并具有多年出纳或会计专业经验的本行正式员工担任。

对审查批准任用的库管员颁发"库管人员证",实行持证上岗。库管员必须服从领导、忠于职守、遵章守纪,做好金库日常管理工作。

2. 库房钥匙管理

进库门应安装配有两把不同钥匙的银行专用库门锁,每把锁应配有正钥匙、副钥匙各一套。金库也可安装无钥匙三密码的银行专用锁,任意两组密码正确即可开启金库,第三组密码可作为备用钥匙使用。

金库的正钥匙由两名库管员分别掌管,工作中随身携带,做到自开、自锁、自管,严禁置于他处或交由他人代开、代锁、代管。工作结束后,两把钥匙应分别锁放在不同的专用保险柜内。专用保险柜钥匙或转字密码锁的密码由两名库管员分别妥善保管。该专用保险柜应置于守卫人员和报警、监控设备所能控制的范围之内,由守卫人员负责看守。金库正钥匙如需交接,须单线传递,正式库管员与预备库管员双方在"出纳重要物品交接登记簿"上签收。掌管不同钥匙的库管员不得互换、互借、互用对方钥匙。

金库的两把钥匙以及专用保险柜的两把钥匙,应由库管员会同金库主任和主管行长,在"金库、保险柜副钥匙(密码)保管登记簿"上登记后,当场共同装袋密封,加盖骑缝章,由金库主任和另一名领导分别妥善保管。金库副钥匙除在正钥匙丢失、损坏等特殊情况下,不得随意启封使用。关于金库副钥匙的使用情况,各行、处需定期检查,每年拆封检查一次,并做好检查记录。

3. 库房安全管理

(1) 各级行设置金库,需征求当地公安部门的意见,并报分行出纳管理部门与保卫部门审批。金库竣工后,须经分行出纳管理部门和保卫部门共同验收合格,方可正式启用。

(2) 库房内外必须配备报警系统,金库库区应配备闭路电视监控系统、通信联网设施、防卫器材等。

(3) 库内一律安装防爆灯,并保证足够的亮度。库房电源开关应设于库房外,并有开关显示。库房应配备应急灯,应急灯不得在库内充电。库内严禁使用明火。

(4) 库内电源不得裸露,库区应配备消防器材并定期检查更换,保证其有效性。

(5) 库房应配备吸湿机,防止库款实物潮湿霉烂。

4. 查库的基本规定

(1) 必须坚持查库制度,按查库内容要求进行检查。中心库管辖行的负责人每旬对中心库和分金库查库不少于一次,分管行长每月对中心库和分金库查库不少于一次。

(2) 尾款箱集中保管库所在行的出纳负责人每旬对尾款箱集中保管库查库不少于一次,分管行长每月对尾款箱集中保管库查库不少于一次。

(3) 各营业机构的出纳负责人每旬对尾款箱库存查库不少于一次,分管行长每月对尾款箱库存查库不少于一次。

(4) 上级行要对下级行进行定期或不定期的查库,采用出纳部门逐级检查越级检查,分管行长督促查库、检查查库记录、抽查等方式。

(5) 查库时,查库人要亲自动手核点库存,不得监而不查,敷衍马虎。上级行的分管行长、出纳负责人查库时,必须出示查库人身份证、工作证和经金库管辖行长签字的介绍信。

（6）每次查库结束后，查库人应填制一式两份"查库登记簿"，将查库情况和发现的问题及整改的意见在"查库登记簿"做详细的记载，一份由金库留存，一份由查库人留存备查。

（7）一级分行、二级分行分管出纳的行长，应定期或不定期地督促、检查出纳部门的查库情况及查看所发现问题的落实情况，必要时应抽查部分金库。

任务四　商业银行出纳反假工作

假币的制贩活动严重扰乱社会经济秩序，侵害国家和人民群众的利益。反假币工作是保证社会经济正常运转、保护国家人民利益不受假币侵害的重要方式。商业银行出纳由于其工作性质特殊，在反假币工作中的重要性不言而喻。

一、假人民币的种类

1. 伪造人民币

伪造人民币是指通过机械印刷、拓印、刻印、照相、描绘等手段制作的假人民币。其中，电子扫描分色制版印刷的机制假人民币数量最多、危害性最大。

2. 编造人民币

编造人民币是指在真币的基础上，利用挖补、揭页、涂改、拼凑、移位、重印等多种方法制作，构成变态升值的假人民币。

二、识别假币的简便方法

直观地鉴定人民币真伪，可以将其归纳为"一看、二摸、三听、四测"。

一看：一是看水印，把人民币迎光照看，10 元以上的人民币可在水印窗处看到人头像或花卉水印，5 元纸币是满版的古币水印。假币水印中，一种为浅色油墨印盖在纸币的正面或背面，还有一种是将币纸揭层后，在夹层中涂上白色糊状物，再在上面压盖上水印印模。真币水印生动传神，立体感强。假币水印缺乏立体感，多为线条组成，或过于清晰，或过于模糊。二是看安全线，第四套人民币 1990 版 50 元、100 元钞票在币面右侧有一条清晰的直线。假币的"安全线"或是用浅色油墨印成，模糊不清，或是手工夹入一条银色塑料线，容易在币纸的边缘发现未剪齐的银白色线头。第五套人民币的安全线有微缩文字，假币伪造的文字不清晰、线条活动易抽出。三是看钞面图案色彩是否鲜明、线条是否清晰、对接线条是否对接完好，无留白或空隙。

二摸：由于 5 元以上面额的人民币采取凹版印刷，线条形成突出纸面的油墨道，特别在盲文点、"中国人民银行"字样、第五套人民币人像等部位。用手指抚摸这些地方，有较明显的凹凸感，较新的钞票用指甲划过，有明显的阻力。目前收缴到的假币是使用胶版印刷，平滑、无凹凸手感。

三听：人民币纸张是特制纸，坚实挺括，较新钞票用手指弹动会发出清脆声响。假币纸张发软，偏薄，声音发闷，不耐揉折。

四测：用简单仪器进行荧光检测，可检测纸张有无荧光反应，人民币纸张未经荧光漂白，在荧光灯下无荧光反应，纸张发暗。假币纸张多经过漂白，在荧光灯下有明显荧光反应，纸张发亮；另外，人民币有1~2处荧光文字，呈淡黄色，假人民币的荧光文字光泽色彩不正，呈惨白色。

三、商业银行出纳收到假币后如何处理

银行出纳对收到的伪造、变造的人民币应予以收缴，并加盖"假币"字样的戳记，向持有人出具收缴凭证，将假人民币登记造册、妥善保管，并定期上缴中国人民银行当地分支行。持有人有异议的，可向中国人民银行申请鉴定。

▶▶▶ 拓展阅读

第五套人民币真伪辨别技巧

1. 水印：第五套人民币100元、50元为毛泽东人头像固定水印，20元为荷花固定水印，10元为玫瑰花水印，5元为水仙花水印，1元为兰花水印。2005版在冠号下方有白水印面额数字。

2. 红、蓝彩色纤维：在第五套人民币1999版100元、50元、20元、10元、5元的票面上，可看到纸张中有红色和蓝色纤维（2005版取消此措施）。

3. 安全线：第五套人民币1999版100元、50元为磁性微文字安全线；20元为明暗相间的磁性安全线；10元、5元为正面开窗全息安全线。2005版第五套人民币为全息开窗安全线，50元和100元的窗开在背面，20元、10元、5元的窗开在正面。

4. 手工雕刻头像：第五套人民币所有面值纸币正面主景毛泽东头像，均采用手工雕刻凹版印刷工艺，形象逼真、传神，凹凸感强。

5. 隐形面额数字：第五套人民币各面值纸币正面右上方有一装饰图案，将票面置于与眼睛接近平行的位置，面对光源做平面旋转45度或90度角，可看到阿拉伯数字面额字样。

6. 光变面额数字：第五套人民币100元正面左下方用新型油墨印刷了面额数字"100"，当与票面垂直观察其为绿色，而倾斜一定角度则变为蓝色。50元则可由绿色变成红色。

7. 阴阳互补对印图案：第五套人民币正面左下角和背面右下方各有一圆形局部图案，透光观察，正背图案组成一个完整的古钱币图案。2005版100元、50元的互补图案在左侧水印区的右缘中部。

8. 雕刻凹版印刷：第五套人民币"中国人民银行"行名、面额数字、盲文面额标记等均采用雕刻凹版印刷，用手指触摸有明显凹、凸感。1999版1元和2005版各面值正面主景图案右侧，有一组自上而下规则排列的线纹，采用雕刻凹版印刷工艺印制，用手指触摸，有极强的凹凸感。

9. 号码（凸印）：第五套人民币1999版100元、50元为横竖双号码，横号为黑色，竖号为蓝色；其余面额为双色横号码，号码左半部分为红色，右半部分为黑色。2005版100元、50元为双色异型号码，中间大两边小。

10. 胶印缩微文字：第五套人民币100元、50元、20元、10元等面额纸币印有胶印缩

微文字"RMB100""RMB50""RMB20""RMB10""RMB5"等字样,大多隐藏在花饰中。

11. 专用纸张:第五套人民币采用特种原材料由专用抄造设备抄制的印钞专用纸张印制,在紫外光下无荧光反应。较新的纸币在抖动时,会发出清脆的响声。

12. 变色荧光纤维:第五套人民币在特定波长的紫外光下可以看到纸张中随机分布有黄色和蓝色荧光纤维。

13. 无色荧光图案:第五套人民币各券别在正面行名下方胶印底纹处,在特定波长的紫外光下可以看到面额阿拉伯数字字样,该图案采用无色荧光油墨印刷,可供机读。

14. 有色荧光图案:第五套人民币100元背面主景上方椭圆形图案中的红色纹线,在特定波长的紫外光下显现明亮的橘黄色;20元券背面的中间在特定波长的紫外光下显现绿色荧光图案;50元券背面在紫外光下也会显现图案。

15. 胶印接线印刷:第五套人民币100元正面左侧的中国传统图案是用胶印接线技术印刷的,每根线均由两种以上的颜色组成。

16. 凹印接线印刷:第五套人民币背面最大的面额数字和正面左侧面额数字是采用凹印接线技术印刷的,两种墨色对接自然完整。

17. 凹印缩微文字:第五套人民币在正面右上方装饰图案中印有凹印缩微文字,在放大镜下,可看到"RNB100""RMB20"等与面值对应的字样。背面左下角最大的面额数字中间,布满了小的白色面额数字。在其右方的数条平行线,上边几条由连续的"RMB"组成,最下面一条由连续的"人民币"字样组成。

18. 磁性号码:用特定的检测仪检测,1999版100元、50元的黑色横号码和20元、10元、5元的双色横号码中黑色号码有磁性,可供机读。

19. 浮雕隐形文字:第五套人民币各面值大多包含浮雕隐形文字,位置有的在人像两侧,有的在背面顶部或底部,如100元的为"RMB100"字样。

▶ 课后实训

工商银行某支行发生下列现金收付业务,请逐笔写出会计分录。

1. 市五金公司送存销售收入16 500元。

2. 天天饭店送存营业收入123 000元。

3. 市农机公司签发现金支票提取备用金5 000元。

4. 机械厂签发现金支票提取差旅费18 000元。

5. 化工厂签发现金支票提取加班费28 000元。

6. 解付张三应解付款20 000元。

7. 营业终了出纳员发现长款500元,原因未查明,暂时列账。

8. 经批准将日前出纳短款300元列作本行支出。

项目四　吸收存款业务的核算

1. 了解商业银行存款业务的内容；
2. 掌握吸收存款核算程序与内容；
3. 掌握吸收存款利息的计算与核算。

储户取款无果银行拒付是否有理

1997 年 11 月 11 日，原告李某用其真实姓名在被告某商业银行采用定活两便方式存款 40 000 元。2008 年 12 月 26 日、2009 年 1 月 6 日李某两次到该银行取款，均以存款已被挂失取走为名拒付。为此李某诉至法院，要求被告某商业银行偿还原告存款本金 40 000 元及截至执行之日止的利息。举证期限内，原告李某向法院提交了涉诉存单复印件一份，被告某商业银行提交了该笔存款的底单、挂失手续及取款手续等凭证复印件八份。原告的存单上是要求凭身份证及密码取款，但被告某商业银行的该笔存款底单上要求凭密码及印鉴取款。而且被告所提供的挂失及取款手续都不是原告所写。庭审过程中被告突然改口，承认该存单的有效性，且该笔存款尚在，承诺原告李某可依存款时约定到银行取款，但否认原告李某 2008 年 12 月 26 日、2009 年 1 月 6 日曾到其处取过款。

（资料来源：http://www.110.com/ziliao/article—238935.html2011-09-02）

思考： 你认为该案例该如何判决？定活两便存款如何核算？

任务一　存款业务概述

存款是商业银行以信用方式吸收社会闲置资金的筹资活动。存款是商业银行负债的重要组成部分，也是商业银行信贷资金的重要来源。商业银行吸收存款，可以把社会闲散的资金聚成巨大的货币资金，通过商业银行的信用中介作用，把资金贷放给流通和生产部门，从而对社会生产和经济活动进行有效调节。

存款是商业银行经营资金的主要来源，没有存款就不能贷款，也就不能有银行，因此存款业务始终是商业银行最重要、最有意义的经营活动。商业银行作为信用中介，必须通过存款业务来集中社会闲置的资金，先使自己成为全社会最大的债务人，然后才能成为全社会最大的债权人。同样，商业银行作为支付中介，也必须以客户的存款账户为前提，才能办理货币资金的收付，实现货币流通手段和支付手段的职能。所以存款是商业银行经营活动的基础和前提，存款规模的大小是商业银行资金实力强弱的主要标志，也是制约贷款的决定性因素。

一、吸收存款业务的种类

商业银行吸收的存款种类繁多，为便于管理，通常把吸收的存款划分为以下几类：

1. 按照存款的对象可划分为单位存款和储蓄存款

（1）单位存款是指商业银行吸收企业、事业、机关、社会团体、部队等单位的闲置资金的存款。

（2）储蓄存款是指银行吸收城乡居民个人的资金形成的存款。

2. 按照存款的期限可划分为活期存款和定期存款

（1）活期存款是指存入时不确定存期、可以随时存取的存款，其利率较低，包括单位活期存款和居民活期储蓄存款。

（2）定期存款是指存款时约定存期、到期支取的存款，其利率较高，包括单位定期存款和定期储蓄存款。

3. 按照存款的币种可划分为人民币存款和外币存款

（1）人民币存款是指单位及城乡居民等存入的人民币款项形成的存款。

（2）外币存款是指单位及城乡居民的外币款项所形成的存款。

二、存款账户的管理

银行账户一经开立，商业银行就必须加强对账户的管理，监督开户单位正确使用账户。

1. 银行账户按存款人分为单位银行账户和个人银行账户

存款人以单位名称或商号开立的银行账户为单位银行账户；存款人以自然人名称开立的银行账户为个人银行账户。个人银行存款账户是由存款人申请，经银行确认的可以办理支付结算业务的储蓄存款账户；单位银行存款账户只能选择一家银行的一个营业机构开立一个基本存款账户，不允许在多家商业银行开立基本存款账户。

2. 开户实行双向选择

存款人可以自主选择商业银行开立银行账户，除国家法律、行政法规和国务院规定外，任何单位和个人不得强令存款人到指定的商业银行开立银行账户。

3. 实行开户许可证制度

存款人开立基本存款账户、临时存款账户预算单开立专用存款账户应凭当地人民银行分支机构核发的许可证办理。

4. 银行账户的开立和使用

银行账户的开立和使用应当遵守法律、行政法规，不得利用银行账户进行逃废债务、偷逃税款和违法犯罪活动。

5. 银行应依法为存款人的银行账户信息保密

对单位银行账户的存款和有关资料，除国家法律、行政法规另有规定外，商业银行有权拒绝任何单位或个人查询。对个人银行账户的存款和有关资料，除国家法律另有规定外，商业银行有权拒绝任何单位或个人查询。

三、吸收存款业务核算的基本要求

吸收存款业务涉及各个单位和个人，政策性强，业务量大，牵涉商业银行和客户双方的经济利益，因此，在组织和办理存款业务核算过程中，商业银行必须做到以下几个方面的要求。

（一）正确使用会计科目和账户，加强柜面监督

商业银行要按规定正确使用会计科目和账户，分析账户资金的收付情况，加强柜面监督，严禁将账户出租、出借或转让给其他单位和个人使用。对于储蓄存款账户，也要加强管理，严防冒领、诈骗、盗窃，以保证储蓄存款的安全。

（二）准确、及时地办理存款业务，提高服务质量

银行在办理存款业务时，应当做到手续简便、迅速及时、方便客户；按照支付原则和账务处理程序的要求，准确、及时地传递会计凭证，处理有关业务，以保证存款业务核算质量。

（三）发挥银行反映和监督职能，维护存款人的合法权益

各单位、各部门的经济活动，可以通过商业银行所核算的各项业务活动和财务收支的资料得到反映，对企业的资金使用进行必要的监督，保证单位或个人对存款的支配权。对单位存款应坚持"谁的钱进谁的账由谁支配"的原则，除国家有专门规定外，禁止银行代任何单位或个人扣款，禁止银行擅自停止存款人对存款的支取。

任务二　单位存款业务的核算

一、单位存款的种类及单位银行结算账户的管理

（一）单位存款的种类

单位存款是指企业、事业、机关、部队和社会团体等单位在商业银行办理的人民币存款。

单位存款包括定期存款、活期存款、通知存款、协定存款。

（1）单位定期存款是我国银行业的一项传统负债业务，是指企事业、机关团体等单位将短期闲置资金存入银行，并事先与银行约定存期、利率，到期支取本息的一种存款方式。吸收单位定期存款可以为银行带来大额而又较为稳定的资金来源，所以这项业务备受广大金融机构的青睐。

（2）单位活期存款是指不约定存款期限，可以随时办理存取的，并依照人民银行公布的活期存款利率按季计取利息的存款。

（3）单位通知存款是指存款人不约定存期，在支取时需事先通知存款银行的一种人民币存款。单位通知存款实行账户管理，其账户不得作结算户使用。

（4）单位协定存款是客户按照与金融机构约定的存款额度开立的结算账户，账户中超过存款额度的部分，金融机构自动将其转入协定账户，并以协定存款利率计息的一种企业存款。

本部分将重点讲述人民币单位活期存款和人民币单位定期存款这两种方式。

（二）单位存款管理

因存款单位人事变动，需要更换单位法定代表人章（或单位负责人章）或财会人员印章时，必须持单位公函及经办人身份证件向存款所在商业银行办理更换印鉴手续，如为单位定期存款，应同时出示商业银行为其开具的证实书。

因存款单位机构合并或分立，其定期存款需要过户或分户必须持在单位公函、工商部门的变更、注销或设立登记证明及新印鉴（分户时还须提供双方同意的存款分户协定）等有关证件向存款所在商业银行办理过户或分户手续，由商业银行换发新证实书。

存款单位的密码失密或印鉴遗失、损毁，必须持单位公函，向存款所在商业银行申请挂失。商业银行受理挂失后，挂失生效。如存款在挂失生效前已被人按规定手续支取，商业银行不负赔偿责任。

存款单位迁移时，其定期存款如未到期转移，应办理提前支取手续，按支取日挂牌公布的活期利率一次性结清。

商业银行应对存款单位的存款保密，有权拒绝除法律、行政法规另有规定以外的任何单位或个人查询；有权拒绝除法律另有规定以外的任何单位冻结、扣划。

（三）单位银行结算账户

银行结算账户，是指存款人在经办银行开立的办理资金收付结算的人民币活期存款账户。银行结算账户按存款人不同分为单位银行结算账户和个人银行结算账户。存款人以单位名称开立的银行结算账户为单位银行结算账户。

1. 基本存款账户

存款单位的现金支取，只能通过基本存款账户办理。

一个单位只能选择一家银行的一个营业机构开立一个基本存款账户，不得同时开立多个基本存款账户。

2. 一般存款账户

该账户可以办理现金缴存，但不得办理现金支取。

3. 临时存款账户

临时存款账户，是指存款人因临时需要并在规定期限内使用而开立的银行结算账户。

存款人有设立临时机构、异地临时经营活动、注册验资情况的，可以申请开立临时存款账户。临时存款账户的有效期最长不得超过 2 年。

4. 专用存款账户

专用存款账户，是指存款人按照法律、行政法规和规章，对有特定用途资金进行专项管理和使用而开立的银行结算账户。

对下列资金的管理和使用，存款人可申请开立专用存款账户：

①基本建设资金；②更新改造资金；③财政预算外资金；④粮、棉、油收购资金；⑤证券交易结算资金；⑥期货交易保证金；⑦信托基金；⑧金融机构存放同业资金；⑨政策性房地产开发资金；⑩单位银行卡备用金；⑪住房基金；⑫社会保障基金；⑬收入汇缴资金和业务支出资金；⑭党、团、工会设在单位的组织机构经费；⑮其他需要专项管理和使用的资金。

二、单位活期存款的核算

单位活期存款是指不规定存款期限，客户可以随时存取，并依照活期存款利率按季计取利息的存款。

存款单位开立账户时应到拟开户行领取空白"开户申请书"和"印鉴卡"一式三份，如实填写各项内容，并加盖与账户名称一致的单位公章和法人章或根据法人授权书的内容加盖其授权人章；在"印鉴卡"上加盖单位财务专用章和法人章，或加盖财务专用章、法人章和财务主管人员章。私人名章均可由本人签字代替。同时，开户单位还应提交营业执照等。

银行在收到相关资料后，应按规定进行开户审查。符合条件的，登记"开销户登记簿"。设置"吸收存款——活期存款"账户进行核算。该账户属于负债类账户，银行吸收单位存款时记贷方，存款单位支取时记借方，余额在贷方。该账户应按存款单位进行明细分类核算。

1. 存入现金的核算

存款单位向开户银行存入现金时，应填制一式三联现金交款单（见表4-1），连同现金一并交给开户银行出纳部门。出纳部门审核现金存款单、清点现金无误后，将第一联盖上现金收讫章作为回单退交存款单位，然后根据现金交款单第二联登记现金收入日记簿，登记完毕后将第二联送回会计部门现金收入传票登记单位存款分户账。其会计分录为：

借：库存现金

    贷：吸收存款——活期存款——××单位户

表4-1 ××银行现金交款单

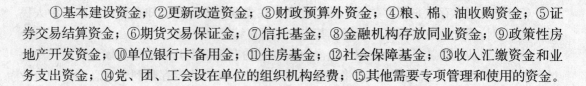

券种明细		××银行													本次缴款情况记录	
券种	金额	现 金 交 款 单													多款	已退回
壹佰元		缴款日期 年 月 日													少款	已补收
伍拾元																
拾元																
伍元		交款	全 称				账 号									
贰元		单位	开户银行				款项来源									
壹元		人民币						百	十	万	千	百	十	元	角	分
伍角		（大写）														
贰角																
壹角																
伍分		现金														
贰分		收讫					出纳复核员　　出纳收款员									
壹分																
合计							会计复核员　记账员									

2. 支取现金的核算

存款单位向开户银行支取现金时，应签发现金支票（见表4-2），填明收款人、用途和金额，加盖预留银行印鉴，由取款人背书并填制证件名称及号码后送交开户银行会计部门。会计部门接到现金支票后，应按规定对支票及其内容进行严格审查，经审查无误后，将出纳对号单交给取款人，以现金支票代现金传票付出传票，登记取款单位分户账后，再将现金支票内部传递到出纳部门，出纳部门据以并凭对号单向取款人支付现金并登记现金付出日记簿。其会计分录为：

借：吸收存款——活期存款——××单位存款户

贷：库存现金

3. 单位活期存款利息计算及账务处理

（1）单位活期存款利息结计规定及计算。

应付利息的公式为：

$$应付利息＝积数×月利率/30＝积数×日利率$$

式中，"利率"分为年利率、月利率和日利率三种；"积数"是存款账户余额与存款日数相乘之积或存款账户每日余额相加之和；于结息日的次日为客户转账支付到本金户中。银行对活期存款的利息按季计算，结计出来的利息于21日入账。计息期为上季末月21日起至本季末月20日止，即结息时应把结息日当天计算在内，下季度的利息从结息日的次日开始算起。如在结息期前销户，银行应于销户时计算利息。按季结息有余额表计息和分户账上计息两种方式，存期均按实际天数计算。

表4-2 现金支票

××银行现金支票存根	××银行现金支票（省别简称）
支票号码 附加信息：＿＿＿＿ ＿＿＿＿＿＿ ＿＿＿＿＿＿ 出票日期 年 月 日 收款人＿＿＿＿＿ 金 额＿＿＿＿＿ 用 途＿＿＿＿＿ 单位主管 会计	出票日期（大写） 年 月 日 收款人： 本支票付款期十天 人民币（大写）｜千｜百｜十｜万｜千｜百｜十｜元｜角｜分 用途： 上列款项请从我账户内支付 出票人盖章 复核 记账

①按计息余额表计息（加法计算法）。该方法适用于存款余额变动频繁的存款账户。采用该方法计算利息，商业银行会计部门每日营业终了，将各计息分户账的最后余额逐户抄列在计息余额表中，如当天的余额未发生变化或遇节假日，应照抄上日余额。如遇更正错账，应及时在计息余额表的"应加积数"或"应减积数"栏内进行调整。结息日，逐户将全季的累计积数乘以日利率，即得出各户应计利息数。

【例4-1】某商业银行2014年3月份计息余额表中的A单位活期存款余额情况见表4-3。

表 4-3 某银行计息余额表

科目名称：   共 页
科目代号：   2014 年 3 月   第 页

账号 户名 余额 日期	201009 A 单位	核对 盖章
上月底止累计应计息积数	212 000 000.00	
1	580 000.00	
2	600 000.00	
3	620 000.00	
4	550 000.00	
5	500 000.00	
6	650 000.00	
7	700 000.00	
8	480 000.00	
9	520 000.00	
10	560 000.00	
10 天小计	5 760 000.00	
⋮		
20	26 000 000.00	
21		
本月合计		
（本月计息积数）		
应加积数		
应减积数		
本期累计应计息积数	238 000 000.00	
结息时计算利息数		
备注		

会计   复核   记账

A 单位活期存款至上月底计息积数（12 月 21 日—2 月 28 日的累计计息积数）为 212 000 000.00 元，3 月份 1—20 日的计息积数为 26 000 000.00 元，第 1 季度的计息积数（上期结息日至 3 月 20 日止的累计应计息积数）为 236 000 000.00 元（212 000 000.00＋26 000 000.00），所以：

第 1 季度 A 单位活期存款的应计利息＝236 000 000.00×0.35％÷360＝2 294.44（元）

商业银行计息后，一般是在次日入账，并逐户编制"存款利息通知单"，一式三联，第一联作贷方传票，第二联作借方传票（汇总编制利息支出科目传票的，此联作附件），将第三联代收账通知交给各存款单位。其转账的会计分录为：

借：利息支出——活期存款利息支出户　　　　　　　　　　　　　　　　　　　2 294.44

　　贷：吸收存款——单位活期存款——A 单位户　　　　　　　　　　　　　　　　2 294.44

②明细账页上计息（乘法计算法）。该方法适用于存款余额变动不多的存款户。在活期存款明细账采用乙种账格式时，由于账页上设有"日数"和"积数"两栏，因此在登记明细账结出余额后，可以直接计算出积数，填入"积数"栏。日数的计算是从上一次记账日期算至本次记账日期的前一日止，即"算头不算尾"，再以上一次存款余额乘以日数，计算出计息积数。结息日将各明细账户的积数分别相加，计算出本季度累计积数；再将本季度累计积数乘以日利率，即可得出应付息数。

【例 4-2】某银行甲单位的分户账见表 4-4。

表 4-4　某银行甲单位分户账

分户账

户名：甲单位　　　　　　　　　　账号：　　　　　　　　　　　利率：0.35%

××年		摘要	借方	贷方	借或贷	余额	日数	积数
月	日							
3	21	结息		500.00	贷	50 000.00	4	200 000.00
3	25	转收		100 000.00	贷	150 000.00	16	2 400 000.00
4	10	信汇	40 000.00		贷	110 000.00	35	3 850 000.00
5	15	委收		50 000.00	贷	160 000.00	12	1 920 000.00
5	27	现收		40 000.00	贷	200 000.00	13	2 600 000.00
6	10	转收		100 000.00	贷	300 000.00	11	3 300 000.00
合计							91	14 270 000.00
6	21	结息		138.74	贷			

计息积数算出后，按【例 4-2】余额表计息方法办理转账。

（2）账务处理。

活期存款于结算日计算出各户应付利息数后，应编制三联（两贷一借）利息清单，以一联贷方传票将利息转入存款单位账户内，另一联贷方传票作收账通知交存款单位。营业终了，根据借方传票填制利息支出科目汇总传票（以借方传票作附件），办理转账。其会计分录为：

借：利息支出——活期存款利息支出户

　　贷：吸收存款——活期存款——××户

三、单位定期存款的核算

单位定期存款是指单位将其活期存款账户中暂时不用的资金一次转出，约定存期，支付本息的存款。单位定期存款起存金额 1 万元，多存不限；期限分为三个月、半年、一年等多个档次。

银行设置"吸收存款——定期存款"账户进行核算。"吸收存款——定期存款"为负债类账户，用以核算商业银行吸收企事业单位存入的定期款项。商业银行吸收企事业单位定期款项时，记入贷方；企事业单位支取定期款项时，记入借方；余额在贷方，表示商业银行期末尚存企事业单位定期存款数额。该账户按存款期限和单位分别进行明细分类核算。

1. 单位定期存款存入的核算

存款单位在存入定期款项时，提供预留银行印鉴卡三份，同时签发转账支票和填写单位定期存款缴款单一式二联，经审核无误并收妥款项后，填制单位定期存款开户证实书（见表 4-5）一式三联。经复核后，将单位定期存款开户证实书第一联作为转账贷方传票入账；第三联银行作为卡片账留存，并登记单位定期存款开销户登记簿，同时按顺序专夹保管；第二联加盖银行业务公章和经办员名章后交给存款单位作为存款依据，转账支票则作为转账借方传票登记存款单位分账户。其会计分录为：

借：吸收存款——活期存款——××单位存款户

贷：吸收存款——定期存款——××单位定期存款户

表 4-5　中国××银行定期存款开户证实书

年　月　日　　　　　　　　　　　　　　　　　　No. 0000000

存款人名称				存款人账号											
存期		利率		到期日			年　月　日								
金额	人民币 （大写）					千	百	十	万	千	百	十	元	角	分
贵单位已在我行开立单位定期整存整取存款 （银行业务公章）				备注： 　　本证实书仅对存款人开户证实，不得作为质押的权利凭证。											

2. 单位定期存款利息结计业务的核算

单位定期存款利息按存入日中国人民银行颁布的利率核算，实行利随本清计息办法，其存期按对年、对月、对日计算（实付利息日数算至到期日前一天），不论大月、小月、平月、闰月，每月均按 30 天计算，全年按 360 天计算，不足一个月的零头天数按实存天数计算（算头不算尾）。

利息计算公式为：

利息＝本金×存期×利率

（1）到期支取。按开户日所定的利率计付利息。

（2）逾期支取。逾期部分按支取日人民银行挂牌公告的活期存款利率支付。

（3）提前支取。按支取日挂牌公告的活期存款利息计息。

（4）部分提前支取。提前支取部分，按支取日银行挂牌公告活期存款利率计息；未提前支取部分，按原单位定期存款开户证实书（或定期储蓄存单）开立日所定存款利率和原定存期计付利息。但部分提前支取只允许一次。定期存款利率在原定期内如中国人民银行有调整变动，均按开户日所订利率计付利息，不分段计息。

为遵循权责发生制原则，银行对存期较长的如一年期以上的定期存款，应按季（有条件的如业务量较少的营业机构可按月）预提应付利息，计入当期成本。预提应付利息时，其会计分录为：

借：利息支出

　　贷：应付利息

"应付利息"为负债类账户，用以核算银行吸收的款项及各项借款当期应付未付的利息。计提应付利息时，记入贷方；实际支付利息或代扣利息税时，记入借方；期末余额在贷方，表示已经提取尚待支付的利息。该账户应按存款种类进行明细分类核算。

3. 单位定期存款支取本息业务的核算

存款到期，存款单位不能从定期存期账户支取现金，也不能用于结算，只能将其转入活期存款账户或用于转期续存。单位填制两联进账单连同加盖预留印鉴的证实书第二联，填写支取日期，向银行办理转账。银行经审核无误后，计算应付利息，填制两联的利息计算清单，其中，一联代收账通知交存款单位，一联代替特种转账借方传票。一年期以上（含一年期）的定期存款，利息已经预提，要冲转"应付利息"账户；而对于不满一年的定期存款则将发生的利息列入"利息支出"账户。同时在单位定期存款开户证实书上加盖"结清"戳记，以收回的单位定期存款开户证实代替转账借方传票入账；两联进账单其中一联收款通知转交收款单位；最后销记单位定期存款开销户登记簿。

【例 4-3】某行收到矿山机械厂交来当日到期的单位存款开户证实书一张，金额为 100 000 元，存期一年，年利率为 2.52%，并要求将支取的利息转入活期存款账户。经审查无误后，做会计分录如下：

借：吸收存款——单位定期存款——一年期存款——矿山机械厂户

　　　　　　　　　　　　　　　　　　　　　　　　　100 000.00

　　应付利息——一年期定期存款利息户　　　　　　　　2 520.00

　　贷：吸收存款——单位活期存款——矿山机械厂户　　102 520.00

任务三　储蓄存款业务的核算

一、储蓄业务管理及核算要求

储蓄存款是指银行通过信用方式吸收的城乡居民闲置和节余的现金所形成的款项，它是银行存款业务的重要组成部分。积极开展储蓄业务，不仅可以扩大银行营运资金，积聚建设基金，而且对调节社会购买力、调节消费结构、调节货币流通、稳定利率、稳定物价等都有重要意义。

（一）储蓄业务管理

1. 储蓄存款的原则

为做好储蓄工作，国家对储蓄一贯采取鼓励和保护的政策。银行对个人的储蓄存款，实行"存款自愿，取款自由，存款有息，为储户保密"的原则。

2. 储蓄存款账户实名制

自 2000 年 4 月 1 日开始，我国实行储蓄存款账户实名制。储蓄存款账户实名制，是指要求存款人到金融机构办理各种本外币存款账户时出示个人有效证件，使用身份证件上的姓名；金融机构应按规定进行核对，并登记身份证上的姓名和号码。

（二）储蓄业务核算的基本要求

储蓄业务体现了银行存款业务和现金业务的高度统一，是银行日常基本而烦琐的核算业务。银行在储蓄业务日常核算中应做到以下要求。

（1）正确贯彻储蓄政策，促进储蓄业务健康发展。

（2）坚持按规章制度办事，保证核算工作的正确性。

（3）提高业务水平，保证优质服务。

（4）提高警惕，控制金融风险。

二、商业银行主要储蓄产品

（一）传统储蓄产品

1. 活期储蓄存款

活期储蓄存款是指不规定存期、储户随存随取的储蓄存款。活期储蓄存款起存金额 1 元，多存不限。其特点是存期不确定，存取十分灵活。活期储蓄存款主要分为活期储蓄存折户、活期储蓄存单户、活期储蓄支票户。

2. 定活两便储蓄存款

定活两便储蓄存款是一种不确定存款期限，利率随存期长短而变动的储蓄存款种类。开户起存金额一般为 50 元，存单分记名、不记名两种，记名的可挂失，不记名的不可挂失。它既具有活期储蓄随时可以提取的灵活性，又能享受到接近于定期存款利率的优惠。目前银行开办的定活两便储蓄有两种。第一种是定活两便定额储蓄。第二种是定活两便不定两便不定额储蓄。由储户自己确定存入金额，存单可记名可挂失。

3. 定期储蓄存款

定期储蓄存款是指约定存期、一次或分次存入、一次或多次取出本金或利息的一种储蓄。

（1）整存整取定期储蓄存款。

整存整取定期储蓄存款是储户将本金一次存入，到期一次支取本息的一种定期储蓄。它是定期储蓄存款最基本、最主要的一种储蓄形式。50 元起存，多存不限，存期分为 3 个月、半年、1 年、2 年、3 年和 5 年六个档次。开户时由银行发给存单，到期凭存单支取本息。这种储蓄具有期限长、利率高的特点，适合于较长时期不用的节余款项的存储，该种储蓄可部分或全部提前支取。

（2）零存整取定期储蓄存款。

该种储蓄约定存期，将本金分次存入，到期一次支取本息。存期分 1 年、3 年、5 年三个档次。其特点是逐月存储，适合那些有固定收入但节余不多的储户。

（3）存本取息定期储蓄存款。

存本取息定期储蓄存款是一种一次存入本金、分次支取利息、到期支取本金的定期储蓄存款种类。这种储蓄存期分为 1 年、3 年、5 年三个档次，起存金额一般为 5 000 元。开户时储户将本金一次存入，支取利息的期次可与银行商定为 1 个月或几个月一次，银行按本金和约定存期计算好分次应付利息，储户凭存单分期取息，到期全部支取本金。如到取息日未取息，以后可随时支取。存本取息储蓄存款在约定存期内如需提前支取，则要按定期存款提前支取的规定计算存期内利息，已支取的利息要一次性从本息中扣回。它适合于有大笔款项的储户存储。

（4）整存零取定期储蓄存款。

整存零取定期储蓄存款是一种本金一次存入、分期支取固定本金、到期一次性支取利息的定期储蓄存款种类。这种储蓄存期分为 1 年、3 年、5 年三个档次，起存金额一般为 1 000 元。开户时储户可与银行约定存期和分期支取本金的期次，支取期次分为每 1 个月、每 3 个月或每半年一次。存款到期时结清利息。它适合于储户有较大款项需要分期使用的情况。

（二）创新储蓄产品

1. 活期一本通

活期一本通是在一个账户内可以同时容纳人民币及多种外币活期储蓄的存款方式。其主要特点是集多种货币于一折，方便保管；兼有一般活期存款同城通存通兑的功能；可进行个人实盘外汇买卖；与电话银行相联通，足不出户便可实现个人理财。

2. 定期一本通

定期一本通是在一个存折上办理多种货币和多种期限的整存定期储蓄存款的一种存款方式。其主要特点是集多种货币、多种存期于一折，方便保管；本外币定期储蓄存款同城通兑，方便快捷；到期自动转存，确保利息收入；一次开户即可多次反复使用，不需另开账户，定期与活期可互相转存，与电话银行联网，提供个人理财服务；还可做小额质押贷款。

3. 通知储蓄存款

通知储蓄存款是指有储户一次存入本金，银行发放给存折，储户凭存折可不限次数支取款项，取款时需在取款日前以书面形式通知银行的储蓄种类。存期分为 7 天、15 天、1个月、2 个月、3 个月、6 个月、9 个月、1 年共八个档次。通知存单利率按人民银行公布的通知存款利率执行，未包含的档次利率，按当地人民银行规定的利率执行，此储种适合于有随时支取较大金额需要的储户。

4. 电话银行

电话银行服务是指银行运用计算机、语音处理技术、电话信号数字化技术和通信网络手段，为客户提供通过公共电话网络同银行进行金融交易的服务。无论个人、家庭或企业、单位，无须到银行，只要拨通电话，输入电话银行账号和密码，便可足不出户，轻松理财，简易又安全。

三、银行储蓄业务的核算

（一）活期储蓄业务的核算

1. 吸收活期储蓄存款的核算

（1）开户。

银行设置"吸收存款——活期储蓄存款"账户进行核算。"吸收存款——活期储蓄存款"是负债类账户，用以核算银行吸收的居民个人活期储蓄款项。银行吸收个人存入活期储蓄款项时，记入贷方；个人支取活期储蓄款项时，记入借方；余额在贷方，表示银行期末尚存个人活期款项的数额。该账户按居民个人进行明细分类核算。

储户首次存入活期储蓄存款即为开户。储户开户时须持本人法定身份证件，使用实名填写"活期储蓄存款凭条"连同现金一起交柜员。

柜员审核存款凭条，清点现金无误后，选择活期开户操作。根据显示器提示输入的信息输入一般内容，计算机在检验输入的数据后自动编制储户账号，登记活期储蓄存款登记簿，建立"活期储蓄分户账"。当显示器提示将存折、凭条放入打印机时，柜员依次正确放入存折、存款凭条。打印后，柜员核对打印内容是否正确，并提示储户签名确认凭条无误后，对凭证分别加盖公章、收讫章和章名，登记现金收入日记簿，将存折交给储户，存款凭条留存（见表 4-6）。其会计分录如下：

借：库存现金
　　贷：吸收存款——活期储蓄存款——××储蓄户

表 4-6　储蓄存款凭条

中国××银行存款凭条　　　　　　　　年　月　日　　　　　　　　序号：

	户名账（卡）号顺序号											
客户填写	币种（√）：人民币□港币□美元□英镑□其他金额	亿	千	百	十	万	千	百	十	元	角	分
	新开户的客户请继续填写背面											

日期：　　　　　日志号：　　　　　交易码：　　　　　币种：

金额：　　　　　终端号：　　　　　主　管：　　　　　柜员：

制票：　　　　　　　　复核：

（2）续存。

储户填写存款凭条，并提交现金、存折，或只提交现金、存折，告知存款金额，储蓄存款凭条由柜员代填。柜员清点现金选择活期续存操作，并向机器内输入账号和金额，其处理过程像开户一样。

（3）支取。

储户填写存款凭条或由柜员代填，并提交存折。柜员核对取款凭条和存折无误后，选择活期支取操作，若留有密码由储户输入密码，柜员按凭条输入账号、支取金额等内容，输入后机器自动调出原账户，自动核对该账户的户名、账号及金额是否相符以及是否透支。当无误时，机器自动计算，结出利息积数，更新分户账，记活期存款科目账户和库存现金科目账户，打印凭条和存折。柜员审核凭条，提示储户签名确认后，在凭条、存折上加盖付讫章和名单，然后将存折和现金交付储户，取款凭条留存（见表 4-7）。其会计分录如下：

借：吸收存款——活期储蓄存款——××存款户
　　贷：库存现金

表 4-7　储蓄取款凭条

中国××银行取款凭条　　　　　　　　　　年　月　日　　　　　　　序号：

	户名账（卡）号顺序号												
客户填写	币种（√）：人民币□港币□美元□英镑□其他金额	亿	千	百	十	万	千	百	十	元	角	分	
	现金或转账（√）：现金□转账□												
	转账入（卡）号顺序号，户名												
	取款人证件名称号码												
	代理人证件名称号码　　　　　　代理人签名	（客户印鉴）											
	日期：　　　　日志号：　　　　交易码：　　　　币种：												
	金额：　　　　终端号：　　　　主管：　　　　柜员：												

　　制票：　　　　　　　　　　复核：

（4）换折业务。

柜员收回旧折，在最后余额栏下注明"过入新折"，并另开新折。新折的扉页上应注明旧折账号、户名，在第一行摘要栏里注明"旧折过入"余额栏里记载旧折的最后余额。原存折扉页公章处应加盖注销，每页加盖附件戳记，作为当日存款或取款凭条的附件。其余手续参照存、取款办理。

（5）销户。

储户不再续存，支取全部存款时即为销户。柜员核对取款凭条和存折后，选择活期销户操作。显示和处理过程与支取类似，不同的是，要求支取的金额数字应按画面上显示的余额数字输入。计算机在确定合法后，自动完成结息（代扣缴利息税），销账，记活期储蓄存款科目账和库存现金科目账、活期储蓄利息支出账，在开销户登记簿中注销此户，依次打印凭条、存折及利息清单。柜员核对无误后加盖结清戳记和名章，将现金和利息清单第二联交储户，将存折和凭条一起留存，将利息清单第一联作为利息付出传票附件留存。其会计分录如下：

借：吸收存款——活期储蓄存款——××存款户
　　利息支出
　贷：库存现金

2. 活期储蓄存款利息计算及账务处理

活期储蓄存款在利息的计算公式、计息的形式和计算方法上与单位活期存款相同。

目前，活期储蓄存款每季度结息一次，每季末的 20 日为结息日前清户，商业银行在这一日将利息转入储蓄账户。如果储户在结息日前清户，商业银行将按当日挂牌活期利率计算利息并连同本金支付给储户。

银行对活期性质的储蓄账户主要采取积数计息法计算利息，包括活期存款、零存整取、通知存款。

【例 4-4】"吸收存款——活期储蓄存款——王五分户账"详情见表 4-8，利率为 0.35%。

表 4-8   王五账户活期存款

日期	存入	支取	余额	计息期	天数	计息积数
2014.1.2	10 000		10 000	2014.1.2—2014.2.2	32	32 100 000＝320 000
2014.2.3		3 000	7 000	2014.2.3—2014.3.10	36	367 000＝252 000
2014.3.11	5 000		12 000	2014.3.11—2014.3.20	10	1 012 000＝120 000
2014.3.20			12 000			

　　银行每季末月 20 日结息，2014 年 3 月 20 日适用的活期存款利率为 0.35％。因此，到 2014 年 3 月 20 日营业终了，银行计算的该活期存款利息为：

$$利息 = 累计计息积数 \times 日利率$$
$$= （320\,000 + 252\,000 + 120\,000） \times （0.35\% \div 360）$$
$$= 6.73 （元）$$

银行的账务处理过程如下：

2014 年 1 月 2 日王五存入现金：

借：库存现金　　　　　　　　　　　　　　　　　　　　　　10 000.00
　　贷：吸收存款——活期储蓄存款——王五户　　　　　　　　　　　10 000.00

2014 年 2 月 3 日王五支取现金：

借：吸收存款——活期储蓄存款——王五户　　　　　　　　　3 000.00
　　贷：库存现金　　　　　　　　　　　　　　　　　　　　　　　3 000.00

2014 年 3 月 11 日王五续存现金：

借：库存现金　　　　　　　　　　　　　　　　　　　　　　5 000.00
　　贷：吸收存款——活期储蓄存款——王五户　　　　　　　　　5 000.00

2014 年 3 月 20 日银行结息：

借：利息支出　　　　　　　　　　　　　　　　　　　　　　6.73
　　贷：吸收存款——活期储蓄存款——王五户　　　　　　　　　　6.73

3. 通知储蓄存款业务的核算

（1）开户业务。通知储蓄存款凭证使用活期存折。开户时必须在活期存款凭条、账卡和存折上加盖"通知存款"戳记。其余处理程序同活期储蓄存款。

（2）取款及销户业务。通知存款一次性存入，可以一次或分次支取。按照规定，凡一次支取 10 000 元以上者，储户应填写支取通知，提前一天送交银行，采用活期取款凭条，必须加盖"通知存款"戳记；经办员应根据每次支取的金额、存期和支取日相应档次的人民币通知存款利率计付利息，填制利息清单，让储户签收。利息清单上的期限和利率，均应按照实际存期及相应的利率填制。一次或分次领取结清后必须收回存折，加盖"结清"印戳，作当日取款凭条附件。其余处理程序同活期储蓄存款。

（二）定期储蓄业务的核算

定期储蓄存款按存入日挂牌公告的利率计息，利随本清，遇利率调整不分段计息；如果全部提前支取或部分提前支取，则提前支取部分按支取日银行挂牌公告的活期储蓄存款利率计息，未提前支取部分，仍按原存单所定利率计付利息；如果逾期支取，则逾期部分按支取日银行挂牌公告的活期储蓄存款利率计付利息。

对于定期性质的存款，包括整存整取、整存零取、存本取息、定活两便，银行采用逐笔计息法计算利息。逐笔计息法是按预先确定的计息公式逐笔计算利息的方法。采用逐笔计息法时，银行在不同情况下的计息公式如下。

计息期为整年（月）时，计息公式为：

$$利息＝本金×年（月）数×年（月）利率$$

计息期有整年（月）又有零头天数时，计息公式为：

$$利息＝本金×年（月）数×年（月）利率＋本金×零头天数×日利率$$

银行也不可采用第一、第二种计息公式，而选择以下计息公式：

$$利息＝本金×实际天数×日利率$$

其中，实际天数按照"算头不算尾"原则确定，为计息期间经历的天数减去一。逐笔计息法便于对计息期间账户余额不变的储蓄存款计算利息，因此，银行主要对定期储蓄账户采取逐笔计息法计算利息。

1. 吸收定期储蓄存款的核算

定期储蓄存款按照存取方式主要分为整存整取、整存零取、零存整取、零存零取、存本取息、定活两便。

银行设置"吸收存款——定期储蓄存款"账户进行核算。"吸收存款——定期储蓄存款"是负债类账户，用以核算银行吸收的居民个人定期储蓄款项。银行吸收个人存入定期款项时，记入贷方；个人支取定期储蓄款项时，记入借方；余额在贷方，表示银行期末尚存的个人定期储蓄的款项。该账户按居民个人存取方式进行两级明细分类核算，再按个人进行三级明细分类核算。

（1）整存整取定期储蓄存款的核算。

①开户。柜员审核定期存款凭条，收妥现金，选择定期开户操作，并根据存款凭条内容输入到计算机中。计算机检查内容合法后，自动建立储户账号，登记整存整取开销户登记簿，及定期储蓄存款科目账、库存现金科目账、日记账，依显示器提示打印存款凭条和存单。其余手续同活期储蓄开户。有关会计分录如下：

借：库存现金
　　贷：吸收存款——定期储蓄存款——整存整取户

②到期或过期全部支取。柜员审核存单无误后，选择到期或过期全部支取操作，将存单所列账号输入计算机。计算机根据账号搜索储户资料。柜员应审核该户是否挂失、止付等。如果储户凭密码支取，则须由储户本人输入密码，经确认后，计算机自动计算应付利息，将此账户在整存整取开销户登记簿中注销并记入销户日期，将本金从定期存款户付出将利息从储蓄利息支出户付出，并记库存现金科目账。同时，柜员应在存单上加盖结清戳记，打印利息清单。其余手续同活期储蓄销户处理。有关会计分录如下：

借：吸收存款——定期储蓄存款——整存整取户
　　利息支出
　　贷：库存现金

③提前支取。柜员验核存单、背书及身份证件，并将身份证件名称、号码、发证单位等抄写在存单上，其他过程与到期支取相同。

如果是部分提前支取，柜员选择部分提前支取操作，根据电脑显示输入有关内容，由计算机自动进行剩余部分的转存处理，打印转存部分的新存单，新存单开户日期应为提前支取日期。其他处理过程与到期支取过程相同。

（2）零存整取定期储蓄存款的核算。

①开户时，除采用零存整取存款凭条、账卡、存折外，其余处理程序同活期储蓄存款。续存时，核对续存金额是否符合规定。续存中如有漏存，上月漏存的，可于次月补存，但不得于第三个月补存。发生漏存后如次月末补存，按漏存处理。其余处理程序同活期储蓄存款。

②到期支取时，检查存款是否已到期，抽出账卡核对，如无挂失、冻结等情况，则按规定计算应付利息。其余处理程序同活期储蓄存款中的"销户"。零存整取只能全部提前支取，有关提前支取手续参照整存整取定期储蓄处理。除计息利率不同外，其他处理程序同"到期支取"。

（3）存本取息定期储蓄存款的核算。

①开户时接到储户填妥的存款取息存款凭条（姓名、存期支息限期、金额等内容）和现金，检查凭条内容，初点现金；按照储户约定的支息限期，根据本金、存期、利率和支取利息次数，计算出每次支付利息金额，填写存折（单）、账卡。凭印支取的，在账卡印鉴栏内加盖储户方形印章，登记开销户登记簿。在存款凭条上加盖"现金收讫"章、存折扉页（或存单）处加盖业务公章，开销户簿上加盖私章后，问清储户姓名及存款金额后将存折（单）交给储户。

②储户取息的日期，应按存入日对月对日支付，未到取息日期，不得提前支取。若到取息日期不来取息，以后可随时来取，但不计复利。

（4）定活两便定期储蓄存款的核算。

开户时储户填写定活两便存单时不填存息、利率；可随时支取，不要求储户提供身份证明，且支取时除计息方法不同外，其他处理程序均同"整存整取"。

（5）整存零取定期储蓄存款的核算。

其核算程序同零存整取储蓄业务。

2. 定期储蓄存款利息计算及账务处理

（1）整存整取定期储蓄存款利息计算及账务处理。

①利息计算。储户按照约定的存款期限到期支取，在原定存期内不论利率调高调低，均按存单开户日挂牌公告的相应利率给付利息，不分段计息。

【例4-5】储户马汉于2012年10月10日存入2 000元，定期1年，利率3.30%，储户于2012年10月10日到期支取本金。

$$应付利息＝2\,000×1×3.30\%＝66（元）$$

储户未到期支取储蓄存款，无论实际存期多长，均按支取日挂牌公告的活期利率计算应付利息。

【例4-6】承接【例4-5】，储户马汉于2012年6月10日要求全部提前支取存款，当日挂牌公告的活期利率为0.35%，则：

$$应付利息＝2000×8×（0.35\%÷12）＝4.67（元）$$

储户的存款到期未取，其原定存款部分，按到期支取利息方法计息，超期部分，除约定自动转存外，按支取日挂牌活期储蓄利率计付利息。

【例4-7】承接【例4-6】，储户马汉于2012年10月30日逾期支付该储蓄存款，当日挂牌公告的活期利率为0.35%，则：

应付利息＝2000×1×3.30%＋2000×20×（0.35%÷360）＝45.39（元）

②账务处理。

借：吸收存款——整存整取定期储蓄存款——马汉户　　　　　　2 000.00

利息支出——定期储蓄利息支出户　　　　　　　　　　　66.39

贷：库存现金　　　　　　　　　　　　　　　　　　　　　2 066.39

（2）零存整取定期储蓄存款利息计算及账务处理。

计算利息时，通常采用月积数计息法和固定基数计息法。月积数计息法根据存款账户每月余额计算出月积数，然后乘以月利率计算应付利息。固定基数计息法根据规定存期和利率计算出每元本金到期应付利息，再以此基数乘以存入金额计出应付利息，目前零存整取定期储蓄存款利息通常使用月积数计息法。

储户按照约定的存款期限到期支取，在原定存期内不论利率调高调低，均按存单开户日挂牌公告的相应利率计付利息，不分段计息。

储户在原定存期内提前支取，按支取日储蓄机构挂牌公告的活期储蓄存款利率计息。当月提前支取计算利息时应剔除当月积数（实存次数不能多于实存月数）。

储户逾期支取，其逾期部分按支取日挂牌公告的活期储蓄存款利率计息。

其会计分录为：

借：零存整取定期储蓄存款——马汉户

利息支出——定期储蓄利息支出户

贷：库存现金

（3）存本取息定期储蓄存款的利息计算及账务处理。

存本取息定期储蓄存款与其他定期储蓄存款的不同之处是支取利息的时间不同，其他定期储蓄存款均是利随本清，在支取本金时，储蓄机构计算应付储户的利息；而存本取息定期储蓄存款是分次支取利息，到期支取本金。因此，存本取息定期储蓄存款在开户时就要计算到期应支付利息，根据储户约定的支取利息的次数，计算每次支取利息的金额，按期向储户支付利息。计息公式为：

每次支取利息数＝（本金×存期×利率）÷支取利息次数

＝本金×每次取息间隔月数×月利率

储户逾期支取，除按到期支取规定计算利息以外，还应按本金逾期天数及支取日储蓄机构公告的活期储蓄利率计算逾期利息，并按应付利息总额计算利息所得税，将实付利息连同本金一并付给储户。

储户提前支取本金，应根据本金的实际存期，按支取日挂牌公告的活期储蓄利率计算应付利息，用应付利息减去以分次支取的利息和利息所得税，将差额连同本金一并付给储户，如果已支付利息大于应付利息，其差额应从本金中扣除。

【例4-8】储户李四于2013年1月25日存入1 000 000元，约定存入1年，利率为3.30%，活期储蓄利率为0.35%，每月支取一次利息。假定储户于2014年1月25日支取，其本利和是多少？

　　　　储户李四每月支取利息＝（1 000 000×1×3.30％）÷12＝2 750（元）

　2014 年 1 月 25 日到期支取＝1 000 000＋2 750×12－2 750×11＝1 002 750（元）

假设储户李四于 2013 年 5 月 6 日支取，其本利和为多少？

　　　储户李四提前支取利息＝1 000 000×0.35％×101÷360＝981.94（元）

　　　　　　　　　扣回已付利息＝3×2 750＝8 250（元）

应付储户李四本利和＝1 000 000－8 250＋981.94＝992 731.94（元）

假设储户李四于 2014 年 2 月 10 日支取，其应付本利和是多少？

　　　　　　　储户李四到期本利和＝997 375（元）

　　　　逾期利息＝1 000 000×16×0.35％÷360＝155.55（元）

　　　应付本利和＝1 000 000＋2 750＋155.55＝1 002 905.55（元）

（4）定活两便储蓄存款的利息计算机账务处理。

定活两便储蓄存款的存期不满 3 个月的，按支取日挂牌公告的活期储蓄存款利率计付利息；存期满 3 个月而不满半年，按支取日挂牌公告的 3 个月整存整取定期储蓄利率打六折计算；存期满半年而不满 1 年的，按支取日挂牌公告的 6 个月整存整取定期储蓄存款利率打六折计算；存期在 1 年以上（含 1 年），无论存期多长，一律按支取日挂牌公告的 1 年期整存整取定期储蓄存款利率打六折计算利息。

其会计分录为：

借：吸收存款——定活两便储蓄存款——定活两便储蓄存款户

　　利息支出——活期储蓄存款利息支出户

　　　贷：库存现金

借：库存现金

　　　贷：应交税费——代扣利息所得税

1. 单位活期存款的利息计算。

某化工企业第二季度的存款账户收支情况见表 4-9。

表 4-9　分户账

户名：某化工企业　　　　　　　　账号 302-12　　　　　　　利率 0.35％

××年		摘要	借方	贷方	借或贷	余额	日数	积数
月	日							
3	21	承前页			贷	788 650.00		
	21	转收		34 500.00				
	27	存现		8 000.00				
4	3	转付	30 240.00					
	12	汇出	20 200.00					

（续表）

××年		摘要	借方	贷方	借或贷	余额	日数	积数
月	日							
	17	收款		16 500.00				
	26	委付	40 000.00					
5	5	转付	10 320.00					
	16	转付	4 000.00					
	23	托收		20 000.00				
6	5	备用金	1 000.00					
	17	收款		10 350.00				

存款利息计算算式；

转账分录。

2. 定期储蓄存款的利息计算。

某储蓄所 2011 年 10 月 15 日发生下列业务，计算应付利息并逐笔做出会计分录（当日挂牌活期储蓄利率 0.35%）。

（1）储户李方持 2010 年 8 月 15 日存入的一年期储蓄存款单来行要求支取，存单金额为 20 000 元，约定利率 2.80%。

（2）储户李军持 2009 年 8 月 9 日存入的三年期定期储蓄存单来行要求全部提前支取，存单金额 50 000 元，约定利率 3.33%，经查验证明相符，身份证无误，将本息全部付现。

（3）储户李涛持 2010 年 5 月 21 日存入的一年期定期储蓄存单来行支取本息，存单金额 60 000 元，约定利率为 2.80%。

项目五　贷款与贴现业务的核算

学习目标 ///

1. 了解银行贷款业务的内容；
2. 掌握贷款核算程序与内容；
3. 掌握贷款利息的计算与核算。

案例导入 ///

骗取银行贷款案例

2002 年 1 月—5 月期间，光大银行广州越秀支行原副行长陈向群伙同李龙生先后 4 次采取虚假担保手段向中国光大银行越秀支行骗取贷款共计人民币 9 500 万元，其中利用后贷填补前贷 3 500 万元，有 4 865 万元至今无法追回。

(资料来源：骗取银行贷款案例分析——百度文库)

思考：该案例暴露出银行的哪些内控漏洞？贷款如何核算？

任务一　贷款业务概述

一、贷款业务的意义

贷款是银行对借款人提供的按约定的利率和期限还本付息的货币资金。办理贷款业务，是商业银行的重要职责，是根据信贷政策和国家产业政策，按照贷款原则，对国民经济各部门进行的资源再分配。通过发放贷款，可以支持生产发展和商品流通；通过调整贷款的投向和支持的重点，可以调节产业结构和产品结构；通过信贷监督，不仅可以促进企业改善经营管理，节约资金使用，而且还可以加速资金周转，减少贷款损失，从而增加银行的营业外收入，提高银行的经济效益。

二、贷款业务的种类

银行贷款可以从多种不同的角度进行分类。

1. 按发放贷款的期限可分为短期贷款、中期贷款和长期贷款

（1）短期贷款。短期贷款是指贷款期限在一年以内（含一年）的贷款。它通常用于工商企业的营运资本、各种偶然性引起的流动资金的需要以及银行间的资金融通。

（2）中期贷款。中期贷款是指贷款期限在一年以上、五年以内（含五年）的贷款。它主要用于工商企业的设备更新改造，是中小企业取得固定资本的重要途径。中期贷款中有很多是个人消费贷款。

（3）长期贷款。长期贷款是指贷款期限在五年以上的贷款。它主要是用于企业各种固定资产的购置，如新建厂房、商场、购买生产经营设备等；同时也提供给个人消费者，主要用于购买住宅、小汽车等。

2. 按银行发放贷款应承担的责任可分为自营贷款、委托贷款和特定贷款

（1）自营贷款。自营贷款是指贷款人以合法方式筹集资金而自主发放的贷款，其风险由贷款人承担，并由贷款人收取本金和利息。

（2）委托贷款。委托贷款是指政府部门、企事业单位及个人等委托提供资金，由贷款人（亦即受托人）根据委托人确定的贷款对象、用途、金额、期限和利率等而代理发放、监督使用并协助收回的贷款，其风险由委托人承担，贷款人即受托人只收取手续费。

（3）特定贷款。特定贷款是指经国务院批准并对贷款可能造成的损失采取相应补救措施后责成国有独资商业银行发放的贷款。此类贷款带有政策性贷款的性质，但又不属于政策性贷款，如救灾扶贫贷款。

3. 按贷款的方式可分为信用贷款、担保贷款和票据贴现

（1）信用贷款。信用贷款是指完全凭借借款人的信誉而发放的贷款。这种贷款一般禁止提供给与银行关系密切、信誉较高、实力雄厚的大客户。

（2）担保贷款。担保贷款是指以一定财产或第三人承诺在借款人不能偿还贷款时，按约定承担一般保证责任或连带责任保证而发放的贷款。按保证方式不同又可分为保证贷款、抵押贷款和质押贷款。

（3）票据贴现。票据贴现是指贷款人以借款人转让未到期票据的方式发放的贷款。

4. 按贷款对象可分为单位贷款和个人贷款

（1）单位贷款。单位贷款是指银行向企事业单位及机关、团体等经济组织发放的贷款。

（2）个人贷款。个人贷款是指银行向消费者个人发放的贷款，主要包括个人住房贷款、个人消费贷款和国家助学贷款。

5. 按贷款的风险程度不同可分为正常贷款、关注贷款、次级贷款、可疑贷款和损失贷款

（1）正常贷款。正常贷款是指借款人能够履行合同，没有足够理由怀疑贷款本息不能按时足额偿还。

（2）关注贷款。关注贷款是指尽管借款人目前有能力偿还贷款本息，但存在一些对偿还可能产生不利影响的因素。

（3）次级贷款。次级贷款是指借款人的还款能力出现明显问题，完全依靠其正常营业收入无法足额偿还贷款本息，即使执行担保，也可能会造成一定损失。

（4）可疑贷款。可疑贷款是指借款人无法足额偿还贷款本息，即使执行担保，也肯定要造成较大损失。

（5）损失贷款。损失贷款是指在采取所有可能的措施或一切必要的法律程序之后，本息仍然无法收回，或只能收回极少部分。

三、贷款的核算要求

银行发放贷款遵循的原则是：短期贷款本金按实际贷出的贷款金额入账，期末按照贷款本金和使用的利率计算应收利息；中期贷款本息分别核算，商业性贷款和政策性贷款分别核算，自营贷款和委托贷款分别核算，应计贷款和非应计贷款分别核算。具体要求如下。

1. 严格贷款的发放手续

会计部门对借款凭证应根据借款合同内容进行认真审核，审核其是否符合审贷分离、分级审批制度；是否符合审批手续和审批权限，审核无误后才能进行贷款的转账处理。

2. 监督贷款的使用和收回

银行在发放贷款后，会计部门要监督贷款按规定用途使用，防止借款人挪用或套用银行贷款，以减少和防止贷款风险。同时经常检查和掌握贷款到款时间，及时督促借款人按期偿还贷款。

3. 做好不良贷款的计算和分析工作

银行为增强自我发展能力，对经营的贷款必须严格控制在规定的资产负债比例之内，以确保资产的安全性和流动性，因此，会计部门应认真做好各种不良贷款的计算和分析工作，及时向有关领导和部门提供相关数据，以便加强对不良贷款的管理，做好对不良贷款的催收工作。

任务二 贷款业务核算

根据《企业会计准则》的规定，银行对贷款业务需设置"贷款"科目、"利息收入"等科目进行核算。

"贷款"是资产类账户，主要用来核算银行按规定发放的各种客户贷款，包括质押贷款、抵押贷款、保证贷款、信用贷款。发放贷款时记入借方，按实际支付记入"吸收存款""存放中央银行款项"等科目贷方，收回贷款时记入借方，余额在借方，表示尚未收回的贷款数额。该账户可按贷款类别、客户进行明细分类核算。

"利息收入"是损益类账户，主要用来核算金融企业确认的利息收入，包括发放的各类贷款、与其他金融机构之间发生资金往来业务、买入返售金融资产等实现的利息收入等。收到利息收入时记入贷方，期末将本账户余额转入"本年利润"账户，结转后本账户无余额。

一、单位贷款的核算

（一）信用贷款的核算

信用贷款的核算是指仅凭借款人的信誉发放贷款，而无须提供担保的一种贷款方式。

这种贷款需逐笔申请立据,逐笔审核,确定期限,到期归还。

借款人要取得信用贷款时,应根据借款计划与银行签订借款合同。按合同确定的贷款额度一次或分次付款时,由借款人提出书面申请,经信贷部门审批,确定贷款金额与归还日期,然后填具借款凭证交由会计部门确定会计科目并开立贷款账户,在贷款发放并转入存款账户后方可安排使用。

1. 贷款发放的核算

借款人申请借款时,应向银行提交"借款申请书"及有关资料,信贷部门进行调查评估和可行性论证后,按照审贷分离、分级审批的要求进行贷款的审批。然后由借贷双方共同签订借款合同,合同一经签订,即具有法律效力,银行和借款人必须共同履行合同约定的贷款金额、期限、用途、利率、还款方式、违约责任等事项。借款合同申请书的格式见表 5-1。

表 5-1　借款合同申请书

借款人		账号		已借款金额	
申请贷款金额		还款日期		借款利息（月息）	
借款用途及理由					
借款方 借款单位（章） 负责人（章） 经办人（章）		借款担保方 担保单位（章） 负责人（章）		贷款方 贷款银行（章） 经办人（章）	
银行审核意见:					
上列贷款按银行核定金额,双方商定如下合同,共同遵守: 　贷款方应按核定的贷款金额用途,保证按计划提供贷款;否则应按规定付给借款方违约金。 　借款单位保证按规定的用途使用贷款,未经贷款方的同意,不得挪作他用。如改变贷款用途,贷款方有权采取处罚措施,收取罚息、提前收回贷款、停止发放新的贷款等信用制裁措施。 　上列借款,借款方应保证按期归还。如需延期使用,借款方最迟应在贷款到期前 3 天提出延期使用申请,经贷款方同意办理延期手续。贷款方未同意延期或未办理延期手续的逾期贷款,按政策规定加收 20%～50% 的罚息。 　贷款到期一个月后,如借款方未按期归还贷款本息,由担保单位负责为借款方偿还本息和逾期罚息。 　本合同一式三份,借款方、贷款方、担保方各持一份。					

借款合同签订后,借款人应根据合同向信贷部门填制一式五联的借款凭证第一联代转账借方传票;第二联代转账贷方传票;第三联回单加盖转讫章后退给借款人,作为入账的依据;第四联为放款记录加盖转讫章后送信贷部门留存备查;第五联为到期卡,由会计部门留存,按到期日排列保管,据以按到期日收回贷款。借款凭证的格式见表 5-2。

表5-2　　（贷款）借款凭证（申请书代借据）

单位编号：　　　　　　　　　　　　日期：　年　月　日　　　　　　　　　银行编号：

借款单位	名称		收款单位	名称											此联为贷款账户借方凭证
	存款户账号			往来户账号											
	开户银行			开户银行											
借款期限（最后还款日）			借款计划指标												
借款申请金额		人民币（大写）			千	百	十	万	千	百	十	元	角	分	
借款原因及用途		银行核定金额			千	百	十	万	千	百	十	元	角	分	
期限	计划还款日	√	计划还款金额	银行审批											
1															
2															
3						负责人　　　信贷部门主管　　　信贷员										
4															
兹根据你行贷款办法规定，申请办理上述借款，请核定贷给　此致　××商业银行　（借款单位预留往来印鉴）				会计分录（借）：_____对方科目：（贷）_____会计　　　复核　　　记账											

会计部门收到借据凭证后，应认真审查凭证有无信贷部门审批意见；各项内容的填写是否正确、完整；大小写金额是否一致；印鉴是否与预留印签相符等。经审核无误后，以借款凭证第一、第二联代转账借、贷方传票办理转账。其会计分录为：

借：贷款——借款人贷款户

贷：吸收存款——活期存款——借款人存款户

转账后，将借款凭证第三联盖章后作为回单退给借款人，第四联由信贷部门存留，第五联按到期日顺序专夹保管，随时查阅借款到期日，于到期日之前通知信贷部门转告借款单位准备资金按期还款。

2. **收回贷款的核算**

（1）到期收回贷款的核算。贷款到期，借款单位归还贷款时（含提前归还），应填具还款凭证，交送开户银行办理还款手续。会计部门按支取存款的要求审查凭证，无误后抽出贷款借据核对并登记"还款记录"，然后做账务处理。还款凭证的格式如图5-3所示。借款人用现金归还贷款，应将现金收妥后再做账务处理。其会计分录为：

借：吸收存款——活期存款——××单位存款户

贷：贷款——××单位贷款户

对于不在本行开户的借款单位提交的转账支票，应通过票据交换提交给有关银行审核支付后，才能办理转账。其会计分录为：

借：存放中央银行准备金（或有关科目）

贷：贷款——××单位贷款户

借款单位如分次归还贷款，应在借据上登记本次还款金额，借据继续保管，到最后还清贷款时，再将注销的借据退还借款人。

贷款到期日贷款人未主动归还，银行可视单位存款账户余额，按有关规定主动予以扣除全部或部分贷款，由银行填制特种转账传票按上述办法进行账务处理。

表 5-3 银行（贷款）还款凭证（借方凭证）

年 月 日 合同编号：

借款单位	名称		付款单位	名称											
	放款户账号			往来户账号											
	开户银行			开户银行											
还款日期	年 月 日		还款次序	第 次还款											
偿还金额	人民币（大写）			亿	千	百	十	万	千	百	十	元	角	分
	还款内容														
由我单位往来划转归还上述借款 （借款单位预留往来户印鉴） （银行主动收贷时免盖）			会计分录：借 对方科目：贷 会计复核记账												

（2）贷款展期的核算。贷款到期，借款人因特殊原因不能按期归还贷款，需要延期，应在贷款到期前向银行提交"贷款展期申请书"，写明原因，经信贷部门审查同意后，在展期申请书上签注意见送会计部门。会计部门应抽出原借据，在借据上批注展期后的还款日期及相应的利率，并将展期申请书与原借据一并保管，按新的到期日掌握收回贷款，不办理转账手续。

贷款展期时，其短期贷款累计展期期限不得超过原定的贷款期限；中期贷款累计展期期限不得超过原定贷款期限的一半；长期贷款累计展期期限不得超过三年。借款人申请贷款展期只限一次。

（3）贷款逾期的核算。借款人不能按期（含展期）归还借款，或借款人存款账户资金不足，只能部分归还贷款，其余部分不能按期归还，又未办理贷款展期手续，其全部或部分贷款应转作逾期贷款处理。会计部门应在贷款到期日营业终了前，将原贷款转入逾期贷款户。转账的方法是根据逾期贷款金额编制一红两蓝特种转账借方传票，按同方向办理转账。其会计分录为：

借：贷款——××单位贷款户（红字）

借：逾期贷款——××单位逾期贷款户（蓝字）

转账后，应在原借款合同及借款到期卡上加盖"逾期贷款"戳记，列入相应的逾期贷款户保管，定期进行检查监督，加强催收工作。

（4）非应计贷款的核算。非应计贷款是指贷款本金或利息逾期 90 天没有收回的贷款，对于逾期贷款可以设置"非应计贷款"科目单独核算。

贷款转非应计贷款时，应采用红、蓝字同方向转账处理。其会计分录是：

借：逾期贷款（××贷款）——××单位户（红字）

借：非应计贷款——××单位户（蓝字）

冲减原已计入损益的利息收入时：

借：利息收入

　　贷：应收利息

将超过 90 天的逾期未归还利息纳入"应收未收贷款利息"表外科目核算，即

收入：应收未收贷款利息

【例 5-1】商业银行某支行 3 月 21 日发放以下贷款：向东方工厂发放 80 万元，期限 3 个月；向春都集团公司发放贷款 700 万元，限期 6 个月；向好友集团公司发放贷款 200 万元，期限 3 个月。

6 月 21 日，东方工厂贷款到期，全部归还 80 万元贷款；好友集团公司 200 万元贷款到期，由于没有资金归还，转作逾期贷款。

9 月 21 日，春都集团公司 700 万元贷款到期，由于资金不足，归还 500 万元，另外 200 万元转作逾期；好友集团公司 200 万元贷款仍无力归还，转作"非应计贷款"。

要求：编制 3 月 21 日、6 月 21 日、9 月 21 日的会计分录。

【解析】

3 月 21 日发放贷款时：

借：短期贷款——东方工厂户　　　　　　　　　　　　　800 000.00

　　贷：吸收存款——活期存款——东方工厂户　　　　　　　　800 000.00

借：短期贷款——春都集团公司户　　　　　　　　　　7 000 000.00

　　贷：吸收存款——活期存款——春都集团公司户　　　　　7 000 000.00

借：短期借款——好友集团公司户　　　　　　　　　　2 000 000.00

　　贷：吸收存款——活期存款——好友集团公司户　　　　　2 000 000.00

6 月 21 日：

借：短期贷款——好友集团公司户　　　　　　　　　　2 000 000.00（红字）

借：逾期存款——贷款——好友集团公司户　　　　　　2 000 000.00

借：吸收存款——活期存款——东方工厂户　　　　　　　800 000.00

　　贷：短期借款——东方工厂户　　　　　　　　　　　　　800 000.00

9 月 21 日：

借：吸收存款——活期存款——春都集团公司户　　　　5 000 000.00

　　贷：短期贷款——春都集团公司户　　　　　　　　　　5 000 000.00

借：短期贷款——春都集团公司户　　　　　　　　　　2 000 000.00（红字）

借：逾期贷款——春都集团公司户　　　　　　　　　　2 000 000.00

借：逾期贷款——好友集团公司户　　　　　　　　　　2 000 000.00（红字）

借：非应计贷款——好友集团公司户　　　　　　　　　2 000 000.00

（二）担保贷款的核算

担保贷款是在借贷关系中，贷款人为确保贷款的按时收回，要求借款人或第三人提供

一定的财产或资信而发放的贷款。这种贷款风险小，保障性强。

担保贷款按担保方式不同，可分为保证贷款、抵押贷款和质押贷款三种。

1. 保证贷款的核算

保证贷款是指以第三人承诺在借款人不能偿还贷款时，按约定承担一般保证责任或连带责任保证而发放的贷款。银行通常对经营风险较大、信用较差、大额贷款或因特殊情况经营项目较复杂的贷款，要求借款人提供贷款担保人。

（1）办理保证贷款的条件。保证贷款涉及借款人、保证人和银行三方面的关系，保证是否有效，直接关系到银行的债权能否收回。因此，银行在发放保证贷款时，对借款人申请保证贷款的条件进行调查评估和可行性的论证是至关重要的。其主要内容包括以下几个方面。

①保证人的保证资格。保证人应是具有代为清偿债务能力的法人、其他组织或公民。不具备保证人资格的有：国家机关、学校、幼儿园、医院等以公益为目的的事业单位、社会团体，企业法人的分支机构、职能部门。

②保证人的资金实力和保证意愿。保证人与债务人应当以书面形式订立保证合同。在签订保证合同时，银行应明确了解保证人的保证意愿，查找保证人履行保证协议的历史记录。如果保证人有过去未履行保证义务的记录，银行应对保证的有效性持审慎态度。当然，如果保证人有保证意愿，也没有不良的历史记录，银行还应审查保证人的资金实力，审查内容包括保证人的财务状况、现金流量、或有负债、信用评级以及目前所提供的保证的数量和金额，只有具备保证资金实力，又有保证意愿的保证人方能承担保证责任。

③保证人与借款人之间的关系。保证人主要是借款人的股东、合伙人、高级管理人员、母公司和有业务往来的公司等，保证人与借款人之间往往存在不同程度的经济利益关系，为此，银行要特别注意完全依赖保证担保的贷款，防止欺诈行为。

④保证的法律责任。保证的方式分为一般保证和连带责任保证。银行与保证人签订保证合同时，应注明连带责任保证，以便债务人在主合同规定的债务履行期届满没有履行债务时，债权人既可以要求债务人履行债务，也可以要求保证人在其保证范围内承担保证责任。保证担保的范围，应包括主债权及利息、违约金、损害赔偿金和实现债权的费用，同时应订明保证期间。

（2）发放保证贷款的核算。借款人申请保证贷款时，应向银行提交"借款申请书"及其他材料，同时还应提供保证人的基本情况及保证人拟同意保证的有关证明文件。经信贷部门审查认可后，由银行与保证人签订保证合同。保证合同一经签订即可生效，双方应切实履行合同的规定。会计部门则根据借款凭证办理保证贷款的发放。其处理手续与发放信用贷款相同。

（3）收回保证贷款的核算。保证贷款到期，借款人应主动归还贷款或由银行主动从借款人存款账户中扣收。如果借款人无力偿还贷款本息，银行应根据借款合同规定向保证人收取贷款本息。其处理程序与收回信用贷款相同。

2. 抵押贷款的核算

抵押贷款是按《中华人民共和国担保法》规定的抵押方式以借款人或第三人的财产作为抵押物而发放的贷款。债务人不履行债务时，债权人有权依照担保法规定以该财产折价或者以折卖、变卖该财产的价款优先抵还贷款。

（1）抵押物及抵押物的审查。抵押物是指借款人或第三人（以下称抵押人）提供的经债权人认可、可作为抵押物品的财产，一般包括抵押人所有的房屋和其他地上附着物；抵押人所有的机器、交通运输工具和其他财产；抵押人依法有权处分的国有土地使用权、房屋和其他地上附着物；抵押人依法承包并经发包方同意抵押的荒山、荒沟、荒滩等荒地的土地使用权；抵押人依法有权处分的国有机器、交通运输工具和其他财产；依法可以抵押的其他财产。

不能作为抵押物的有：土地所有权、集体所有的土地使用权、公益单位的社会公益设施、所有权或使用权不明或有争议以及依法被查封、扣押、监管的财产等。

银行在办理抵押贷款时，为增强贷款的安全性，降低贷款的风险程度，应对借款人提供的抵押物进行认真的审查。

①审查抵押物是否符合规定的范围。银行必须按照上述规定的范围认真审核抵押物。在此基础上还需要严格挑选抵押物。在选择抵押物时必须遵循下列原则：价格比较稳定、市场风险较小；易售性强，有广阔市场，可以随时变现；易于保管，不易变质损坏；进行鉴定时，所需的技术不是很复杂；抵押物中的房屋和其他地上附着物、机器设备、交通运输工具以及其他财产应当参加财产保险等。

②审查抵押物是否确属抵押人所有或依法有权处分。抵押人以集体企业财产抵押的，应当出具该企业职工代表大会同意抵押的书面证明；以共同财产抵押的，应当出具该企业职工代表大会同意抵押的书面证明；以外商投资企业、有限责任公司或股份有限公司财产抵押的，应出具该企业董事会同意抵押的书面证明。

③审查抵押物是否经有关部门登记。凡《中华人民共和国担保法》要求登记的抵押物必须进行登记。抵押贷款的额度，一般按 50%～70% 幅度掌握，最高不超过抵押物作价限额的 70%。

（2）发放抵押贷款的核算。借款人申请抵押贷款时，应向银行提交"抵押贷款申请书"，注明抵押物的名称、数量、价格、保管方式等内容，经信贷部门审核无误后，与借款人签订"抵押借款合同"，并按合同规定与借款人办妥"抵押物所有权证明""抵押物清单"及抵押物存放保管手续后，按规定发放贷款。

会计部门收到抵押借款合同及根据合同填写的借款凭证后，办理发放贷款的转账。其会计分录为：

借：抵押贷款——借款人抵押贷款户
　　贷：吸收存款——活期存款——借款人存款户

同时，对抵押物要进行表外登记，加强实物保管。其会计分录为：

收入：待处理抵押品——××单位户

（3）收回抵押贷款的核算。抵押贷款到期，如果能够按期收回本息，其账务处理与信用贷款到期收回的处理基本相同。其会计分录为：

借：吸收存款——活期存款——借款人存款户
　　贷：抵押贷款——借款人抵押贷款户

同时，销记表外科目和登记簿，抵押物交借款人。其会计分录为：

付出：待处理抵押品——××单位户

（4）抵押贷款逾期的核算。抵押贷款到期，如果借款人不能按期偿还贷款，银行应于到期日将贷款转入逾期贷款科目，同时向借款人发出"处理抵押品通知单"。如逾期1个月仍不能偿还贷款本息的，根据合同协议由银行作价变卖处理抵押品。

抵押品拍卖、变卖所得价款扣除有关费用后，超过贷款本金和利息的，首先收回贷款本息，剩余部分退给借款人。其会计分录为：

借：存放中央银行准备金等科目

　　贷：逾期贷款——××单位抵押贷款逾期户

　　　　应收利息

　　　　吸收存款——活期存款——××抵押人存款户

抵押品拍卖、变卖所得价款扣除有关费用后，低于贷款本金和利息的，应当由借款人偿还。其会计分录为：

借：存放中央银行准备金等科目

　　吸收存款——活期存款——××抵押人存款户

　　贷：逾期贷款——××单位抵押贷款逾期户

贷款抵押品一般不允许转作自用固定资产，特殊情况下报经批准转为自用时，按应收贷款本金和利息之和作价入账。其会计分录为：

借：固定资产

　　贷：逾期贷款——××抵押逾期户

　　　　应收利息

　　　　累计折旧

不论是拍卖、变卖还是作价入账处理，都应当销记"待处理抵押品"。

3. 质押贷款的核算

质押贷款是按《中华人民共和国担保法》规定的质押方式以借款人或第三人的动产或权利为质物而发放的贷款。质押贷款分为动产质押和权利质押两种形式。动产质押是指债务人或第三人将其动产移交债权人占有，并以该动产作为债权的担保。债务人不履行债务时，债权人有权以该动产折价或者拍卖、变卖该动产的价款优先受偿。

权利质押是指债务人或第三人将其权利凭证交付于债权人，并以该权利凭证作为收回债权的保证。

（1）质物及质物的审查。质押贷款中可用于质押的质物有货物、汇票、支票、本票、债券、存款单、仓单、提单等权利凭证；依法可以转让的股份、股票，以此作质物的，应向证券登记机构办理出质登记；依法可转让的商标专有权、专利权、著作权中的财产权，以此作质物的，应向出质人管理部门办理出质登记。

银行审查质物的主要内容有：质物是否属于法律、法规允许质押的财产；质押权利是否属于法律、法规允许质押的权利；质物权属；质押权利的权属；质物的价值及其变现的可行性；质押权利的价值及其变现的可行性；借款需要审查的其他事项。

（2）发放和收回质押贷款的核算。发放和收回质押贷款的处理与质押贷款的处理基本相同。其主要区别是：质物是动产和权利，质押物不是动产；以动产和权利作质物取得贷款，在合同约定期内，需移交质物的占有权，而以不动产做抵押取得贷款，在合同约定期内，不需移交抵押物的占有权。

二、个人贷款业务的核算

个人贷款业务是银行等金融机构为个人提供的有针对性的专业化的信贷服务。在我国，个人贷款业务主要是个人消费贷款，一般不包括对个体工商户的贷款。

个人贷款业务是针对个人设计的信贷产品，一般要求提供担保，设定还贷方式，近年来，金融机构开办了一系列的贷款品种，即小额质押贷款、个人耐用消费品贷款、个人住房按揭贷款、个人住房装修贷款、个人汽车消费贷款、旅游贷款、助学贷款等。下面主要掌握住房按揭贷款的核算。

（一）个人住房按揭贷款的核算

1. 住房按揭贷款的一般规定

住房按揭贷款是商业银行向自然人发放的用于购买自用普通住房的贷款。

（1）申请住房按揭贷款的个人必须有稳定的收入来源并在贷款银行开立活期储蓄账户，用于归还贷款本息。

（2）按揭贷款发放后，一次划转到售户单位的银行存款账户，该售房单位必须在合同中明确指定开户银行。

（3）各行按照购房价款的一定比例，规定发放贷款的最高额（一般规定为房款的70%~80%）。

（4）贷款期限由银行根据借款人的还款能力，与借款人商定，一般最长为 20 年并不得超过借款人的法定退休年龄。

（5）住房按揭贷款的归还采取分期付款方式，一般按月归还当期应归还的本息。分期归还有"等额本息偿还法"和"等额本金偿还法"两种方法。

采用等额本息偿还法，每期归还贷款本金和利息的计算公式为：

$$每月偿还贷款本息额 = \frac{\left[本金 \times 月利息 \times (1+月利率) \times 还款月数\right]}{\left[(1+月利率) \times 还款月数 - 1\right]}$$

采用等额本金偿还法，每期归还贷款本金和利息的计算公式：

$$当月偿还贷款本息额 = 贷款本金/还本付息次数 +$$
$$(贷款本金 - 已偿还本金累计数) \times 月利率$$

（6）借款人可以提前部分或全部给归还本息，但不得间断归还。

2. 贷款发放的核算

借款人需要按揭贷款，应当向银行提出借款申请，经信贷部门审查后签订借款合同并填制"还款计划明细表"。借款人按规定开立活期储蓄存款账户。贷款发放时，借款人填制借款凭证由信贷部门签署审批意见并出具"借款人向售房单位划款通知书"交会计部门，会计部门将贷款金额一次性划转到售房单位存款账户。其会计分录为：

借：个人住房贷款——××借款人户
  贷：吸收存款——活期储蓄存款——××借款人存款户
借：吸收存款——活期储蓄存款——××借款人存款户
  贷：吸收存款——活期存款——售房单位活期存款户

借款凭证的处理与单位贷款相同。

3. 按期归还贷款的核算

借款人应当在合同规定的贷款归还日以前或当日，将当期应归还贷款本息足额存入活期储蓄存款账户。

还款日，银行会计人员找出借据和"还款计划明细表"与信贷部门核对无误后，填写"还款凭证"和一式三联利息清单。利息清单第一联作储蓄活期存款借方传票，第二联代利息收入科目贷方传票，第三联交借款人。其会计分录为：

借：吸收存款——活期储蓄存款——××借款人存款户

　　贷：个人住房贷款——××借款人户

　　　　利息收入（或应收利息）——个人贷款利息收入户

4. 逾期还款的核算

若在合同规定还款日，借款人活期储蓄存款账户没有资金归还本期应归还的本金和利息，应当转入逾期贷款科目，在还款计划明细表备注栏注明"逾期"字样。逾期贷款利息按规定的逾期贷款利率计收并计收复利。

5. 提前还款的核算

借款人可以全额或部分提前归还贷款。一次全部提前还款的，应当计算并收取从贷款发放日至还款日的利息；部分提前还款的，对于剩余部分的贷款应当根据还款期数，重新计算每期还款额。

【例5-2】客户张伟2013年3月21日向工商银行A支行申请住房按揭贷款，手续齐备，信贷部门审查批准并开立了活期储蓄存款账户。购房价款300万元，首付20%，贷款额240万元，合同贷款期限10年，月利率5.1‰，采用本金等额偿还法，售房单位诚信达房地产公司在该支行开户。

编制贷款发放时的会计分录；计算4月20日第一次和5月20日第二次还款金额（本金等额还款）并编制会计分录。

【解析】

2013年3月21日发放贷款时：

借：个人住房贷款——张伟借款户　　　　　　　　　　　　　　　2 400 000

　　贷：吸收存款——活期储蓄存款——张伟存款户　　　　　　　　　　2 400 000

借：吸收存款——活期储蓄存款——张伟存款户　　　　　　　　20 400 000

　　贷：吸收存款——单位活期存款——诚信达房地产公司户　　　　　　2 400 000

2013年4月20日第一次归还贷款，因采用本金等额偿还，所以

当月偿还本息金额＝2 400 000÷120＋2 400 000×5.1‰＝32 240（元）

借：吸收存款——活期储蓄存款——张伟存款户　　　　　　　　32 240

　　贷：个人住房贷款——张伟借款户　　　　　　　　　　　　　　20 000

　　　　利息收入——个人贷款利息收入户　　　　　　　　　　　　12 240

2013年5月20日第二次还款：

当月偿还本息金额＝2 400 000÷120＋（2 400 000－20000）×5.1‰＝32 138（元）

借：吸收存款——活期储蓄存款——张伟存款户　　　　　　　　32 138

　　贷：个人住房贷款——张伟借款户　　　　　　　　　　　　　　20 000

利息收入——个人贷款利息收入户　　　　　　　　　　　　　　　　12 138

（二）小额质押贷款的有关规定

小额质押贷款是指储户因急需资金，以未到期定期储蓄存单或凭证式国债作质押，按质押金额的一定比例向借款人发放的贷款。开展小额质押贷款，主要解决储户短期资金临时周转困难。

小额质押贷款的对象，仅限于在本行所属储蓄机构开户的储户，办理本行签发的个人定期存单（折）或凭证式国库券存单质押贷款业务。

未到期的整存整取、存本取息、大额可转让定期存单（记名）、外币定期存单、凭证式国库券存单均可作为质押物。凡所有权有争议、已做担保、挂失或被依法止付的存单（折）不得作为质押物。作为质押物凭证的户名，必须与借款人的姓名完全相符，不得借用他人的存单（折）质押。

贷款额度起点为人民币 1 000 元，每笔贷款一般应不超过质押凭证面额的 80%，最高至 90%。外币存款按当日公布的外汇（钞）买入价折成人民币计算。凭证式国债质押贷款额度起点为人民币 5 000 元，每笔贷款额一般不超过凭证面额的 90%。

贷款期限不得超过质押凭证的到期日。若为多张凭证质押，以距离到期日最近者确定贷款期限，且最长不超过 1 年。

小额质押贷款利率按同档次流动资金贷款利率确定。不足 6 个月的按 6 个月贷款利率确定，贷款期限在 6 个月以上的，按 1 年期贷款利率计息。提前还款按原定利率和实际天数计算。如遇利率调整在贷款期限内利率不变。小额质押贷款，采用"利随本清"的方法计息，即在收回贷款本金的同时，收回全部利息。

小额质押贷款应按期归还，逾期 1 个月内（含 1 个月）的，自逾期之日起按实际逾期天数和法定罚息率计收罚息；逾期超过一个月储蓄机构将有权将质押凭证作抵还贷款处理。

（三）个人耐用消费品贷款的有关规定

个人耐用消费品贷款的对象为年满 18～60 周岁、具有完全民事行为能力的中国公民。申请人需有当地常住户口或有效居民身份证件，有固定的住所；有稳定、合法的收入来源，具有按期偿还本息的能力；能够供贷款银行认可的担保方式；在银行开立储蓄账户，存有不低于所购商品价款 20% 的款项（自付款）。

个人耐用消费品贷款起点不低于人民币 3 000 元（含 3 000 元），最高不超过人民币 10 万元（含 10 万元），且不超过所购商品价格总额的 80%。采用抵押方式担保的，贷款额度不超过抵押物价值的 70%，采取质押方式担保的，贷款额度不超过质押物价值的 90%。

贷款期限最短为半年，最长不超过 3 年（含 3 年）。贷款利率按照同期贷款利率执行。个人耐用消费品贷款期限在 1 年（含 1 年）以下的，到期一次还本付息；期限在 1 年以上的，采用月均还款法，借款人应于贷款发放的次月起等额归还贷款本息。

三、贷款利息的核算

银行对企业、单位、个人发放的各种贷款除国家有特殊规定外，均应按照有关规定计收利息。

（一）贷款利息计算的规定

根据《人民币利率管理规定》，对各种贷款的结息应按照下列规定执行。

（1）发放贷款应按照人民银行规定的利率以及浮动幅度确定合同利率。

（2）短期贷款按贷款合同签订日相应档次的法定贷款利率计息。

贷款合同内，遇利率调整不分段计息。短期贷款按季结息的，每季度末月的 20 日为结息日；按月结息的，每月的 20 日为结息日。具体结息方式由借款双方协商确定。对贷款期内不能按期支付的利息按贷款合同利率按季或按月计收复利，贷款逾期后改按罚息利率计收复利，最后一笔贷款清偿时，利随本清。

（3）中长期贷款利率实行一年一定。

中长期贷款（贷款合同生效日起 1 年内应分笔拨付的所有资金）根据贷款合同确定的期限，按贷款合同生效日相应档次的法定贷款利率计息，每满一年后（分笔拨付的以第一笔贷款的发放日为准），再按当时相应档次的法定贷款利率确定下一年利率。中长期贷款按季结息，每季度末 20 日为结息日。对贷款期内不能按期支付的利息按合同利率计收复利，贷款逾期后改按罚息利率计收复利。

（4）贷款展期，期限累计计算。

累计期限达到新的利率期限档次时，自展期之日起，按展期日挂牌的同档次利率计息；达不到新的期限档次时，按展期日的原档次利率计息。

（5）逾期贷款或挤占挪用贷款，从逾期贷款或挤占挪用贷款之日起，按罚息利率计收罚息，直到清偿本息为止。

遇罚息利率调整，分段计息。对贷款逾期或挪用期间不能按期支付的利息以罚息利率按季（短期贷款也可按月）计收复利。2004 年 1 月 1 日逾期贷款利率从日 2.1‰调整为在借款合同载明的贷款利率水平上加收 30％～50％。

（6）借款人在借款合同到期日之前归还借款时，借款人有权按原贷款合同向借款人收取利息。

（7）贷款到期为节假日的，如在节假日前一日归还，应扣除归还日至到期日的天数后，按合同利率计算利息；节假日后第一个工作日归还，应加到期日至归还日的天数，按合同利率计算利息；节假日后第一个工作日归还，应从节假日后第一个工作日按照逾期贷款利率计息。

（二）贷款利息计算的方法

贷款利息的计算可以采用定期结算和利随本清两种方式。但在实际工作中，大多采用定期结息的方式。

1. 定期结息

定期结息是银行在每月或每季度末月 20 日营业终了时，根据贷款科目余额表计算累计贷款积数（贷款积数计算方法与存款积数计算方法相同），再乘以规定的利率，为得到的利息，其计息公式为：

$$利息＝累计贷款计息日积数×日利率$$

采用定期结息方式计算贷款利息，其计息方法与活期存款计息方法相同。

2. 利随本清

利随本清也成逐笔结息方式，是银行按照规定的贷款期限，在借款人归还贷款本金的同时计收利息的一种方法，这种方法适用于小额质押贷款、农户小额贷款等利息的计算。其计息公式为：

$$利息＝本金×期限×利率$$

贷款期限从放款之日起算至还款日前一天止，采用对年对月对日的方法，对年按 360天，对月按 30 天，零头天数按实际天数计算。

逾期贷款或挤占挪用贷款，从逾期或挤占挪用之日起，按日利率 0.4‰计收逾期贷款罚息或按日利率 0.6‰计收挤占挪用贷款罚息（2004 年 1 月 1 日逾期贷款利率从日 2.1‰调整为在借款合同载明的贷款利率水平上加收 30%～50%）。

【例 5-3】某客户 2013 年 1 月 10 日贷款 200 000 元，期限 6 个月，利率 5‰，于 2013 年7 月 20 日归还，逾期贷款利率为 7‰，则银行应计利息为：

$$200\ 000×6×5‰＋200\ 000×10×7‰÷30＝6\ 466.67\ （元）$$

（三）计息的账务处理

1. 定期结息的利息入账

采用定期结息计收的利息应不涉及贷款本金偿还问题，只需将计算的各借款人的利息，编制一式三联贷款利息清单，第一联作贷方传票；第二联作借方传票；第三联作回单，办理转账。其会计分录为：

借：吸收存款——活期存款——××单位存款户
　　贷：利息收入——××利息收入户

如果借款人存款账户无款支付或存款资金不足支付，可将不足支付的部分作为应收利息。

其会计分录为：

借：应收利息——××贷款应收利息户
　　贷：利息收入——××利息收入户

待借款人存款账户有足够余额支付贷款利息时，再冲减应收利息。其会计分录为：

借：吸收存款——活期存款——××单位存款户
　　贷：应收利息——××贷款应收利息户

【例 5-4】承接【例 5-1】，6 月 20 日结计利息。东方工厂支付贷款利息 12 000 元；春都集团支付利息 105 000 元；好友集团公司贷款利息 30 000 元，账户没有资金支付。

借：吸收存款——单位活期存款——东方工厂　　　　　　60 000.00
　　贷：利息收入——××利息收入户　　　　　　　　　　　　　60 000.00
借：吸收存款——单位活期存款——春都集团　　　　　　105 000.00
　　贷：利息收入——××利息收入户　　　　　　　　　　　　　105 000.00
借：应收利息——好友集团公司××贷款利息户　　　　　30 000.00
　　贷：利息收入——××利息收入户　　　　　　　　　　　　　30 000.00

对春都集团公司贷款及利息处理：

9 月 20 日逾期 2 000 000 元转逾期贷款户，冲减已计入损益的利息，做会计分录为：

借：利息收入——××利息收入户　　　　　　　　　　　105 000.00
　　贷：应收利息——春都集团公司贷款利息户　　　　　　　　105 000.00

收入：未收贷款利息——春都集团公司贷款利息户 105 000（6 月 20 日的利息）

9 月 20 日结计的利息直接记入表外科目：

收入：未收贷款利息——春都集团公司贷款利息户 105 000（9 月 20 日的利息）

对好友集团公司贷款已超过 90 天转入非应计贷款，前已做过。计算逾期贷款利息：

$$利息＝2\ 000\ 000×3×5‰＋2\ 000\ 000×92×7‰÷30$$
$$＝30\ 000＋42\ 933.33＝62\ 933.33（元）$$

由于贷款已转入非应计贷款，因此利息不再记入表内，而记入表外科目：

收入：未收贷款利息——好友公司贷款利息户 5 453

对于原已计入损益的利息应当冲减利息收入转入表外：

借：利息收入——××利息收入户　　　　　　　　　　　　　30 000.00

　　　贷：应收利息——好友集团公司贷款利息户　　　　　　　30 000.00

收入：未收贷款利息——好友公司贷款利息户 30 000.00（6 月 20 日的利息）

2. 利随本清的利息入账

采用利随本清计算出来的利息随同归还的贷款本金一并进行入账处理。其会计分录为：

借：吸收存款——活期存款——借款人存款户（或库存现金）

　　　贷：贷款——借款人贷款户

　　　　　利息收入——××利息收入户

任务三　票据贴现业务核算

一、票据贴现业务的含义

票据贴现业务是指商业汇票的持票人在票据到期前为取得资金而将票据转让给银行，银行按票面金额扣除从贴现日至汇票到期日的利息后，以其差额付给收款人的一种信用活动。

票据贴现业务也是一种贷款，但它与一般贷款又有所不同。一是贷款对象不同。贴现以持票人（债权人）为贷款对象；一般贷款以借款人（债务人）为贷款对象。二是信用关系不同。贴现体现的是银行与持票人、出票人、承兑人及背书人之间的信用关系；一般贷款体现的是银行与借款人、担保人之间的信用关系。三是计息时间不同。贴现放款时就计收利息；一般贷款则是到期或定期才计收利息。四是资金流动性不同。贴现可通过转贴现或再贴现提前收回资金；一般贷款只有到期才能收回资金。

二、票据贴现的核算

为了正确核算票据贴现业务，可设置"贴现资产"科目。"贴现资产"是资产类账户，用于核算银行办理商业票据的贴现、转贴现等业务所融出的资金。办理贴现时，借记本账户（面值）按实际支付的金额，贷记"存放中央银行款项""吸收存款"等科目；收回贴现款时，记入该账户贷方；余额在借方，反映企业办理贴现、转贴现等业务融出的资金。按账户可以贴现类别和贴现申请人进行明细核算。

办理商业汇票贴现人必须具备下列条件：在银行开立存款账户的企业法人及其他组织；与出票人或者直接前手之间具有真实的商品交易关系，提供与其直接前手之间的增值税发票和商品发运单据的复印件。只有符合条件的持票人，才可以向银行申请贴现。

持票人拿未到期的商业汇票向银行申请贴现时，应填制一式五联的贴现凭证，并在第一联上加盖预留银行印鉴连同商业汇票一并送交开户银行信贷部门。信贷部门审查无误后，应在贴现凭证"银行审批"栏签"同意"字样，并由有关部门人员签章后送交会计部门。贴现凭证的格式见表5-4。

表 5-4　贴现凭证（代申请书）

贴现汇票	种类		号码				持票人	名称												
	出票日		年　月　日					账号												
	到期日		年　月　日					开户银行												
汇票承兑人		名称		账号				开户银行												
汇票金额		人民币：（大写）								千	百	十	万	千	百	十	元	角	分	
贴现率		％	贴现利息	千	百	十	万	千	百	十	元	角	分	实付贴现金额	千	百	十	万	千	百	十	元	角	分
附送承兑汇票申请贴现，请审核。 持票人签章						银行审批	负责人 信贷员	科目（借） 对方科目（贷） 复核　　　记账												

会计部门接到做成转让背书的汇票和贴现凭证，除审查汇票是否真实、各项内容是否完整外，还应审核贴现凭证的填写内容与实际是否相符，然后按照法定贴现率计算出贴现利息和实付贴现金额。其计算公式如下：

$$贴现利息＝汇票金额×贴现天数×（月贴现率/30）$$
$$实付贴现金额＝汇票金额－贴现利息$$

贴现天数从贴现之日起算至汇票到期的前一日。如承兑在异地，贴现天数应另加3天划款期。

【例5-5】焦作某建行开户单位甲公司3月15日持郑州乙公司1月20日开出并经其开户行承兑的汇票申请贴现，面额600 000元，到期日6月20日，经审同意办理，贴现率为5‰计算贴现利息和实付贴现金额。

$$贴现利息＝600 000×100×5‰÷30＝10 000（元）$$
$$实付贴现金额＝600 000－10 000＝590 000（元）$$

经计算后，在贴现凭证有关栏填上贴现率、贴现利息和实付贴现现金额，以第一联贴现凭证作贴现科目借方传票，第二、第三联分别作有关存款科目和利息收入科目的贷方传票办理转账。其会计分录为：

借：贴现资产——汇票户

　　贷：吸收存款——活期存款——贴现申请户

　　　　利息收入——贴现利息收入户

第四联贴现凭证加盖转讫章作收账通知交给贴现申请人，第五联贴现凭证和汇票按到期日顺序排列，专夹保管。

三、汇票到期收回贴现款的核算

贴现汇票到期，贴现银行作为持票人，应在汇票背面背书栏加盖结算专用章并由授权的经办人员签字或盖章，注明"委托收款"字样。同时还须填制委托收款凭证，在"委托收款凭据名称"栏注明"商业承兑汇票"或"银行承兑汇票"及其汇票号码，连同贴现汇票一并向付款人收取票款。对付款人在异地的，应在票据到期前，匡算至付款人的邮程、提前办理委托收款。将第五联贴现凭证作为第二联委托收款凭证的附件存放，第三、第四、第五联委托收款凭证连同汇票送交或寄交付款本人开户行或承兑行。

若付款人开户行收到委托收款凭证和商业承兑汇票，则应于汇票到期日将票款从付款人账户内付出，划转至贴现银行。其会计分录为：

借：吸收存款——活期存款——××单位户

　　贷：清算资金往来（或辖内往来）

如果付款人存款账户余额不足支付或付款人拒绝付款，则应将委托付款凭证、汇票和付款人未付票款通知书（或拒付理由书）退回贴现银行。

若承兑银行收到委托收款凭证和银行承兑汇票，由于票款已于汇票到期前从出票人存款账户中付出并专户储存，所以一般不会发生无款支付的情况，承兑行只需将收到的凭证和汇票进行审核，无误后即可从汇票款专户将款项转出，划转至贴现银行。其会计分录为：

借：应解汇款及临时存款——××单位户

　　贷：清算资金往来（或辖内往来）

如果承兑银行提出拒绝付款，则应将委托收款凭证、拒付理由及汇票一并退贴现银行。贴现银行收到划汇的票款后，以第二联委托收款凭证代转账贷方传票，第五联贴现凭证作附件办理转账。其会计分录为：

借：清算资金往来（或辖内往来）

　　贷：贴现资产——汇票户

贴现银行如果收到付款人开户行或承兑银行退回的委托收款凭证、汇票和付款人未付票款通知书或拒绝付款理由书，在追索票款时，可向贴现申请人收取。贴现银行须填制两联特种转账借方传票，在"转账原因"栏注明原因"未收到××号汇票款，贴现款已从你账户收取"，一联作借方传票，第五联贴现凭证作贷方传票办理转账。其会计分录为：

借：吸收存款——活期存款——贴现申请户

　　贷：贴现资产——汇票户

另一联"特种转账借方传票"加盖转讫章作支款通知，随同汇票和付款人未付票款通知书或拒绝理由书交给贴现申请人。

如贴现申请人存款账户余额不足，则将不足部分转作逾期贷款，并按逾期贷款的规定处理。

任务四　贷款损失准备金的核算

一、贷款损失准备的规定

贷款损失准备金是按一定比例提取，用于补偿贷款损失的准备金。贷款损失准备金制度的建立是提高商业银行抵御风险的能力，从而确保信贷资金的完整。

计提贷款损失准备的资产是指银行承担风险和损失的贷款资产，包括客户贷款（含抵押、质押、保证无担保贷款）、信用卡透支、贴现资产、信用垫款（银行承兑汇票垫款、担保垫款、信用证垫款等）、拆出资金、贸易融资、协议透支等。

对由银行转贷并承担对外还款责任的国外贷款，如国际金融组织贷款、外国买方信贷、外国政府贷款等，也要计提损失准备。

银行不承担风险和还款责任的委托贷款等不计提损失准备，如委托贷款等。

（一）计提范围

1. 一般准备金

一般准备金是按照贷款组合余额的一定比例提取的贷款损失准备金。我国自 1988 年建立一般准备金制度，几经调整。自 1997 年起，商业银行在计提范围内，按照年初贷款余额的 2.5% 计提。一般准备金是弥补贷款组合未来损失的总准备，其提取额与贷款组合的总量有关，与不良贷款内在的损失程度无关，因此一般准备金具有资本的性质。目前，根据我国金融企业会计制度规定，商业银行的一般准备按年末贷款余额的 1% 从净利润中提取。

2. 专项准备金

专项准备金是根据贷款分类的结果，对各类别的贷款，根据其内在损失程度按照不同比例计提的准备金。按照 2002 年 1 月 1 日开始实施的《贷款损失准备金计提指引》（以下简称《指引》）的精神，商业银行在提取一般准备金以外，还要按照贷款五级分类的结果，根据每笔贷款损失的程度，逐笔提取相应的专项准备金。该《指引》制定了专项准备金提取的参照比率：对划分为关注类的贷款，提取比率为 2%；对次级类贷款，比率为 20%；对可疑类贷款，比率为 50%；对损失类贷款，比率为 100%；同时，根据我国的实际情况，借鉴一些国家的做法，对次级类贷款和可疑类贷款损失准备金的提取比率可根据贷款损失的程度，上下浮动 20%。专项准备金反映了各类贷款内在的损失程度，提取的比例或金额越大，说明该类贷款的质量越低，因此，专项准备金不具有资本的性质，应当作为资产的减项从贷款总额中扣除。

3. 特种准备金

特种准备金是根据贷款的国别、行业、特别风险等提取的准备金。具体比例由金融企业根据贷款资产的风险程度和回收的可能性合理确定。

一般言之，贷款损失准备的种类及计提比例由商业银行自行确定，提取的贷款损失准备计入当期损益，发生贷款损失冲减已计提的贷款损失准备。已冲销的贷款损失，以后又收回的，其核销的贷款损失准备予以转回。商业银行不得设置秘密准备。如有确凿证据表明商业银行不恰当地运用了谨慎性原则设置秘密准备的，应当作为重大会计差错予以更正，并在会计报表附注中说明事项的性质、调整金额，以及对本银行财务状况、经营成果的影响。

此外，对于已计提专项准备金和特别准备金的银行，原则上不再提取坏账准备。已入账但未收回、逾期达 90 天以上的应收利息从当期损溢中冲回，列入表外科目或非应计表内科目核算。

（二）贷款损失准备核销规定

对于被确认为损失的贷款，应按规定的核销条件、核销办法和审批权限，从提取的损失准备金中予以核销。损失核销条件为：

（1）金融企业经采取必要措施和实施必要程序之后，符合《一般债权或股权呆账认定标准及核销所需相关材料》所列认定标准之一的债权或股权可认定为呆账。

（2）金融企业经采取必要措施和实施必要程序之后，符合《银行卡透支款项呆账认定标准及核销所需相关材料》所列认定标准之一的银行卡透支款项以及透支利息、手续费、超限费、滞纳金可认定为呆账。

（3）金融企业经采取必要措施和实施必要程序之后，符合《助学贷款呆账认定标准及核销所需相关材料》所列认定标准之一的助学贷款（含无担保国家助学贷款）可认定为呆账。

二、贷款损失准备的核算

（一）科目设置

银行为了抵御和减少贷款风险，设置"贷款损失准备""资产减值损失"等科目对可能发生或已经发生的贷款损失进行核算。

（1）"一般准备金"科目，用于核算提取的一般贷款损失准备金。

该科目属资产类科目，是贷款科目的备抵科目，贷方反映提取的准备金及已核销又收回的贷款本金，借方反映冲减的准备金及核销的贷款本金。期末余额在贷方，表示尚余的贷款损失准备。该科目按准备金种类设明细分类账户进行明细核算。

（2）"贷款损失准备"科目，用于核算提取的专项贷款损失准备金和特种贷款损失准备金。

该科目属资产类科目，是贷款科目的备抵科目，贷方反映提取的准备金及已核销又收回的贷款本金，借方反映已冲减的准备金及核销的贷款本金。期末余额在贷方，表示尚余的贷款损失准备。该科目按准备金种类设明细账户进行明细核算。

（3）"资产减值损失"。

是损益类账户，主要用来核算企业计提各项资产减值准备所形成的损失。企业的应收款项、存货、长期股权投资、持有至到期投资、固定资产、无形资产、贷款等资产发生减值时按应减记的金额，借记该账户；企业计提坏账准备、存货跌价准备、持有至到期投资减值准备、贷款损失准备等，相关资产的价值又得以恢复的，应在原已计提的减值准备金额内，按恢复增加的金额，贷记该账户；期末，应将本账户的余额转入"本年利润"账户，结转后本账户无余额。该账户可按资产减值损失的项目进行明细核算。

（二）核算

1. 计提贷款准备金的核算

银行应当在期末分析各项贷款的可收回性，并预测可能产生的贷款损失。根据贷款期末余额和规定的比例，合理计提贷款损失准备金。

（1）计提一般准备金，其会计分录为：

借：利润分配——未分配利润

　　贷：一般准备金

（2）计提专项准备金和特种准备金，其会计分录为：

借：资产减值损失

　　贷：贷款损失准备——专项准备金户

　　　　　　　　　　——特种准备金户

2. 贷款损失准备核销的核算

对于被确认为损失的贷款，应按规定的核销条件、核销办法和审批权限，从提取的损失准备金中予以核销。

（1）银行对需要核销的贷款损失，应按照规定的条件及规定的审批程序和权限办理核销，先将呆滞贷款转入呆账贷款再核销冲减已计提的损失准备。其会计分录为：

借：贷款——呆账贷款——××借款人户

　　贷：贷款——呆滞贷款——××借款人户

借：贷款损失准备

　　贷：贷款——呆账贷款——××借款人户

收入：已核销贷款——××借款人户

银行对已申报核销的贷款仍具有债权，在申报期间及其核销以后仍应结计利息，结计的利息在"待转利息收入"表外科目核算。

（2）已核销呆账贷款收回的核算。

经办行以后年度收回已核销的呆账贷款，应调增贷款损失准备，然后再转销呆账贷款。其会计分录为：

借：贷款——呆账贷款——××借款人户

　　贷：贷款损失准备——专项准备金

借：相关科目

　　贷：贷款——呆账贷款——××借款人户

⠿》拓展阅读

申请住房贷款所需资料

1. 申请房屋抵押贷款所具备的条件

（1）借款人年龄在 18～55 周岁，具有完全民事行为能力；

（2）有稳定的月收入，具有按期偿还贷款本息的能力；

（3）没有不良贷款记录。

2. 申请房屋抵押贷款所需提供的资料

（1）身份证明；

（2）户口本；

（3）婚姻状况证明文件；

（4）房地产证；

（5）收入证明、月收入需在月供款额的 2 倍以上。

3. 房屋抵押贷款还款方式及抵押贷款年限

（1）等额还款/月、等本金还款/月、每月还息到期还本；

（2）1～20 年。

课后实训

1. 银行信用贷款、担保贷款业务的核算。

工行某支行的有关业务如下，做出该支行办理下述业务的全部会计分录，需要计算的请列出算式。

（1）2013 年 3 月 10 日，向开户单位机械厂发放 6 个月期限的信用贷款 100 万元，利率 5.4%，9 月 10 日按期收回本息。

（2）2013 年 5 月 8 日，向东方百货商场发放信用贷款 30 万元，期限一年，利率 6.3%；贷款到期时，借款人的存款账户上只能划出 20 万元本息，剩余部分延迟 25 天还清（逾期按 3% 计息）。

（3）某借款单位与某支行签订协议，规定该支行采取充分供应资金的办法向借款单位提供贷款，约定每季末月 20 日计息，利率 6%。2013 年 3 月 21 日的贷款余额为 150 万元，3 月 25 日借款 80 万元，4 月 2 日还款 70 万元，4 月 10 日还款 30 万元，4 月 20 日借款 90 万元，5 月 5 日还款 40 万元，5 月 16 日借款 60 万元，5 月 23 日还款 100 万元，6 月 8 日借款 50 万元。请计算该单位第二季度的贷款利息。

2. 银行票据贴现、贷款呆账准备金的核算。

工行郑州分行某支行 2013 年发生如下业务，请做出相应的会计分录。

（1）6 月 5 日，为开户单位电子器材厂贴现一张 50 万元的银行承兑汇票，该汇票的承兑人为省外某支行，贴现率 4.5%，汇票到期日为 10 月 20 日。该笔贴现款按期收回。请列出算式计算贴现息与实付贴现额，并做出贴现和收回贴现票款的会计分录。

（2）6 月 8 日，为开户单位宏力公司贴现一张 350 000 元的商业承兑汇票，该汇票的承兑人为省外某支行，贴现率 4.8%，汇票到期日为 11 月 18 日。汇票到期，承兑人无款支付，当即退票。该行即向宏力公司索回贴现票款。请列出算式计算贴现息与实付贴现额，并做出贴现和收回贴现票款的会计分录。

（3）某行按贷款总额每半年计提一次一般贷款损失准备，其资料如下：2013 年 12 月 31 日贷款余额 3 000 亿元，贷款损失准备余额 30 亿元；2014 年 1—6 月份核销贷款呆账 9 亿元，2014 年 6 月 30 日贷款余额 2 800 亿元。请计算该行 2014 年 1—7 月一般贷款损失准备的调整数，并做出相应的会计分录。

项目六　支付结算业务核算

📖 学习目标 ///

1. 了解支付结算的概念、原则和纪律；
2. 掌握票据结算业务的核算手续和相关凭证如何填写；
3. 掌握非票据结算方式的账务处理。

📖 案例导入 ///

甲企业从乙企业购进一批设备，价款为 200 万元，甲企业开出一张由甲企业为出票人和付款人、乙企业为收款人，付款期限为 6 个月的商业承兑汇票，同时丙企业为该汇票提供了担保，保证甲企业到期承兑该汇票。承兑期满后，由于甲企业财务发生困难，无款可付，乙企业要求丙企业支付该款，但丙企业拒绝付款。

思考： 丙企业是否要支付该笔款项？企业开户行是否需要进行会计核算？若需要，该如何进行核算？

任务一　结算业务概述

一、支付结算业务的意义

支付结算业务是商业银行三大传统业务之一。所谓支付结算业务，是指单位、个人在社会经济活动中使用票据、信用卡和汇兑、托收承付、委托收款等结算方式进行货币给付及资金清算的行为。

随着市场经济和货币结算关系的不断发展，票据在社会中发挥着越来越重要的作用。票据的使用方便了商品交易和债权债务的清偿，票据的流通转让在一定范围内代替了现金流通，避免了大量携带现金的风险，又可节约流通费用。票据通过银行转账结算，有利于各企业单位间债权、债务的清偿；有利于保障经济活动当事人的合法权益；有利于简化结算手续，缩短结算过程；有利于加速资金周转，促进商品交易、劳动供应及资金调拨等经济活动的开展；有利于商业银行集中各单位及个人的闲散资金，稳定和扩大商业银行的信贷资金来源，促进社会主义市场经济的发展。

银行在办理支付结算时，要根据经济往来准确、及时、安全办理支付结算；按照《中华人民共和国票据法》《票据管理实施办法》《支付结算办法》以及有关法律、行政法规、制度和办法的规定管理支付结算，保障银行支付结算活动的正常进行。

二、支付结算的原则

支付结算的基本原则是单位、个人和银行在进行支付结算活动时所必须遵循的行为准则，它是开展结算工作的出发点，是客观经济规律在结算业务中的具体体现，反映了客观经济规律对结算业务的基本要求。

1. 恪守信用，履行付款

信用是企业生存发展的基础。银行支付结算时建立在信用基础之上的货币收付行为，参与支付结算的任何一方，都必须以讲信用为前提。这条原则要求结算当事人必须依法承担义务和行使权利，严格遵守信用，认真履行义务。销货方应按协议提供商品，购货方应按规定时间、方式支付货款。同时，银行处于支付结算的中介地位，受购销双方委托为其办理资金清算，为此，在组织和办理支付结算时，必须严格遵守支付结算制度，按照各种支付结算方式法定的处理程序划拨资金，从而促使支付结算原则得以贯彻执行，维护良好的结算秩序。

2. 谁的钱进谁的账，由谁支配

存款人对其存入银行的资金拥有所有权和自主支配权。银行作为资金清算的中介，在办理支付结算时必须按照委托人的要求收款和付款，只有这样，才能保护客户对存款的所有权和自主支配存款的合法权益。为此，在办理结算业务时，必须根据付款人的账户及户名，准确、及时地为其收账；而各单位支取的款项，则必须根据付款人委托办理。同时，银行会计还必须依法为单位、个人的存款保密，除国家法律规定和国务院授权中国人民银行的监督项目以外，其他部门委托监督的事项，均不予受理，亦不得代任何单位扣款，不得停止单位、个人对存款的正常支付。

3. 银行不予垫付

银行办理支付结算的职责是根据客户的委托进行账户资金转移。在支付结算业务处理过程中，必须坚持"先收后付，收妥抵用"。客户委托银行为其收取的款项，在款项尚未收妥入账之前，不得使用；客户委托银行代为支付的款项的金额，必须在其存款余额范围内，不得透支。这一原则的目的在于保护银行资金的所有权和经营权，保护银行资金的安全运用。

三、支付结算的纪律

支付结算纪律是国家财经纪律的重要组成部分，加强支付结算纪律，维护正常的结算秩序，是促进支付结算业务正常进行的重要保证。为此，参与支付结算的购销双方以及银行都必须严格遵守支付结算纪律。

1. 单位和个人必须遵守的支付结算纪律

不准为逃避还贷、还债和套取现金而多头开立账户转移资金；不准出租出借账户；不准签发空头支票、远期支票和空头汇票套取银行信用；不准签发、取得和转让没有真实商品交易和债权债务的票据；不准无理拒付，任意占用他人资金。

2. 银行必须遵守的支付结算纪律

不准以任何理由压票、任意退票、截留挪用客户和他行资金；不准无理拒付应由银行支付的票据款项；不准受理无理拒付、自行拒付退票；不准不扣少扣滞纳金；不准违章签发、承兑、贴现票据套取他行资金；不准在支付结算制度之外规定附加条件影响汇路畅通；不准违反规定开立和使用账户；不准拒绝受理、代理他行正常结算业务；不准为拉客户而放弃对单位违反结算纪律的制裁；不准超额占用联行资金；不准逃避向中国人民银行转汇大额汇划款项和清算大额银行汇票资金。

3. 支付结算类型

支付结算按使用的支付结算工具不同，分为票据结算和非票据结算两种类型。其中，票据结算包括支票、银行本票、银行汇票和商业汇票；非票据结算包括汇兑、委托收款、托收承付和电子银行支付结算。按其使用的区域不同分为异地结算方式、同城结算方式、异地与同城通用的结算方式。异地结算方式包括汇兑、银行汇票和异地托收承付；同城结算方式包括银行本票；异地与同城通用的结算方式包括支票、商业汇票、委托收款和电子银行支付结算方式。这样便形成了以票据为主体，多种结算方式合理配置、互为补充的结算制度，能较好地适应多种形式的商品交易和经济活动款项结算的需要。

任务二　票据结算业务核算

一、支票的结算

《中华人民共和国票据法》将支票定义为：支票是出票人签发的，委托办理支票存款业务的银行或者其他金融机构在见票时无条件支付确定的金额给收款人或者持票人的票据。

支票按照用途分为现金支票、转账支票和普通支票三种。支票上印有"现金"字样的为现金支票，现金支票只能用于支取现金。支票上印有"转账"字样的为转账支票（见表6-1和表6-2），转账支票只能用于转账。支票上印有"现金"和"转账"字样的为普通支票，普通支票既可以用于支取现金，也可以用于转账。在普通支票左上角画两条平行线的为画线支票，画线支票只能用于转账，不得支取现金。但值得注意的是，目前在我国银行会计实务中一般只有现金支票和转账支票，没有普通支票。

表 6-1　转账支票正面

表6-2　转账支票背面格式

被背书人	被背书人	被背书人	粘 贴 单 处
背书人签章 年　月　日	背书人签章 年　月　日	背书人签章 年　月　日	

持票人向银行　　　　　　　身份证件名称：
提示付款签章：　　　　　　号　　　码：
　　　　　　　　　　　　　发证机关：

（一）支票结算范围和规定

支票结算适用于单位、个体经济户和个人在同城或异地的商品交易和劳务供应以及其他款项的结果。支票结算手续简便、灵活，收款人将支票交存银行，一般当日或次日即可入账入款。

支票业务的相关规定如下：

（1）签发支票必须记载下列事项：表明"支票"字样；无条件支付的委托；确定的金额；付款人名称；出票日期；出票人签章。欠缺记载上列示项之一的，支票无效。

（2）支票上的金额可以由出票人授权补记，未补记前的支票，不得使用。支票上未记载收款人名称的，经出票人授权，可以补记。支票上未记载付款地的，付款人的营业场所为付款地。支票上未记载出票地的，出票人的营业场所、住所或者经常居住地为出票地。出票人可以在支票上记载自己为收款人。

（3）支票的出票人所签发的支票金额不得超过付款时在付款人处实有的存款金额，禁止签发空头支票。

（4）支票的出票人不得签发与其预留本名的签名式样或者印鉴不符的支票。

（5）支票限于见票即付，不得另行记载付款日期。另行记载付款日期的，该记载无效。

（6）转账支票允许连续背书转让；现金支票和普通支票不能背书转让。

（7）支票的持票人应当自出票日起10日内提示付款；异地使用的支票，其提示付款的期限由中国人民银行另行规定超过提示付款期限的，付款人可以不予付款；付款人不予付款的，出票人仍应当对持票人承担票据责任。

（8）出票人签发空头支票、签章与预留银行签章不符的支票、使用支付密码的地区，支付密码错误的支票银行予以退票，并按照票面金额处以5%但不低于1 000元的罚款；持票人有权要求出票人赔偿2%的赔偿金。对屡次签发的，银行应停止其签发支票。

（9）支票丧失后，失票人可以及时通知付款人挂失支付。

（二）支票业务的核算（以转账支票业务为例）

1. 出票人、持票人在同一行开户核算

（1）银行受理持票人送交转账支票的处理。

转账支票签发后，一般有持票人在提示付款期内连同两联进账单（见表6-1）一并提交银行。银行接到持票人送来的支票和两联进账单，应认真审核以下内容：支票是否真实，是否超过10天的提示付款期；持票人开户是否在本行，持票人名称是否与进账单一致；出票人账户是否有足够支付的款项；出票人签章是否与银行预留印鉴相符；支票大小写是否一致，与进账单金额是否相符；支票记载事项是否齐全，是否有涂改；背书转让的支票是否符合规定；背书是否连续，是否在粘单处签章；持票人是否在支票背面进行委托收款背书。

银行审核无误后，以支票作为转账借方凭证，进账单第二联作转账贷方凭证，办理转账。会计分录为：

借：吸收存款——活期存款——出票人户

贷：吸收存款——活期存款——持票人户

转账后，将进账单第一联加盖转讫章作收账通知交给持票人。

表6-3 ××银行进账单（贷方凭证）

年 月 日　　　　　　　　　　　　　　　　第 号

出票人	全称		持票人	全称		此联由持票人开户银行作贷方凭证
	账号			账号		
	开户银行			开户银行		
人民币（大写）						
	票据种类		科目（贷）＿＿＿＿＿			
	票据张数		对方科目（借）＿＿＿＿＿			
备注			转账日期 年 月 日			
			复核　　　　记账			

【例6-1】 工商银行收到开户单位永生公司提交的转账支票和进账单，出票人系在本行开户的单位振华商场，金额为8 000元，银行审核无误，办理转账。会计分录为：

借：吸收存款——单位活期存款——振华公司户　　　8 000.00

　　贷：吸收存款——单位活期存款——永生公司户　　　8 000.00

（2）银行受理出票人送交转账支票的处理。

银行接到出票人送交的支票和一式三联进账单，按前述要求认真审核无误后，将进账单第一联加盖转讫章作为回收单交给出票人，进账单第三联加盖转讫章作收账通知交给收款人，其他处理同上。

2. 出票人、持票人不在同一行开户的核算

（1）持票人开户行受理持票人送交的转账支票。

处理流程如图6-1所示。

持票人开户行接到持票人送交的支票及两联进账单，经审查无误后，在进账单加盖"收妥抵用"戳记和经办人员章后，将第一联退还持票人，将进账单第二联专夹保管，支票按票据交换的规定及时提出交换。待退票时间过后，第二联作为转账贷方凭证。其会计分录为：

借：存放中央银行款项（待清算票据款项）

　　贷：吸收存款——活期存款——持票人户

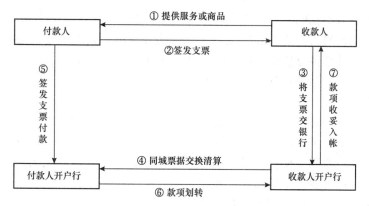

图 6-1　持票人开户行受理持票人送交的转账支票处理流程

出票人开户行通过同程票据交换提入转账支票后，经审查确定可以转账时，以转账支票作借方凭证，办理转账。其会计分录为：

借：吸收存款——活期存款——出票人户

贷：存放中央银行款项（待清算票据款项）

【例 6-2】银行收到开户单位矿山机械厂送交的支票和两联进账单，金额为 500 000 元，该支票的签发人在同城他行开户，当日退票时间过后被退票，银行办理转账。会计分录为：

借：存放中央银行款项（待清算票据款项）　　　　　　　500 000.00

贷：吸收存款——活期存款——矿山机械厂户　　　　　　500 000.00

支票若发生退票，出票人开户行应通过"其他款项——退票专户"核算科目，持票人开户行应通过"其他开户行——退票专户"科目结算。如所退支票属于空头支票，或者签发与预留银行签章不附以及支付密码错误的支票，除退票外，还应按规定处以罚款。会计分录为：

借：吸收存款——活期存款——出票人户

贷：营业外收入——结算罚款收入户

【例 6-3】银行向开户企业太行商贸公司收取罚款 25 000 元，原因是该公司签发了与其银行预留签章不符的支票。

借：吸收存款——单位活期存款——太行商贸公司户　　　25 000.00

贷：营业外收入——结算罚款收入户　　　　　　　　　　25 000.00

（2）出票人开户行受理出票人送交的转账支票。

处理流程如图 6-2。

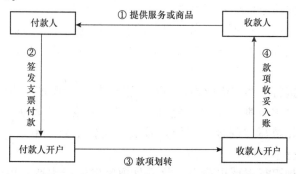

图 6- 2　出票人开户行受理出票人送交的转账支票处理流程

持票人与出票人不在同一行处开户，转账支票和进账单亦可以由出票人提交其开户行，出票人开户行接到出票人提交的转账支票和三联进账单时，仍按上述内容进行审核，无误后，以转账支票作转账借方凭证办理转账。其会计分录为：

    借：吸收存款——活期存款——出票人户

        贷：存放中央银行款项（待清算票据款项）

转账后将第一联进账单加盖讫章，退还出票人作为回单；进账单第二、第三联盖章后，按照同城票据交换的有关规定及时提出交换。

收款人开户银行收到交换提入的第二联、第三联进账单，审核无误后，以第二联作转账贷方凭证，第一联加盖讫章后作收账通知交收款人。其会计分录为：

    借：存放中央银行款项（待清算票据款项）

        贷：吸收存款——活期存款——收款人户

【例 6-4】银行提入支票一张，金额 100 000 元，系本行开户单位红旗超市支付的货款，经审查无误后，支付票款。其会计分录为：

    借：吸收存款——单位活期存款——红旗超市户

        贷：存放中央银行款项（待清算票据款项）

二、银行本票

（一）银行本票的基本规定

（1）单位和个人在同一票据交换区域需要支付各种款项时，均可以使用银行本票。

（2）银行本票可以用于转账，注明"现金"字样的银行本票可以用于支取现金。

（3）银行本票可分为定额本票和不定额本票两种，定额本票的面额分为 1 000 元、5 000 元、10 000 元和 50 000 元四种。

（4）银行本票的出票人为经中国人民银行当地分支行批准办理银行本票业务的银行机构。

（5）签发银行本票必须记载下列事项：

①表明"银行本票"字样；

②无条件支付的承诺；

③确定的金额；

④收款人名称；

⑤出票日期；

⑥出票人签章。欠缺记载上列事项之一的，银行本票无效。

（6）银行本票的提示付款期限自出票日起最长不得超过 2 个月。持票人超过付款期限提示付款的，代理付款人不予受理。银行本票的代理付款人是代理出票银行审核支付银行本票款项的银行。

（7）申请人使用银行本票，应向银行填写"银行本票申请书"，填明收款人名称、申请人名称、支付金额、申请日期等事项并签章。申请人和收款人均为个人需要支取现金的，应在"支付金额"栏先填写"现金"字样，后填写支付金额。申请人或收款人为单位的，不得申请签发现金银行本票。

（8）出票银行受理银行本票申请书，收妥款项签发银行本票。用于转账的，在银行本票上画出"现金"字样；申请人和收款人均为个人需要支取现金的，在银行本票上划去"转账"字样。不定额银行本票用压数机压印出票金领。出票银行在银行本票上签章后交给申请人。申请人或收款人为单位的，银行不得为其签发现金银行本票。

（9）申请人应将银行本票交付给本票上记明的收款人。收款人受理银行本票时，应审查下列事项：

①收款人是否确为本单位或个人；

②银行本票是否在提示付款期限内；

③必须记载的事项是否齐全；

④出票人签章是否符合规定，不定额银行本票是否有压数机压印的出票金额，并与大写出票金额一致；

⑤出票金额、出票日期、收款人名称是否有更改，更改的其他记载事项是否由原记载人签章证明。

（10）收款人可以将银行本票背书转让给被背书人。被背书人受理银行本票时，除按照上述规定审查外，还应审查下列事项：

①背书是否连续，背书人签章是否符合规定，背书使用粘单的是否按规定签章；

②背书人个人的身份证件。

（11）银行本票见票即付。跨系统银行本票的兑付，持票人开户银行可根据中国人民银行规定的金融机构同业往来利率向出票银行收取利息。

（12）在银行开立存款账户的持票人向开户银行提示付款时，应在银行本票背面"持票人向银行提示付款签章"处签章，签章必须与预留银行签章相同，并将银行本票、进账单送交开户银行。银行审查无误后办理转账。

（13）未在银行开立存款账户的个人持票人，凭注明"现金"字样的银行本票向出票银行支取现金的，应在银行本票背面签章，记载本人身份证件名称、号码及发证机关，并交验本人身份证件及其复印件。持票人对注明"现金"字样的银行本票需要委托他人向出票银行提示付款的，应在银行本票背面"持票人向银行提示付款签章"处签章，记载"委托收款"字样、被委托人姓名和背书日期以及委托人身份证件名称、号码、发证机关。被委托人向出票银行提示付款时，也应在银行本票背面"持票人向银行提示付款签章"处签章，记载证件名称、号码及发证机关，并同时交验委托人和被委托人的身份证件及其复印件。

（14）持票人超过提示付款期限不能获得付款的，在票据权利时效内向出票银行做出说明，并提供本人身份证件或单位证明，可持银行本票向出票银行请求付款。

（15）申请人因银行本票超过提示付款期限或其他原因要求退款时，应将银行本票提交到出票银行，申请人为单位的，应出具单位的证明；申请人为个人的，应出具本人的身份证件。出票银行对于在本行开立存款账户的申请人，只能将款项转入原申请人账户；对于现金银行本票和未在本行开立存款账户的申请人，才能退付现金。

（16）银行本票丧失，失票人可以凭人民法院出具的其享有票据权利的证明，向出票银行请求付款或退款。

（二）银行本票的核算

银行本票业务的核算分为出票、兑付、结清三个阶段。

1. 银行本票出票的核算

申请人需要使用银行本票，应向银行填写"银行本票申请书"，填明收款人名称、申请人名称、支付金额、申请日期等事项并签章。申请书一式三联，第一联作回单，转账后退回申请人；第二联作为转账借方凭证；第三联作为转账贷方凭证。交现金办理银行本票的，第二联注销。

银行受理申请人提交的"银行本票申请书"时，应按有关规定审核其填写的内容是否齐全、清楚；申请书上注明"现金"字样的，要审查申请人或收款人是否为个人，申请无误后，才能签发银行本票。

转账交付的，以第二联申请书作为借方凭证，第三联作贷方凭证，办理转账。其会计分录为：

借：吸收存款——活期存款——申请人户

　　贷：本票

以现金交付的，以第三联作贷方凭证，办理转账。其会计分录为：

借：库存现金

　　贷：本票

【例6-5】开户单位海洋公司提交银行本票申请书，要求办理本票一张，金额50 000元，银行审核无误办理转账手续。其会计分录为：

借：吸收存款——单位活期存款——海洋公司　　　　　50 000.00

　　贷：本票　　　　　　　　　　　　　　　　　　　50 000.00

【例6-6】客户李三提交银行本票申请书及现金16 000元，要求办理银行本票一张。银行审核无误后予以办理。其会计分录为：

借：库存现金　　　　　　　　　　　　　　　　　　　16 000.00

　　贷：本票　　　　　　　　　　　　　　　　　　　16 000.00

出票行在办理转账或收妥现金后，签发银行本票。不定额银行本票一式两联，第一联为卡片第二联为本票正本（见表6-4）。定额银行本票一式两联，第一联为存根，第二联为本票正本（见表6-5）。

表6-4　不定额银行本票正本

××银行　　　地名　　　本票号码

本　票　2

付款期限 ×个月	出票日期 (大写)	年 月 日	第　号	此时联作出票行留存，结清本票
收款人：				
凭票即付	人民币 (大写)			借方凭证附件
转账　现金				
备注：				
	出票行签章	出纳　复核　经办		

（使用清分机的，此区域供打印磁性字码）

表 6-5 定额银行本票

××银行本票存根	付款期限 ×个月	××银行	地名	本票号码
本票号码： 地名 收款人 金额：壹万元整 用途： 科目（借）_____ 对方科目（贷）_____ 出票日期： 年 月 日 出纳 复核 经办	出票日期 （大写） 收款人： 凭票即付 人民币 转账 现金	本 票 年 月 日 壹万元整 10 000 出票行签章		

出票行签发本票应注意：签发不定额本票，出票日期和出票金额必须大写，如果填写错误应将本票作废重新签发；用于转账的本票，需划去本票上的"现金"字样；用于支取现金的本票，需划去本票上的"转账"字样；申请书的备注栏内注明"不得转让"的，出票行应当在本票的正面注明。

填好的银行本票经复核无误后，在不定额本票的第二联或定额本票的正联上加盖银行本票专用章并由授权的经办人签字或盖章，签章必须清晰。定额本票正联交给申请人，不定额本票第二联需用总行统一的压数机在人民币大写栏右端压印小写金额后交给申请人，并在第一联卡片或存根联上加盖经办、复核人员名章后留存，专夹保管。

2. 银行本票兑付的核算

（1）代理付款行付款时的核算。

处理流程如图 6-3 所示。

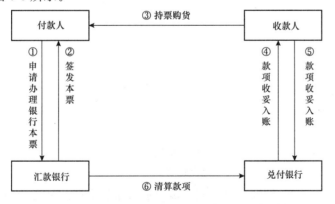

图 6-3 代理付款行受理持票人送交本票的核算

代理付款行接到在本行开户的持票人提交的本票和一式两联的进账单时，应严格审查一下内容：本票是否真实；提示付款期限是否超过；本票填明的持票人是否在本行开户，持票人名称与进账单上的名称是否相符；出票行的签章是否正确；不定额本票是否有统一制作的压数机压印的金额，与大写的出票金额是否一致；本票必须记载的事项是否齐全，出票金额、出票日期、收款人名称是否更改；是否压印"银行本票专用章"；背书转让的本票是否符合规范。审查无误后，以第二联作贷方凭证，办理转账。其会计分录为：

借：存放中央银行款项（待清算票据款项）

　　贷：吸收存款——活期存款——持票人户

进账单第一联加盖讫章作收账通知交给持票人，银行本票提出交换。

【例 6-7】工商银行收到本行开户单位纺织厂提交的银行本票和转账进账单，金额为 15 000 元。经审核无误提出交换，并为该企业办理转账手续。其会计分录如下：

借：存放中央银行款项（待清算票据款项）　　　　　　　　15 000.00

　　贷：吸收存款——活期存款——纺织厂户　　　　　　　　　　15 000.00

（2）出票行付款时的核算。

①填明"现金"字样的本票支付款项时，必须到出票行办理。出票行接到持票人交来的填明"现金"字样的本票时，抽出专夹保管的本票卡片或存根，经核对相符，确属本行签发，同时还必须按照规定认真审查其内容，审查无误后，办理付款手续。本票作借方凭证，本票卡片或存根联作附件入账。其会计分录为：

借：本票

　　贷：库存现金

②出票行受理在本行开户的持票人提交的转账银行本票和两联进账单时，按规定审核无误后，办理转账。其会计分录为：

借：本票

　　贷：吸收存款——活期存款——持票人户

本票上未划去"现金"和"转账"字样的，一律按照转账办理。

【例 6-8】开户单位大华公司持定额本票及两联进账单来行办理兑付，金额 60 000 元，经审核该本票为本行签发，办理转账。其会计分录为：

借：本票　　　　　　　　　　　　　　　　　　　　　　　60 000.00

　　贷：吸收存款——活期存款——大华公司户　　　　　　　　　60 000.00

3. 银行本票的结清核算

（1）持票人、申请人不在同一行开户的处理。

出票行收到票据交换提入的本票时，抽出保管的本票卡片或存根，经核对无误后办理转账。其会计分录为：

借：本票

　　贷：存放中央银行款项（待清算票据款项）

（2）持票人、申请人在同一行开户的处理。

出票行受理本行签发的转账本票，则不需要通过票据交换。其会计分录为：

借：本票

　　贷：吸收存款——活期存款——持票人户

（3）银行本票超过付款期限付款的手续。

持票人超过付款期限不付款的，在票据权利时效内请求付款时，应当向出票行说明原因，并将本票交给出票行。持票人为个人的，应当交验身份证件。出票行经与原专夹保管的本票卡片或存根核对无误，在本票上注明"逾期付款"字样，办理付款手续。会计分录为：

借：本票

　　贷：吸收存款——活期存款——持票人户（库存现金）

（4）银行本票退款的手续。

申请人因本票超过提示付款期或其他原因要求出票行退款时，应填制一式两联进账单连同本票交给出票行，并按照支付结算办法的规定提交证明或身份证件。出票行经与原专夹保管的本票卡片或存根核对无误，即在本票上注明"未用退回"字样，第二联进账单作贷方凭证，本票作借方凭证，卡片或存根联作附件。其会计分录为：

借：本票

　　贷：吸收存款——活期存款——申请入户（库存现金）

三、银行汇票的核算

（一）银行汇票的基本规定

银行汇票是出票银行签发的，由其在见票时按照实际结算金额无条件支付给付款人或者持票人的票据。银行汇票的相关规定如下。

（1）单位和个人各种款项结算，均可使用银行汇票。

（2）签发银行汇票必须记载下列事项：表明"银行汇票"的字样；无条件支付的承诺；出票金额；付款人名称；收款人名称；出票日期；出票人签章。欠缺记载上列事项之一的，银行汇票无效。

（3）银行汇票可以用于转账。填明"现金"字样的银行汇票又可以支取现金，但申请人和收款人必须均为个人。

（4）银行汇票的出票和付款，全国范围限于中国人民银行和各商业银行参加"全国联行往来"的银行机构办理。跨系统银行签发的转账银行汇票的付款，应通过同城票据交换将银行汇票和解讫通知提交给同城的有关银行审核支付后抵用。代理付款人不得受理未在本行开立存款账户的出票人为单位直接提交的银行汇票。省、自治区、直辖市内和跨省、市的经济区域内银行汇票的出票和付款，按照有关规定办理。

（5）银行汇票的提示付款期限自出票日起 1 个月。持票人超过付款期限提示付款的，代理付款人不予受理。

（6）持票人向银行提示付款时，必须同时提交银行汇票和解讫通知，缺少任何一联，银行不予受理。

（7）银行汇票的出票银行为银行汇票的付款人。银行汇票的代理付款人是代理本系统出票银行或跨系统签约银行审核支付汇票款项的银行。

（8）收款人受理申请人交付的银行汇票时，应在出票金额以内，根据实际需要的款项办理结算，并将实际结算金额和多余金额准确、清晰地填入银行汇票和解讫通知的有关栏内。未填明实际结算金额和多余金额或实际结算金额超过出票金额的，银行不予受理。

（9）银行汇票的实际结算金额不得更改，更改实际结算金额的银行汇票无效。

（10）银行汇票丧失，失票人可以凭人民法院出具的其享有票据权利的证明，向出票银行请求付款或退款。

（二）银行汇票的核算

银行汇票业务的核算过程分为出票、兑付、结清三个阶段。

1. 银行汇票出票的核算

申请人使用银行汇票，应向出票银行填写“银行汇票申请书”，填明收款人名称、汇票金额、申请人名称、申请日期等事项并签章，签章为其预留银行的签章。申请书一式三联，第一联申请人留作存根，第二联、第三联送交银行。银行审查无误后，以申请书第二联作借方凭证，第三联作贷方凭证，办理转账。其会计分录为：

借：吸收存款——活期存款——申请人户

　　贷：汇出汇款

如果申请人是用现金办理的，应在申请书上注明“现金”字样，审核申请人及收款人是否均为个人，并缴存现金，经审核无误后，受理签发银行汇票。其会计分录为：

借：库存现金

　　贷：汇出汇款

【例 6-9】客户张三提交银行汇票申请书及现金 50 000 元，委托银行签发银行汇票持往异地购货，经审核无误后予以受理，办理转账。其会计分录为：

借：库存现金　　　　50 000.00

　　贷：汇出汇款——张三户　　　　50 000.00

出票行在办好收账或收妥现金后，按规定签发银行汇票，银行汇票一式四联：第一联为卡片，第二联为汇票（见表 6-6），第三联为解讫通知，第四联为多余款收账通知。

表 6-6　银行汇票第二联

××银行

付款期限 壹个月

银行汇票　　2

出票日期（大写）　　年　月　日　　代理付款行：　　行号：

收款人：	账号										
出票金额	人民币（大写）										
实际结算金额	人民币（大写）	千	百	十	万	千	百	十	元	角	分

申请人：＿＿＿＿＿＿＿＿　账号：＿＿＿＿＿＿＿＿

出票行：＿＿＿＿　行号：＿＿＿＿　备注：＿＿＿＿　凭票付款　出票行签章

密押：										
多余金额										
千	百	十	万	千	百	十	元	角	分	复核　记账

此联代理付款行付款后作联行往账借方凭证附件

汇票经审核无误后，在第二联上加盖汇票专用章，在实际结算金额栏的小写金额上端用压数机印出汇票金额，然后连同第三联一并交给申请人，第一联加盖经办、复核人名章，连同第四联一并专夹保管。

在不能签发汇票的银行开户的申请人需要使用汇票，应将款项转交附近能够签发汇票的银行办理，出票行不得拒绝受理。

2. 银行汇票兑付的核算

（1）持票人在代理付款行开户。

代理付款行接到在本行开立账户的持票人直接交来的汇票、解讫通知和第二联进账单时，应认真审查以下内容：

①银行汇票和解讫通知是否齐全、汇票号码和记载的内容是否一致；

②汇票是否为统一规定印制的凭证，提示付款期限是否超过；

③汇票填明的持票人是否在本行开户，持票人的名称是否为该持票人，与进账单上的名称是否相符；

④汇票必须记载的事项是否齐全；

⑤出票人签章是否符合规定，是否有压数机印的出票金额，并与大写出票金额一致；

⑥出票金额、出票日期、收款人名称是否更改，更改的其他记载事项是否由原记载人签章证明；

⑦持票人是否在汇票背面"持票人向银行提示付款签章"处签章，背书转让的汇票是否按照规定的范围转让，其背书是否连续，签章是否符合规定，背书使用的粘单是否按规定在黏接处签章。

经审查无误，汇票作借方凭证附件，第二联进账单作贷方凭证，办理转账。其会计分录为：

借：联行往账或辖内往来

　　贷：吸收存款——活期存款——持票人户

第一联进账单上加盖转讫章作收账通知交给持票人，解讫通知加盖转讫章随联行借方报单寄给出票行。

【例6-10】中国银行收到开户银行单位广元食品厂交来的银行汇票、解讫通知及转账进账单，汇票金额为80 000元，实际结算金额为80 000元。经审核无误后，办理转账。其会计分录为：

借：联行往账或辖内往来　　　　　　　　　　　　　　　　　　80 000.00

　　贷：吸收存款——活期存款——广元食品厂户　　　　　　　80 000.00

（2）持票人未在代理付款行开户。

处理流程如图6-4所示。

受理不在本行开户的持票人提交的银行汇票第二联、第三联和第二联进账单时，除按上述内容认真审核外，还必须审核持票人的身份证件，并将身份证件复印件留存备查。对现金汇票持票人委托他人向代理付款行提示付款的，代理付款行必须查验持票人和被委托人的身份证件，银行汇票背面是否作委托收款背书，以及是否注明持票人和被委托人身份证件名称、号码和发证机关，并要求提交持票人和被委托人身份证件留存备查。审查无误后，以持票人姓名开立应解汇款账户，以第二联进账单作转账贷方凭证，办理转账。其会计分录为：

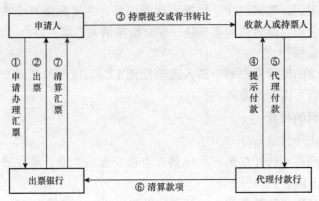

图 6-4　持票人未在代理付款行开户的处理

借：联行往账或辖内往来

　　贷：应解汇款——持票人户

在第一联进账单上加盖转讫章作收账通知交给持票人，解讫通知加盖转讫章及记账、复核名章后随电子清算划付款专用凭证或联行借方报单寄给出票行。

开户后原持票人需要一次或分次办理转账支付的，应由其填制支付凭证，并向银行缴验本人的身份证件。其会计分录为：

借：应解汇款——持票人户

　　贷：存放中央银行款项或辖内往来

原持票人若需支取现金的，代理付款行经审查汇票上填写的申请人或收款人确定为个人并按规定填写了"现金"字样，予以办理。其会计分录为：

借：应解汇款——持票人户

　　贷：库存现金

【例 6-11】客户小张持异地同系统银行签发的银行汇票 60 000 元，实际结算金额 60 000 元，要求支取现金，并提供个人身份证，此汇票上注明"现金"字样。银行审核无误后办理转账。其会计分录为：

借：辖内往来

　　贷：应解汇款——小张户

同时，

借：应解汇款——小张户

　　贷：库存现金

3. 银行汇票结清的核算

出票行接到代理付款行发来的划付信息时，会计部门根据本行清算中心往来的有关凭证，经核对无误后，分别做如下处理。

（1）汇票全额付款，应在汇票的实际结算金额栏填入全部金额，在多余款收账通知上的多余金额栏填写"—0—"。其会计分录为：

借：汇出汇款

　　贷：联行来账或辖内往来

（2）汇票有多余款的，应在汇票上填写实际结算金额，在多余款收账通知上的多余金额栏填写多余金额。其会计分录为：

借：汇出汇款（汇票金额）

　　贷：联行来账或辖内往来（实际结算金额）

　　　　吸收存款——活期存款——申请人户（多余款金额）

【例 6-12】收到异地某银行寄来的转账借方报单及银行汇票第三联，金额 167 000 元，原汇款单位是在本行开户的太和建材公司。经查原汇款金额为 200 000 元。

借：汇出汇款　　　　　　　　　　　　　　　　　　　　　　　　200 000.00

　　贷：联行来账或辖内往来　　　　　　　　　　　　　　　　　167 000.00

　　　　吸收存款——活期存款——太和建材公司户　　　　　　　 32 000.00

（3）如果申请人未在出票人处开立账户，多余金额应先转入"其他应付款"科目，并按上述手续办理转账。其会计分录为：

借：汇出汇款

　　贷：联行来账或辖内往来

　　　　其他应付款——申请人户

转账后通知申请人持银行汇票申请书及本人身份证来银行办理取款手续。领取时，以第四联多余款收账通知作转账借方凭证。其会计分录为：

借：其他应付款——申请人户

　　贷：库存现金

【例 6-13】银行收到异地同系统他行的借方报单和银行汇票第三联，原汇款人为李丽，不在本行开户。实际结算金额为 65 000 元，原汇款金额为 80 000 元，当日通知其取款。会计分录为：

借：汇出汇款　　　　　　　　　　　　　　　　　　　　　　　　 80 000.00

　　贷：联行来账或辖内往来　　　　　　　　　　　　　　　　　 65 000.00

　　　　其他应付款——李丽户　　　　　　　　　　　　　　　　　15 000.00

次日，李丽持银行汇票申请书第一联及个人身份证明来行领取汇票的多余款 15 000 元，经审核无误后给付现金。

借：其他应付款——李丽户　　　　　　　　　　　　　　　　　　 15 000.00

　　贷：库存现金　　　　　　　　　　　　　　　　　　　　　　 15 000.00

四、商业汇票

（一）商业汇票的基本规定

商业汇票是出票人签发的，委托付款人在指定日期无条件支付确定的金额给收款人或者持票人的票据。

商业汇票的付款人为承兑人，按承兑人不同可分为商业承兑汇票和银行承兑汇票。商业承兑汇票是由银行以外的付款人签发并承兑，也可以由收款人签发交由付款人承兑。银行承兑汇票应由在承兑银行开立存款账户的存款人签发。

商业汇票适用于先发货后收款或双方延期付款的商品交易。这种汇票经过购货单位或银行承诺付款，有利于增强企业信用，促使企业偿还付款。同城异地均可使用，并没有起点限制。

商业汇票的有关规定如下。

（1）在银行开立存款账户的法人以及其他组织之间，必须具有真实的交易关系或债权债务关系，才能使用商业汇票。

（2）签发商业汇票必须记载下列事项：表明"商业承兑汇票"或"银行承兑汇票"的字样；无条件支付的委托；确定的金额；付款人的名称；收款人的名称；出票日期；出票人签章。欠缺记载上列事项之一的，商业汇票无效。

（3）商业承兑汇票的出票人，为在银行开立存款账户的法人及其他组织，与付款人具有真实的委托付款关系，具有支付汇票金额的可靠资金来源。

（4）银行承兑汇票的出票人必须具备三个条件：在承兑银行开立存款账户的法人以及其他组织；与承兑银行具有真实的委托付款关系；资信状况良好，具有支付汇票金额的可靠资金来源。

（5）出票人不得签发无对价的商业汇票用以骗取银行或者其他票据当事人的资金。

（6）商业汇票可以在出票时向付款人提示承兑后使用，也可以在出票后先使用再向付款人提示承兑。

（7）商业汇票的付款期限，最长不超过 6 个月。

（8）商业汇票的提示付款期限，自汇票到期日起 10 日。持票人超过提示付款期限提示付款的，持票人开户银行不予受理。

（9）商业汇票的承兑银行，必须具备下列条件：与出票人具有真实的委托付款关系；具有支付汇票金额的可靠资金；内部管理完善，经其法人授权的银行审定。

（10）银行承兑汇票的出票人应于汇票到期前将票款足额交存其开户银行。承兑银行应于汇票到期日或到期日后的见票当日支付票款。承兑汇票的出票人于汇票到期日未能足额交存票款时，承兑银行除凭票向持票人无条件付款外，对出票人尚未支付的汇票金额按照每天 0.5‰ 计收利息。

（11）符合条件的商业汇票的持票人可持未到期的商业汇票同贴现凭证向银行申请贴现。贴现银行可持未到期的商业汇票向其他银行转贴现，也可向中国人民银行申请再贴现。

（二）商业承兑汇票的处理

商业承兑汇票是由收款人或付款人签发，由银行以外的付款人承兑，在指定日期无条件支付确定金额给收款人或者持票人的票据。商业承兑汇票一式三联，第一联卡片，由承兑人留存；第二联商业承兑汇票正本（见表 6-7），由持票人开户行随委托收款凭证寄付款人开户行作借方凭证附件；第三联存根，由签发人留存。

表 6-7　商业承兑汇票第二联

商 业 承 兑 汇 票　2

出票日期　　年　月　日　　　　　　　　　　　票号（大写）

付款人	全称		收款人	全称	
	账号			账号	
	开户行			开户行	

出票金额	人民币（大写）	亿	千	百	十	万	千	百	十	元	角	分

汇票到期日（大写）		付款人开户行	行号
交易合同号码			地址

本汇票已承兑，到期无条件支付票款。 承兑人签章 承兑日期　年　月　日	本汇票予以承兑于到期日付款。 出票人签章

1. 持票人开户行受理汇票的处理手续

持票人持未到期的商业承兑汇票，委托开户银行收款时，应填制邮划或电划委托收款人凭证一式五联，在"委托收款凭证名称"栏注明"商业承兑汇票"及其号码，商业承兑汇票第二联附后，作为收款凭据，一并交开户银行。

开户行收到汇票持票人交来的委托收款凭证和汇票后，应认真审查以下内容：汇票是否是统一规定印制的凭证，提示付款期限是否超过；汇票上填明的持票人是否在本行开户；出票人、承兑人的签章是否符合规定；汇票必须记载的事项是否齐全，出票金额、出票日期、收款人名称是否更改，其他记载事项是否由原记载人签章证明；是否做成委托收款背书，背书转让的汇票其背书是否连续，签章是否符合规定，背书使用粘单的是否按规定在黏接处签章；凭证的记载事项是否与汇票记载的事项相符。

经审核无误后，在委托收款人凭证各联上加盖"商业承兑汇票"戳记。根据第二联委托收款凭证登记"发出委托收款结算凭证登记簿"后专夹保管，第一联委托收款凭证加盖业务公章作回单退还持票人，付款人在异地的，将委托收款凭证第三、第四、第五联与商业承兑汇票一并寄交付款人开户行。收款人在同城，收款人可将商业承兑汇票送交开户银行，通过同城票据交换处理。

【例6-14】开户单位提交委托结算凭证及已到期商业承兑汇票，金额10 000元，付款人在异地。登记"发出委托收款结算凭证登记簿"10 000元。

2. 付款人开户行收到汇票的处理

付款人开户行接到持票人开户行寄来的委托收款凭证及汇票时，应按上述有关规定认真审查，审查无误后，将第三、第四联委托收款凭证登记"收到委托收款结算凭证登记簿"后，专夹保管，第五联交付款人签收，通知其付款。

付款人在接到付款通知次日起三日内没有任何异议，并且账户内有足够资金用以支付汇票款，开户行应于第四日起开始向持票人开户行划款。其会计分录为：

借：吸收存款——活期存款——付款人户　　　　　　　　10 000.00
　　贷：联行往账或辖内往来　　　　　　　　　　　　　　10 000.00

同时销记"收到委托收款结算凭证登记簿"。

当付款人存款账户内金额不足或无款支付时，银行应填制"付款人未付票款通知书"，在委托收款凭证和"收到委托收款结算凭证登记簿"上注明退回日期和"无款支付"字样，将第一联通知书和第三联委托收款凭证留存查备，将第二、第三联通知书、第四联委托收款凭证及其债务证明一并邮寄收款人开户行。

收款人拒绝支付票款的，应向其开户银行提交拒付理由书与汇票，银行按照委托收款拒绝付款的手续处理。

【例6-15】2013年9月15日，本行开户单位永恒公司承兑的商业承兑汇票到期，金额230 000元，付款人永恒公司同意付款。其会计分录为：

借：吸收存款——活期存款——永恒公司户　　　　　　230 000.00
　　贷：联行往账或辖内往来　　　　　　　　　　　　　230 000.00

同时销记"收到委托收款结算凭证登记簿"230 000元。

3. 持票人开户行收到划回票款或退回凭证的处理手续

持票人开户行收到付款人开户行寄来的联行报单和第四联委托收款凭证时，经与留存的第二联委托收款凭证核对无误，以委托收款凭证第二联作转账贷方凭证，办理转账，并销记"发出委托收款结算凭证登记簿"。其会计分录为：

借：联行来账或辖内往来

贷：吸收存款——活期存款——持票人户

转账后，在委托书第四联上加盖转账收讫章交持票人作收账通知。

持票人开户行如收到付款人开户行寄来的未付款通知书或拒付理由书及汇票、委托收款凭证，将委托收款凭证、未付款通知书或拒付款理由及汇票退交持票人，由持票人与付款人自行交涉解决。

【例6-16】 收到同系统同行寄来货款方报单及委托收款凭证第四联，金额为240 000元，此款系开户单位机床厂的商业承兑汇票划回款，经审核无误，予以收账。其会计分录如下：

借：联行来账或辖内往来   240 000.00

贷：吸收存款——活期存款——机床厂户   240 000.00

同时销记"发出委托收款计算凭证登记簿"240 000.00元。

（三）银行承兑汇票的核算

银行承兑汇票是由在承兑银行开立存款账户的存款人（承兑申请人）签发，由承兑银行承兑的，在指定日期无条件支付确定的金额给收款人或持票人的票据。承兑银行是银行承兑汇票的付款人，承兑申请人在汇票到期前应将票据足额缴存承兑银行。银行承兑汇票一式三联，第一联为卡片，由承兑人留存备查，到期支付票据时作借方凭证附件；第二联为银行承兑汇票正本（见表6-8），由收款人开户行随委托凭证寄付款人开户行作借方凭证附件；第三联为存根，由出票人留存。

表6-8 银行承兑汇票第二联

银 行 承 兑 汇 票　　2　　　　　　　　　　　　　　　　　汇票号码

出票日期（大写）二零　　年　　月　　日　　　　　　　　　　第　　号

出票人全称				收款人	全称			
出票人账号					账号			
付款行全称		行号			开户行		行号	
汇票金额	人民币 （大写）			千 百 十 万 千 百 十 元 角 分				
汇票到期日				承兑协议编号				
本汇票请你行承兑，到期无条件付款 出票人签章 年　　月　　日			本汇票已经承兑，到期日由 本行付款 承兑行盖章 承兑日期　年　月　日	科目（借）_____ 对方科目（贷）_____ 转账　　年　月　日 复核　　记账				
			备注					

此联收款人开户银行随委托收款凭证寄付款行作借方凭证附件

1. 承兑银行受理汇票承兑的处理

银行承兑汇票的出票人（或持票人）向汇票上记载的付款银行申请或提示承兑时，银行的信贷部门按照支付结算办法和有关规定审查同意后，即可与出票人签署承兑协议书（见图6-5）一式三联并留存一份，其他联交会计部门。

申请人向银行缴存保证金时，应提交转账支票和进账单，银行据以办理转账手续。其会计分录为：

借：吸收存款——活期存款——出票人户
　　贷：保证金存款——出票人户

会计部门核对信贷部门提交的有关单证无误后，按照承兑协议规定向出票人收取票面金额0.5‰的承兑手续费，同时根据第一联汇票填制"银行承兑汇票"表外科目收入凭证，登记"表外科目登记簿"。其会计分录为：

借：吸收存款——活期存款——出票人户
　　贷：手续费及佣金收入
收入：银行承兑汇票

银行承兑协议

编号：＿＿＿＿＿＿＿

银行承兑汇票的内容：

出票人全称＿＿＿＿＿＿＿＿　　　　收款人全称＿＿＿＿＿＿＿＿
开户银行＿＿＿＿＿＿＿＿　　　　　开户银行＿＿＿＿＿＿＿＿
账　　号＿＿＿＿＿＿＿＿　　　　　账　　号＿＿＿＿＿＿＿＿
汇票号码＿＿＿＿＿＿＿＿　　　　　汇票金额（大写）＿＿＿＿＿＿
出票日期＿＿年＿月＿日　　　　　　到期日期＿＿年＿月＿日

以上汇票经银行承兑，出票人愿遵守《支付结算办法》的规定及下列条款：

一、出票人于汇票到期日前将应付票款足额存承兑银行。
二、承兑手续费按票面金额千分之（　）计算，在银行承兑时一次付清。
三、出票人与持票人如发生任何交易纠纷，均由其双方自行处理，票款于到期前仍按第一条办理不误。
四、承兑汇票到期日，承兑银行凭票无条件支付票款，如到期日之前出票人不能足额交付票款时，承兑银行对不足支付部分的票款转作出票申请人逾期贷款，并按照有关规定计收罚息。
五、承兑汇票款付清后，本协议自动失效。

出票人签章

承兑银行签章

订立承兑协议日期＿＿年＿月＿日

此联出票人存执一联，在"银行承兑协议"之后，第二联加印2，第三联加印（副本字样。）

图6-5 银行承兑协议书

【例6-17】开户单位水泥厂提交银行承兑汇票承兑协议及银行承兑汇票，金额100 000元，申请承兑。经批准予以承兑并收取承兑手续费。其会计分录为：

借：吸收存款——单位活期存款——水泥厂户　　　　　　50.00
　　贷：手续费及佣金收入　　　　　　　　　　　　　　　50.00

同时登记表外科目登记簿——收入：银行承兑汇票。

转账后在承兑汇票上加盖汇票专用章，连同承兑协议书一份退还承兑申请人，其余的承兑协议连同承兑汇票卡片专夹保管。

2. 持票人开户行受理银行承兑汇票的处理

持票人凭汇票委托开户行向承兑银行收取票款时，应填"委托收款结算凭证"，在"委托收款凭证名称"栏注明"银行承兑汇票"及汇票号码，连同汇票一并送交开户行。其他处理与商业承兑汇票相同。

3. 承兑银行到期收取票款的处理

承兑银行应每天查看汇票到期情况，对到期的汇票，应于到期日（遇法定节假日顺延）向出票人收取票款。收取票款时，应根据出票人账户余额情况不同，分别处理。

（1）出票人账户上有足额资金支付汇票款。

此时应填制二联特种转账借方凭证，一联特种转账贷方凭证，并在"转账原因"栏注明"根据××号汇票划转票款"字样。其会计分录为：

借：保证金存款——出票人户

　　吸收存款——活期存款——出票人户

　　　贷：应解汇款及临时存款——出票人户

一联特种转账借方凭证加盖转讫章后作支款通知交给出票人。

（2）出票人账户上没有足额资金支付。

此时，其差额应转入该出票人的逾期贷款账户，每日按0.5‰计收利息。同时填制二联特种转账借方凭证，一联特种转账贷方凭证，并在"转账原因"栏注明"根据××号汇票划转部分票款"字样。其会计分录为：

借：保证金存款——出票人户

　　吸收存款——活期存款——出票人户

　　其他贷款——出票人逾期贷款户

　　　贷：应解汇票及临时存款——出票人户

（3）出票人账户上没有资金。

此时应将金额全部转入出票人的逾期贷款账户。其会计分录为：

借：逾期贷款——出票人户

　　　贷：应解汇票及临时存款——出票人户

【例6-18】丝织厂申请承兑的银行承兑汇票100 000元，本日到期，其账户内有足够的资金，向其收取汇票款以备支付。

借：吸收存款——单位活期存款——丝织厂户　　　　　　　100 000.00

　　　贷：应解汇款　　　　　　　　　　　　　　　　　　　　100 000.00

【例6-19】沿用【例6-18】资料，丝织厂账户上只有85 000元，向其收取汇票款85 000元，同时发放逾期贷款15 000元。

借：吸收存款——单位活期存款——丝织厂户　　　　　　　85 000.00

　　贷款——逾期贷款——丝织厂户　　　　　　　　　　　15 000.00

　　　贷：应解汇款　　　　　　　　　　　　　　　　　　　100 000.00

4. 承兑银行支付汇票款项的处理

承兑银行接到持票人开户行寄来的委托收款凭证及汇票，抽出专夹保管的汇票卡片和承兑协议副本与之进行认真核对，审核无误后，应于汇票到期日或到期日之后的见票当日，将款项划往持票人开户行。其会计分录为：

借：应解汇款及临时存款——出票人户

贷：联行往账或辖内往来

另填制银行承兑汇票表外科目付出凭证，销记"表外科目登记簿"。

付出：银行承兑汇票。

5. **持票人开户行收到汇票款项的处理**

持票人开户行收到承兑银行寄来的联行报单和委托收款凭证或拍来的电报，按照委托收款的款项划回手续为收款人入账。其会计分录为：

借：联行来账或辖内往来

贷：吸收存款——活期存款——持票人户

任务三 非票据结算业务核算

一、汇兑业务

汇兑是指汇款人委托银行将其款项支付给同城或异地收款人的结算方式。

汇兑按其凭证寄递方式的不同，分为信汇和电汇两种。信汇是汇款人委托银行用邮寄凭证的方式通知汇入行付款的一种结算方式。电汇是汇款人委托银行用拍发电报的方式通知汇入行付款的一种结算方式。信汇费用较低，但速度较慢；电汇速度较快，但费用较高，由汇款人根据自己的实际情况选择使用。汇兑业务核算的基本流程如图6-6所示。

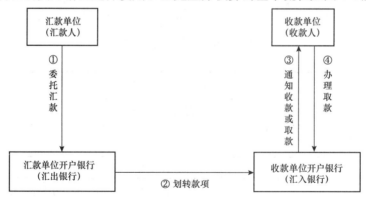

图6-6 汇兑结算的基本流程

（一）汇兑的基本规定

（1）单位和个人的各种款项的结算，均可使用汇兑结算方式。

（2）签发汇兑凭证必须记载下列事项：表明"信汇"和"电汇"的字样；无条件支付的委托；确定的金额；收款人名称；汇款人名称；汇款地点、汇入行名称；汇出地点、汇出行名称；委托日期；汇款人签章。汇兑凭证上欠缺上列记载事项之一的，银行不予受理。汇兑凭证记载的汇款人名称、收款人名称，其在银行开立存款账户的，必须记载其账号。

欠缺记载的，银行不予受理。

（3）汇兑凭证上记载收款人为个人的，收款人需要到汇入银行领取汇款，汇款人应在汇兑凭证上注明"留行待取"字样；留行待取的汇款，需要指定单位的收款人领取汇款的，应注明收款人的单位名称；信汇凭收款人签章支取的，应在信汇凭证上预留其签章。

（4）汇款人确定不得转汇的应在汇兑凭证"备注"栏注明"不得转汇"字样。

（5）汇款人和收款人均为个人，需要在汇入银行支取现金的，应在信汇、电汇凭证的"汇款金额"大写栏，先填写"现金"字样，后填写汇款金额。

（6）汇出银行受理汇款人签发的汇兑凭证，经审查无误后，应及时向汇入银行办理汇款，并向汇款人签发汇款回单。

（7）汇入银行对开立存款账户的收款人，应将汇给其的款项直接转入收款人账户，并向其发出收账通知。

（8）汇款人对汇出银行尚未汇出款项可以申请撤销。汇款人对汇出银行已经汇出的款项可以申请退汇。转汇银行不得受理汇款人或汇出银行对汇款的撤销或退汇。

（9）汇入银行对于收款人拒绝接受的汇款，应立即办理退汇。汇入银行对于向收款人发出取款通知，经过 2 个月无法交付的汇款，应主动办理退汇。

（二）汇兑业务的核算

汇兑核算的处理过程分为汇出行汇出款项、汇入行解付汇款和退汇三个阶段。下面以信汇业务为例，介绍汇兑业务的核算过程。

1. 汇出行的核算

汇款人申请办理信汇时，应向银行提交一式四联信汇凭证。第一联为回单，第二联为借方凭证（见表 6-9），第三联为贷方凭证，第四联为收账通知。

表 6-9　信汇凭证

银行　　信汇凭证（借方凭证）2

年　月　日

汇款人	全　称		收款人	全　称	
	账　号			账　号	
	汇出地点	省　市/县		汇入地点	省　市/县
汇出行名称			汇入行名称		

金额	人民币（大写）	亿	千	百	十	万	千	百	十	元	角	分

此汇款支付给收款人　　　　　　　　支付密码

附加信息及用途：

汇款人签章　　　　　　复核　记账

汇出行受理信汇凭证时，应认真审核一下内容：凭证记载的各项内容是否齐全正确；

汇款人账户是否有足够支付的款项；凭证上注明"现金"字样的，应审查汇款人和收款人是否均为个人；汇款人的签章是否与预留印签相符。审核无误后，第一联信汇凭证加盖转讫章退给汇款人。对于转账汇款的，以信汇凭证第二联作为借方凭证。其会计分录为：

借：吸收存款——活期存款——汇款人户
　　贷：联行往账或辖内往来

汇款人交付现金，银行另填一张特种转账贷方凭证，以第二联信汇凭证作借方凭证办理转账。其会计分录为：

借：库存现金
　　贷：应解汇款——汇款人户
借：应解汇款——汇款人户
　　贷：联行往账或辖内往来

转账后第三联信汇凭证加盖专用章与第四联随同联行报单一并寄汇入行。

【例6-20】开户单位机修公司提交信汇凭证，金额为80 000元，用以支付异地货款。

借：吸收存款——活期存款——机修公司户　　　　　　　　　80 000.00
　　贷：联行往账或辖内往来　　　　　　　　　　　　　　　　　80 000.00

【例6-21】客户李明持现金50 000元办理信汇，要求汇往异地收款人。

借：库存现金　　　　　　　　　　　　　　　　　　　　　　50 000.00
　　贷：应解汇款　　　　　　　　　　　　　　　　　　　　　　50 000.00
借：应解汇款　　　　　　　　　　　　　　　　　　　　　　50 000.00
　　贷：联行往账或辖内往来　　　　　　　　　　　　　　　　　50 000.00

2. 汇入行的核算

汇入行收到汇出行寄来的联行报单和信汇凭证的第三联、第四联，应审查第三联信汇凭证上的联行专用章与联行报单上印章是否一致，无误后按下列手续处理。

（1）直接收账。

收款人在汇入行开立存款账户的，银行应将汇款直接转入收款人账户，以第三联信汇凭证作转账贷方凭证办理转账。其会计分录为：

借：联行来账或辖内往来
　　贷：吸收存款——活期存款——收账人户

【例6-22】收到贷方报单及信汇凭证，金额为123 000元，收款人为同庆公司，审核无误后予以收账。其会计分录为：

借：联行来账或辖内往来　　　　　　　　　　　　　　　　123 000.00
　　贷：吸收存款——活期存款——同庆公司户　　　　　　　　123 000.00

（2）不直接收账。

收款人未在汇入行开立存款账户的，银行应以第三联作为信汇凭证，将款项转入"应解汇款及临时存款"账户。该账户只付不收，付完清户，不计付利息。其会计分录为：

借：联行来账
　　贷：应解汇款——收款人户

同时登记"应解汇款"登记簿，在信汇凭证上编列应解汇款顺序号，第四联信汇凭证留存保管，另以便条通知收款人来行取款。

收款人持取款通知来行办理取款时，应交验本人身份证件，并将其证件名称、号码、发证机关填写在凭证空白处，同时在"收款人盖章"处签章。银行对其进行严格审查，审查无误后，办理付款手续。

①需要支付现金的，汇兑凭证必须有汇出行按规定填明的"现金"字样，应一次办理现金支付手续。未注明"现金"字样，需要支取现金的，由汇入行按照现金管理规定审查支付。其会计分录为：

　　借：应解汇款——收款人户

　　　　贷：库存现金

付款后，销记"应解汇款登记簿"。

②需要分次转账支取的，由收款人向汇入行提交一联取款单和三联进账单。汇入行受理后按照规定审核无误后，即办理分次转账支付手续。其会计分录为：

　　借：应解汇款——收款人户

　　　　贷：吸收存款——活期存款——收款人户

同时销记"应解汇款"登记簿。

【例 6-23】 收到贷方报单及信汇凭证，金额为 10 000 元，收款人李芳不在本行开户即日通知其取款。其会计分录为：

　　借：联行来账或辖内往来　　　　　　　　　　　　　　　　10 000.00

　　　　贷：应解汇款——李芳户　　　　　　　　　　　　　　　　10 000.00

同时，登记"应解汇款登记簿" 10 000 元。

次日，李芳持有效证件来支取现金。其会计分录为：

　　借：应解汇款——李芳户　　　　　　　　　　　　　　　　10 000.00

　　　　贷：库存现金　　　　　　　　　　　　　　　　　　　　10 000.00

3. 退汇的核算

退汇是指已经汇出，但尚未解付的汇款退回给汇款人。退汇包括汇款人要求退汇和汇入行主动退汇两种。

（1）汇款人要求退汇的处理手续。

汇款人要求退汇是，对在汇入行开立账户的收款人，由汇款人与收款人自行联系退汇；对未在汇入行开立账户的收款人，汇款人应出具正式函件或本人身份证以及原信、电汇回单，由汇出银行通知汇入银行，经汇入银行核实汇款确未支付，并将款项汇回汇出行，方可办理退汇。

汇出行受理退汇业务时，应填制一式四联"退汇通知书"，在第一联上批注"×月×日申请退汇，待款项退回后再办理退款手续"字样，交给原汇款人，第二联、第三联寄交汇入行，第四联与函件和回单联一起保管。

①汇入行的处理。汇入行接到退汇通知书，如该笔汇款已转入应解汇款及临时存款科目，尚未解付的，应向收款人索回取款便条，并以第二联退汇通知书代借方凭证，以第四联汇款凭证为附件办理转账。其会计分录为：

　　借：应解汇款及临时存款——收款人户

　　　　贷：联行来账或辖内往来

转账后，第三联退汇通知书随同贷方报单寄回原汇出行。

如果该笔汇款已经解付，应在第二联、第三联退汇通知书上注明解付情况及解付日期，留存第二联作退汇通知书，以第三联退汇通知书通知原汇出行。

②汇出行收到退回的处理。汇出行接到汇入行寄来报单及退汇通知书时，应以第三联退汇通知书代转账贷方凭证办理转账。其会计分录为：

　　借：联行来账或辖内往来

　　　　贷：吸收存款——活期存款——原汇款人户

如果汇款人未在该银行开立账户，应另填制一联现金借方凭证。其会计分录为：

　　借：联行来账或辖内往来

　　　　贷：其他应付款——原汇款人户

　　借：其他应付款——原汇款人户

　　　　贷：库存现金

如接到汇入行寄回的第三联退汇通知书或发来的电报注明汇款已解付时，应在留存的第四联退汇通知书上批注解付情况，通知原付款人。

（2）汇入行主动退汇的处理手续。

汇入行对于收款人拒绝接受的汇款，应立即办理退汇；对于向收款人发出取款通知，经两个月无人来行办理取款手续，或在规定期限内汇入行已寄出通知，但因收款人住址迁移或其他原因，以至无人领取时，也应主动办理退汇。

汇入行办理退汇时，应填制一联特种转账借方凭证，二联特种转账贷方凭证，并在凭证上注明"退汇"字样，将第四联汇款凭证作附件。其会记分录为：

　　借：应解汇款及临时存款——原收款入户

　　　　贷：联行往账或辖内往来

两联特种转账贷方凭证连同联行报单寄原汇出行，同时销记"应解汇款登记簿"。汇出行接到退回的汇款处理同汇出行办理退汇收回的处理。

二、委托收款业务的核算

（一）委托收款的基本规定

委托收款是收款人委托银行向付款人收取款项的结算方式。该结算方式不受金额起点限制，委托收款按结算款项的划回方式不同，分为邮寄和电报划回两种，由收款人选用，委托收款业务核算的基本流程如图 6-7 所示。

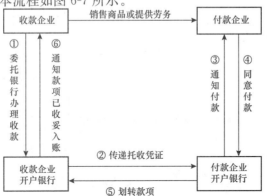

图 6-7　委托收款业务核算的基本流程

委托收款的有关规定如下。

（1）单位和个人凭已承兑商业汇票、债券、存款单等能证明付款人债务办理款项结算。均可以使用委托收款结算方式。

（2）签发委托收款凭证必须记载下列事项：表明"委托"的字样；确定的金额；付款人名称；收款人名称；委托收款凭据名称及附寄单证张数；委托日期；收款人签章。欠缺记载上列事项之一的，银行不予受理。

（3）收款人办理委托收款应向银行提交委托收款凭证和有关的债务证明。仅凭发票不能使用委托收款方式。

（4）委托收款以银行之外的单位为付款人，委托收款凭证必须记载付款人开户银行名称；以银行之外的单位或在银行开立存款账户的个人为收款人的，委托收款凭证必须记载付款人开户银行名称；未在银行开立存款账户的个人为收款人的，委托收款凭证必须记载被委托银行名称。欠缺记载的，银行不予受理。

（5）在同城范围内，收款人收取公用事业费或根据国务院的规定，可以使用同城特约委托收款。收取人收取公用事业费，必须具有收付双方事先签订的经济合同，并报经中国人民银行当地分支行批准。

（二）委托收款业务的核算

1. 收款人开户行受理委托收款的处理

收款人委托银行收款时，应提交一式五联的电划（或邮局委托收款凭证。第一联为回单，第二联为贷方凭证（见表6-10），第三联为借方凭证，第四联为发电依据，第五联为付款通知。收款人在第二联凭证上签章后，将有关委托收款凭证和债务证明提交开户银行。

表6-10　委托收款凭证第二联贷方凭证

托收承付凭证（贷方凭证）　**2**　　　第　号

委电

委托号码

委托日期：　　年　月　日

付款人	全　称		收款人	全　称											
	账号或地址			账号											
	开户银行			开户银行		账号									
托收金额	人民币（大写）					千	百	十	万	千	百	十	元	角	分
委托内容		委托收款凭据名称				附寄单证张数									
备注： 电划		本托收款项附有关单证等，请予以办理托收。 收款人签章		科目（借）_____ 对方科目（贷）_____ 转账　　年　月　日 复核　　　记账											

此联是收款人委托开户行作贷方凭证

收款人开户银行收到日期　　年　月　日

收款人开户行收到上述凭证后，应按照规定和填写凭证的要求进行认真审查：委托收款凭证是否是统一规定格式的凭证；收款人是否在本行开户；是否凭已承兑的商业汇票、债务、存单等付款人债务证明办理委托收款；委托收款凭证上必须记载的事项是否齐全；委托收款凭证的金额、委托日期、收款人是否更改，其他记载事项是否由原记载人签章证明；所附单证种类、数量、金额与委托收款凭证记载是否一致；商业汇票背书转让的，背书是否连续，签章是否符合规定。

审查不符的，将委托收款凭证及有关债务证明退收款人。审查无误后，将第一联委托收款凭证加盖业务公章退给收款人；第二联收款凭证登记"发出委托收款结算凭证登记簿"后专夹保管；第三联凭证加盖带有联行行号的结算专用章，连同第四、五联凭证及有关债务证明，一并交付款人开户行。

2. 付款人开户行的处理

付款人开户行接到收款人开户行寄来的电划或邮划第三四五联委托收款凭证及有关证明时，应审查是否属于本行受理的凭证，无误后在凭证上注明收到日期，根据电划或邮划第三四联凭证逐笔登记"收到尾款收款结算凭证登记簿"后专夹保管，分不同情况进行处理。

（1）以银行为付款人的，银行按规定付款时，以第三联委托收款人凭证作借方凭证，有关债务证明作其附件。其会计分录为：

借：应借汇款及临时存款——付款人户

贷：联行往账或辖内往来

转账后，银行在收到委托收款登记簿上填明转账日期。属于电报划款的，应根据第四联凭证填制电划报单，凭以向收款人拍发电报。属于邮寄划款的，第四联凭证填注支付日期后，随同联行报单寄交收款人开户行。

（2）以单位为付款人的，银行应将委托收款凭证加盖业务公章，连同有关业务证明及时交给付款人，并由其签收。付款人在接到通知的次日起三日内（遇法定休假日顺延）未通知银行付款，视同付款人同意付款，银行应于付款期满次日上午营业时将款项划给收款人，第三联凭证作借方凭证，办理转账。其会计分录为：

借：吸收存款——活期存款——付款人户

贷：联行往账或辖内往来

其余手续视同收款人为银行的处理。

【例6-24】收到异地某行处的委托收款凭证，向为本行客户的泰达公司收取贷款100 000元，经审查无误，通知泰达公司检验单证发现部分商品与规格不符，遂部分拒付10 000元余款于当日划出。其会计分录为：

借：吸收存款——活期存款——泰达公司户　　　　　　　　90 000.00

　　贷：联行往账或辖内往来　　　　　　　　　　　　　　90 000.00

银行在办理付款时，付款人账户不足以支付全部款项的，银行应在委托收款凭证和"收到委托收款结算凭证登记簿"上注明退回日期和"无款支付"字样，并填制三联付款人未付款通知书，将第一联通知书和第三联委托收款凭证留存备查，将第二三联通知书连同收到的凭证全部退回收款人开户银行。

（3）付款人拒绝付款的处理。

付款人审查有关债务证明后，对收款人委托收取的款项需要拒绝付款的，可以办理拒绝付款。付款人为银行的，银行应在收到委托收款凭证及债务证明的次日起三日内出具拒绝付款证明连同有关债务证明，委托收款凭证邮寄收款人开户行，转交收款人。付款人为单位的，付款人应在接到付款通知的次日起三日内填制拒绝付款理由书，连同债务凭证及第五联委托收款凭证退给开户行。银行审查无误后，在委托收款凭证和"收到委托收款结算凭证登记簿"上注明退回日期和"拒绝付款"字样，并将拒付理由书及收到的凭证全部退回收款人开户银行，转交收款人。

3. 收款人开户行的处理

（1）款项划回的处理。

收款人开户行收到付款人开户行寄来的联行贷方报单及所附的第四联委托收款凭证时，应将留存的第二联凭证抽出同第四联凭证进行核对，经审核无误后，在两联凭证上填注转账日期，并以第二联委托收款凭证作为转账凭证办理转账。其会计分录为：

借：联行来账或辖内往来

贷：吸收存款——活期存款——收款人户

转账后，将第四联委托收款凭证加盖转讫章作为收账送交收款人，并销记"发出委托收款凭证登记簿"。

（2）付款人无款支付的处理。

若收款人开户行收到无款支付而退回的委托收款凭证及有关单据时，应抽出第二联委托收款凭证，并在该联凭证"备注"栏注明"无款支付"字样，销记"发出委托收款结算凭证登记簿"，然后将第四联委托收款凭证，一联未付款通知书及债务证明退给收款人。

收款人在未付款通知书上签收后，收款人开户行将第一联未付款通知书及第二联委托收款人凭证一并保管备查。

（3）拒绝付款的处理。

若收款人开户行收到拒绝付款而退回的委托收款凭证及有关单据时，经核对无误后，应抽出第二联委托收款凭证，并在该联凭证"备注"栏注明"拒绝付款"字样，销记"发出委托收款结算凭证登记簿"，然后将第四五联委托收款凭证和第四联拒付理由书及债务证明退给收款人。收款人在拒付理由书的第三联上签收款人开户行后，将第三联拒付理由书及第二联委托收款凭证一并保管备查。

三、托收承付业务的核算

（一）托收承付的基本规定

托收承付是根据购销合同由收款人发货后委托银行向异地付款人收取款项，由付款人向银行承认付款的结算方式。托收承付按结算款项的划回方法的不同，可分为邮寄和电报两种，由收款人选用。托收承付业务核算的基本流程如图6-8所示。

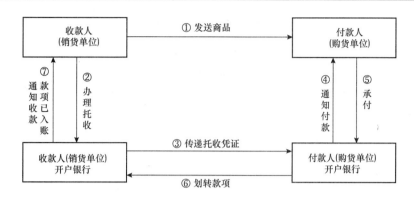

图 6-8　托收承付结算方式的流程图

托收承付的有关规定如下。

（1）使用托收承付结算方式的收款单位和付款单位，必须是国有企业，供销合作社以及经营管理较好，并经开户银行审查同意的城乡集体所有制工业企业。

（2）签发托收承付凭证必须记载下列事项：表明"托收承付"的字样；确定的金额；付款人名称及账号；收款人名称及账号；付款人开户银行名称；收款人开户银行名称；托收附寄单证张数或册数；合同名称，号码；委托日期；收款人签章。托付承付凭证上欠缺记载上列事项之一的，银行不予受理。

（3）办理托收承付结算的款项，必须是商品交易，以及因商品交易而产生的劳务供应的款项。代销、寄销、赊销商品的款项，不得办理托收承付结算。

（4）收付双方使用托收承付结算必须签有符合《中华人民共和国经济合同法》的购销合同，并在合同上订明使用托收承付结算方式。

（5）收付双方办理托收承付结算，必须重合同，守信用。收款人对同一付款人发货托收累计三次收不回货款的，收款人开户银行应暂停收款人向该付款人办理托收；付款人累计三次提出无理拒付的，付款人开户银行应暂停其向外办理托收。

（6）收款人办理托收，必须具有商品确已发运的证件（铁路、航运、公路等运输部门签发的运单、运单副本和邮局包裹回执）。

（7）托收承付结算每笔的金额起点为 10 000 元。新华书店系统每笔的金额起点为1 000元。

（二）托收承付业务的核算

托收承付结算分为托收和承付划款两个阶段。在托收阶段，收付款双方的开户行只对有关凭证进行审查、处理、登记和传递，尚未发生资金的收付。而在承付划款阶段，则会发生资金在收付款双方存款账户之间的划转。

1. 收款人开户银行受理托付的处理

（1）受理凭证。

收款人办理托收时，应填制一式五联电划（邮划）托收承付凭证。凭证第一联为回单，第二联为贷方凭证（见表 6-11），第三联为借方凭证，第四联为发电依据（邮划为收账通知）。收款人应在第二联托收凭证上加盖单位印章后，将托收凭证和有关单证提交银行。

表 6-11　托收承付凭证（贷方凭证）2

托收承付凭证（货方凭证）　**2**　　第　号

托收号码

委托日期：　　年　月　日

电

付款人	全　称		收款人	全　称	
	账号或地址			账　号	
	开户银行			开户银行	

托收金额	人民币（大写）				千	百	十	万	千	百	十	元	角	分

附件	商品发运情况	合同名称号码
附件单证张数或册数		

备注：	本托收款项附有关单证等，请予以办理托收。	科目（贷）＿＿＿＿＿＿
电划		对方科目（借）＿＿＿＿＿
		转账　　年　月　日
	收款人签章	复核　　　　记账

（2）审查凭证。

收款人开户行收到上述五联凭证后，应认真审查一下内容；托收款是否符合托收承付结算管理办法规定的范围、条件、金额起点以及其他有关规定；有无商品已发运的证件；托收凭证是否填写齐全，符合填写要求；托收凭证与所附单证的张数是否相符；托收凭证上是否加盖收款人的印章。

收款人开户行审查凭证的时间不得超过次日。

（3）处理凭证。

收款人开户行按规定认真审核无误后，将第一联凭证加盖业务公章后退给收款人。

对收款人向银行提交发运证件需要带回保管或自寄的，应在各联凭证和发运证件上加盖"已验发运证件"戳记，然后将发运证件退给收款人。同时凭第二联凭证登记"发出托收结算凭证登记簿"（见表 6-12）后专夹保管。

表 6-12　发出托收承付结算凭证登记簿

第　页

日期	摘要	借方		贷方		金额		复核签字
		笔数	金额	笔数	金额	笔数	金额	

（4）传递凭证。

收款人开户行在第三联凭证上加盖有联行行号的结算专用章后，连同第四五联及交易单证一起寄交付款人开户银行。

2. 付款人开户银行承付的处理

（1）审核凭证。

付款人开户行接到收款人开户行寄来的电划或邮划第三四五联托收凭证及交易单证时，应审查付款人是否在本行开户，所附单证的张数与凭证的记载是否相符。审查无误后，在凭证上填注收到日期和承付期，及时通知付款人。然后根据电划或邮划第三四联托收凭证，逐笔登记"定期代收结算凭证登记簿"后专夹保管。将第五联加盖业务公章，连同交易单证一并及时交给付款人。

其中，通知付款人的方法可以根据具体情况与付款人签订协议，采用付款人来行自取、派人送达或给距离较远的付款人邮寄等方法。验单付款的承付期为三天，从银行对付款人发出承付通知日的次日算起，必须邮寄的，应加邮寄时间；验货付款的承付期为 10 天，从运输部门向付款人发出提货通知日的次日算起。

（2）承付款项的处理。

①全额付款的处理。付款人在承付期满日开户行营业终了前，账户有足够资金支付全部款项的，付款人开户行应在次日上午（遇法定休假日顺延）以第三联凭证作借方凭证。其会计分录为：

借：吸收存款——活期存款——付款人户

贷：联行往账或辖内往来

转账后，在登记簿上填注转账日期。属于电报划款的，应根据第四联电划凭证编制联行电划贷方报单，凭以向收款人开户行拍发电报。属于邮寄划款的，将第四联凭证填注支付日期后，随同联行贷方报单寄收款人开户行。

②提前承付的处理。付款人在承付期满前通知银行提前付款，银行划款的手续可按照全额付款的手续处理，但应在托收凭证和登记簿"备注"栏注明"提前承付"字样。

③逾期付款的处理。承付期满付款人账户上无款支付的，付款人开户行应在托收凭证和登记簿备注栏分别注明"逾期付款"字样，并填制一式三联"托收承付结算到期未收通知书"，将第一、第二联通知书寄收款人开户行，第三联通知书与第三四联托收凭证一并保管。等到付款人账户内有款时可以一次或分次支付，并收取赔偿金，划给收款人。逾期付款时的处理同全额付款。

赔偿金的计算公式为：

$$赔偿金金额 = 逾期付款金额 \times 逾期天数 \times 0.5‰$$

逾期付款天数从承付期满日算起。承付期满日银行营业终了时，付款人如无足够资金支付，其不足部分，应当算作逾期一天，计算一天的赔偿金。在承付期满的次日（遇法定休假日，逾期付款赔偿金的天数计算也应当顺延。但在以后遇法定节假日应当照算逾期天数）银行营业终了时，仍无足够资金支付，其不足部分，应当算作逾期两天，计算两天的赔偿金。其余类推。

赔偿金实行定期扣付，每月计算一次，于次月三日内单独划给收款人。在月内有部分付款的，其赔偿金随同部分支付的款项划给收款人；对尚未支付的款项，月中再计算赔偿金，于次月三日内再划给收款人。

④部分付款的处理手续。付款人在承付期满日开户行营业终了前，只能从账户部分支付的，付款人开户行应在托收凭证上注明当天可以扣收的金额。填制特种转账借方凭证，通过资金汇划系统办理划款。在登记簿备注栏分别注明已承付和未承付的金额，并批注"部分付款"字样，或将未承付金额登记"到期末收登记簿"。能够支付的部分可在次日上午划往收款人开户行。其会计分录为：

借：吸收存款——活期存款——付款人户

　　贷：联行往账或辖内往来

其剩余部分可在以后有款时陆续扣除。第三四联凭证单独保管，作为继续扣款的依据。

以后陆续扣款时，除按上述手续处理外，应逐次扣收延付赔偿金，每天按延付金额的0.5‰，连同当次扣收的托收款一并划转收款单位开户行转收款单位，以弥补其损失。赔偿金的计算同上。

【例6-25】收到异地某行处的托收承付结算凭证及有关单证，系向开户单位三元食品厂的托收货款，金额为950 000元，经审核无误后于当日通知三元食品厂。在三天承付期内，三元食品厂没有向银行提出任何异议，第四天上午银行划款时，其账户资金只有500 000元，其余部分三日后付清，逾期款项每天按0.5‰计付赔偿金。会计分录为：

借：吸收存款——活期存款——三元食品厂户　　　　500 000.00

　　贷：联行往账或辖内往来　　　　　　　　　　　　　500 000.00

三日后，赔偿金＝450 000×3×0.5‰＝67 500（元）

借：吸收存款——活期存款——三元食品厂户　　　　517 500.00

　　贷：联行往账或辖内往来　　　　　　　　　　　　　517 500.00

⑤拒绝付款的处理。付款人在承付期内，遇下列情况可向银行提出全部或部分拒绝付款：没有签订购销合同，或购销合同未定明采用托收承付结算方式的款项；未经双方达成协议，收款人提前交货或因付款人不再需要该项货物的款项；未按合同规定的到货地址发货的款项；代销、寄销赊销商品的款项；验单付款的，发现所列货物的品种、规格、数量、价格与合同规定不符，或货物已到，经查验货物与合同规定或发货清单不符的款项；验货付款的，经查验货物与合同规定或与发货清单不符的款项；货款已经支付或计算有错误的款项。付款人在承付期内提出全部或部分拒绝付款时，应填写四联"全部或部分拒绝付款理由书"（见表6-13）并签章，注明拒绝付款理由，涉及合同的引证合同上的有关条款。

付款人开户行接到付款理由书及相关的拒付证明和第五联托收凭证，应认真审查拒绝付款理由，查验合同。对于付款人提出拒绝付款的手续不全、依据不足、理由不符合规定，以及超过承付期拒付和应当部分拒付而提出全部拒付的，均不得受理，应实行强制扣款，由此而增加银行审查时间的，应从承付期满日起，为收款人计扣逾期付款赔偿金。

对符合规定同意拒付的，银行应在拒付理由上签注意见，由经办人员和会计主管签章，然后再托收凭证和登记簿备注栏注明"全部拒付或部分拒付"，拒绝付款理由书第一联加盖业务公章，作为回单退还付款人，同意承付部分，以第二联拒付理由书贷借方凭证（第三联托收凭证作附件）办理转账。第三四联连同有关拒付证明和第四、五联托收凭证等一并寄收款人开户行。

表 6-13 拒绝付款理由书

托收承付结算全部拒绝付款理由书（借方凭证） **2**

委托收款 部分

委托日期： 年 月 日 原委托号码：

付款人	全 称		收款人	全 称										此联作银行借方凭证或存查
	账 号			账 号										
	开户银行			开户银行										
托收金额			拒付金额		部分付款金额	千	百	十	万	千	百	十	元 角 分	
附寄单证	张		部分付款金额											
拒付理由				科目（借）＿＿＿＿＿＿＿										
				对方科目（贷）＿＿＿＿＿＿＿										
		付款人签章		转账 年 月 日 复核 记账										

3. 收款人开户行办理托收款项划回的处理

其处理手续可比照托收款项收回的处理。

4. 重办托收的处理方法

收款人对被无理拒付的托收款项，在收到退回的结算凭证及所附单证后，如需委托银行重办托收，应当填写一式四联的"重办托收理由书"将其中三联连同购销合同、有关证据和退回的原托收凭证及交易单证，一并送交银行，经开户银行审查，确属无理拒付的，可予以重办托收。付款人提出的无理拒付，银行无法判明是非的，对收款人重办的托收，付款人在付款时应担负自第一次托收承付期满日起逾期付款赔偿的责任。

四、银行卡业务

（一）银行卡的概念、种类

银行卡是指由商业银行向社会发行的具有消费信用、转账、结算、存取现金等全部或部分功能的信用支付工具。此种结算方式同城异地均可使用。

银行卡依据不同的标准可以划分为不同的种类：按币种不同分为人民币卡、外币卡；按发行对象不同分为单位卡、个人卡；按信息载体不同分为磁条卡、芯片卡；按照发卡行是否给予持卡人信用额度，分为信用卡和借记卡等。

（二）优点

信用卡相比普通银行储蓄卡来说，最方便的使用方式就是在信用卡里没有资金的情况下仍然可以用信用卡进行普通消费，在很多情况下只要按期归还消费的金额就可以了。

（1）不需要存款即可透支消费，并可享有 20～56 天的免息期按时还款利息分文不收（大部分银行取现当天就会收取 5‰的利息，还有 2％的手续费，工商银行取现免收手续费，只收利息）；

（2）购物时刷卡不仅安全、方便，还有积分礼品赠送；

（3）持卡在银行的特约商户消费，可享受折扣优惠；

（4）积累个人信用，在信用档案中增添诚信记录；

（5）通行全国无障碍，在有银联标识的 ATM 和 POS 机上均可取款或刷卡消费（备注：信用卡只适合消费刷卡，最好不要取现，取现手续费用很高，很不划算）；

（6）刷卡消费、部分信用卡取现有积分，全年多种优惠及抽奖活动，让您只要用卡就能时刻感到惊喜（多数信用卡网上支付无积分，但网上购物支付很方便、快捷）；

（7）每月免费邮寄对账单，让你透明掌握每笔消费支出（现提倡绿色环保，可取消纸质对账单更改为电子对账单）；

（8）特有的附属卡功能，适合夫妻共同理财，或掌握子女的财务支出；

（9）自由选择的一卡双币形式，通行全世界，境外消费可以境内人民币还款；

（10）400 电话或 9 字打头 5 位数短号 24 小时服务，挂失即时生效，失卡零风险；

（11）拥有有效期：已知国内信用卡有效期一般为三年或五年；

（12）利用第三方平台（国内支持信用卡账单管理的平台主要是聚金豆）进行商务合作，为持卡人提供优惠服务。

（三）信用卡的有关规定

（1）商业银行、非银行金融机构未经中国人民银行批准不得发行信用卡。非金融机构、境外金融机构的驻华代表机构不得发行信用卡和代理收单结算业务。

（2）凡在中国境内金融机构开立基本存款账户的单位可申领单位卡。凡具有完全民事行为能力的公民可申领个人卡。

（3）单位账户的资金一律从基本存款账户转入，不得交存现金，不得将销货收入的款项存入其信用卡账户；个人账户的资金以其持有的现金存入或以其工资性款项及属于个人劳务报酬收入转账存入。严禁将单位的款项存入个人卡账户。

（4）单位卡一律不得支取现金，不得用于 10 万元以上的商品交易、劳务供应款项的核算。

（5）信用卡仅限于合法持卡人使用，不得转借或转让。

（6）透支计息分段，按最后期限或最高透支额的最高利率档次计息。

（四）银行卡结算业务的会计结算

1. 银行卡发卡的核算

（1）贷记卡。

贷记卡发卡由于不需要交付资金，因此无须做会计上处理，银行审查申请材料无误，确定信用额度后，即可向申请人发放贷记卡。

（2）准贷记卡。

申请人申请使用准贷记卡时，应向发卡行提交申请表，发卡行审查同意后，通知申请人办理领卡手续。

①单位卡。申请人在发卡行开立账户的，应填制支票及三联进账单，发卡行审核无误后，按照支票会计核算手续处理，并另填制第一联特种转账贷方凭证，作为收取手续费的凭证。其会计分录为：

借：吸收存款——活期存款——××单位户

贷：信用卡存款——单位卡备用金

　　　银行卡业务收入——信用卡年费收入户

　　转账后，在进账第一联上加盖转讫章退给申请人作信用卡存账户的收账通知。申请人不在发卡银行开户而在同城他行开户的，需填制支票及两联进账单交发卡行，发卡银行审核无误后，填制一联收取手续费的特种转账贷方凭证，支票退出交换。其会计分录为：

　　借：存放中央银行款项（待清算票据款项）

　　　　贷：信用卡存款——单位卡备用金

　　　　　　银行卡业务收入——信用卡年费收入户

②个人卡。个人申请人交存现金的，其会计分录为：

　　借：库存现金

　　　　贷：信用卡存款——个人卡备用金

　　　　　　银行卡业务收入——信用卡年费收入户

"重要空白凭证登记簿"填制表外科目付出凭证，登记表"外科目明细账"。

付出：重要空白凭证——准贷记卡用户。

（3）借记卡。

借记卡发卡，比照准贷记卡的发卡手续处理。

2. 银行卡购物消费业务的核算

持卡人在特约商户购物后，出示银行卡办理结算。特约单位填制一式四联的签购单（见表6-14），持卡人在签购单签名确认，特约单位留存第一联，第三联交持卡人，其余两联凭以向开户银行办理转账。

表6-14　银行卡签购单

持卡人姓名及账号		编号 00000000 ××银行 （英文缩写） ××卡签购单	第二联：持卡人开户银行作借方凭证
证件	持卡人签名		
授权号码	日期		
特约单位名称、代号 经办人签名		人民币	
		购物消费 （小写）	
银行签章		总额 （小写）	
	科目（借） 对方科目（贷）	总额 （大写）	
		摘要	

主管　　　　　　　　复核　　　　　　　　记账

进账时，特约商户填制一式三联进账单及一式三联的汇计单（见图 6-9），连同签购单一并交给开户行，开户行按有关规定认真审核无误后，分不同的情况处理。

（行徽）××银行

××卡

汇计单

特约单位名称、代号

日期________

签购单总份数________份

总计金额（　）

手续费　%

净计金额（　）

编号 0000000

第二联：特约单位开户银行作贷方凭证附件

图 6-9　银行卡汇计单

（1）特约单位与持卡人在同一行处开户的核算。开户行直接根据签购单办理转账，其会计分录为：

借：银行卡存款——××持卡人户

　　贷：吸收存款——活期存款——特约单位户

　　　　银行卡业务收入——银行卡商户回扣收入户

（2）特约单位与持卡人在同一城市不同银行机构的核算。

第一联、第三联进账单加盖转讫章作收账通知和第一联汇计单加盖业务公章作缴费收据，退还给特约单位；第二联进账单作转账贷方凭证，第三联签购单作其附件。根据第二联汇计单的手续费金额填制第一联特种转账凭证后作其附件；将第二联签购单加盖业务公章连同第三联汇计单向持卡人开户行提出票据交换。其会计分录为：

借：存放中央银行款项（待清算票据款项）

　　贷：吸收存款——活期存款——特约单位户

　　　　银行卡业务收入——银行卡商户回扣收入户

发卡行的会计分录为：

借：银行卡存款——××持卡人户

　　贷：存放中央银行款项（待清算票据款项）

（3）特约单位与持卡人在不同城市同一系统银行开户。

第二联进账单作贷方凭证，第三联签购单作其附件，根据第二联汇计单的手续费金额填制第一联特种转账贷方凭证后作其附件；第二联签购单加盖转讫章连同第三联汇计单随同联行借方报单寄持卡人开户行。其会计分录为：

借：联行往账（辖内往来等）

　　贷：吸收存款——活期存款——特约单位户

　　　　银行卡业务收入——银行卡商户回扣收入户

　　第一联进账单加盖转讫章作收账通知和第一联汇计单加盖业务公章作缴费收据，退还给特约单位。

　　发卡行的会计分录为：

　　借：银行卡存款——××持卡人户

　　　　贷：联行来账（辖内往来等）

　　（4）银行卡有异地跨系统银行发行。特约单位开户行可先通过同城票据交换将有关凭证提交给同城其他银行，再由其他银行通过系统联行划转持卡人开户行。

拓展阅读

信用卡的使用误区

　　1.Q：信用卡可以借钱，我的收入很低，因此申请信用卡对我都助很大。

　　A：错，银行信用卡的目标客户是高端收入人群，从上面特点也可以看出信用卡的特点更多的是方便，而不是省钱。使用信用卡不仅要缴年费，且一旦错过还款时间，罚息也是很高的。

　　2.Q：信用卡有最低还款额度，因此我借了很多钱还不起的时候，只要还最低额度就够了。

　　A：错。还最低额度仅仅是银行不起诉你的底线，但是你需要支付利息，信用卡利息是按天计的，并且是利滚利，比普通贷款利息高。

　　要区分清楚分期付款和每月最低还款的区别。分期付款或商业贷款年利息就5%左右，特殊商品还会更低。而只还最低额度，折合年利息超过18%。

　　3.Q：信用卡可以透支取现，所以碰到急事我可以取一些现金出来用，这对我非常方便。

　　A：正确。不过取现的利息也是按天计的，而且没有免息期，从取现金当天就开始计算利息了，利息也是按天计算的，和错过还款日的罚息一样高。不过建议在信用卡里存一点资金，以备不时之需，因为信用卡里的资金是没有活期利息的，还需注意的是，很多银行的信用卡，即使你卡内存有资金，取现还是要收取一笔手续费的。所以倒不如随身带一个银行储蓄卡，里面留一点资金就够了。大额现金消费的场所非常少，通常都是可以用信用卡刷卡消费的，而刷卡是有免息期的。

　　4.Q：这个月我也不记得借了多少钱了，大体还个数字吧，就算没还够也只差很少了，利息也不会很多。

　　A：错。如果你在最后还款期没有全额还款，如果不在还款容差之内，银行也是要追偿所有"免息期"的利息。例如，每个月5号是最后还款日，你在上个月6号借了10 000元，最后还款日你只还了9 990元，那么，下个最后还款日，你还要支付10 000元的一个月利息——为150多元，还有欠的10元和一个月的后续利息——大概1角5分。

　　5.Q：用信用卡循环借钱还钱，借新债还旧债，我就可以一直不还钱了

　　A：错。首先，信用卡不能免息取现金，所以你要找到一个可以刷卡消费的场所配合你作假，这个难度很大。其次，你虽然每个月都借到钱了，实际上只有第一个月的钱是真正

能用的。也就是银行给你的最大额度。最后，你最终总是要还钱的，这么做实际上只是在节省你第一个月借钱的利息。而这笔利息本来也不多。你每个月都为此忙活，不一定值得。而一旦你某个月忘了操作，或操作失败而导致罚息，就远远超过你所节省的利息。

（资料来源：百度百科）

计算并做会计分录。

1. 开户单位玻璃厂（账号302046）作为出票人于3月15日（星期一）向开户行提交三联进账单和转账支票一份，经审查，支票的出票日期为3月3日，出票金额2 000元，出票人存款余额5 000元，其他内容经审核无误，请做出付款处理。

2. 工商银行西昌支行开户单位中华内衣厂（账号30215）于1月20日提交银行汇票申请书一份，金额17 500元，申请签发银行汇票。经银行审查无误，当即开出银行汇票，请做出出票人出票时的会计分录。

3. 河南省驻马店制药厂王军持收账通知、有关证件和银行汇票申请书一份，来行要求将汇入款10 000元转汇到上海市黄浦路办事处，经审查无误后予以办理。

4. 托收承付业务的核算。

（1）某行于9月29日（星期一）向购货单位（账号302002）发出承付通知，金额50万元，验单付款。付款期满日付款单位存款账户无款支付，延到10月13日上午开业时将款项全部划清。请确定承付期满日，计算赔偿金，并做出划款时的会计分录。

（2）某客户单位（账号302005）于4月28日（星期五）到期应付货款100万元，当日该存款账户只能划转20万元，到5月10日上午开业时划转50万元，其余延到5月15日营业终了才有足够款项划清。请分别计算赔偿金，并做出相应的会计分录。

项目七 金融机构往来业务核算

学习目标

1. 了解联行往来及资金汇划清算的意义;
2. 了解全国联行往来的基本做法和日常账务处理;
3. 掌握同业往来的账务处理。

案例导入

我国的金融机构是以中央银行为核心,商业银行为主体,其他金融机构并存的金融机构体系。在多元化金融机构体制下,金融机构之间的资金账务往来是必然的,也是必要的。这既是实现银行间资金划拨与清算的手段,也是中央银行行使其职能所必需的。

思考: 商业银行之间如何进行资金汇划清算?商业银行与中央银行之间如何进行往来清算?

任务一 联行往来的核算

一、联行往来的概述

(一) 联行往来的基本概念

联行往来是指同一银行系统内所属各行处间由于办理结算业务以及资金调拨等,相互代收、代付所发生的资金账务往来,是实现资金划拨的工具。其实质是各行处间因办理对外结算,对内资金调拨等业务,相互代收,代付款项所引起的资金存欠关系。

(二) 联行往来的组织体系

为了强化管理,便于监督,切实保证结算业务和划拨款项的顺利进行,联行往来采取"统一领导,分级管理,集中监督,分别核算"的办法,并在核算的组织与管理体制上,按全国、省、市三级不同的范围,分别采取全国联行往来、分行辖内往来、支行辖内往来三种核算方式。

(三) 联行往来的基本做法

1. 直接往来，分别核算

联行往来是在两个银行之间进行的，当联行往来业务发生时，直接由发生资金划拨的行处（发报行）填发联行往来借（贷）记报单，寄接受联行报单的行处（收报行），同时发报行和收报行及时通知总行对账中心。这样，通过联行报单把发报行、收报行和监督行三方贯穿起来，形成一个有机的整体，使各方都能根据同一内容的报单进行核算和监督。

在具体处理联行账务时，又统一将其划分为往账和来账两个系统。发报行处理联行往账，记载发出报单的内容，收报行处理联行来账，记载收到报单的内容。具体对某一行处来说，由于每天的联行业务是川流不息的，因此它就既是发报行，又是收报行，既要处理往账业务，又要处理来账业务，这就要求往账和来账必须严格划分清楚，并分别进行核算。

2. 往来报告，分行录磁

联行往来账务的分散进行，决定了必须设立一个联行往来的监督部门，以监督发报行的往账与收报行的来账，因此，各发报行和收报行应于营业终了，根据当天的全国联行往账和来账业务分别填制联行往账报告表和联行来账报告表，并附报告卡报告自己的管辖分行（有的行处由联行业务经办行直接把报告表寄总行）；管辖分行收到所辖行处的报告表及报告卡后，应及时通过计算机录磁并传送总行对账中心。

3. 集中对账，分年查清

总行对账中心收到各管辖分行传输的全国联行往账、来账数据信息，按月设户，将往账与来账报告卡进行逐笔配对核销，并通知各管辖分行该月度联行未达查清。联行往来账务以年度为界，分年度查清未达和结平往、来账务。新年度开始后，各行应将上年联行账务与本年联行账务分开并分别处理。当上年全国联行账务全部查清后，各行则将上年度联行账务余额逐级上划，由总行汇总结平上年度联行账务。

二、全国联行往来的核算

(一) 会计科目、联行报单及报告表

1. 会计科目的设置

(1)"联行往账"科目。

本科目由发报行使用，是全国联行往来的专用科目。发报行在发生联行账务，填制联行报单时使用本科目，如填制借方报单，即代他行付款业务，记入该科目借方，如填制贷方报表，即代他行收款业务，则记入该科目贷方。

本科目属资产负债共同类科目，余额通常由借、贷双方轧差反映。

(2)"联行来账"科目。

本科目由收报行使用，也是全国联行往来的专用科目。收报行在接到发报行寄来联行保单时，用本科目核算。收到借方报单，记入该科目贷方；收到贷方报单，记入该科目借方。

本科目属资产负债共同类科目，余额通常由借、贷双方轧差反映。

(3)"上年联行往账"和"上年联行来账"科目。

　　上述两个科目是上年全国联行在未达查清前使用的科目。新年度开始，将上年度"联行往账""联行来账"科目余额，不通过分录，分别转入"上年联行往账""上年联行来账"科目。收报行收到发报行寄来上年度填发的报单，应通过"上年联行来账"科目办理转账。待联行未达账款查清后，办理余额上划时，通过本年度的"联行往账"科目分别转销上述两个科目的余额。

　　上述两科目属资产负债共同类目，余额通常以借、贷双方轧差反映。

2. 联行报单

　　联行报单时联行往来的专用凭证。它是联行间办理资金划拨和账务核算的重要依据。联行报单按照业务性质和传递方式的不同，分为两类四种。

　　（1）邮划联行往来报单。

　　邮划联行报单分为邮划借方报单、邮划贷方报单两种（见表7-1、表7-2）。邮划借方报单由发报行填制，一式四联。

　　其中，第一联来账卡片——由发报行寄收报行，收报行转账后代"联行来账"科目卡片账；

　　第二联来账报告卡——由发报行寄收报行，收报行随联行来账报告表寄管辖分行；

　　第三联往账报告卡——发报行随联行往账报告表寄管辖分行；

　　第四联往账卡片——发报行留存代"联行往账"科目卡片账。

　　邮划贷方报单由发报行填制，一式四联。各联用途同上。

表 7-1　邮划借方报单

中国××银行邮划借方报单　　　　（来账卡片）　　1

（联1）

发报行	行号		编制　年　月　日			收报行	行号		号码	
	行名						行名			
付款人账号或名称	收款人账号或名称	千 百 十 万 千 百 十 元 角 分				合计	亿 千 百 十 万 千 百 十 元 角 分			
						金额				
						事由：				
						附件				
备注：		发报行 （发报行联行专用章）				发报行	核对印鉴 复核　　　　记账 转账日期　　年　月　日			

表 7-2　邮划贷方报单

中国××银行邮划贷方报单　　　　（来账卡片）　　1

（联1）

发报行	行号		编制　年　月　日										收报行	行号		号码									
	行名													行名											
付款人账号或名称	收款人账号或名称	千	百	十	万	千	百	十	元	角	分	合计	亿	千	百	十	万	千	百	十	元	角	分		
												金额													
												事由：													
												附件													
备注：		发报行		（发报行联行专用章）								发报行		核对印鉴　　复核　　　记账　　转账日期　　年　月　日											

（2）电划联行往来报单。

电划联行往来报单分为电划借方报单、电划贷方报单两种，均为发报行填制，是一式四联的凭证。第三联为往账报告卡，发报行随联行往账报告表寄管辖行；第四联为往账卡片，发报行凭以向收报行拍发电报后，留存贷"联行往账"科目卡片账。

3. **电划联行往来补充报单**

电化联行往来补充报单分为电化借方补充报单和电化贷方补充报单两种，是由收报行根据发报行的电报翻译过来填制的，由四联凭证组成。第一联为来账卡片，收报行转账后，贷"联行来账"科目卡片账；第二联为来账报告卡，收报行转账后，随联行来账报告表寄管辖分行；第三联为转账借方凭证或转账贷方凭证，收报行代转账借方或贷方凭证；第四联为收账通知或付款通知，收报行转账后交收款人或付款人。

选择使用借方报单，还是贷方报单，应根据联行往账科目的会计分录方向来决定；至于使用邮划还是电划报单，应根据单位提交的结算凭证或银行内部会计凭证是邮划还是电划的来决定。

4. **报告表**

报告表有全国联行往账报告表和全国联行来账报告表两种（见表7-3）。全国联行往账报告表由发报行编制，全国联行来账报告表由收报行编制。两种报告表均一式两份：一份上报管辖分行；一份留存。

表 7-3 联行往账报告表

中国××银行 　（行号）

联行往账报告表

年 月 日

摘要	借　　方					贷　　方				
	笔数		金　额			笔数		金　额		
	电寄	邮寄	千 百 十 亿 千 百 十 万 千 百 十 元	角	分	电寄	邮寄	千 百 十 亿 千 百 十 万 千 百 十 元	角	分
月　日余额										
本日发生额										
本日余额										
自年初累计发生额										
附件	借方报单　　　　　　笔					贷方报单　　　　　　笔				
备注										

此表已与本日日计表核对相符

会计　　　　　　　　复核　　　　　　　　制表　　　　　　　　经办员

（二）经办行日常往来业务的核算

1. 发报行的处理

发报行是联行往来账务的发生行，负责联行往账的处理。它的任务是正确、及时地向收报行填发联行报单，按期向管辖行编报联行往账报告表。

（1）编发报单。

发报行联行往来业务的起点是编发报单。当联行业务发生时，发报行应该根据联行往账科目会计分录的方向，编制借方或贷方报单。如果是代收业务则签发贷方报单。其会计分录为：

借：吸收存款——活期存款——付款人户

　　贷：联行往账

如果是代收业务，则签发借方报单。

其会计分录为：

借：联行往账——活期存款——收款人户

　　贷：吸收存款——活期存款——付款人

【例 7-1】中国农业银行江西某分行营业部代在本行开户的×××付款单位邮划委托支付货款 50 000 元，汇往中国农业银行太原东风路办事处××收款单位。其会计分录为：

借：吸收存款——活期存款——××付款单位户　　　　　　50 000.00

　　贷：联行往账　　　　　　　　　　　　　　　　　　　　　　50 000.00

根据这笔业务，农业银行江西分行营业部应编制邮划贷方报单一份。

（2）报单的审查与寄发。

保单审查的内容包括日期填制是否正确；发报行和收报行的行号与行名是否正确；收

（付）款单位的账号或名称以及金额与附件是否一致；应编密押的密押是否齐全、正确；第一联报单是否已加盖联行专用章等。

审查无误后，对于邮划报单，发报行应将第一联和第二联报单连同附件，以联行专用挂号信寄收报行，信封封面上要填明收报行行名、住址和借方、贷方报单的笔数；对于电划报单，应根据第四联填写电稿，据以拍发电报。

（3）编制联行往账报告表。

联行往账报告表是发报行向管辖内分行报告本行联行业务状况的工具，也是上级行监督控制发报行正确办理联行往账核算和对账的重要依据。每个营业日终了时，发报行根据第三联往账报告卡编制联行往账报告表。联行往账报告表一式两份，复核后，经会计主管审核签章，在第一联上加盖联行专用章，并附经整理过的往账第三联报告卡，当日或次日寄报管辖分行。第二联附经过整理的第四联往账卡一并留存保管。

2. 收报行的处理

收报行是联行报单的接收行，负责处理联行来账。它的任务是认真审查发报行寄来的报单，准确、及时地办理转账并向管辖分行编报"联行来账报告表"。

（1）完整报单的处理。

收报行收到内容真实准确、手续完备的完整报单，应在报单上加盖转账日期戳记，然后根据报单附件及时办理转账。

如果收到贷方报单，其会计分录为：

借：联行来账
　　贷：吸收存款——活期存款——收款人户

如果收到借方报单，其会计分录为：

借：吸收存款——活期存款——付款人户
　　贷：联行来账

【例 7-2】农业银行北京王府井分理处接到农业银行包头市爱民路分理处的邮划借方报单和银行汇票——解讫通知联，将款项从付款单位保证金账户付出时，其会计分录为：

借：汇出汇款——××付款单位户
　　贷：联行来账

【例 7-3】沿用**【例 7-1】**资料，农业银行太原东风路办事处接到农业银行江西某分行营业部的邮划贷方报单和委托收款凭证，将款项转入收款单位账户时，其会计分录为：

借：联行来账　　　　　　　　　　　　　　　　　　　50 000.00
　　贷：吸收存款——活期存款——××收款单位户　　　50 000.00

（2）错误报单的处理。

发报行寄来的报单，如收付款单位账户名不清楚，无法肯定账户；报单与附件金额不符；错编或漏编密押；漏盖联行专用章等情况，收报行无法转账时，应立即填制查询书寄发报行，并登记"未转账错误报单登记簿"，待接到发报行查复书后，再按正确手续转账，并销记登记簿。

3. 管辖分行录磁处理

管辖分行的主要任务是审查辖内各行处报来的联行往、来账报告表及报告卡，然后运用电子计算机录磁，并通过专用通信线路向总行对账中心传输数据信息。全国联行往来通过分行录磁传输，有利于加强管辖分行对全国联行往来账务的监督管理，使联行往来中存在的问题能够及时得到解决，并相应减轻总行对账的工作量。

管辖分行的主要工作内容如下。

（1）建立联行往账、联行来账报告表登记簿。

管辖分行收到所辖联行机构上报的全国联行往、来账报告表及所附报告卡，应逐户登记"联行往账（来账）报告表登记簿"。

（2）认真审核、准确输入。

管辖分行对联行往、来账报告表及报告卡要认真审核，并输入计算机。具体输入内容如下。

①报告表：审查行号，日期，编号，上日余额，借、贷方发生额及本日余额。其借、贷方（电及邮）笔数不需输入，由计算机根据报单发生数自动生成。

②往、来账报告卡：审查发（收）报行行号、日期、报单种类、报单号码、报单金额。其报单的本方行号不需输入，由计算机根据报告表行号自动生成。

报告表及所附报告卡进出计算机房，必须履行交接手续，严防遗漏、丢失等差错发生。

（3）换人复核，及时传送。

管辖分行对输入报告表及报告卡的各项数据必须经换人复核无误后，才能通过专用通信线路向总行传送。为了保证数据传送准确、完整与安全，管辖分行应分别汇总所辖往账、来账借方、贷方总发生额与余额，同时传送总行核对。

4. 总行对账中心处理

总行对账中心负责全辖范围的账务监督与账务核对工作，根据各管辖分行传输的往、来账报告表及所附报告卡信息，进行逐笔配对核销，以监督全国联行往账和全国联行来账。总行对账中心运用电子计算机核算，有严密的账务组织、账务处理和账务核对系统。

（1）总行的账务组织。

建立全国联行往账、全国联行来账两大计算机对账体系。对账体系内部按往账、来账分别以管辖分行和经办行为对象，设立报告表登录系统和报告卡登录系统。根据逐日配对、分月查清的要求，往、来报告卡登录系统均按报告卡的日期分月设置"未配对""已配对""待查对"三个账户进行核算。同时，分别设置相应的"全国汇总总账""管辖分行汇总分户账""经办行明细账"，三者之间相互制约、相互控制和保持平衡，而且总账、分户账按月打印保管，明细账可不打印，只将软盘或磁带定期保存。

（2）总行的账务处理。

总行接收各管辖分行传输的往账、来账报告表以及所附报告卡信息，经检查核对无误，转入相应的总账、分户账、明细账，经过核算平衡后，方可进行往账与来账报告卡的逐笔配对，并根据配对的情况调整"未配对""已配对""待查对"三个账户。

（3）总行的账务核对。

总行的账务核对包括每日核对和定期核对。每日核对包括每天必须将全国汇总，管辖分行汇总，经办行的往、来账报告表登录系统与报告卡登录系统的借、贷方发生额和余额核算平衡；每天必须将接收的报告表及报告卡，按管辖分行分别累计往账、来账借、贷方发生额和余额的总额，与各管辖分行传输的总额核对相符。定期核对指定期检查往、来账按月分设的"未配对""已配对""待查对"三个账户的核算情况，当"未配对"和"待查对"已经销平全部转入"已配对"账户时，则通知各管辖分行该月联行未达账款已查清。

5. **年度结清**

（1）上年与本年联行账务的划分。

新年度开始后，各级行处既要处理新年度发生的联行账务，又要处理上年度的账务，为了防止新旧年度联行往来账务混淆，影响上年未达账项的查清，所以应将上年联行往、来账务结转，即以每年的 12 月 31 日为界限划分上、下年度，并将联行往账、联行来账两科目的年末余额不通过分录直接转入上年联行往账，上年联行来账科目。

（2）上年度联行账务的处理。

（3）查清上年全国联行往来账务的标志。

联行往来经划分年度，进行账务处理，其查清未达账项的标志主要有：

①全国联行往账与来账两大账务体系的总账余额与全年累计发生额已平衡一致；

②联行往账与联行来账报告卡已全部配对，联行往账与联行来账"已配对"总账的余额与累计发生额平衡一致，"未配对""待查对"两个账户已无余额；

③全国汇总的"上年联行往账"和"上年联行来账"与"上年全国联行汇差"科目余额轧抵相平。

（4）上年联行账务的上划及结平。

年终未达查清后，总行将各经办行的"往账与来账余额核对通知单"传送各管辖分行，由分行打印寄发给辖内经办行核对。经办行接到管辖分行上划上年各联行科目余额通知后，即办理上划手续。

①经办行的上划。经办行接到其管辖分行上划上年各联行科目余额通知时，应根据"上年联行往账""上年联行来账"的余额，分别反其方向编制转账传票和联行报单，通过本年联行科目上划管辖分行。

如上划上年联行往账贷方余额时，会计分录为：

借：上年联行往账（不编报单）
　　贷：分行辖内往来（编制报单）

如上划上年联行往账借方余额时，则会计分录相反。

如上划上年联行来账借方余额时，会计分录为：

借：分行辖内往来（编制报单）
　　贷：上年联行来账（不编报单）

如上划上年联行来账贷方余额时，则会计分录相反。

②管辖分行的上划。管辖分行收到所辖经办行上划的报单，经审核无误，办理转账。

收到上划上年联行往账贷方余额时，会计分录为：

借：分行辖内往来
　　贷：上年联行往账

如收到上划上年联行往账借方余额时，则会计分录相反。

收到上划上年联行来账借方余额时，会计分录为：

借：上年联行来账
　　贷：分行辖内往来

如收到上划上年联行来账贷方余额时，则会计分录相反。

管辖分行将各经办行全部余额上划收齐，并接总行的上划通知后，即将全辖上年联行科目余额分别通过本年联行往账上划总行，其上划的会计分录与经办行上划的会计分录相同。

③总行结平上年全国联行往来账务。总行收到各管辖分行上划上年联行往来账科目余额的转账会计分录与管辖分行收到经办行上划上年联行往来账科目余额的转账会计分录相同。

待总行收齐各管辖分行上划余额的报单后，其上年联行往账与上年联行来账科目余额应该相等，方向相反。这时即可反方向编制传票，结平上年联行往来的各类总账、分户账、明细账。至此，全国上年联行往来账务即告结清。

三、电子联行往来的核算

电子联行往来是指经中国人民银行总行核准的，颁发有电子联行行号的，行与行之间通过计算机网络系统和卫星通信技术进行异地资金划拨的账务往来。

（一）电子联行往来的基本做法

电子联行是由中央银行管理的联行系统，即中国人民银行总行设立资金清算总中心，各分行、营业管理部、省会城市中心设立资金清算分中心。各中心受理的联行汇划业务，直接发送总中心。各分中心之间不发生直接的横向关系，由总中心负责各分中心之间汇划业务的转收转付。每日营业终了时，总中心和分中心核对无误后，结平当日电子联行账务，以上存或借用反映资金存欠关系。

电子联行下汇划信息传递流程如图7-1所示。

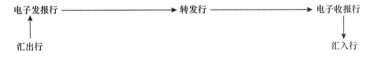

图7-1　电子联行往来汇划信息传递流程

（二）电子联行往来的核算

电子联行往来是指颁发有电子联行行号的行与行之间，通过电子计算机网络进行异地资金划拨的资金账务往来。电子联行采用"星形结构，纵向往来，随发随收，当时核对，每日结平，存欠反映"的做法。

办理电子联行来账的行称收报行，清算总中心即人民银行总行称转发行。各金融机构受理异地汇划业务，发出汇划业务的行称汇出行，收到汇划业务的行称汇入行。汇出行应将汇划的资金划转到其所在地的清算分中心，即发报行，由发报行直接发送清算总中心即转发行，再由转发行划往汇入行所在地的清算分中心即收报行，最后由收报行将资金划入汇入行。汇入、汇出资金由人民银行当即清算，汇划款项与资金清算同步进行。

电子联行往来的会计科目有"电子联行往账""电子联行来账""电子清算资金往来"三个科目，都属于资产负债共同类科目，但是电子联行往账与电子联行来账为双方反映余额，不轧差，而电子清算资金往来的余额轧差反映。但由于当前纳入电子联行往来的只有代报业务，所以，电子联行往账一般为贷方余额，电子联行来账一般为借方余额。

1. 汇出行（商业银行）的处理

汇出行收到开户单位提交的转汇凭证，经审核无误后，逐笔填制电子联行转汇清单一式三联，并汇总填制两联划款凭证，办理转账。如为贷记业务，其会计分录为：

借：吸收存款——活期存款——××单位存款户

贷：存放中央银行准备金

如为借记业务，其会计分录相反。

转账后将第一联划款凭证连同两联转汇清单及结算凭证提交给发报行。

【例7-4】农业银行新华支行受理其开户单位百货超市提交的汇款凭证，要求将资金汇往在异地农行开户的啤酒厂，金额为43 500元。其会计分录为：

借：吸收存款——活期存款——百货超市存款户　　　　　　40 500.00

贷：存放中央银行准备金　　　　　　　　　　　　　　　　40 500.00

2. 发报行（中央银行资金清算分中心）的处理

发报行收到汇出行提交的全部凭证，经审核无误后办理转账。其会计分录为：

借：××银行准备金存款

贷：电子联行往账

如为借记业务，其会计分录相反。

转账后，在第三联转汇清单加盖转讫章后退回汇出行。将划款凭证代转账借方传票，转汇清单第二联及结算凭证作附件。第一联转汇清单交计算机录入人员凭以逐笔输入电子联行计算机系统，输入的信息通过通信网络发送转发行，在收到转发行的收电回执后，由电子计算机对已发妥的往账累计借、贷方金额和笔数。

每日营业终了时，经发报行与转发行核对当日往账笔数及金额累计数无误后，打印电子联行往账科目余额转入电子清算资金往来科目。如为贷记业务，其会计分录为：

借：电子联行往账

贷：电子清算资金往来

如为借记业务，则会计分录方向相反。

【例7-5】沿用【例7-4】资料，同城人民银行受理中国农业银行的转汇清单，经审核无误后，办理转账。

借：中国农业银行准备金存款　　　　　　　　　　　　　　40 500.00

贷：电子联行往账　　　　　　　　　　　　　　　　　　　40 500.00

【例7-6】沿用【例7-5】资料，假设该发报行只受理这一笔业务，则其会计分录为：

借：电子联行往账　　　　　　　　　　　　　　　　　　　40 500.00

贷：电子清算资金往来　　　　　　　　　　　　　　　　　40 500.00

3. 转发行的处理

（1）转发行收到发报行的往账信息，经确认无误后，向发报行发送回执，然后按对收报行行号的清分，分批将其连同借、贷记业务的笔数、金额的合计数传输给收报行，并验证收报行的收电回执。

（2）每日营业终了时，转发行与发、收报行对清账务，轧平后，打印电子联行往来平衡表，同时汇总各清算分中心的借、贷方资金余额，汇总后的应收（上存）、应付（借用）

资金余额之和每日应相等。

（3）转发行收到发报行电子联行往账信息，当天因故不能将该信息转达收报行时，转发行应通过待转发户过渡，但该账户余额在年终决算日必须查清结平。

（4）电子清算资金往来科目余额，每月由转发行与各级发、收报行用电传或邮寄对账表方式进行核对，发现不符，应立即查明更正。

4. 收报行（中央银行清算分中心）的处理

（1）收报行收到转发行发来的来账信息，经审查无误后，向转发行发送收电回执，并按汇入行打印电子联行来账清单一式三联，经逐笔核押无误后，按总数填制两联借方（贷方）划款凭证，办理转账。如为贷记业务，其会计分录为：

借：电子联行来账
　　贷：××银行准备金存款

如为借记业务，则会计分录方向相反。

（2）转账后，在第三联来账清单上加盖转讫章后，连同第一联划款凭证交汇入行。将电子联行来账清单的第一、第二联分别作卡片和传票附件。

（3）每日营业终了，收报行对清当日来账后，即根据当日联行来账累计收到数和转账数打印电子联行来账日结表，并凭表中转账数编制转账凭证，将电子联行来账科目余额转入电子清算资金往来科目。如为贷记业务，其会计分录为：

借：电子清算资金往来
　　贷：电子联行来账

如为借记业务，则会计分录方向相反。

（4）如当日系统对账不正常，应使用电话主动向转发行对账。

【例 7-7】 沿用**【例 7-5】**资料，收到转发行发来的汇款信息，收款人是在工商银行开户的东丰公司，金额为 40 500 元。经审核无误后办理转账。其会计分录为：

借：电子联行来账　　　　　　　　　　　　　　　　40 500.00
　　贷：中国工商银行准备金存款　　　　　　　　　　　　　40 500.00

当日营业终了时，假设该收报行只发生了这一笔业务，则会计分录为：

借：电子清算资金往来　　　　　　　　　　　　　　40 500.00
　　贷：电子联行来账　　　　　　　　　　　　　　　　　40 500.00

5. 汇入行（商业银行）的处理

汇入行接到收报行转来的电子联行来账贷方、借方清单第三联和划收凭证，经审核无误后，编制相关凭证和收付款通知，办理转账。如为贷记业务，其会计分录为：

借：存放中央银行款项
　　贷：吸收存款——活期存款——××单位户

如为借记业务，则会计分录方向相反。

转账后，将收（付）款通知加盖转讫章送收（付）款人。

【例 7-8】 沿用**【例 7-7】**资料，东丰公司的开户行工商银行收到汇款信息，经审核无误后，办理转账。

借：存放中央银行款项　　　　　　　　　　　　　　40 500.00
　　贷：吸收存款——活期存款——东丰公司户　　　　　　　40 500.00

四、资金汇划与清算的核算

资金汇划清算系统是办理结算资金和内部资金汇划与清算的工具，该系统由汇划业务经办行、清算行、省区分行和总行清算中心通过计算机网络组成。汇划业务的发生行是发报经办行，汇划业务的接收行是收报经办行。清算行是在总行清算中心开立备付金存款账户，办理其辖属行处汇划款项清算的分行，包括直辖分行、总行直属分行及二级分行。省区分行在总行开立备付金账户，只办理系统内资金调拨和内部资金利息汇划。总行清算中心是办理系统内各经办行之间的资金汇划、各清算行之间的资金清算及资金拆借、账户对账的核算和管理部门。

资金汇划清算设置的会计科目有：上存系统内款项、系统内款项存放、清算资金往来（或待清算辖内往来、辖内往来等科目）。

（一）基本做法

资金汇划清算的基本做法是：实存资金、同步清算、头寸控制和集中监督。

（1）实存资金。是指以清算行为单位在总行清算中心开立备付金存款账户，用于汇划款项时的资金清算。

（2）同步清算。是指发报经办行通过其清算行，经总行清算中心将款项汇划至收报经办行，同时由总行清算中心办理清算行之间的资金结算。

（3）头寸控制。是指各清算行在总行清算中心开立的备付金存款账户，保证足额存款，总行清算中心对各行汇划资金实行集中清算。清算行备付金存款不足，二级分行可向管辖省区分行借款，省区分行和直辖市分行、直属分行头寸不足，可向总行借款。

（4）集中监督。是指在资金汇划清算体系中，总行清算中心对汇划往来数据发送、资金清算、备付金存款账户资信状况和行际间查询、查复情况进行管理和监督。

资金汇划清算系统下汇划信息的传递流程如图7-2所示。

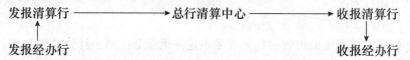

图 7-2　资金汇划清算系统下汇划信息传递流程

（二）资金汇划往来与清算的核算

1. 发报经办行的处理

发报经办行是资金汇划业务的发生行，汇划业务的发出分为实时处理和批量处理。其中，实时处理主要是对紧急款项的划拨和查询查复事项要及时地处理，其他业务做批量处理。

将汇划业务经系统按规定时间发送至清算行。汇总、异地托收承付、委托收款、银行承兑汇票等为贷记业务；银行汇票等为借记业务。借记业务的会计分录为：

借：清算资金往来
　　　贷：××科目
贷记业务的会计分录相反。

【例7-9】开户单位机械厂提交异地同系统某行签发的银行汇票及进账单，金额为45 000元，要求办理进账手续。其会计分录为：

借：清算资金往来　　　　　　　　　　　　　　　　　45 000.00

　　贷：吸收存款——活期存款——机械厂户　　　　　　　　　45 000.00

2. 发报清算行的处理

发报清算行收到发报经办行传输来的跨清算行汇划业务时，经过按规定权限授权、经押及账务处理后由计算机自动传输给总行。如为借记业务，其会计分录为：

借：系统内上存款项——上存总行备付金户

　　贷：清算资金往来如为贷记业务，则会计分录相反。

【例7-10】沿用**【例7-9】**资料，收到发报经办行发来的借方汇划业务，金额45 000元，其会计分录为：

借：系统上存款项——上存总行备付金户　　　　　　　45 000.00

　　贷：清算资金往来　　　　　　　　　　　　　　　　　45 000.00

3. 总行清算中心处理

总行清算中心收到各发报清算行汇划款项，并将款项传送至收报清算行。如为借报业务，其会计分录为：

借：系统内存放款项——收报清算行备付金户

　　贷：系统内存放款项——发报清算行备付金户

如为贷记业务，则会计分录相反。

4. 收报清算行的处理

收报清算行收到总行清算中心传来的汇划业务数据后，由计算机自动检测收报经办行是否为辖属行处，并经核押无误后自动进行账务处理。实时业务即时由系统自动记账或按报文的收报分签号下传至各收报经办行进行收报确认处理；批量报文处理后，次日传送至收报经办行。收报清算行收到总行清算中心传来的实时报文后。如为贷记业务，其会计分录为：

借：系统内上存款项——上存总行备付金户

　　贷：清算资金往来

经办行的会计分录为：

借：清算资金往来

　　贷：××科目

如为借记业务，则会计分录相反。

5. 收报经办行的处理

收报经办行收到清算行传来的贷报业务时的会计分录为：

借：清算资金往来

　　贷：××科目

借报业务会计分录相反。

【例7-11】收到清算行贷方汇划业务信息，收款人为汽修厂，金额为5 000元。

借：清算资金往来　　　　　　　　　　　　　　　　　5 000.00

　　贷：吸收存款——活期存款——汽修厂户　　　　　　　　　5 000.00

(三) 系统内资金调拨的核算

1. 备付金存入及调整处理

(1) 备付金的存入清算行在总行清算中心开立备付金存款账户时，可通过人民银行将款项直接存入总行清算中心。其会计分录为：

借：其他应收款——待处理汇划款项

  贷：存放中央银行款项

待清算行收到总行发来的实时清算报文后，系统自动进行账务处理。其会计分录为：

借：系统内上存款项——上存总行备付金户

  贷：其他应收款——待处理汇划款项

总行清算中心接到人民银行划来的款项时，当日通知有关清算行，进行账务处理。其会计分录为：

借：存放中央银行款项

  贷：系统内款项存放——××行备付金存款户

【例 7-12】某清算行向同城人民银行提交电汇凭证，金额 20 000 000 元，上存总行备付金。其会计分录为：

借：其他应收款——待处理汇划款项   20 000 000.00

  贷：存放中央银行款项   20 000 000.00

【例 7-13】沿用【例 7-12】资料，随后清算行接到总行发来的实时清算报文，系统自动进行账务处理。其会计分录为：

借：系统内上存款项——上存总行备付金户   20 000 000.

  贷：其他应收款——待处理汇划款项   20 000 000.00

【例 7-14】总行清算中心收到某下级清算行上存备付金 5 000 000 元，其会计分录为：

借：存放中央银行款项   5 000 000.00

  贷：系统内款项存放——××下级行备付金存款   5 000 0000.00

(2) 备付金的调整。清算行可根据资金使用情况，在确保汇划的前提下通过人民银行账户随时进行调整。调增备付金处理与上存备付金的处理相同。调减备付金时，清算行应根据资金营运部门的资金调拨单向总行或省区分行资金管理部门发出申请，总行收到申请后，调出备付金。其会计分录为：

借：系统内款项存放——××清算行备付金户

  贷：系统内款项存放——××省区分行备付金户

清算行收到已调减备付金信息后，打印记账凭证，由系统自动进行账务处理。其会计分录为：

借：其他应收款——待处理汇划款项户

  贷：系统内上存款项——上存总行备付金户

当收到总行通过人民银行划回的备付金款项后，填制特种转账凭证进行账务处理。其会计分录为：

借：存放中央银行款项

  贷：其他应收款——待处理汇划款项户

2. 一般借入款项

（1）系统内向上级行借款。

各清算行在总行清算中心备付金存款账户的资金不足时，需要向系统内借款，二级分行向省区分行借款，省区分行向总行借款。其会计分录为：

借：系统内上存款项——上存总行备付金户

贷：系统内借入款项——一般借入户

省区分行批准借款后，进行账务处理。其会计分录为：

借：系统内借出款项——一般借出户

贷：系统内上存款项——上存总行备付金户

【例 7-15】某市分行因资金周转困难，向该省分行申请借入清算备付资金 5 000 000 元，经审核同意其申请。

该省分行的会计分录为：

借：系统内借出款项——一般借出户　　　　　　　　　　　　5 000 000.00

贷：系统内上存款项——上存总行备付金户　　　　　　　5 000 000.00

该市分行收到借款信息后，自动进行账务处理。其会计分录为：

借：系统内上存款项——上存总行备付金户　　　　　　　　5 000 000.00

贷：系统内借入款项——一般借入户　　　　　　　　　　5 000 000.00

（2）通过人民银行向上级行借入款项。

清算行向上级行发出借款申请，经上级行资金管理部门审查、批准后，通过人民银行办理借出资金手续。清算行收到传来的借款信息后，系统自动记账并登录"借入资金登记簿"。其会计分录为：

借：其他应收款项——待处理汇划款项户

贷：其他应收款——一般借入户

待接到人民银行通知后，销记其他应收款项。其会计分录为：

借：存放中央银行款项

贷：其他应收款项——待处理汇划款项户

省区分行根据二级分行的申请，填制人民银行电汇凭证，送交人民银行汇至借款行，同时录入系统，由系统自动登记"借出资金登记簿"，进入账务处理。其会计分录为：

借：系统内借出款项——××行一般借出款项

贷：存放中央银行款项

账务处理完毕后，将信息转至借款行。

3. 强行借入款项

每日营业终了时，各清算行在总行的备付金账户余额不足，总行代省区分行对二级分行做强行借款处理；省行在总行的备付金账户余额不足，总行将向省区分行强行借款；直辖市总行直属分行在总行的备付金账户余额不足，总行将直接向其强行借款。

二级分行从总行清算中心得到省区分行对其强行借款的通知后，打印记账凭证，由系统自动记账并登录"借入资金登记簿"。其会计分录为：

借：系统内上存款项——上存总行备付金户

贷：系统内借入款项——强行借入户

省区分行根据总行清算中心的借出信息，由系统自动进行账务处理。其会计分录为：

借：系统内借出款项——上存总行备付金户

　　贷：系统内上存款项——上存总行备付金户

4. 归还借款的处理

（1）通过系统内向上级归还款项。

清算行在总行清算中心备付金账户余额足以偿还借款时，经批准向总行清算中心发出还款通知，填制凭证并录入系统，由系统自动进行账务处理，同时核销"借入资金登记簿"。其会计分录为：

借：系统内借入款项——一般借入户

　　贷：系统内上存款项——上存总行备付金户

账务处理完毕后，生成报文信息，分情况送至省区分行、总行。

省区分行接到二级分行传来的还款信息后，系统自动进行账务处理并销记，其会计分录为：

借：系统内上存款项——上存总行备付金户

　　贷：系统内借出款项——一般借出户

【例 7-16】沿用【例 7-15】资料，某市分行主动归还向管辖行省分行借入的资金5 000 000元。

某分行的会计分录为：

借：系统内借入款项——一般借入户　　　　　　　　　　　5 000 000.00

　　贷：系统内上存款项——上存总行备付金户　　　　　　　　　5 000 000.00

省分行的会计分录为：

借：系统内上存款项——上存总行备付金户　　　　　　　　5 000 000.00

　　贷：系统内借出款项——一般借出户　　　　　　　　　　　　5 000 000.00

（2）通过人民银行向上级归还款项。

清算行在总行清算中心备付金账户余额足以偿还借款时，应根据资金向总行清算中心发出还款通知，填制凭证，由系统自动进行账务处理，同时核销"借入资金登记簿"。其会计分录为：

借：其他应收款项——待处理汇划款项户

　　贷：存放中央银行款项

省区分行接到人民银行通知后系统自动进行账务处理并销记"借出资金登记簿"，其会计分录为：

借：存放中央银行款项

　　贷：系统内借出款项——一般借入户

清算行接到收回借款信息，销记"借入资金登记簿"后，进行账务处理。其会计分录为：

借：系统内借出款项——一般借入户

　　贷：其他应收款项——待处理汇划款项

任务二 商业银行与中央银行往来业务核算

商业银行与中央银行的往来是指各商业银行与中央银行之间因资金融通、调拨、汇划款项等引起的资金账务往来。

一、会计科目的设置

(一) 存放中央银行款项

本科目属于资产类科目，用于核算和反映商业银行存放于中央银行的各种款项，包括业务资金的调拨、办理同城票据交换和异地跨系统资金汇划、提取或缴存现金等、银行按规定缴存的法定准备金和超额准备金存款，也可以通过本科目核算。提取现金、转账存入款项时，记入借方；提取现金、转账支付款项时，记入贷方；本科目余额在借方，反映银行在中央银行存款的实有数。

(二) 向中央银行借款

本科目属于负债类科目，用以核算各商业银行向中央银行借入的款项。发生借款时，记入贷方；归还借款时，记入借方。同时按借款性质设置账户。本科目余额在贷方，反映银行尚未归还中央银行借款的余额。

(三) 贴现负债

本科目属于负债类科目，用以核算各商业银行办理商业票据转贴现，在贴现业务所融入的资金，可按贴现类别和贴现金融机构，下设"面值""利息调整"等明细科目。

(四) 清算资金往来

本科目属于资产类科目，用于核算和反映商业银行存放与中央银行的各种款项，该科目可按资金往来单位，分"同城票据清算""信用卡清算"等进行明细核算。本科目期末借方余额，反映银行应收的清算资金；贷方余额反映银行应付的清算资金。

二、商业银行向中央银行发行库缴存和支取现金的核算

在我国，中国人民银行是全国唯一管理货币发行的机关，按照国家批准的发行计划，组织货币发行与回笼。发行库设在中国人民银行的各级机构，商业银行只设立业务库，其业务库现金由中国人民银行核定最高限额，当库存现金不足限额时，可向中国人民银行提取，人民银行从发行库出库；反之，当商业银行业务库现金超过限额时，应缴存中国人民银行，再由中国人民银行交入发行库，作为货币回笼。同时，商业银行的业务库与整个社会的现金流量息息相关，即全社会的现金通过存户的存取向业务库存入和支取，从而增加或减少社会上的现金流通量。商业银行向中央银行支取和缴存现金必然会引起中央银行的货币发行或货币回笼。这一过程如图7-3所示。

图 7-3 货币发行与回笼过程

（一）商业银行向中央银行缴存现金的核算

商业银行向中央银行缴存现金时，应填写现金缴款单一式二联，连同现金一并送交中央银行，中央银行发行库审核现金缴款单及将款项收妥无误后，在现金缴款单上加盖现金收入章及经手人名章后，将第一联退回给商业银行，商业银行根据退回的缴款单，填制现金付出传票并进行相应的处理，其会计分录为：

借：存放中央银行款项

    贷：库存现金

（二）商业银行向中央银行支取现金的核算

商业银行向当地中央银行发行库支取现金时，应填写现金支票，经中央银行的会计部门审核无误后，再到发库行提取现金。商业银行取回现金后，填制现金收入传票并进行相应的账务处理，其会计分录为：

借：库存现金

    贷：存放中央银行款项

三、缴存存款的核算

缴存存款是指商业银行和其他金融机构将吸收的存款全部或按规定的比例缴存中央银行的业务，主要包括财政存款和一般性存款。财政部发行的各项国库券款及各项债券款项等。一般性存款是指除财政性存款，包括企业存款、储蓄存款。由二部分构成：一是法定存款准备金；二是超额准备金。超额准备金是商业银行的可用资金；而法定存款准备金是商业银行按照法定存款准备金率向中央银行缴存的存款准备金。

根据国务院规定财政性存款应按 100％的比例上缴当地中央银行，一般性存款则按一定的比例（法定存款准备金率）缴存。

商业银行在"存放中央银行款项"科目下设置"缴存中央银行财政性存款"和"缴存中央银行一般性存款"两个明细科目进行核算。在实际工作中，常将二级科目提升为一级科目使用。

（一）缴存财政性存款的核算

按照现行的规定，商业银行必须于每旬的旬末，根据缴存科目的余额，按 100％的比例计算应缴的金额，于旬后五天向当地中央银行办理缴存。目前法定存款准备金率为 20.5％。

商业银行在初次缴存财政性存款后，即按规定时间，根据财政性存款的增减变化，定期办理调整手续。存款增加即调增补缴，存款减少则调减退回。

1. 首次缴存的处理

商业银行按规定的时间向中央银行缴存存款时，应根据有关科目存款金额，填制"缴存财政性存款各科目余额表"一式两份（见表 7-4），同时按规定计算出应缴存金额，填制

"缴存（或调整）财政性存款划拨凭证"一式四联（见表7-5）。凭证第一联为贷方凭证，第二联为借方凭证，缴存银行代记账凭证；第三联为贷方凭证，第四联为借方凭证，第三四联由中央银行代记账凭证。将划拨凭证的四联连同缴存存款科目余额表一份，一并送交中央银行。另一份余额表留存，妥善保管备查。据中央银行退回的第一二联划拨凭证办理转账。其会计分录为：

借：缴存中央银行财政性存款
　　贷：存放中央银行款项

表7-4　缴存财政性存款各科目余额表

行名：　　　　　　　　　　　　　年　　月　　日

科目代号	余额	科目代号	余额

表7-5　缴存（或调整）财政性存款划拨凭证（贷方凭证）

年　　月　　日

総字第　　号
字第　　号

收受银行	名称		缴存银行	名称	
	账户			账户	
存款类别				缴存比例	应缴存金额
财政性存款				100%	
1. 合计					
2. 已缴存金额					
3. 本次应补缴金额					
4. 本次应退回金额					
上列缴存金额或应补缴金额和应退回金额，已按规定办理划转	备注：			会计分录： 科目（借） 对方科目（贷） 会计　　　复核　　　记账	

2. 调整缴存财政性存款的核算

商业银行于每旬对已缴存的财政性存款进行调整时，应填制缴存财政性存款各科目余额表，据以计算调整数额，然后填制缴存（或调整）财政性存款划拨凭证，办理调整手续。商业银行以划拨凭证第一二联分别代转贷方传票和转账借方传票，办理转账。如为调减退回，其会计分录相反。其余手续同首次缴存。

3. 欠缴财政性存款的核算

商业银行定期调整缴存财政性存款时，如经计算为调整补缴，但其在中央银行的存款账户余额不足，无法如数缴存，其不足部分为欠缴。当商业银行在中央银行账户余额只能缴存部分存款准备金时，应先缴存财政性存款，如有剩余再缴存一般性存款准备金。等以后调入资金后，由中央银行一次扣收。日后补缴时，中央银行对欠缴金额按规定比例计收罚款，随同欠缴存款一并扣收。

商业银行发生欠缴时，亦应填制各科目余额表，根据本次实缴金额填制缴存财政性存款划拨凭证，将凭证内"本次应补缴金额"栏改作"本次能实缴金额"，并在凭证栏内注明本次应补缴金额和本次欠缴金额。对欠缴部分填制欠缴凭证一式四联。对实缴和欠缴部分应分别进行账务处理。实缴部分的会计处理与调整补缴相同。对欠缴部分，将欠缴部分第一二联留存，第三四联送交中央银行，另填制表外科目收入传票。其会计分录为：

收入：待清算凭证

当商业银行在中央银行的存款账户有足够资金时，中央银行应立即将欠缴存款收回，商业银行收到中央银行扣收欠缴存款，应以原来保存的欠缴凭证第一二联作转账贷、借方传票办转账。其会计分录为：

借：缴存中央银行财政性性存款

　　贷：存放中央银行款项

填制表外科目付出传票处理转账。其会计分录为：

付出：待清算凭证

同时，根据中央银行送来的两联罚款的特种转账传票，其会计分录为：

借：营业外支出

　　贷：存放中央银行款项

（二）缴存（调整）法定存款准备金的核算

1. 缴存法定存款准备金的有关规定

缴存法定存款准备金制度是中央银行的三大货币政策工具之一。中央银行通过规定或调整商业银行等金融机构缴存中央银行的存款准备金率，间接地调节市场的货币供应量。

法定存款准备金由各商业银行的存款准备金率，统一缴存与考核。各商业银行在每日营业终了，自下而上逐级编制全行一般存款余额的一定比例考核法定存款准备金的缴存采取自下而上的方法，如图 7-4 所示。

图 7-4　法定存款准备金的缴存顺序

在具体办理缴存存款时，采取首次缴存后，定期调整缴存存款差额的做法，即存款增加则增缴存款。商业银行采用按旬末的余额计算存款准备金的缴存数，缴存日为旬后五天。如果缴存日发生欠缴，应按照欠缴数计算罚息。计算时，以欠缴金额乘以欠缴天数再乘以罚息率。

2. 缴存法定存款准备金的核算

商业银行根据一般存款余额对法定存款准备金进行调整，本期余额大于上期余额的差额乘以规定比例为本期调整额；本期余额小于上期余额的差额乘以规定比例为本期调减额，及时报告各商业银行的总行。

当商业银行本期未调整时。其会计分录为：

借：缴存中央银行一般性存款

　　贷：存放中央银行款项

调减时，会计分录相反。

【例7-17】中国建设银行某支行于2014年1月成立，至1月末该银行财政性存款余额为800 000元，一般性存款余额为20 000 000元。1月末该银行第一次办理缴存手续。一般性存款余额比例为20.5%，则该银行：

$$应缴存财政性存款＝800\ 000×100\%＝800\ 000（元）$$

$$应缴存一般性存款＝20\ 000\ 000×20.5\%＝4\ 100\ 000（元）$$

中国建设银行某支行的会计分录为：

借：缴存中央银行一般性存款　　　　　　　　　　　　　4 100 000.00

　　缴存中央银行财政性存款　　　　　　　　　　　　　　800 000.00

　　贷：存放中央银行款项　　　　　　　　　　　　　　　　4 900 000.00

【例7-18】沿用**【例7-17】**资料，本期末，该建设银行分支机构财政性存款余额9000 000元，上期期末余额800 000元。一般性存款余额为15 000 000元，上期期末余额为20 000 000元。一般性存款缴存比例为20.5%，则需要调整的缴存存款额计算如下：

$$应缴存财政性存款＝9\ 000\ 000×100\%－800\ 000＝1\ 000\ 000元$$

$$应缴存一般性存款＝15\ 000\ 000×20.5\%－4\ 100\ 000＝－1\ 025\ 000元$$

借：缴存中央银行财政性存款　　　　　　　　　　　　1 000 000

　　贷：存放中央银行款项　　　　　　　　　　　　　　　1 000 000

借：存放中央银行款项　　　　　　　　　　　　　　　1 025 000.00

　　贷：缴存中央银行一般性存款　　　　　　　　　　　　1 025 000.00

四、再贷款的核算

（一）再贷款概述

中央银行是金融机构的最后贷款人。当商业银行在经营过程中出现暂时性的资金头寸不足时，除了采取向上级银行申请调入资金、同业拆借和通过金融市场融通资金等手段外，还可以向中央银行借款，即再贷款。就中央银行而言，向商业银行提供再贷款是其控制货币供应量、进行宏观调控的一种主要工具。商业银行能否取得中央银行的贷款，在很大程度上取决于货币政策和商业银行的经营状况。

（二）再贷款的核算

1. 向中央银行借款的核算

商业银行向中央银行申请贷款时，首先要提交借款申请书，经中央银行计划部门审核批准后，应填写一式五联借款凭证，加盖印签后，提交中央银行办理借款手续。商业银行取得借款后，根据中央银行退回的第三联借款凭证，另编制转账传票办理转账。其会计分录为：

借：存放中央银行款项

　　贷：向中央银行借款——××借款户

2. 借款到期归还的核算

商业银行再贷款到期时，应主动填制一式四联还款凭证，加盖预留印签后提交中央银行办理贷款归还手续。借款的商业银行收到中央银行退回的还款凭证第四联，代转账贷方传票，另编制转账传票办理转账，如为利随本清。其会计分录为：

借：向中央银行借款——××借款户

利息支出

  贷：存放中央银行款项

【例 7-19】中国工商银行主动归还其向中国人民银行借入的期限为 1 年的借款，金额为 300 000 元，利息为 1 500 元，则中国工商银行会计分录为：

借：向中央银行借款——中国工商银行借款户   300 000.00

利息支出   1 500.00

  贷：存放中央银行款项   301 500.00

如果借款银行在贷款到期后不主动办理还款手续，而其在中央银行的存款账户余额有足够的资金，中央银行会计部门也可以在征得借款银行同意后，填写制式四联特种转账传票主动办理扣收手续。如果商业银行余额不足，则应于到期日将该笔贷款转入逾期贷款账户，并按照规定的标准计收逾期贷款利息，等该商业银行存款账户有款支付时再一并扣收。

再贷款利息的计算与商业银行向该单位贷款的计息方法基本相同。

五、再贴现的核算

（一）再贴现概述

再贴现是商业银行将已贴现尚未到期的商业汇票转让给中央银行，中央银行扣除从再贴现之日起到票据到期日止的利息后，以其差额向商业银行通融资金的业务。整个再贴现过程，实质上就是商业银行和中央银行之间的票据买卖和资金让渡的过程。

（二）再贴现的核算

1. 办理再贴现的核算

再贴现的金额为再贴现票据面额扣除再贴现利息后的差额。再贴现的期限从再贴现之日起到汇票到期之日止，按实际天数计算。

再贴现利息＝再贴现票据面额×再贴现天数×日贴现率

再贴现实付金额＝再贴现票据面额－再贴现利息

商业银行持未到期的商业汇票向中央银行申请再贴现时，应填制再贴现凭证一式五联，连同汇票一并交中央银行。经中央银行审核无误后，退还四联再贴现凭证，商业银行据此办理转账，其会计分录为：

借：存放中央银行款项（实付再贴现资金）

贴现负债——再贴现——利息调整

  贷：贴现负债——再贴现——面值

期末，对确定的利息费用进行处理，其会计分录为：

借：利息支出

  贷：贴现负债——再贴现——利息调整

【例 7-20 】中国工商银行某支行因资金周转发生困难，于 7 月 10 日将未到期的商业汇票向中国人民银行申请再贴现，汇票金额为 30 000 000 元，到期日为 10 月 6 日，贴现率为 6‰，办理再贴现手续。

$$再贴现利息＝30\ 000\ 000×88×6‰÷30＝528\ 000（元）$$
$$再贴现实付金额＝30\ 000\ 000－528\ 000＝29\ 472\ 000（元）$$

工行某支行的会计分录为：

借：存放中央银行款项　　　　　　　　　　　　　　29 472 000.00

　　贴现负债——利息调整　　　　　　　　　　　　　　528 000.00

　　贷：贴现负债——面值　　　　　　　　　　　　30 000 000.00

期末，对工行某支行确定的利息费用进行账务处理：

借：利息支出　　　　　　　　　　　　　　　　　　　528 000.00

　　贷：贴现负债——利息调整　　　　　　　　　　　　528 000.00

2. 再贴现到期的核算

再贴现票据到期时，如果属于买断式，由中央银行作为收款人直接向付款人收取票款；如果属于商业银行回购方式，应由原再贴现申请银行回购票据，由商业银行负责收回票款。

商业银行收到中央银行退回的商业汇票和特种转账借、贷方传票后，立即办理转账。其会计分录为：

借：贴现负债——再贴现——面值

　　利息支出

　　贷：存放中央款项（实际支付的金额）

　　　　贴现负债——利息调整

六、商业银行大额汇划款项的核算

商业银行大额汇划款项是指单笔金额达到或者超过中国人民银行规定的汇划款项。它包括两项内容：一是商业银行系统内 50 万元以上（含 50 万元）的款项汇划；二是商业银行跨系统 10 万元或以上的款项汇划。按规定此类业务应通过中央银行转汇和清算资金。商业银行大额汇款的汇划通过中央银行转汇有以下三种方式。

（一）"先横后直"的划款方式

汇出行和汇入行都是双设机构地区，指的是同一地区有商业银行和中国人民银行机构。在这种情况下，采用"先横后直"的划款方式。具体做法为汇出行把大额汇款先在同城转汇给开户的中国人民银行，汇出行的开户中国人民银行一方面从汇出款项的商业银行存款账户中付出款项，另一方面将此款项通过电子联行汇往汇入地中国人民银行，汇入地中国人民银行收到划款报单及有关单证后，一方面将款项转入汇入行准备金账户；另一方面将有关凭证交汇入行，汇入行凭以办理转账。其处理程序如图 7-5 所示。

汇出行汇出款项时，根据有关结算凭证逐笔填制汇款清单，并汇总填制划款凭证，将有关凭证送交开户行的人民银行办理转汇并清算资金。其会计分录为：

借：吸收存款——活期存款——付款人户

　　贷：存放中央银行款项

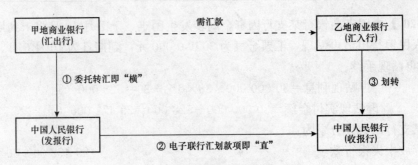

图 7-5　"先横后直"转汇结算方式

汇入行应根据中国人民银行交来的有关凭证办理转账，其会计分录为：

借：存放中央银行

　　贷：吸收存款——活期存款——收款人户

（二）"先直后横"的划款方式

汇出行地为单设机构，汇入行地为双设机构地区，或汇出行地为双设机构，汇入行地为单设机构地区，可采取"先直后横"的划款方式。具体做法为：汇出行将大额汇款先通过系统内联行划往汇入行所在地的联行转汇行，由其通过同城票据交换将款项划往汇入行给收款人入账。其处理程序如图 7-6 所示。

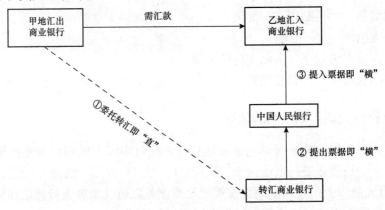

图 7-6　"先直后横"转汇结算方式

汇出行通过系统内联行将款项汇入到汇入行所在地的联行转汇行时，其会计分录为：

借：吸收存款——活期存款——付款人户

　　贷：清算资金往来等

转汇行收到系统内联行转来的款项后，通过票据交换提交给中国人民银行，其会计分录为：

借：清算资金往来

　　贷：存放中央银行款项

汇入行从中国人民银行提回有关票据后，经审核无误后办理转账，其会计分录为：

借：存放中央银行款项

　　贷：吸收存款——活期存款——存款人户

(三)"先直后横再直"的划款方式

汇出行和汇入行均为单设机构地区,可通过附近第三地双设机构转划,采取"先直后横再直"的划款方式。具体做法是:先由汇出行通过本系统联行将款项划至就近的、双设机构的本系统转汇行,再由其通过同城开户人民银行转划给当地汇入行的联行转汇行,最后由汇入行的联行转汇行通过本系统联行划给汇入行。其处理程序如图 7-7 所示。

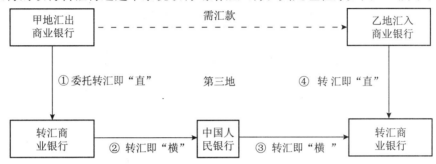

图 7-7 "先直后横再直"转汇结算方式

汇出商业银行向第三地系统内银行转汇时,其会计分录为:

借:吸收存款——活期存款——付款人户

贷:清算资金往来等

当第三地汇出行系统内商业银行收到系统内联行的转汇凭证,并通过人民银行办理转汇时,其会计分录为:

借:清算资金往来等

贷:存放中央银行款项

当第三地汇入行系统内商业银行收到人民银行的转汇清单办理转汇时,其会计分录为:

借:存放中央银行款项

贷:清算资金往来等

汇入商业银行收到第三地系统内商业银行的转汇清单时,其会计分录为:

借:清算资金往来等

贷:吸收存款——活期存款——付款人户

任务三 同业往来业务核算

商业银行同业往来是指各个不同系统的商业银行之间的往来。它主要包括跨系统转汇款、同城票据清算业务等。同业往来核算的实质就是清算商业银行之间的应收应付关系。

一、跨系统转汇的核算

跨系统转汇是由于客户办理异地结算业务而引起的跨系统商业银行之间的相互汇划款项的业务。跨系统转汇至少要涉及两家银行系统,参与的行、处至少有三个,同时中央银行必须介入两个银行系统的横向清算。跨系统转汇，根据各地商业银行机构的设置情况可以有以下几种处理方式。

（一）"先横后直"的转汇方式

汇出行所在地双设机构地区，即该地区既有汇出行，也有与汇入行相同系统的银行营业机构，可采取"先横后直"的转汇方法。当跨系统汇划款项业务发生时，汇出行将汇划款项凭证提交跨系统转汇行办理转汇，由转汇行通过本系统联行将款项划往汇入行。其基本处理程序如图 7-8 所示。

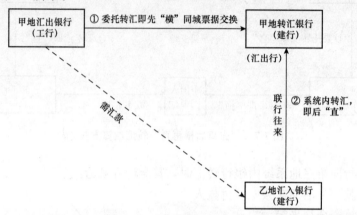

图 7-8　"先横后直"的处理程序

1. 汇出行的账务处理

汇出行根据客户提交的汇款凭证，分别按不同系统的汇入行逐笔填制汇款清单，汇总后通过同城票据交换提交同城跨系统转汇行办理汇款。如为代收业务，其会计分录为：

借：吸收存款——活期存款——汇款人户

　　贷：清算资金往来——同城票据清算

如为代付业务，则会计分录相反。

【例 7-21】农业银行开户单位中华超市提交电汇凭证，金额为 50 000 元，汇往异地中国工商银行开户华为食品厂。经审核无误后，提出票据交换给同城中国工商银行转汇。

借：吸收存款——活期存款——中华超市　　　　　　　　　　50 000.00

　　贷：清算资金往来——同城票据清算　　　　　　　　　　　　50 000.00

2. 转汇行的账务处理

转汇行收到汇出行提交的转汇清单和转划凭证，经审核无误后，通过本系统联行将款项划往异地汇入行。如为代收款项，其会计分录为：

借：清算资金往来——同城票据清算

　　贷：联行往账等科目

如为代付业务，则会计分录方向相反

【例 7-22】沿用【例 7-21】的资料，同城中国工商银行提入票据，金额为 50 000 元，填制贷方报单办理转账。

借：清算资金往来——同城票据清算　　　　　　　　　　　　50 000.00

　　　　　贷：联行往账等科目　　　　　　　　　　　　　　　　　　　　　50 000.00

3. 汇入行的账务处理

　　汇入行收到本系统划来的联行报单及有关结算凭证，审核无误后，为收款人进账。其会计分录为：

　　　　　借：联行来账等科目　　　　　　　　　　　　　　　　　　　　　50 000.00
　　　　　　　贷：吸收存款——活期存款——收款人户　　　　　　　　　　　　50 000.00

　　【例7-23】沿用【例7-22】资料，收到贷方报单，金额为 5 000 元，收款单位为本行开户单位华为食品厂。

　　　　　借：联行来账等科目　　　　　　　　　　　　　　　　　　　　　50 000.00
　　　　　　　贷：吸收存款——活期存款——华为食品厂户　　　　　　　　　　50 000.00

（二）"先直后横"的转汇方法

　　汇出行所在地为单设机构地区，即在同一地区没有汇入行系统的银行机构，而汇入行所在地为双设机构地区，可采取"先直后横"的转汇方法。当业务发生时，汇出行先将汇划款项通过本系统联行划转至汇入行所在地系统内转汇行，由转汇行转划给汇入行。其基本处理程序如图 7-9 所示。

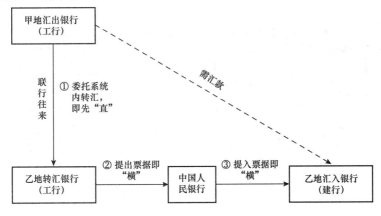

图 7-9　"先直后横"的处理程序

1. 汇出行的账务处理

　　汇出行根据客户提交的汇款凭证填制联行报单，就近划转至第三地的系统内银行办理转汇，其会计分录为：

　　　　　借：吸收存款——活期存款——汇款入户
　　　　　　　贷：联行往账等科目

2. 汇出行系统内转汇行的账务处理

　　系统内转汇行收到汇出行的有关单证，审核无误后，向跨系统银行办理转汇，其会计分录为：

　　　　　借：联行来账等科目
　　　　　　　贷：清理资金往来——同城票据清算

3. 汇入行系统内转汇行的账务处理

汇入行系统内转汇行收到跨行系统内银行的有关单证后，通过系统内联行转汇入行。其会计分录为：

借：清算资金往来——同城票据清算

    贷：吸收存款——活期存款——收款入户

（三）"先直后横再直"的转汇办法

汇出行、汇入行所在地均为单设机构地区，即只有汇出行和汇入行一家银行系统，未设有其他系统的银行机构，可采取"先直后横再直"的办法。当业务发生时，汇出行先通过本系统联行将款项划转至双设机构地区的系统内银行，由其通过同城票据交换转跨系统银行，再由跨系统银行通过本系统联行划转汇入行。其基本处理程序如图 7-10 所示。

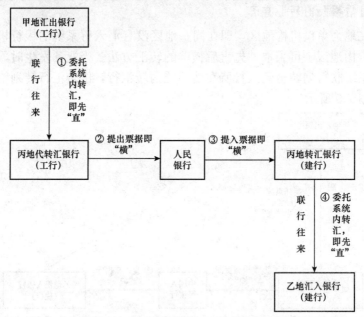

图 7-10 "先直后横再直"业务处理程序

1. 汇出行的账务处理

汇出行根据客户提交的汇款凭证填制联行报单，就近划转至第三地的系统内银行办理转汇，其会计分录为：

借：吸收存款——活期存款——汇款入户

    贷：联行往账等科目

2. 汇出行系统内转汇行的账务处理

系统内转汇行收到汇出行的有关单证，审核无误后，向跨系统银行办理转汇，其会计分录为：

借：联行来账等科目

    贷：清理资金往来——同城票据清算

3. 汇入行系统内转汇行的账务处理

汇入行系统内转汇行收到跨行系统银行的有关单证后，通过系统内联行转至汇入行。

其会计分录为：

借：清算资金往来——同城票据清算
　　贷：联行往账等科目

4. 汇入行的账务处理

汇入行收到系统内转汇行划转来的款项后，经审核无误后，为收款人入账。其会计分录为：

借：联行来账等科目
　　贷：吸收存款——活期存款——收款入户

二、同城票据交换

（一）同城票据交换概述

同城票据交换是指同一个票据交换中心的各商业银行定时、定点集中交换相互代收、代付的票据，及时处理账务并清算存欠的方式。同城票据交换一般由当地中国人民银行主办，各商业银行均可参加。

凡向他行提出票据交换的行处，称为提出行；凡接受他行票据的行处，称为提入行。在实际工作中，每个行处既是提出行又是提入行，在不同的业务中扮演着不同的角色。

各行提出交换的票据可分为两类：一类是在本行开户的收款单位提交的应由他行开户单位付款的票据，称为借方票据或代付票据；另一类是在本行开户的付款单位委托本行向其他行开户单位付款的票据，称为贷方票据或代收票据。在票据交换中，借方票据对提出行来说应该收款，对提入行来说应该付款；贷方票据对提出行来说应该付款，对提入行来说应该收款。

参加票据交换的行处按规定的交换场次和时间参加票据交换时，应将提出的代收、代付票据，分别按照借方、贷方进行分类，编制"提出借方票据清单"和"提出贷方票据清单"。并将所有的借方票据清单和所有贷方票据清单分别汇总，编制"提出票据借方汇总计数单"和"提出票据贷方汇总计数单"。

（二）同城票据交换的核算

1. 票据提出行的核算

（1）提出借方凭证的账务处理。

根据"提出票据借方汇总计数单"和所附的"提出借方票据清单"，做如下会计分录：

借：清算资金往来——同城票据清算
　　贷：其他应付款——提出交换户

提出的借方凭证已过退票时间未发生退票的，做如下会计分录：

借：其他应付款——提出交换户
　　贷：吸收存款——活期存款——收款人户

对他行退回的代付票据，应将已退回的票据及其他有关凭证等退收款人，做如下会计分录：

借：其他应付款——提出交换户
　　贷：清算资金往来——同城票据清算

（2）提出贷方凭证的核算。

根据"提出票据方汇总计数单"和所附的"提出贷方票据清单"做如下会计分录：

借：吸收存款——活期存款——付款人户

　　贷：清算资金往来——同城票据清算

如果发生退票，则其会计分录为：

借：清算资金往来——同城票据清算

　　贷：吸收存款——活期存款——付款人户

2. 票据提入行的核算

（1）提入借方凭证的核算。

提入借方票据，凭证上记载的付款人即为提入行开户单位。提入的借方票据经核对正确的并且付款单位账户有足够资金支付的，银行应根据凭证记载要素，做如下会计分录：

借：吸收存款——活期存款——付款人户

　　贷：清算资金往来——同城票据清算

若付款单位账户资金不足支付或因票据要素错误无法办理支付，则应办理退票，其会计分录为：

借：其他应收款——退票户

　　贷：清算资金往来——同城票据清算

同时将待退的票据专夹保管，以便下场交换时退交原提出行。

（2）提回贷方凭证的核算。

提入的贷方票据、凭证上记载的收款人即为提入行开户单位。提入的贷方票据经核对正确无误的，根据凭证记载要素。其会计分录为：

借：清算资金往来——同城票据清算

　　贷：吸收存款——活期存款——收款人户

如果因其他原因不能进账，如误提、凭证记载要素错误等，则办理退票，其会计分录为：

借：清算资金往来——同城票据清算

　　贷：其他应付款——退票户

同时将待退的票据专夹保管，以便下场交给原提出行。

3. 票据交换差额的清算处理

各参加票据交换的银行在票据交换结束后，应根据应收差额或应付差额进行资金的清算。

$$应收金额＝提出借方票据金额＋提入贷方票据金额$$

$$应付金额＝提出贷方票据金额＋提入借方票据金额$$

如果应收金额大于应付金额，即为应收差额，反之为应付差额。

各行交换员将已汇总的应收金额、应付金额及应收或应付差额与交换所打印的相应数据核对一致后，填写"同城票据清算划收（划付）专用转账凭证"一式四联。其中两联交票据交换所，另两联带回本行进行账务处理。

各行将提出、提入票据全部记入"同城票据清算"科目后，其余额应与本次通过中国人民银行划转存款的金额一致，应收、应付的方向也应一致。然后根据带回"同城票据清算划收（划付）专用转账凭证"办理转账，结清"同城票据清算"科目余额。

若本次交换为应付差额，其会计分录为：

借：清算资金往来——同城票据清算

　　贷：存放中央银行款项

若本次交换为应收差额，则会计分录方向相反。

课后实训

1. 联行往来业务的核算。

（1）工商银行武汉某支行3月16日发生下列各笔联行业务，请逐笔做出会计分录。

①照相机三厂到期承付北京王府井分理处开户单位北京百货商店货款125 000元。

②收到苏州支行发来贷方报单一份并附信汇凭证，汇款金额125 000元，收款单位为本行开户单位百货日用品批发部。

③收到杭州支行发来贷方报单一份并附委托收款凭证，金额14 200元，收款单位为本行开户单位五金交电批发部。

④收到安徽省蚌埠支行发来借方报单一份并附银行汇票解讫通知书一联，汇票金额180 000元，实际结算金额168 000元，经审核，汇票申请人为本行开户单位市化剂站。

⑤收到天津支行发来贷方报单一份，附信汇凭证，金额8 926元，经审核，发现收报行行号是本行的，而附件内容是异地南市支行的。

⑥收到嘉兴支行发来借记报单一份，附银行汇票解讫通知书一联，汇票金额250 000元，实际结算金额248 000元。经审核，汇票申请人为本行开户单位交通器材供应站。

（2）根据以上会计分录轧计该行3月16日联行汇差，3月15日该行"汇差资金划拨"科目余额为贷方6 879 000元，填写全国联行汇差资金计算表。

2. 同城票据清算业务核算。

某日票据交换完毕后，各行交换差额为：工商银行应收差额600万元，农业银行应付差额800万元，中国银行应收差额400万元，建设银行应付差额200万元。各行分别填交转账支票或进账单，由人民银行据以转账清算。请分别做出以上四家商业银行和人民银行的会计分录。

项目八 外汇业务的核算

📖 学习目标 ///

1. 掌握外汇汇率的运用；
2. 掌握外汇买卖业务的核算；
3. 掌握外汇存款业务的核算；
4. 掌握外汇贷款业务的核算。

📖 案例导入 ///

中国加入 WTO 以后，与世界经济的联系越来越紧密，而外汇作为国际支付手段的作用也就非同寻常。同时经营外汇业务也是商业银行业务经营的重要组成部分，是各单位办理转账结算的前提。因此，银行的外汇业务核算，不仅仅关系到银行的利润来源，而且对于保证国民经济持续稳定健康发展也具有十分重要的意义。

思考：1. 银行外汇业务有哪些？
　　　2. 如何进行会计核算？

任务一　外汇业务的核算概述

一、外汇与汇率

1. 外汇

外汇是国际汇兑的简称。动态意义上的外汇，是指将一种货币兑换成另一种货币，清偿国际间债权债务关系的行为。而广义的静态外汇泛指一切以外国货币表示的资产。狭义的静态外汇是指以外国货币表示的用于国际之间结算的手段。这种支付手段包括以外币表示的信用工具和有价证券。按照我国外汇管理条例规定，外汇包括外国货币（纸币、铸币）、外币有价证券（政府证券、公司债券、股票等）、外币支付凭证（票据、银行存款凭证、邮政储蓄凭证等）、特别提款权以及其他外汇资产等。

外币根据能否自由兑换可分为自由外汇和记账外汇两类。自由外汇是指无须货币发行国批准，可以随时动用，自由兑换为其他货币或对第三者进行支付的外汇。

2. 汇率

汇率，简而言之是指两个国家不同货币之间的比价或交换比率，或者说，是一国货币以另一国货币表示的价格。

常见的汇率标价方法有直接标价法、间接标价法和美元标价法三种类型。

（1）直接标价法，简单地说，就是用若干数量的本币表示一定单位的外币，或是以一定单位的外币为标准，折算成若干单位本币的一种汇率表示方法。目前，世界上大多数国家都采用直接标价法。我国国家外汇管理局公布的外汇牌价，就是采用直接标价法。

（2）间接标价法，是指用若干数量的外币表示一定单位的本币，或是以一定单位的本币为标准，折算成若干单位外币的一种汇率表示方法。目前只有极少数国家，如美国、英国等采用该标价法。

（3）美元标价法，是指以一定单位的美元为标准来计算应兑换多少其他货币的汇率表示方法。目前各大国际金融中心已普遍使用。

汇率从不同的角度出发，可以划分为不同的种类，如以银行买卖外汇的角度划分，可分为买入汇率、中间汇率和卖出汇率等。

二、外汇核算业务的基本规定

（1）外汇业务的会计核算，是银行会计核算的重要组成部分，应按照银行一般会计制度的规定组织核算。

（2）办理外汇业务的行处，均实行外币分账制，即以外国货币为记账单位，按每一种货币单位，各设置一套明细账和总账，平时的外币收付应按照不同原币，分别填制凭证，记载账簿，编制报表。外汇业务牵涉到两种货币时，应按照国家外汇牌价通过人民币套算和"货币兑换"科目进行转账。外汇业务资金收、付发生额和科目收、付方余额必须平衡。

（3）与我国港、澳及国外代理行签订协议、相互开户等事宜，由各特区分行根据业务需要，报经总行及外汇管理部门批准。有关代理行账户往来，对外办理国际业务结算均由各特区分行集中进行核算。分行所属行、处，办理外汇业务收付，一般通过特区分行"辖内往来"划转分行核算。

三、外汇分账制的内容

所谓外汇分账制，是指银行在办理各项外汇业务时，所有账务组织和处理都以原币作为记账单位的外汇业务记账方法，也称为原币记账法。与之相对应的是本币记账法，也称为本位币记账法，是指外汇业务均以本币进行账务核算。我国商业银行在对外汇业务进行处理过程中，一般均采用外汇分账制的记账方法。

外汇分账制的内容主要有以下几点。

1. 人民币和外币分账核算

在外汇分账制下，对发生的外汇业务进行核算时，需要按照业务发生的计价货币来填制会计凭证、登记账簿和编制报表。各种货币自成一套独立的账务系统，账务互不混淆，如实反映各外币的数额。

2. 记账外汇和现汇分账

记账外汇是根据两国政府有关贸易清算协定所开立的清算账户下的外汇。记账外汇户不能兑换成其他货币，也不能支付给第三国，只能用于支付协定规定的两个国家之间贸易货款、从属费用和双方政府同意的其他付款。而现汇是指在国际金融市场上可以自由买卖，在国际结算中广泛使用，在国际上得到偿付，并可以自由兑换其他国家货币的外汇。记账外汇和现汇是在不同的清算方式下分别使用的。由于它们的性质不同，必须严格区分，分账核算。

3. "货币兑换"科目的使用

买入或卖出外汇时，为了保持各自账务系统的完整和相对独立，必须使用"货币兑换"科目核算。通过对货币兑换凭证的填写，套写成外币计量单位和人民币计量单位并列的两张转账凭证，记录货币兑换的比率和不同货币折合的金额。

年终决算时，各种分账外汇货币，应分别按照货币种类编制外币和人民币业务决算表。其次，根据各外汇货币决算表，按总行规定的年终决算汇率折合成人民币后，编制成总的汇总决算表。其借贷双方相抵后的差额即为当年的外汇收益。

任务二　外汇买卖业务的核算

一、外汇买卖概述

1. 外汇买卖的概念

外汇买卖又称外汇兑换、货币兑换，它是指外汇银行在日常业务中，由于使用的货币币种不同，经常产生对某一种货币的需要而卖出另一种货币、买入该种货币的业务。银行开展外汇买卖时，通过"货币兑换"科目核算，使用特定的货币兑换科目凭证和货币兑换科目分户账。

我国现行的外汇管理体制规定，银行对各单位的外汇收入和外汇支出实行结汇、售汇制，即除按规定可以保留的外汇外，各单位的外汇收入应卖给外汇指定银行。按规定需要对外付汇的，应该向规定的外汇银行购买。这样，外汇指定银行办理的外汇业务都需要通过外汇买卖进行。因此，外汇买卖是外汇业务中的一项基础业务，是实现结汇、售汇的手段。

2. 货币兑换科目

货币兑换科目，是在实行外币分账制情况下的一个特定科目，属于资产负债共同类科目。它用于核算银行发生的外币与人民币或者一种外币和另一种外币之间进行兑换时的金额。当买入外汇时，银行借记有关外币科目。当卖出外汇时，银行借记货币兑换科目，贷记有关外币科目；相应付出人民币时，借记有关人民币科目，贷记货币兑换科目。

3. 货币兑换凭证

银行进行外汇买卖业务时，需要填制货币兑换凭证，并凭以入账。货币兑换凭证分为货币兑换借方凭证（见表8-1、表8-2）、货币兑换贷方凭证（见表8-3、表8-4）和货币兑换套汇凭证（见表8-4）三种。货币兑换借方凭证和货币兑换贷方凭证一般各由三联组成：一联是外币的货币兑换凭证；一联是人民币的货币兑换凭证；一联是货币兑换统计卡。货币兑换套汇凭证一般由五联组成：两联是外币的货币兑换凭证；两联是人民币的货币兑换凭证；一联是两种外币套汇的统计卡。由他们共同反映了一笔外汇买卖业务的全部情况。

对同一货币、同一牌价、同一借贷方、同一结汇单位的多笔业务，可以汇总填制货币兑换凭证，凭以转账。

表 8-1 货币兑换借方传票（外币）

年　月　日

	传票
	编号

全称		（借）货币兑换（对方科目：）	附
账号或地址			
外汇金额	牌价	人民币金额	件
		￥	
摘 要		会计 复核 记账 制票	张

表 8-2 货币兑换借方传票（人民币）

年　月　日

	传票
	编号

全称		（借）货币兑换（对方科目：）	附
账号或地址			
外汇金额	牌价	人民币金额	件
		￥	
摘 要		会计 复核 记账 制票	张

表 8-3 货币兑换贷方传票（外币）

年　月　日

	传票
	编号

全称		（借）货币兑换（对方科目：）	附
账号或地址			
外汇金额	牌价	人民币金额	件
		￥	
摘　　要		会计 复核 记账 制票	张

表 8-4　货币兑换套汇贷方传票（外币）

（外币）日期

（贷）	外汇买卖	摘要
（对方科目：）		

外汇金额	人民币金额	牌价	外汇金额	
				附件 张

会计　　　　　复核　　　　　记账　　　　　制票

4. 货币兑换科目的账簿

货币兑换科目设置总账和分账户两类账簿。货币兑换科目分户账，是一种特定格式的账簿。它以每一种外币立账，将人民币金额和外币金额记在一张账页上，账簿格式通常由买入、卖出、结余三栏组成，买入、卖出栏各由外币、牌价、人民币三部分组成。

如果买入外币大于卖出外币数，则外币结余是：以买入外币（贷方）项数减去外币（借方）项数，余额为贷方外币结余数，而人民币余额则是：将买入外币人民币借方数减去卖出外币人民币贷方数，余额为借方人民币结余数。结余数以外币和人民币同时反映。

买入外币（贷方）牌价＝人民币（借方）

卖出外币（借方）牌价＝人民币（贷方）

货币兑换科目总账采用一般总账格式，将外币和人民币分开填列，外币科目总账应于营业终了时，根据各种货币的货币兑换科目日结单借贷方发生额填记，然后根据上日余额分别求出本日外币和人民币的余额，记入余额栏。如果是某种货币兑换的外币余额反映在贷方，表示该种外汇买入多于卖出，即有结余，称多头；反之，则称空头。

目前，银行根据业务经营的需要，货币兑换科目一般下设两个分户账（见表 8-5），即外汇结售汇户、外汇调剂户。外汇结售汇户在银行为企业来结售汇时使用；外汇调剂户，在汇率并轨后，外汇经办银行为达到国家规定的外汇限额，在外汇交易市场调剂外汇时使用。

表 8-5　货币兑换科目账

货币：　　　　　　　　　　　　　账户：

年份	摘要	买入			卖出			结余			
		外币（贷）	牌价	外币（借）	外币（借）	牌价	人民币（贷）	借或贷	人民币	借或贷	人民币
		（十亿位）		（十亿位）	（十亿位）		（十亿位）		（十亿位）		（十亿位）

会计　　　　　　　　　　记账

二、外汇买卖业务的核算

外汇银行经营的外汇买卖业务，主要有以下几种类型。

（一）结汇业务的核算

结汇是指境内企事业单位和机关团体将各种外汇收入按当日汇价卖给外汇指定银行，由外汇指定银行付给相应的人民币。银行在受理客户结汇业务或买入外汇时，应填制货币兑换贷方凭证，根据第二联贷记货币兑换科目，根据第三联借记人民币货币兑换科目。其会计分录如下：

借：吸收存款——××存款——××外汇存款户（外汇）

　　贷：货币兑换——汇买价（外汇）

借：货币兑换——汇买价（本币）

　　贷：吸收存款——××存款——××单位存款户（本币）

【例 8-1】2014 年 3 月某银行从某出口单位买进美元 10 000 元，买入价 CNY620/USD100。

借：库存现金　　　　　　　　　　　　　　　　US $10 000.00

　　贷：货币兑换　　　　　　　　　　　　　　　US $10 000.00

借：货币兑换　　　　　　　　　　　　　　　　CNY62 000.00

　　贷：吸收存款——活期存款——××单位存款户　CNY62 000.00

（二）售付汇业务的核算

售汇是指境内企事业单位和机关团体需要外汇时，持有效凭证，用人民币到外汇指定银行办理兑付，外汇指定银行收紧人民币，付给等值外汇的行为。

向企业售付汇时，其会计分录为：

借：吸收存款——××存款——××单位存款户（本币）

　　贷：货币兑换——汇卖价（本币）

借：货币兑换——汇卖价（外汇）

　　贷：吸收存款——××存款——××外汇存款户（外汇）

　　　　［或：汇出汇款（外币）］

【例 8-2】2014 年 3 月某银行向某出口单位卖出美元 10 000 元，卖出价 CNY623/US $100.

借：库存现金　　　　　　　　　　　　　　　　CNY62 300.00

　　贷：货币兑换　　　　　　　　　　　　　　　CNY62 300.00

借：货币兑换　　　　　　　　　　　　　　　　US $10 000.00

　　贷：吸收存款——外汇专户活期存款——××外汇存款户　US $10 000.00

（三）套汇业务的核算

套汇是指外汇银行按挂牌人民币汇率，以一种外汇通过人民币折算，兑换成另一种外汇的业务活动。它包括两种情况：

一是两种外币之间的套算，即以一种外币兑换成另一种外币，中间以人民币进行套汇，也就是先用一种外币按买入价兑换成人民币，再将人民币兑换成另一种外币。其会计处理方法如下：

借：吸收存款——××存款——××外汇存款户（外汇）

　　贷：货币兑换——汇买价（外汇）

借：货币兑换——汇买价（本币）

　　贷：货币兑换——汇卖价（本币）
　　借：货币兑换——汇卖价（本币）
　　　　贷：吸收存款——××存款——××外汇存款户（外汇）

　【例 8-3】某企业拥有现汇活期存款 US＄10 000，要求兑换成港币现汇，并将港币现汇存入该企业活期存款账户，当日人民币牌价为：美元汇买价 US＄6.200 0，港币汇卖价 HK＄0.800 0。其会计分录为：

　　借：吸收存款——外汇专户活期存款——××单位户　　　　US＄10 000.00
　　　　贷：货币兑换　　　　　　　　　　　　　（6.2000）US＄10 000.00
　　借：货币兑换　　　　　　　　　　　　　　　　（6.2000）CNY62 000.00
　　　　贷：货币兑换　　　　　　　　　　　　　　（0.8000）CNY62 000.00
　　借：货币兑换　　　　　　　　　　　　　　　　（0.8000）HK＄77 500.00
　　　　贷：吸收存款——外汇专户活期存款——××外汇存款户　HK＄77 500.00

　　二是同种货币现钞与现汇之间的套算，包括钞兑汇和汇兑钞两种。其会计处理方法如下：

　　借：库存现金——××单位户（外汇）
　　　　贷：货币兑换——套汇户（外汇）
　　借：货币兑换——现汇套汇户（本币）
　　　　贷：货币兑换——现钞套汇户（本币）
　　借：货币兑换——套汇户（外汇）
　　　　贷：吸收存款——××存款——××外汇存款户（外汇）
　　　　　（或：汇出汇款）

　【例 8-4】某客户持美元现钞 10 000 元来行，要求存入其"活期外汇存款"港汇户（美元现钞 CNY620/US＄100，港元汇卖价 CNY80.0/HK＄100）。

　　借：库存现金　　　　　　　　　　　　　　　US＄10 000
　　　　贷：货币兑换　　　　　　　　　　　　　US＄10 000
　　借：货币兑换　　　　　　　　　　　　　　　CNY62 000.00
　　　　贷：货币兑换　　　　　　　　　　　　　CNY62 000.00
　　借：货币兑换　　　　　　　　　　　　　　　HK＄77 500.00
　　　　贷：吸收存款——活期外汇存款——××外汇存款户　HK＄77 500.00

任务三　外汇存款业务的核算

一、外汇存款业务概述

（一）外汇存款的概念

　　外汇存款是银行以信用方式吸收的国内外企业单位和个人在经济活动中暂时闲置的并能自由兑换或在国际上获得偿付的外币资金。外汇存款是银行存款业务的重要组成部分，是外汇信贷资金的主要来源。

（二）外汇存款的种类

目前，外汇存款按存款对象不同分为甲种外汇存款、乙种外汇存款、丙种外汇存款三类。

另外，还可以按外汇币种分为美元、港币、欧元、英镑、日元、加拿大元、澳大利亚元、瑞士法郎、新加坡元等；按存款期限分为定期和活期存款；按存入资金方式分为现汇存款和现钞；按存取方式分为凭存单存取和凭支票存取等。

外币存款不论定期、活期，存款时存款人均需提出存款开户申请书，办理存款开户手续。

二、单位外汇存款业务的核算

单位外汇存款是按国家外汇管理规定允许开立现汇账户单位或经济组织存入的外汇资金。

（一）科目的设置

目前，我国外汇银行对单位外汇存款通过"吸收存款"科目，下设置"活期外汇存款""外侨合资企业存款""外事企业存款""驻华机构活期存款""外债专户存款"和"单位定期存款"等二级科目核算。

（二）单位活期外汇存款的核算

单位活期外汇存款，是客户以单位名义存入的外币资金（起存金额必须大于或等于银行规定的一定数额人民币的等值外汇），不固定期限，可随时存取的一种外汇存款。该种存款根据款项的性质不同，分为支票户和存折户。

1. 存入款项的核算

开立活期外汇存款存折户的，存款时填制存款凭条；开立支票户的存入时填制存款单一式两联；如果存款者通过汇入或汇出款项，国内外联行划入或划出款项等方式办理现汇存取款的，审核、编制收款凭证一式两联办理存款手续。

单位以外币现钞存入的因单位外汇存款只有现汇户，所以应通过货币兑换科目进行钞买汇卖处理。其会计分录为：

借：库存现金（外汇）
　　贷：货币兑换——钞买价（外汇）
借：货币兑换——钞买价（本币）
　　贷：货币兑换——汇买价（本币）
借：货币兑换——汇买价（外汇）
　　贷：吸收存款——单位活期外汇存款——××外汇存款户（外汇）

如果国外汇入外汇，应根据结算专用凭证办理存入核算：

借：汇入汇款（外币）
　　贷：吸收存款——单位活期外汇存款——××外汇存款户（外汇）

以不同开户货币的外币存入时，通过套汇处理，其会计分录可参见前文所述。

2. 支取款项的处理

支取存款时，存折户填取款凭条，支票户填写支票，加盖预留印鉴，经银行审查后，办理取款。

支取外钞时单位外汇存款最多只能支取 50 000 美元，50 000 美元以上现金支取必须经外管局批准，其会计分录为：

借：吸收存款——单位活期外汇存款——××外汇存款户（外汇）
　　贷：货币兑换——汇买价（外汇）
借：货币兑换（人民币）
　　贷：货币兑换——钞卖价（人民币）
借：货币兑换（外汇）
　　贷：库存现金（外汇）

支取原币汇往境外或异国（地），其会计分录为：

借：吸收存款——单位活期外汇存款——××外汇存款户（外汇）
　　贷：汇出汇款（外汇）

支取货币与原币不同时通过套汇处理，其会计分录可参见前文所述。

3. 利息计算

计息范围：除国库款项和属于财政预算拨款性质的经费预算单位存款不计利息外，其他性质的单位存款均计利息。

计息方法：与人民币相同，按不同币种活期存款利息采用积数计息法计算利息。

（三）单位定期存款的核算

单位定期外汇存款是指一次存入、约定期限、到期一次支取本息的存款。各存款单位可将自己长期待用的外币资金，以定期存款方式存入银行。这样，既有利于银行吸收更多的外汇资金，稳定和扩大外汇信贷资金的来源。因此，办理定期外汇存款业务是一项对银行、存款单位均有利的业务。

1. 存款核算

单位申请开立定期存款账户，凡是由该单位要求办理开户手续，开立定期存款账户转存的，或是由汇入款或其他来源款项转存的，银行可按单位要求办理开户手续，开立定期存款账户；若单位直接存入款项，应按照有关开户规定，申请办理开户手续，经银行审查同意后，开设账户。根据现行制度规定，单位定期存款取消存单式的做法，一律采取账户式。若存款单位需要，银行可开给单位定期存款证明书。银行凭存款凭条或进账单进账后，必须同时登记"开销户登记簿"。其会计分录为：

借：有关科目（外汇）
　　贷：吸收存款——单位定期外汇存款（外汇）

2. 取款核算

单位到银行取款或转账，银行应认真审核预留印鉴、取款凭条或支票，审核无误后，办理取款或转账。其会计分录为：

借：吸收存款——单位定期外汇存款（外汇）
　　贷：有关科目（外汇）

若单位将定期存款汇往港、澳地区或支付其他款项，银行经办人员应根据结算凭证或其他有关凭证办理取款业务。其会计分录为：

借：吸收存款——定期外汇存款（外汇）

　　贷：汇出汇款（或其他科目）

三、个人外汇存款业务核算

（一）个人活期外汇存款的核算

个人活期外汇存款是存款人以个人名义存入，可随时存取款项的一种外汇存款。它是用于存取款频繁，零星外汇款项的存储。开户起存金额：乙种存款不低于人民币100元的等值外币，丙种存款为不低于人民币20元的等值外币，多存均不限。

1. 开户

存款人填写"外币存款开户申请书"，写明户名、地址、存款种类、金额等，连同外汇或现钞一同交银行。银行认真审核申请书、外币票据或清点外币现钞，同时按规定审查开户人的有关证件如护照、身份证等。经核对无误后，即为其办理存折账户或支票账户的开立手续，手续同单位活期存款。

存款人以外币现钞存入时，其会计分录为：

借：库存现金（外汇）

　　贷：吸收存款——个人活期外汇存款（外汇）

存款人以汇入汇款、收妥的票据或国内联行划来的款项存入时，其会计分录为：

借：汇入汇款

　　贷：吸收存款——个人活期外汇存款（外汇）

2. 续存

存户续存应填写存款凭据。若是存折户，则应将存款凭条连同存折、外币票据或外币现钞交银行。银行经审核认可后办理续存，其会计分录与开户时分录相同。

3. 支取

存户支取存款，支票户应填写支票，存折户应填写取款凭条，然后，将存款、取款凭条或支票交予银行办理取款。

支取外币现钞。存款人从外币现钞户支取同币种现钞，直接根据取款凭条或支票办理取款。其会计分录为：

借：吸收存款——个人活期外汇存款——现钞户（外汇）

　　贷：库存现金（外汇）

同时，登记分户账和存折，经复核无误后，付现并退回存折。

支取款项汇往港、澳地区或国外。取款人从其现汇户支取款项汇往我国港、澳地区或国外，需填制汇款凭证，银行依据汇款凭证和取款凭条或支票，办理汇款手续。其会计分录为：

借：吸收存款——个人活期外汇存款——现汇户（外汇）

　　贷：汇出汇款（外汇）

同时，按规定费率，计收汇费及邮费，其会计分录为：

借：库存现金

　　贷：手续费及佣金收入——汇款手续费（人民币）

　　　　业务费用——邮电费支出户（人民币）

兑取人民币现金。存款人要求从现汇户或现钞户取款并兑换成人民币现金，应按当日牌价折算，其会计分录如下：

借：吸收存款——个人活期外汇存款

　　贷：货币兑换（外汇）

借：货币兑换（人民币）

　　贷：库存现金（人民币）

4. 计息

个人外汇存款的利息计算方法与人民币相同。

（二）个人定期外汇存款的核算

个人定期外汇存款是存款人以个人名义将外币资金存入银行，实现预定存款期，到期一次支取本息的一种外币存款。有1个月、3个月、半年、1年和2年期5个档次，规定有起存金额，通过"定期外汇存款"科目核算。

1. 开户

存款人申请开立外汇存款账户，要求和手续与开立个人活期外汇存款账户相同，经银行审核后，开立定期存款存折或外汇定期存款存单一式三联，经复核后，将存折或第二联存单交存款人，第三联存单代分户账，凭以登记"开销户登记簿"后专夹保管，第一联代转账贷方凭证以记账，其会计分录为：

借：库存现金

　　贷：吸收存款——个人定期外汇存款（外汇）

2. 支取

存款人支取到期外汇存款时，存单式存款凭经本人签字的到期存单办理，存折是存款凭存折和取款凭条办理。银行审核无误后，要求存款人输入密码，与预留密码相符后办理付款手续，定期存单加盖"结清"字样，其会计分录为：

借：吸收存款——定期外汇存款（外汇）

　　应付利息（外汇）

　　贷：库存现金（外汇）

［或：吸收存款——定期（活期）外汇存款（本利转存）（外汇）］

定期外汇存款无特殊情况不能提前支取。因特殊情况需要提前支取的，需提供身份证明，银行审核同意后，可办理全部或部分提前支取手续。对部分提前支取后的留存部分，按原存款的存入日和利率，开立新户处理。

3. 计息

个人定期外汇存款要计付利息。银行会计人员要按照总行规定，结合存款种类、币种、期限及其他因素，正确选用利率和计算存期，其具体核算方法与单位外汇存款相同，这里不再赘述。

任务四　外汇贷款业务的核算

外汇贷款按贷款的期限不同可分为短期贷款和中期贷款，按贷款的发放方式不同可分为现汇贷款、买方信贷、抵押贷款等。外汇贷款除具备人民币贷款的各种特性外，还有借外汇还外汇，以及政策性、选择性更强的特点。

一、短期外汇贷款的核算

短期外汇贷款是外汇银行为了充分利用国外资金，进口国内短缺的材料和先进设备，发展出口商品生产，增加外汇收入，将外汇资金贷放给有外汇偿还能力并具备还款条件的企业单位而发放的一种贷款。

（一）短期外汇贷款的发放

借款单位使用外汇贷款时，必须先向银行提出申请使用的贷款额度，经批准后，即应订立借款合同，据以开立外汇贷款账户，银行放款时，使用短期外汇贷款科目核算，按借款单位不同契约分设账户，借款时，还需由代办进口的外贸公司填具外汇借款凭证，银行应审核借款凭证有关内容，并同借款契约规定核对相符，区别各种情况，办理发放手续。其会计分录为：

借：贷款——短期外汇贷款——××贷款户（外汇）
　　贷：吸收存款——单位活期外汇存款——××存款户（外汇）

如以非贷款货币对外付汇，会计分录为：

借：货币兑换——××外汇贷款户（外汇）
　　贷：货币兑换——汇买价（外汇）
借：货币兑换——汇买价（本币）
　　贷：货币兑换——汇卖价（本币）
借：货币兑换——汇卖价（外汇）
　　贷：吸收存款——单位活期外汇存款——××外汇存款户（外汇）

（二）贷款的还本付息

短期外汇贷款必须按期偿还，借款单位还款时，如不直接以外汇偿还，必须有外贸公司签发的还款凭证，还款凭证一式两份，一份交借款单位持往银行办理还款手续，一份由签证的外贸公司送交银行，一式七联，同时按贷款实际使用天数计收利息，一并归还本利。短期外汇贷款的利息，实行浮动利率核算每月应收利息，计入贷款账户的利息栏内，每季向借款单位，付息一次，每季末月 20 日为结息日，贷款期限按实际天数计算，计首不计尾。

【例8-5】某单位于 2013 年 6 月 5 日，借入半年期 10 万美元浮动利率贷款，浮动期 3 个月，设借款日美元 3 个月浮动利率为 9%，6 月 17 日变为 9.25%，7 月 8 日变为 9.5%，9 月 3 日变为 9.75%，10 月 5 日变为 9.5%，各结息日的利息转入贷款本金。

这笔贷款的到期日为该年的 12 月 5 日，计息时，6 月 5 日—9 月 4 日按借款日的利率 9％计算；9 月 5 日—12 月 4 日按 9 月 3 日的利率为 9.75％计算。该笔贷款的计息日为 6 月 20 日、9 月 20 日和 12 月 20 日。

（1）6 月 5 日—6 月 20 日计息：

$$应收利息＝100\ 000×16×9％÷360＝400（美元）$$

（2）6 月 21 日—9 月 4 日计息：

$$应收利息＝（100\ 000＋400）×16×9.75％÷360＝1\ 907.60（美元）$$

9 月 5 日—6 月 20 日按 9.75％计息：

$$应收利息＝100\ 400×16×9.75％÷360＝435.07（美元）$$

9 月 21 日—12 月 4 日按 9.75％计息：

$$应收利息＝（100\ 400＋2\ 342.67）×75×9.75％÷360＝2\ 086.96（美元）$$

结息时，会计分录为：

借：吸收存款——单位活期外汇存款——××外汇存款户（外汇）

贷：贷款——短期外汇贷款——××外汇贷款户（外汇）

利息收入——××贷款利息收入户（外汇）

如果偿还的外币不是原贷款货币，会计分录为：

借：吸收存款——活期存款——××外汇存款户（外汇）

贷：货币兑换——汇买价（外汇）

借：货币兑换——汇买价（本币）

贷：货币兑换——汇卖价（本币）

借：货币兑换——汇卖价（外币）

贷：贷款——短期外汇贷款（外币）

利息收入——××外汇贷款利息收入户（外币）

二、买方信贷外汇贷款

买方信贷是出口商所在地的银行直接向买方或卖方的银行提供的信贷，以便买方利用这项贷款向提供贷款的国家购买技术和设备，以及支付有关的劳务费用，该种信贷是出口国为了支持该国商品的出口而通过银行提供的。

买方信贷项下从国外银行的借入款，由总行集中开户，用"借入买方信贷款"科目进行核算，并按借款单位分设账户，买方信贷项下从国外借入款的本息，由总行负责偿还，各分行发放的信贷外汇款的本息，由本行负责按期收回。

（一）对外签订信贷协议

总行对外谈判签订买方信贷总协议，总协议签订后有关项目的具体信贷协议或按贸易合同申请的贷款，由总行对外谈判签订，也可由总行授权分行谈判签订，总行在签订具体协议时，应通过"买方信贷用款限额"表外科目进行核算，使用贷款时，按使用金额逐笔转销表外科目。

（二）支付定金

根据买方信贷协议规定，对外预付一定比例的定金。

借款单位用现汇支付定金，会计分录为：

借：吸收存款——外汇专户的活期存款或其他科目（外汇）

　　贷：存放国外同业或其他科目（外汇）

如果贷款单位向银行申请现汇贷款支付，会计分录为：

借：贷款——短期外汇贷款（外汇）

　　贷：存放国外同业或其他科目（外汇）

如果贷款单位以人民币购入外汇支付定金，会计分录为：

借：吸收存款——单位活期外汇存款——××存款户（本币）

　　贷：货币兑换——汇卖价（本币）

借：货币兑换——汇卖价（外币）

　　贷：存放国外同业或其他科目（外汇）

如果借款单位用与贷款币种不同的外币支付定金，会计记录为：

借：吸收存款——单位活期外汇存款——××外汇存款户（外汇）

　　贷：货币兑换——汇买价（外汇）

借：货币兑换——汇买价（人民币）

　　贷：货币兑换——汇卖价（人民币）

借：货币兑换——汇卖价（外汇）

　　贷：存放国外同业或其他科目（外汇）

（三）使用贷款

买方信贷项下进口，动用买方信贷资金对外付款时，应根据不同情况进行转账。

（1）进口商有现汇，按正常手续向银行办理结汇，银行利用买方信贷资金，承担买方信贷项下的利息，并按规定收取结汇手续费。

如果进口商与信贷银行总行在同一地区，由总行办理结汇。会计分录为：

借：吸收存款——进出口企业活期存款或其他科目（本币）

　　贷：货币兑换（本币）

借：货币兑换（外汇）

　　贷：借入买方信贷款（外汇）

与此同时，减少买方信贷用款限额。

如果进口商与贷款行总行在异地，由当地分行办理结汇时，以"全国联行外汇往来"科目代替"借入买方信贷款"。总行收到分行报单，转计国外银行账，会计分录为：

借：全国联行外汇往来（外汇）

　　贷：借入买方信贷款（外汇）

与此同时，减少买方信贷用款限额。

（2）进口商无现汇，需取得买方信贷外汇贷款，到期时由进口商归还贷款本息。

如果进口商与贷款行总行在同一地，由总行直接发放买方信贷外汇贷款。其会计分录为：

借：买方信贷外汇贷款（外汇）

　　贷：借入买方信贷款（外汇）

与此同时，冲销表外科目用款限额。

如果进口商与贷款总行在异地，由分行发放外汇贷款。其会计分录为：

借：买方信贷外汇贷款——贷款单位（外汇）

　　贷：全国联行外汇往来（外汇）

总行接到分行报单，会计分录为：

借：全国联行外汇往来（外汇）

　　贷：借入买方信贷款（外汇）

与此同时，冲销表外科目用款限额。

（四）贷款本息的偿还

买方信贷项下借入国外同业款本息的偿还，由总行统一办理。总行按协议规定计算利息，对国外信贷行寄来的利息清单，应认真核对并按规定及时偿还本息。

总行偿还国外贷款行本息时，会计分录为：

借：借入买方信贷款（外汇）

　　利息支出——买方信贷外汇贷款利息支出户（外汇）

　　　　贷：存放国外同业或其他科目（外汇）

（五）向国内借款单位收回买方信贷外汇贷款本息

银行对国内借款单位，应按借款契约的规定计算借款利息，并按期收回贷款本息。

如果借款单位有外汇额度或交来外贸还款凭证，以人民币购汇偿还本息。其会计分录为：

借：进出口企业活期存款或其他科目（本币）

　　贷：货币兑换（本币）

借：货币兑换（外汇）

　　贷：买方信贷外汇贷款（外汇）

　　　　利息收入——买方信贷外汇贷款利息收入（外汇）

如果借款单位以外汇偿还，会计分录为：

借：外汇专户活期存款或其他科目（外汇）

　　贷：买方信贷外汇贷款（外汇）

　　　　利息收入——买方信贷外汇贷款利息收入户（外汇）

如果借款单位不能按期还款，应按照贷款契约规定的到期日，将贷款本息转入"短期外汇贷款"科目核算，并按规定利率计算到期应收利息。转入短期外汇贷款科目后，借款单位逾期仍未偿还贷款时，应采取有效措施，督促借款单位偿还。

除以上所述短期贷款及买方信贷外，外汇银行尚有抵押贷款、银团贷款等。贷款种类不同，其具体业务处理手续虽有差异，但会计核算却大同小异。

任务五　外汇结算业务的核算

由对外贸易而引起的外汇债权、债务的结算业务，概括起来可分为记账结算和现汇结算两种方式。目前在进出口贸易业务的结算中，以现汇为主，主要采用信用证、汇兑和托收三种结算方式。

一、信用证结算方式

信用证是进口商所在地银行根据进口商的要求，向出口商开出的一种凭证。授权出口商按信用证规定的条件开立汇票，以银行或其指定的银行作为汇票的付款人。只要出口商提供的有关单据，同信用证条款相符，银行就保证付款，因此，信用证结算方式是以买卖双方交易合同为基础，由进口商请求进口方银行向出口方银行开出保付凭证，双方根据规定条款进行发货和结算的一种银行信用支付方式。这是我国对外贸易结算中采用的主要结算方式。

（一）进口信用证

进口信用证结算方式，是银行根据经批准的进口单位的申请，向国外出口商开立信用证或信用保证书。凭国外寄来信用证的单据，按照信用条款规定对外付款向进口公司办理结汇的一种结算业务。进口信用证结算程序主要包括开立信用证、修改信用证以及审单付款三个环节。

1. 开立信用证

进口商同国外出口商签订交易合同，根据合同规定，填具开证申请书，向银行提出申请。银行收到进口商开证申请书后，首先进行审核，并根据不同情况收取开证保险金。银行审核同意后签发的信用证采用套写格式，共六联（第一联为正本，其余为副本）。第一二联通过国外联行或代理行转给出口商，第三联开证行代统计卡，第四、五联交进口商，第六联信用证留底。

收取开证申请人保证金的会计分录为：

借：吸收存款——进出口企业活期外汇存款——开证人户（外汇）
　　贷：存入保证金——开证人户（外汇）

同时，登记表外科目，会计分录为：

收入：开往国外保证凭信（表外科目）
借：应收开出信用证款项（外汇）
　　贷：应付开出信用证款项（外汇）

2. 信用证的修改

进口商如需修改信用证，应向银行提出申请。银行应该认真审核印鉴。经审核同意后，应立即通知国外联行或代理行，同时修改信用证的增减额。增加或减少金额，都应填制"开往国外保证凭证"传票并在信用证留底联上批注、结出余额。信用证到期，应将逾期失效金额同有关合同联系确认后，填制传票予以冲销并将信用证留底卡结平。

3. 审单付款

收到国外寄来信用证项下单据，应立即送进口商审查。经审核同意后，由银行根据信用证规定，办理付款或承兑，并对进口商办理进口结汇。

信用证付款方式，一般分即期信用证支付和远期信用证支付两种方式，即期信用证方式又分为单到国内审单付款、国外审单主动借记、国外审单后电报向我索汇、授权国外议付行向我账户行索汇四种。即期信用证支付方式的特点是：单证相符，见单即付。远期信用证支付方式又分为由国外付款行承兑和国内开证行承兑两种。远期信用证支付方式的特点是：单证相符，到期付款。

即期信用证付款方式大多采用单到国内审单付款。单到国内，进口商确认付款后，银行即办理对外付款。如企业采用现汇开证，会计分录为：

借：吸收存款——外汇专户活期存款——开证人户（外汇）

　　存入保证金——开证人户（外汇）

　　贷：存放国外同业或其他科目（外汇）

同时，做以下会计分录：

借：应付开出信用证款项（外汇）

　　贷：应收开出信用证款项（外汇）

远期信用证的付款核算处理手续，分两个阶段进行，即承兑和到期付款。承兑时，开证行向议付行开出承兑通知书，说明承兑时期、付款方式等。到期付款时的会计分录为：

借：存入保证金——开证人户

　　外汇专户活期存款——开证人户

　　贷：存放国外同业或其他科目

付汇后，销记表外科目，会计分录为：

付出：开往国外保证凭信（表外科目）

（二）出口信用证

出口信用证结算，是出口商根据国外进口商银行开来的信用证和保证书，按照其条款规定，将出口单据送交国内银行，由银行办理审单议付，并向国外银行收取外汇后向出口商办理结汇的一种结算方式。

出口信用证结算的处理，包括受理国外开来信用证、交单议付、结汇三个环节。

1. 受理国外开来信用证

银行接到国外银行开来信用证时，首先应对开证银行的资信、进口商的偿付能力和保险条款进行全面审查，并明确表示信用证能否接受、如何修改。经审核并核对印鉴认为可以受理时，当即编列信用证通知流水号，即将信用证正本通知有关出口商，以便发货，然后将信用证副本及银行留底联严格保管，并及时登记"国外开来保证凭条"记录卡，以便随时查考。

以后若接到开证行的信用证修改通知书，要求修改金额，或信用证受益人因故申请将信用证金额的一部分或全部转往其他行时，除规定办理信用证修改和转让手续外，其增减金额还应在表外科目"国外开来保证凭信"中核算。

另外，对开证行汇入的信用证押金，授权我行在议付单据后进行抵扣，应在信用证以及其他有关凭证上做好记录。其会计分录为：

借：存放国外同业或其他科目（外汇）

　　贷：存入保证金（外汇）

2. 交单议付

议付银行为了确保安全及时收汇，避免遭受经济上的损失，首先应对出口商交来的办理议付的信用证和全套单据，按信用证条款认真审核，保证单证一致、单单相符。审核无误后，应在信用证上批注议付日期并编列银行出口押汇编号，填制出口寄单议付通知书，按一定的索汇方法向国外银行寄单收取款项。

每天营业终了时，对当天议付笔数，同寄发索汇电信笔数进行核对，防止漏寄议付单据和漏寄索汇电信等事故，以保证向国外银行索汇工作的顺利进行。

3. 结汇

议付行在完成以上工作后，等着国外银行将票款收入我行的账户通知书时，银行应按规定的汇价买入外汇，同时折算成相应的人民币支付给出口商，以结清代收妥的出口外汇。

首先销记表外科目：

付：国外开来保证凭信（外汇）

借：应收信用证出口款项（外汇）

    贷：代收信用证出口款项（外汇）

结汇时的会计分录为：

借：存放国外同业款或其他科目（外汇）

    贷：货币兑换（外汇）

借：货币兑换（本币）

    贷：吸收存款——进出口企业活期外汇存款——出口单位户（本币）

二、汇兑结算方式

国际汇兑结算，是银行在不需运送现金的原则下，利用汇票或其他信用工具，是处于不同国家的债权人或债务人清算其债权的一种方式。汇兑结算，主要分为汇出国外汇款和国外汇入汇款两种。

（一）汇出国外汇款

汇出国外汇款是银行接受汇款人的委托，以电汇、信汇、票汇等方式，将款项汇往国外收款人开户行的汇款方式。接受汇款人委托、汇出款项的银行，称为汇出行，汇出国外汇款，通常有电汇、信汇、票汇、旅行信用证和旅行支票五种。

1. 汇款的申请

汇款人要求汇款时，必须首先填制"汇款申请书"一式两联，经国家外汇管理局或银行批准同意后，一联作银行传票附件，一联加盖业务公章后退还汇款人，作为汇款回单。

2. 汇款凭证的填制

银行经办人员根据汇款申请书，计算业务手续费后，应按汇款人申请的汇款方式，分别填制不同的汇款凭证，电汇方式应一次套写一式五联的电汇凭证；信汇方式应一次套写一式七联的信汇委托书；票汇方式应填制一式五联的票汇凭证。

3. 汇出汇款的核算

若以购汇项下汇出时，会计分录为：

借：吸收存款——进出口企业活期存款或其他有关科目（本币）

    贷：货币兑换（本币）

        手续费及佣金收入——结算手续费收入户（本币）

借：货币兑换（外汇）

    贷：汇出汇款（外汇）

若以外币存款汇出时，会计分录为：

借：吸收存款——外汇专户活期存款——××外汇存款户（外汇）

　　贷：汇出汇款（外汇）

借：吸收存款——进出口企业活期存款——××存款户（本币）

　　贷：手续费及佣金收入——结算手续费收入（本币）

4. 汇款解付后的核算

在接到国外银行的借记报单时，汇款行凭借记报单抽出"汇出国外汇款"科目借方传票，进行核销转账，会计分录为：

借：汇出汇款（外汇）

　　贷：存放国外同业或其他科目（外汇）

（二）国外汇入汇款

国外汇入汇款是指我国港、澳和国外联行、代理行委托解付的汇款。国外汇入汇款的核算，除汇入的华侨汇款，按侨汇业务办理外，其他汇入款项应根据电汇、信汇、票汇等不同方式，分别办理解付手续。

1. 信汇和电汇

接到国外汇出行的电汇，应首先核对密押，收到信汇支付委托书时，应核对印鉴，核对相符后，办理汇款登记编号，填制汇款通知书，通知收款人领取汇款，对机关、企业采用一式五联套写的通知书，第一联国外汇入汇款通知书，第二联正收条，第三联副收条，第四联国外汇入汇款科目贷方传票，第五联国外汇入汇款科目卡片账。凡同汇出行直接开立有往来账或集中开户分散记账的分行，收到汇款头寸时，会计分录为：

借：存放国外同业或其他科目（外汇）

　　贷：汇入汇款（外汇）

对不实行分散记账的各行或汇出行在总行开立有现汇账户的，汇入行收到汇款头寸时，会计分录为：

借：全国联行外汇往来（外汇）

　　贷：汇入汇款（外汇）

总行收到上划报单时，会计分录为：

借：存放国外同业或其他科目（外汇）

　　贷：全国联行外汇往来（外汇）

汇款解付时，通过外汇买卖科目办理结汇，当人民币收入有关单位或个人的账户，以及支付现金时，会计分录为：

借：汇入汇款（汇买价）（外汇）

　　贷：货币兑换（汇买价）（外汇）

借：货币兑换（汇买价）（本币）

　　贷：吸收存款——进出口企业活期存款或其他科目（本币）

如收款人要求以原币存储，经审核同意，会计分录为：

借：汇入汇款（外汇）

　　贷：吸收存款——外汇专户活期存款或其他科目（外汇）

对不实行分散记账的解汇行，或汇出行在总行开有现汇账户，随附存放国外同业或国外同业存款贷记报单划总行。

2. 票汇

收到国外汇款行寄来的以我行为付款行的票汇通知书，以及汇款头寸，经核对印鉴等无误后，凭以转入，汇入汇款科目，待持票人前来兑取。会计分录为：

借：存放国外同业或其他科目（外汇）

贷：汇入汇款（外汇）

当持票人来行取款时，须持票人在柜台签字背书，并核对汇票通知书，以及出票行印鉴、付款金额、有效期、收款人姓名等后，才能办理人民币结汇或支付原币，会计分录与信汇相同。

三、托收结算方式

（一）进口托收

进口托收是指出口商根据贸易合同规定，不能开立信用证，在货物发运后委托出口方银行寄单，通过进口银行进口商收取贷款。因此，对出口商来说，属出口托收；对进口方来说，则属进口代收。

银行收到进口代收单据以后，经编列排序号，填制进口代收单据通知书，将汇票和单据连同代收单据通知书送进商，同时填制传票记账，会计分录为：

借：应收进口代收款项（外汇）

贷：进口代收款项（外汇）

待进口商确认付款，并交来进口代收单据承认书后，银行应立即办理汇付款的处理手续，从进口商账户划转国外委托银行，会计分录为：

借：吸收存款——进出口企业活期存款——进口单位户（本币）

贷：货币兑换——汇卖价（本币）

借：货币兑换——汇卖价（外汇）

贷：存放国外同业或其他科目（外汇）

与此同时，转销对转科目：

借：进口代收款项（外汇）

贷：应收进口代收款项（外汇）

如进口商不同意承付，应提出拒付理由书，连同单据退回银行，由银行转告国外委托行，如提出部分拒付，在取得国外委托行同意后，按实际付款金额办理付款手续，并按部分付款的金额进行相应的转账，拒付时也应该转销表外科目。

（二）出口托收

出口托收是指出口商根据贸易合同的规定，在货物发运后，委托银行向进口商收取货款，可分为光票托收和跟单托收两种，其中跟单托收占较大比重。

出口商委托银行代收货款时，应填制无证出口托收申请书，连同出口单证一并送交银行办理托收，银行审查后，根据托收申请书的要求，套打出口托收委托书，编列出口托收号码，经复核无误后，寄往国外代收银行委托收款，并进行记账，会计分录为：

借：应收出口托收款项（外汇）

　　贷：代收出口托收款项（外汇）

当收到国外银行的贷记报单或者授权通知书后，对委托人即出口商办理结汇，会计分录为：

借：存放国外同业或其他科目（外汇）

　　贷：货币兑换（外汇）

借：货币兑换（本币）

　　贷：吸收存款——单位活期存款——出口商户（本币）

与此同时，转销对转科目：

借：代收出口托收款项（外汇）

　　贷：应收出口托收款项（外汇）

课后实训

1. 银行外汇贷款业务的核算。

某公司于 2012 年 5 月 23 日借入短期浮动利率贷款 500 000 美元，期限半年，利率按 3 个月浮动，总行在 2006 年 5 月—2006 年 11 月公布的浮动利率为：5 月 16 日 5.23%，6 月 5 日 5.62%，8 月 12 日 5.84%，9 月 20 日 5.65%，10 月 27 日 5.79%，11 月 21 日 5.91%。该公司要求贷款到期一次用人民币买汇支付贷款利息。请做出贷款的发放、利息的收取和收回贷款的会计分录，并列出算式计算贷款利息。

2. 银行外汇存款业务的核算。

（1）某客户于 2012 年 4 月 26 日持现钞 295 000 元要求存入，期限一年，利率 3.36%，该客户于存款到期，支取日元现钞本息。请做出存入、支取的会计分录并列出算式计算利息。

（2）某客户于 2012 年 10 月 22 日持现钞 3 500 元要求兑换成美元现汇存入，期限一年，年利率 2.86%，该客户于 2013 年 12 月 15 日来行要求将本金转存、利息支取人民币现金。当日活期利率为 1.25%。请做出存入、支取的会计分录，并列出算式计算利息。

第三篇　非银行金融企业的业务核算

项目九　证券公司业务的核算

学习目标 ///

1. 了解证券经纪业务和证券承销业务的有关规定；
2. 掌握证券经纪业务的核算；
3. 掌握证券承销业务的核算；
4. 掌握证券自营业务的核算。

案例导入 ///

《证券经营机构证券自营业务管理办法》规定，证券公司从事证券自营业务禁止操纵市场。所谓证券经营机构操纵市场的行为，是指证券经营机构利用其资金、信息等优势，或者滥用职权操纵市场，影响证券市场价格；制造证券市场假象，诱导或者致使投资者在不了解事实真相的情况下做出证券投资决策，扰乱证券市场秩序，以达到获取不正当利益或转嫁风险的目的的行为。

那么，什么是证券自营业务？证券公司的自营业务主要有哪些？如何进行核算？证券公司除了上述业务外，还有哪些业务？如何核算？

任务一　证券经纪业务的核算

一、证券经纪业务的概述

（一）证券自营业务的概念及有关规定

1. 证券经纪业务的概念

证券经纪业务是指证券公司通过其建立的营业网络，接受客户（投资者）委托，按照客户的要求，代理客户买卖证券的活动。

证券经纪业务主要包含代理买卖证券业务，代兑付证券业务和代保管证券业务等。在证券经纪业务中，证券公司应将代买卖证券业务、代兑付证券业务纳入账内核算，而将代保管证券业务应作为表外业务进行核算，并作为重要的补充资料在资产负债表中列示。

2. 证券经纪业务的有关规定

（1）经纪类证券公司设立的条件。

①最低注册资本限额为人民币 5 000 万元；

②主要管理人员和业务人员必须具有证券从业资格，具备证券从业资格的从业人员不少于 15 人，并有相应的会计、法律、计算机专业人员；

③有符合中国证券监督管理委员会（简称证监会）规定的计算机信息系统、业务资料报送系统；

④除应遵守证券公司的一般财务风险监管指标外，还应遵守下列财务风险监管指标：净资本不得低于 2 000 万元；对外负债（不包括客户存放的交易结算资金）不得超过其净资产额的 3 倍。

经纪类证券公司达到设立综合类证券公司应具备的条件后，可向中国证监会申请变更为综合类证券公司。

（2）经纪类证券公司经营范围及经营规则。

经纪类证券公司只允许专门从事证券经纪业务。证券公司办理经纪业务，必须为客户分别开立证券和资金账户，并对客户交付的证券和资金按户分账管理，如实进行交易记录，不得做虚假记载。根据我国目前的政策法规规定，在证券经纪业务中，证券公司不垫付资金，不赚取差价，只按受托完成交易金额的一定比例或按定额收取经纪佣金。

（二）证券经纪业务流程

证券经纪业务一般经过开立账户、委托买卖、竞价成交和交易结算四个阶段，由委托人、证券公司、证券交易所、证券交易对象以及登记结算公司五个主体共同完成。

1. 开立账户

（1）证券账户的开立。

投资者在参与证券交易所挂牌证券的交易之前，须先开立证券账户。

（2）证券买卖代理协议的签订及资金账户的开立。

投资者在委托买卖证券之前，需选定代理交易的证券公司并与之签订证券买卖代理协议，以界定双方的权利与义务、确定各项费用标准、明确争议解决办法等。之后，证券公司为投资者开立证券交易结算资金账户，该账户用以记录投资于证券交易资金的货币、余额和变动（存取、买卖、分红派息等）情况，由证券公司负责管理，投资者可以用以划转资金、委托交易、查询和打印资金变动情况等。

（3）委托买卖。

投资者开立了证券资金账户和结算资金账户后，就可以在证券营业部办理委托买卖。投资者办理委托买入证券时，须将委托买入证券所需款项全额存入资金账户；办理委托卖出证券时，证券账户中必须实有相应的证券，不得进行信用交易。投资者通过向证券公司下达委托指令进行委托买卖。

委托指令的构成要素包括证券账号、委托日期和时间、买卖方向和类型、买卖证券的品种和数量、委托买卖证券的价格、委托的有效期限及其他。

（4）竞价成交。

证券公司受理的投资者的委托通过证券公司的交易系统网络到达交易所的撮合主机后，经合法性检测，按照竞价规定，对同一证券进行竞价，确定成交价格，自动撮合成交。证券交易所内的证券交易按照"价格优先、时间优先"的原则进行竞价成交。竞价的方式有两种，即"集合竞价"和"连续竞价"。集合竞价是证券交易所的计算机主机，于每个交易日上午9：25，对9：15—9：25接受的全部有效委托进行依次集中撮合处理的过程，以确定当日各种股票的开盘价。连续竞价是每个交易日集合竞价结束后，从交易时间开始至当日收市所采用的竞价过程。

（5）交易结算。

交易达成后，交易双方应对相应的交易进行结算。证券交易结算包括清算和交割、交收两个过程。证券清算主要是指对在每一营业日中，每个证券公司成交的证券数量与价款分别予以轧抵，对证券和资金的应收或应付净额进行计算的处理过程。达成交易的双方按照约定的时间履行证券交易合约，买方交付一定的款项以获得所购证券，卖方交付相应数量的证券以获得对应款项。证券的收付称为交割，资金的收付称为交收。交易结算主要遵循净额清算、钱货两清的原则，由证券登记结算公司、证券交易所、证券公司及证券交易双方共同参与完成。

（三）证券交易费用

证券交易费用是指证券公司接受投资者的委托代理其买卖证券过程中所发生的各种税费。证券交易费用由两部分构成：一是证券公司应承担的费用；二是投资者应承担的费用。

1. 证券公司应承担的费用

证券公司应承担的费用，包括证券公司从事证券业务的基本费用开支（证券交易席位费、席位年费、交易所会员费等）和在具体的交易过程中根据交易计算的交易费用（证券结算风险基金等）。

2. 投资者应承担的费用

投资者承担的证券交易费用，通常包括佣金、过户费、印花税及委托手续费等其他费用。

（四）证券经纪业务收入和费用的确定与计量

1. 证券经纪业务手续费收入的确定与计量

证券经纪业务是证券公司提供的一种金融服务，其收入的确认应符合服务收入的一般确定原则，即

（1）相关服务活动已经完成；

（2）与交易相关的经济利益能够流入公司；

（3）收入的金额能够可靠地计量。

各项手续费收入的确认时点为：代理客户买卖证券的手续费收入，应当在代理买卖证券交易日确认为收入；代兑付债券的手续费收入，应当在代兑付债券业务提供的相关服务完成时确认为收入；代保管证券业务的手续费收入，应于代保管服务完成时确认为收入。

各类经纪业务的手续费收入的计量原则均是以实际完成的业务量为基础，按各类服务的收费标准计算收取。以代买卖证券业务为例，手续费的计量是以客户委托成交的证券买卖金额为基础，按不超过 0.3% 的比例收取。

2. 证券经纪业务手续费支出的确认与计量

在证券公司从事的三类证券经纪业务中，涉及手续费支出的主要是代买卖证券业务，该项费用支出是与代买卖证券手续费收入直接相关的一项费用。

具体而言，代买卖手续费支出应于发生收取费收入时确认，其额度的计量是以交易量为基础，按确定的收费比例计算支付。

（五）证券经纪业务核算的特点

（1）高度依赖于证券交易系统；

（2）需建立严格的核对制度；

（3）严格区分收入、支出和代扣代缴款项；

（4）严格区分自营业务和经纪业务；

（5）正确划分和调整自有资金与代管资金。

二、代理买卖证券业务的核算

代理买卖证券业务是证券公司接受客户委托，代其买卖证券并收取相应手续费的业务。

（一）科目设置

1. "代理买卖证券款"科目

"代理买卖证券款"科目属负债类科目，用来核算客户缴存的用于委托证券公司代其买卖证券的款项。公司代客户认购新股的款项、代客户领取的现金股利和债券利息、代客户向证券交易所支付的配股款以及留存款项孳生的利息等，也在本科目核算。本科目应按账户名称设置明细科目进行明细核算。

该科目的借方反映客户提取的资金（现金或转账）、买入证券后可用资金的减少，申购新股资金冻结以及交付配股款等导致的资金减少；贷方反映客户存入资金、卖出证券后可用资金的增加，申购新股未中签时的资金退回及分红派息等导致的资金增加。期末贷方余额反映客户代买卖证券的余额。

2. "结算备付金"科目

"结算备付金"科目，资产类科目，用来核算证券公司为进行证券交易（自营和代理买卖等）的资金交付收取而存入指定清算代理结构的款项。该科目下应分别按公司和客户设置明细科目。

该科目的借方反映公司将款项存入清算代理机构、卖出证券成交总额大于买入证券成交总额时资金的增加等；贷方反映从清算代理机构划回资金、买入证券成交总额大于卖出证券成交总额时资金的减少等。期末借方余额反映公司存于指定清算代理机构的款项余额。

3. "交易清算往来"科目

"交易清算往来"科目，属内部往来科目，用来核算在法人集中清算制度下证券公司总部清算机构与营业部之间结算资金的往来。该科目下应分别按客户、公司设置明细科目。

公司清算部门还要增设三级明细科目，以核算各营业部的结算资金往来情况。

营业部上存结算资金时，借记本科目，贷记"银行存款"科目，公司总部清算部门则做相反分录；划回结算资金时，营业部借记"银行存款"科目，贷记本科目，公司总部清算做相反分录。在日常清算过程中，当某营业部的清算结果表现为卖差时，公司总部借记"结算备付金"科目，贷记本科目下相应营业部的明细科目；买差时做相反分录。本科目下可设置公司和客户两个明细科目，分别核算属于公司（主要是经纪业务中形成的收入净额部分）和属于客户的资金。调整结算备付金中公司和客户资金明细余额时，借记"结算备付金——公司"科目，贷记"结算备付金——客户"科目。

4. "手续费及佣金收入"科目

"手续费及佣金收入"科目，属损益类科目，用来核算公司从事证券经纪等业务实现的各项收入，包括代买卖证券、代兑付证券、代保管证券等代理业务实现的手续费收入。本科目下应按手续费的种类设置明细科目。期末，应将本科目的余额转入"本年利润"科目，结转后本科目无余额。

5. "手续费及佣金支出"科目

"手续费及佣金支出"科目，属损益类科目，用来核算公司在从事证券经纪等业务过程中所发生的各种手续费支出，如经手费、证券交易监管费以及公司按规定缴纳的证券结算风险基金等。公司委托其他单位代办业务所发生的手续费支出也在本科目核算。本科目下应按支出项目设置明细科目进行明细核算。期末，应将本科目的余额转入"本年利润"科目，结转后本科目无余额。

（二）代理买卖证券款存取的核算

1. 存取方式

（1）营业网点现场办理存取款。

1）存款

客户以现金形式交来结算款时，应填写"存款凭证"，柜员验证证卡、收妥现金，再将款项登入该客户的资金账户。

客户用支票（或其他结算凭证）交来结算款时，应填写"存款凭证"，连同支票等一起交给会计部门。会计部门应及时将支票送到银行，取得收账通知，证实此笔款项已收妥后，将"存款凭证"送资金柜员，将款项登入该客户的资金账户。

2）取款

客户办理现金取款业务时，应先填写"取款凭证"，柜员验证证卡，核实该客户账户中有足够金额后，根据"取款凭证"上的股东代码或资金账号减记资金账户中相应金额，提取现金的，根据"取款凭证"上的金额配钞，传本柜出纳员；开具支票的，凭证传会计部门，会计部门审查是否记账，然后按客户要求填制现金支票或转账支票，交客户签收。

3）核对

每日营业终了，资金柜台须坚持"两核对"：①账款核对。计算机打出"客户资金日结单"，日结单的当日现金余额与库存现金核对相符。②账账核对。加计"存款凭证""取款凭证"金额，与日结单的当日收付发生额核对相符。

（2）委托银行代理资金存取。委托银行代理资金存取，即把证券营业部的资金柜台或资金存取业务委托给银行代理，由银行负责办理客户收付、登记客户明细账和证券营业部在银行开立的客户代买卖证券款总账。证券营业部每日与代理银行对账并进行相应的账户处理。

（3）银证转账方式下的存取款业务。这种方式是将证券营业部资金核算计算机系统与银行储蓄网络系统实现联网，通过这一链接，将投资者在证券营业部的结算资金账户与其在银行的储蓄账户建立链接，通过电话银行功能实现两个账户之间的资金划转。证券营业部每日与银行进行对账并根据汇总凭证进行相应的账户处理。

目前，绝大多数证券营业网点对个人客户均采用了银证转账方式进行代买卖证券款的存取，营业部客户则还是在营业部办理款项存取。

2. 会计部门进行资金存取的账务处理

会计部门在对各笔业务进行严格核对（包括与交易系统数据的核对）的基础上，汇总各种资金存取方式下的存取凭证，根据存、取的差额入账。

存款大于取款金额时，其会计分录为：

借：库存现金——客户

　　银行存款 ——客户

　　贷：代理买卖证券款

取款大于存款金额时，其会计分录为：

借：代理买卖证券款

　　贷：库存现金——客户

　　　　银行存款——客户

证券公司采用不同的客户资金管理方式，只是在业务流程方面有所差异，对账对象有所不同，记账原始凭证来源不同，但会计账户处理相同。

3. 证券公司营业部与公司总部之间调度结算资金的账务处理

根据法人集中清算的要求，证券公司均设立清算部门负责公司对内、对外的证券交易的清算业务。按照相关规定，证券公司的营业部应将一定比例的结算资金上存公司总部的清算公司，为此应设立"交易清算往来"科目进行相应的核算。

证券公司营业部上划结算资金时，其会计分录为：

借：交易清算往来

　　贷：银行存款

划回时做相反会计分录。

证券公司总部清算部门收到营业部上划的结算资金时，其会计分录为：

借：银行存款

　　贷：交易清算往来——客户（××营业部）

划回时做相反会计分录。

公司总部划付资金到登记结算机构的清算账户，其会计分录为：

借：结算备付金—— ××结算机构

　　贷：银行存款

划回时做相反会计分录。

（三）代理买卖证券业务的核算

证券公司根据证券交易所的"汇总清算表"核算交易结算资金、印花税、交易所向证券公司收取的交易费等；根据证券营业机构的定价政策计算并汇总应向客户收取的佣金及手续费；汇总以上两份凭证，核算"代理买卖证券款"的变动。对于代理买卖交易清算资金的核算，应区分买差和卖差两种情况进行不同的处理。所谓"买差"，即当日买入证券成交总额大于卖出证券成交总额；所谓"卖差"，即当日卖出证券成交总额大于买入证券成交总额。

1. 买差情况下的核算

证券公司总部清算部门根据在交易日代买卖证券业务中，买卖证券成交差额，加代扣代缴的税费和公司应承担的交易费用，编制会计分录为：

借：交易清算往来——客户（各营业部）
　　贷：结算备付金——客户

营业部根据在该交易日代买卖证券业务中，买卖证券成交价款差额，加代扣代交的税费和应向客户收取的佣金等手续费，编制会计分录为：

借：代理买卖证券款
　　贷：交易清算往来——客户

同时，按公司应负担的交易费用和公司应向客户收取的佣金，编制会计分录为：

借：手续费及佣金支出——代理买卖证券手续费支出
　　交易清算往来——公司
　　贷：手续费及佣金收入——代理买卖证券手续费收入

营业部通知公司总部清算部门，按照应向客户收取的佣金和公司应负担的交易费用的差额调整其交易清算往来中公司资金和客户资金的余额，清算部门的会计分录为：

借：交易清算往来——客户（××营业部）
　　贷：交易清算往来——公司（××营业部）
借：结算备付金——公司
　　贷：结算备付金——客户

2. 卖差情况下的核算

公司总部清算部门根据在交易日代买卖证券业务中，买卖成交价款差额，减代扣代缴的税费和公司应承担的交易手续费，编制会计分录为：

借：结算备付金——客户
　　贷：交易结算往来——客户（××营业部）

公司营业部根据在该交易日代买卖证券业务中买卖成交价款差额，减代扣代缴的印花税费和公司应向客户收取的佣金等手续费，编制会计分录为：

借：交易清算往来——客户
　　贷：代理买卖证券款

同时，按公司应负担的交易费用和公司应向客户收取的佣金，编制会计分录为：

借：手续费及佣金支出——代理买卖证券手续费支出
　　交易清算往来——公司
　　贷：手续费及佣金收入——代理买卖证券手续费收入

营业部通知公司总部清算部门，按照应向客户收取的佣金和公司应负担的交易费用的差额调整其在交易清算往来中公司资金和客户资金的余额，清算部门的会计分录为：

借：交易清算往来——客户（××营业部）
　　贷：交易清算往来——公司（××营业部）
借：结算备付金——公司
　　贷：结算备付金 ——客户

【例 9-1】根据"上海证交所汇总清算表"，某证券公司营业部 2013 年 6 月 20 日的交易清算情况如下：买入证券成交总额为 3 000 万元，卖出证券成交总额 2 000 万元，成交净额为 1 000 万元；投资者应支付的印花税为 10 万元，应支付的过户费为 5 万元，向证券公司支付交易佣金 12 万元；证券公司应向交易所支付的其他交易费为 1 万元。

此为买卖情况，具体核算如下。

计算应扣收客户汇总金额：

$$成交价款差额＝30\ 000\ 000－20\ 000\ 000＝10\ 000\ 000（元）$$

加：代扣代缴费用

印花税	100 000 元
过户费	50 000 元
应收取的佣金	120 000 元
合计	10 270 000 元

$$证券公司收支差额＝120\ 000－10\ 000＝110\ 000（元）$$

其会计分录为：

借：代理买卖证券款　　　　　　　　　　　　　10 270 000.00
　　贷：交易清算往来——客户　　　　　　　　　　　　　10 270 000.00
借：手续费及佣金支出　　　　　　　　　　　　10 000.00
　　交易清算往来——公司　　　　　　　　　　110 000.00
　　贷：手续费及佣金收入　　　　　　　　　　　　　　　120 000.00

通知公司总部清算机构调整交易清算往来科目中公司资金和客户资金余额 12 万元，公司清算机构做会计分录如下：

借：交易清算往来——客户（××营业部）　　　120 000.00
　　贷：交易清算往来——公司（××营业部）　　　　　　120 000.00
借：结算备付金——公司　　　　　　　　　　　120 000.00
　　贷：结算备付金——客户　　　　　　　　　　　　　　120 000.00
借：交易清算往来——公司　　　　　　　　　　10 000.00
　　贷：结算备付金——公司　　　　　　　　　　　　　　10 000.00
借：交易清算往来——客户　　　　　　　　　　10 150 000.00
　　贷：结算备付金——客户　　　　　　　　　　　　　　10 150 000.00

【例 9-2】根据"深交所汇总清算表"，某证券公司营业部 2013 年 6 月 20 日的交易清算情况如下：买入证券成交总额为 100 万元，卖出证券成交总额为 200 万元，成交净额为 100 万元；投资者应支付的印花税为 11 000 元，向证券公司支付交易佣金为 8 000 元；证券公司应向交易所支付的其他交易费等为 1 100 元。

此为卖差情况，具体核算如下。

计算应增加客户资金汇总额：

$$成交价款差额＝2\ 000\ 000－1\ 000\ 000＝1\ 000\ 000（元）$$

减：代扣代缴的费用

印花税	11 000 元
应收取的佣金	8 000 元
合计	981 000 元

$$证券公司收支差额＝8\ 000－1\ 100＝6\ 900（元）$$

营业部做会计分录为：

借：交易清算往来——客户 981 000.00
　　贷：代理买卖证券款 981 000.00
借：手续费及佣金支出——代理买卖证券手续费 1 100.00
　　交易清算往来——公司 6 900.00
　　贷：手续费及佣金收入——代理买卖证券手续费收入 8 000.00

通知公司总部清算机构调整交易清算往来科目中公司资金和客户资金余额 8 000 元，通知清算机构做会计分录如下：

借：交易清算往来——客户（××营业部） 8 000.00
　　贷：交易清算往来——公司（××营业部） 8 000.00
借：结算备付金——公司 8 000.00
　　贷：结算备付金——客户 8 000.00
借：交易清算往来——公司 1 100.00
　　贷：结算备付金——公司 1 100.00
借：交易清算往来——客户 989 000.00
　　贷：结算备付金——客户 989 000.00

三、其他证券经纪业务的核算

（一）代理申购新股的核算

1. 投资者上网申购新股的核算

（1）程序。

①申购当日，投资者按委托买入股票的方式，以发行价格进行申购，并由交易所反馈申购受理情况；

②申购日后的第一天，登记结算公司会将申购资金冻结在申购专户中；

③申购日后的第二天，登记结算公司配合证券公司等确定有效申购总量，并由交易所计算机主机对有效申购数进行连续配号，公布中签率；

④申购日后的第三天，由主承销商负责组织摇号抽签，并于当日公布中签结果，交易所根据中签结果办理清算交割和股东登记；

⑤申购日后的第四天，交易所将认购款项划入主承销商指定账户，并对未中签部分的申购款予以解冻。

（2）账务处理。

客户办理申购手续，在公司向证券交易所划付资金时，按划付价款，公司清算部门应当借记"交易清算往来——客户（各营业部）"科目，贷记"结算备付金——客户"科目。各营业机构应当借记"代理买卖证券款"科目，贷记"交易清算往来——客户"科目。

证券交易所完成中签认定工作，将未中签资金退给客户时，公司清算部门应当借记"结算备付金——客户"科目，贷记"交易清算往来——客户（各营业部）"科目。各营业机构应当借记"交易清算往来——客户"科目，贷记"代理买卖证券款"科目。

【例9-3】某股票2013年3月18日在上海证券交易所上网发行，发行价格为9.35元。某证券公司营业部根据上交所3月18日的"汇总清算表"得知，委托本营业部申购该股票的资金为9 050 000元。营业部应及时将申购资金划付交易所，其会计分录为：

3月18日公司总部清算机构：

借：交易清算往来——客户（××营业部）　　9 050 000.00
　　贷：结算备付金——客户　　　　　　　　　　　9 050 000.00

该营业部：

借：代理买卖证券款　　　　　　　　　　　9 050 000.00
　　贷：交易清算往来——客户　　　　　　　　　　9 050 000.00

3月20日，主承销商公布中签率为0.60%。

3月21日，主承销商公布中签号码，交易所根据中签结果办理股东登记和资金清算。交易所将未中签的资金解冻并退回到投资者的账户。

根据中签率和证交所的"汇总清算单"，营业部中签资金为54 300元，退回的未中签的申购资金为8 995 700元。对此，证券公司总部清算机构应做如下会计分录：

借：结算备付金——客户　　　　　　　　　8 995 700.00
　　贷：交易清算往来——客户（××营业部）　　　8 995 700.00

该营业部应做如下会计分录：

借：交易清算往来——客户　　　　　　　　8 995 700.00
　　贷：代理买卖证券款　　　　　　　　　　　　8 995 700.00

2. 网上定价市值配售方式的核算

网上定价市值配售方式，是以投资者持有的新股发行所在市场上市流通证券（普通股股票、证券投资基金和可转换债券）的招股说明书概要刊登前一个交易日的收盘价计算市场总额，按每10 000元市值限购新股1 000股确定申购权限额，投资者按此限额，以规定方式办理申购，确认中签后划转中签股款。认购时无须预先缴纳申购款。

在划付中签款项时，公司清算部门应当借记"交易清算往来——客户（各营业部）"科目，贷记"结算备付金——客户"科目。各营业部应当借记"代理买卖证券款"科目，贷记"交易清算往来——客户"科目。

需要注意的是，投资者虽已确认申购并中签，但若交款日投资者资金账户资金不足，将视同弃配，弃配股份由主承销商包销。

（二）代理配股业务的核算

按证券公司向交易所解交配股款的时间不同，证券公司总部清算部门及各营业部的账务处理不同。

（1）当日向交易所解交配股款时，根据当日证交所的"汇总清算表"确定当日交款的金额，清算部门会计分录为：

借：交易清算往来——客户（各营业部）

　　贷：结算备付金——客户

各机构的会计分录为：

借：代理买卖证券款

　　贷：交易清算往来——客户

（2）定期向交易所解交配股款的，在投资者委托办理配股手续的当日，根据交易所的"清算汇总表"确定的当日缴款的金额，各营业部会计分录为：

借：代理买卖证券款

　　贷：应付款项——应付客户配股款

（3）在规定日期与交易所结算时，公司清算部门会计分录为：

借：交易清算往来——客户（各营业部）

　　贷：结算备付金——客户

各营业部的会计分录为：

借：应付款项——应付客户配股款

　　贷：交易清算往来——客户

【例 9-4】某股份有限公司 2013 年 6 月 20 日在中国证券报上公布配股说明书，配股比例为 10∶1，配股价格为 12 元/股，股权登记日为 2013 年 7 月 5 日，认购配股缴款日为 2013 年 7 月 6—20 日。根据交易所的规定，要求证券公司当日解交配股款。在 2013 年 7 月 6 日，根据交易所的"汇总清算表"，在某证券公司营业部办理该股票配股的资金为 600 万元，营业部应做如下会计分录：

借：代理买卖证券款　　　　　　　　　　　　　　6 000 000.00

　　贷：交易清算往来——客户　　　　　　　　　　　　6 000 000.00

公司清算部门做会计分录如下：

借：交易清算往来——客户（××营业部）　　　　　6 000 000.00

　　贷：结算备付金——客户　　　　　　　　　　　　　6 000 000.00

（三）代理客户领取现金股利和利息的核算

股利是上市公司对股东的投资回报。股利的数额通常是不确定的，它随着公司每年可分配盈利的多少及股利政策的变动而上下浮动。股利有两种形式，即现金股利和股票股利。现金股利是上市公司直接向股东支付货币，一般通过登记结算公司划转，由证券公司代投资者收取后记入其资金账户；股票股利即送红股，是上市公司向股东送股票，从而将本年度利润转入新的股本，红股一般由登记结算公司直接登入投资者的证券账户，在金额上不做记载。

利息主要指上市债券的利息，也是由证券公司代投资者收取。

当证券公司根据交易所的"汇总清算表"，收到由证交所转来的现金股利和利息时，公司清算部门应当借记"结算备付金——客户"科目，贷记"交易清算往来——客户（各营业部）"科目。各营业部应借记"交易清算往来——客户"科目，贷记"代理买卖证券款"科目。

证券公司根据银行活期存款的利率按季提取应付投资者利息时，应借记"利息支出"科目，贷记"应付利息——应付客户资金利息"科目。在规定的日期向客户结息时，应借记"应付利息——应付客户资金利息""利息支出（未计提部门）"科目，贷记"代理买卖证券款""应交税金及附加——利息税"科目。

（四）代理兑付证券业务的核算

代理兑付证券业务是指证券公司接受证券发行人委托对其发行的证券到期进行兑付，并收取手续费的业务。债券的代兑付是证券公司接受发行单位的委托代其兑付其发行的并已到期的债券业务。证券公司将已到期的债券从持券人手中兑付后，集中交发行单位（国债按财政部规定和要求办理），并且向发行单位收取手续费。

1. 科目设置

（1）"代理兑付债券款"科目。

"代理兑付债券款"科目属负债类科目，用来核算证券公司代理国家或企业等发行单位，兑付到期的债券而收到委托单位预付的兑付资金。本科目下应根据委托单位和兑付债券的种类设置明细科目。

该科目贷方反映委托单位预付的兑付资金，借方反映将已经兑付的债券交给委托单位或已兑付记名债券的金额，期末贷方余额反映公司已经收到但尚未兑付的代兑付债券款的余额和已兑付但尚未将收回的无记名债券交还委托单位的债券金额。

（2）"代理兑付债券"科目。

"代理兑付债券"科目，属资产类科目，用来核算证券公司接受国家、企业等发行单位委托，代理兑付到期的无记名（实物券）债券。该科目下根据委托单位和债券种类设置明细科目。

该科目的借方反映已经兑付的无记名债券，贷方反映向委托单位交付已兑付的无记名债券，借方余额表示已经兑付但尚未交还委托单位的无记名债券的金额。企业兑付到期的记名债券，直接通过"代理兑付证券款"科目核算，不属于本科目核算的范畴。

2. 账务处理

（1）兑付无记名债券。

公司兑付无记名债券，收到委托单位预付的兑付资金时，其会计分录为：

借：银行存款——客户
　　贷：代理兑付债券款

收到客户交来兑付的债券时，按兑付金额，其会计分录为：

借：代理兑付债券
　　贷：库存现金——客户
　　　　银行存款——客户

兑付完毕，公司向委托单位交回已兑付的债券，其会计分录为：

借：代理兑付证券款
　　贷：代理兑付证券

（2）兑付记名债券。

公司兑付记名债券，收到委托单位预付的兑付资金时，其会计分录为：

借：银行存款——客户

贷：代理兑付证券款

兑付证券时，按兑付金额，其会计分录为：

借：代理兑付证券款

贷：银行存款——客户

（3）兑付实物券。

如果代兑付实物券业务需要证券公司垫付资金，在收到客户交来兑付的实物券时，其会计分录为：

借：代理兑付债券

贷：银行存款——公司

收到委托单位划来资金时，其会计分录为：

借：银行存款——公司

贷：代理兑付证券

（4）收取手续费收入。

公司收取的代兑付证券的手续费收入，向委托单位单独收取时，其会计分录为：

借：银行存款

贷：手续费及佣金收入——代理兑付证券手续费收入

如果手续费和兑付款一并汇入时，在收到款项时，其会计分录为：

借：银行存款（实际收到的金额）

贷：代理兑付证券款（应兑付的金额）

应收款项——预收代兑付证券手续费收入（差额）

待兑付证券业务完成后，确认手续费收入时，其会计分录为：

借：应收款项——预收代兑付证券手续费收入

贷：手续费及佣金收入——代兑付证券手续费收入

【例 9-5】某证券公司接受某发行人的委托兑付××年发行的三年期企业债券（实物券），发行人拨入兑付资金 800 万元。8 月 1 日兑付开始，到 7 月底，证券公司共兑付 1 200 万元，其中面值为 900 万元，利息 300 万元。9 月 1 日，该证券公司将已经兑付的企业债券交发行人，并收回垫付的兑付资金和手续费收入。兑付债券的手续费为兑付证券面值的 0.3%。

收到拨付的代兑付资金时，其会计分录为：

借：银行存款——客户   8 000 000.00

贷：代理兑付证券款   8 000 000.00

代兑付证券时，其会计分录为：

借：代理兑付证券   12 000 000.00

贷：银行存款——客户   8 000 000.00

——公司   4 000 000.00

将兑付证券交发行人，同时向发行人收取垫付的兑付资金和手续费，其会计分录为：

借：代理兑付证券款   8 000 000.00

贷：代理兑付证券   8 000 000.00

借：银行存款——公司　　　　　　　　　　　　　4 027 000.00
　　贷：代理兑付证券　　　　　　　　　　　　　　　4 000 000.00
　　　　手续费及佣金收入——代理兑付证券收入　　　　 27 000.00

任务二　证券自营业务的核算

一、证券自营业务概述

（一）证券自营业务的概念

证券自营业务是指证券公司以自己的名义，使用证券公司自有资产和依法筹集的资金买卖证券以达到获利目的的业务，即证券公司用自己的可以自主支配的资金或证券，通过证券市场从事以营利为目的买卖证券的经营行为。

（二）证券自营业务的有关规定

中国证监会规定只有综合类（含比照综合类）证券公司才能从事证券的自营买卖业务。设立综合类证券公司必须符合以下条件：

（1）注册资本最低限额为人民币 5 亿元；

（2）有规范的业务分开管理制度，确保各类业务在人员、机构、信息和账户等方面有效隔离；

（3）具备相应证券从业资格的从业人员不少于 50 人，并有相应的会计、法律、计算机专业人员；

（4）有符合中国证监会规定的计算机信息系统、业务资料报送系统；

（5）综合类证券公司需要设立专门从事某一证券业务的子公司时，应当在中国证监会核定的业务范围内提出申请，持有子公司的股份不得低于 51%，不得从事与控股子公司相同的业务。

二、证券自营业务成本和收益的确认与计量

在自营证券业务的核算过程中，证券公司需要科学、合理地反映自营证券的成本和收益，以便能够准确、真实地反映证券机构自营业务的经营情况，正确计算损益，保证依法纳税。

（一）证券自营业务成本的计算方法

1. 买入自营证券的成本计量

证券作为一种特殊商品，其买卖价格是随行就市的，由于各种因素的影响，在交易过程中其价格波动较大，证券的买卖价格通常与面值不一致，因此，同一证券同时具有名义价格（又称票面价格）和市场价格。

《金融企业会计制度》（以下简称制度）规定，公司自营买入的证券，应当按照清算日买入时的实际成本入账，其实际成本包括买入时成交的价款和交纳的相关税费。

2. 卖出自营证券的成本计量

制度规定，公司自营卖出的证券，应按成交价扣除相关税费后的净额确认收入。卖出证券的实际成本，可以采用先进先出、加权平均、移动平均等方法计算确定。

（1）先进先出法。

先进先出法是假定先买入的证券先卖出，每次卖出证券的成本，顺序按照库存证券最先买入的成本计算的一种方法。具体计算时有两种做法。

①按照买入先后顺序，依次计算卖出成本。公式如下：

$$卖出证券成本 = \sum P_n \times V_n$$

其中：P 为买入单价，V 为买入数量，$n = 1，2，3\cdots$ 表示买入的顺序。

【例9-6】某证券机构3月份买卖某种股票的资料如表9-1所示，假设该种股票期初无余额。

表9-1 ××证券公司证券买卖明细表

月	日	买　入			卖　出			余　额
		数量	单价	金额	数量	单价	金额	
3	5	2 000	5.00	10 000.00				10 000.00
	7	3 000	5.10	15 300.00				25 300.00
	10	5 000	5.20	26 000.00				51 300.00
	15	3 000	5.30	15 900.00	2 000	5.00	10 000.00	57 200.00
	16	6000	5.40	32 400.00				89 600.00
	20	2 000	5.50	11 000.00				100 600.00
	31				11 000		57 200.00	43 400.00
合　计		21 000		110 600.00	13 000		67 200.00	

15日卖出的2 000股应为5日买入的2 000股，则15日卖出的该股票的成本为：

$$卖出成本 = 5.00 \times 2\,000 = 10\,000（元）$$

31日卖出11 000股应为7日买入的3 000股、10日买入的5 000股与15日买入的3 000股之和，则该日卖出股票的成本为：

$$卖出成本 = 5.10 \times 3\,000 + 5.20 \times 5\,000 + 5.30 \times 3\,000 = 57\,200（元）$$

②先求出库存证券的结余金额，再用倒推法求出卖出证券的实际成本。公式如下：

$$卖出成本 = 前日结存余额 + 本日购入金额 - 本日结存金额$$

在【例9-1】中，15日库存数量11 000股应由15日买入3 000股、10日买入5 000股和7日买入3 000股构成，则该日股票库存金额为：

15日库存金额 $= 5.30 \times 3\,000 + 5.20 \times 5\,000 + 5.10 \times 3\,000 = 57\,200（元）$

15日卖出成本 $= 51\,300 + 15\,900 - 57\,200 = 10\,000（元）$

31日库存数量8 000股就由20日买入2 000股和16日买入6 000股构成，该日股票结存金额为：

31日结存金额 $= 5.50 \times 2\,000 + 5.40 \times 6\,000 = 43\,400（元）$

31日卖出成本 $= 100\,600 - 43\,400 = 57\,200（元）$

（2）加权平均法。

这里的加权平均法是指综合加权平均法，即以买入证券平均单价作为期末库存证券的单价，据以计算期末结存证券成本和卖出证券成本的一种方法。计算公式如下：

$$加权平均单位成本 = \frac{期初证券实际成本 + 本期买入实际成本}{期初结存证券数量 + 本期买入证券数量}$$

$$期初结存证券成本 = 加权平均单价 \times 期末结存证券数量$$

$$本期卖出证券成本 = 期初结存证券数量 + 本期买入成本 - 期末结存成本$$

沿用【例 9-1】资料，按加权平均法计算卖出成本如下：

$$加权平均单价 = （0 + 110\ 600） \div （0 + 21\ 000） = 5.267（元）$$

$$期末结存证券成本 = 5.267 \times 8\ 000 = 42\ 136（元）$$

$$3 月份卖出证券成本 = 0 + 110\ 600 - 42\ 136 = 68\ 464（元）$$

（3）移动平均法。

移动平均法也称加权平均法，即在每次买入证券时重新计算一个加权平均单价，据以计算卖出证券成本的方法。由于证券清算交割采用 T+1 方式进行，当日买入的证券当日不能卖出，因此，以前一日平均买价为基础计算卖出证券的成本比较合理。计算公式如下：

移动平均单价 = （前日结存证券实际成本 + 本日买入证券实际成本） ÷ （前日结存证券数量 + 本日买入证券数量）

沿用【例 9-1】资料，按移动平均法计算卖出成本如下（见表 9-2）：

$$10 日平均买价 = （5.00 \times 2\ 000 + 5.10 \times 3\ 000 + 5.20 \times 5\ 000） \div$$
$$（2\ 000 + 3\ 000 + 5\ 000） = 5.13（元）$$

$$15 日卖出成本 = 5.13 \times 2\ 000 = 10\ 260（元）$$

$$20 日平均买价 = [（51\ 300 - 10\ 260） + 5.30 \times 3\ 000 + 5.40 \times 6\ 000 +$$
$$5.50 \times 2\ 000] \div （8\ 000 + 3\ 000 + 6\ 000 + 2\ 000） = 5.281（元）$$

$$31 日卖出成本 = 5.281 \times 11\ 000 = 58\ 091（元）$$

表 9-2　××证券公司证券买卖明细表

月	日	买　入			卖　出			余　额
		数量	单价	金　额	数量	单价	金　额	
3	5	2 000	5.00	10 000.00				10 000.00
	7	3 000	5.10	15 300.00				25 300.00
	10	5 000	5.20	26 000.00				51 300.00
	15	3 000	5.30	15 900.00	2 000	5.13	10 260.00	56 940.00
	16	6 000	5.40	32 400.00				89 340.00
	20	2 000	5.50	11 000.00				100 340.00
	31				11 000	5.281	58 091.00	42 249.00
合　计		21 000		110 600.00	13 000		68 351.00	

需要指出的是，在上述几种成本的计算方法中，其买入成本应包括经手费、证券交易监管费、印花税、过户费等交易费用。

以上三种方法，先进先出法的计算比较简单，适用于买卖笔数不多、自营业务量较小的证券机构；加权平均法和移动平均法计算相对复杂，但不论业务量大小均可使用。

（二）自营证券收益的确认

卖出成交实际清算金额即为自营证券的销售收入，卖出证券的收益等于卖出成交金额减去卖出证券成本。证券既然是一种商品，那么就应以销售时实际收到的价款作为销售收入。

因此，制度规定，证券自营差价收入应在与证券交易所清算时按成交价扣除买入成本、相关税费后的净额确认。

三、自营证券的核算

自营证券有多种取得方式，除通过证券交易所进行的网上交易方式外，证券公司采用包销方式承销的证券，发行期结束后，未售出的证券也可转为自营证券。

（一）通过证券交易所进行自营业务的核算

1. 科目设置

（1）"自营证券"科目。

"自营证券"科目，借方登记买入自营证券的成本，贷方登记结转的已售出自营证券的成本，期末余额在借方，反映结存的库存证券的实际成本。该科目应按自营证券的存放地点、种类及品种设置明细科目，并按数量和金额进行明细核算。

（2）"证券销售"科目。

"证券销售"科目，属损益类科目，借方登记结售自营证券的成本，贷方登记卖出自营证券的收入，期末贷方余额反映自营业务的收益，期末借方余额反映自营业务的亏损。期末应将该科目期末余额转入"本年利润"，结转后该科目应无余额。

2. 账务处理

（1）自营股票的核算。

1）股票买卖

公司买入股票成交时，按交易日买入股票的实际成本（买入证券成交总额和经手费、过户费、证管费、印花税等交易税费，下同）入账，其会计分录为：

借：自营证券
　　贷：结算备付金——公司

公司卖出股票成交时，按实际收到的金额入账，其会计分录为：

借：结算备付金——公司
　　（或：银行存款——公司）
　　　贷：证券销售

按照事先确定的成本结转方式计算卖出自营股票成本，其会计分录为：

借：证券销售
　　贷：自营证券

2）股票分红

公司自营股票持有期间取得现金股利时，其会计分录为：

借：结算备付金——公司

    贷：投资收益

公司自营股票持有期间派得股票股利（派送红股）或转增股份时，应于股权登记日，根据上市公司股东大会决议公告，按本公司原持有的股数及送股或转赠比例，计算确定本公司增加的股票数量，在自营证券账户"数量"栏进行登记。

3）配股

公司因持有股票而享有配股权，通过网上进行配股的，在与证券交易所清算配股款时，按实际清缴的配股款，其会计分录为：

借：自营证券

    贷：结算备付金——公司

公司通过网下配股的，按实际支付的配股款，其会计分录为：

借：自营证券

    贷：银行存款——公司

4）认购新股

①公司通过网上认购新股，申购款项被证券交易所从账户中划出并冻结时，会计分录为：

借：应收款项——应收新股占用款

    贷：结算备付金——公司

公司认购新股中签与证券交易所清算中签款项时，按中签新股的实际成本入账，其会计分录为：

借：自营证券

    贷：应收款项——应收认购新股占用款

同时，按退回的未中签款项，其会计分录为：

借：结算备付金——公司

    贷：应收款项——应收认购新股占用款

②公司通过网下认购新股，按规定将申购款存入指定机构时，其会计分录为：

借：应收款项——应收认购新股占用款

    贷：银行存款——公司

公司认购新股中签，按中签新股的实际成本，其会计分录为：

借：自营证券

    贷：应收款项——应收认购新股占用款

同时，按退回的未中签款项，其会计分录为：

借：银行存款——公司

    贷：应收款项——应认购新股占用款

（2）自营基金的核算。

①封闭式基金。封闭式基金在沪、深两地交易所挂牌交易，其交易和清算方式与股票一致，会计核算按照股票交易的会计处理方法。

②开放式基金。公司申购开放式基金时，按划出的金额（基金申购手续费）入账，其会计分录为：

借：应收款项——开放式基金申购

　　贷：银行存款——公司

开放式基金设立以后，根据基金公司打印的成交通知单，其会计分录为：

借：自营证券

　　贷：应收款项——开放式基金申购款

公司卖出开放式基金时，按实际收到的金额入账，其会计分录为：

借：银行存款——公司基金

　　贷：证券销售

按照事先确定的成本结转方式计算卖出自营基金成本，其会计分录为：

借：证券销售

　　贷：自营证券

（3）自营债券的核算。

债券买卖实行净价交易，在债券买卖过程中，将债券发行日至买卖日的利息从债券买卖的价格中剔除；另外表明，即利息是债券持有者持有债券期间应得的报酬，它不受债券买卖价格的影响。

①公司买入债券时，按交易日买入债券的实际成本入账，其会计分录为：

借：自营证券

　　贷：结算备付金——公司

　　　　（银行存款）

②公司卖出债券时，按照实际收到的金额，借记"结算备付金——公司"或"银行存款"科目，按购买日或上期付息日至卖出日期间的应计利息，贷记"投资收益"科目，按购买日或上期付息日至卖出日期间的应计利息，贷记"投资收益"科目，按两者的差额，即实际收到金额扣除应计利息，贷记"证券销售"科目。其会计分录为：

借：结算备付金——公司

　　（或：银行存款）

　　贷：投资收益

　　　　证券销售

结转已售证券成本时，其会计分录为：

借：证券销售

　　贷：自营证券

自营买入分期付息到期还本的债券，其持有期间分期取得的利息，按实际取得的金额，借记"结算备付金——公司"或"银行存款"科目，按购买价款中包含的应计利息，贷记"证券销售"科目。

（二）代发行证券结束时取得自营证券的核算

公司采用包销方式承销证券，承销证券期结束后，如有未售出的证券，应转为自营证券，按承购价或承销价，借记"自营证券"科目，贷记"承销证券"科目。

承销的证券上市后的核算方法同前，这里不再赘述。

另外，公司以自营证券向金融机构质押借款时，应将质押转出的证券在备查账簿中详细登记借款的金融机构、质押的券种等资料。

【例 9-7】某证券公司为进行证券自营业务，将资金 5 000 000 元存入清算代理机构。其会计分录为：

借：清算备付金——公司

贷：银行存款

【例 9-8】某证券公司 2013 年 11 月购入 A 公司股票 200 万股，支付资金 690 万元；买入 14 国债（1）1 万手，支付 970 万元，其中包含应计利息 20 万元。2014 年 2 月，收到 14 国债（1）利息 26.6 万元。2014 年 3 月，收到 B 公司股票分红 30 万元；卖出 A 公司股票 100 万股，收到资金 450 万元；卖出 14 国债（1）5 000 手，收到资金 470 万元，其中包含应计利息 2 万元。根据以上事项编写会计分录（为简便起见，以上证券为初次购入）。

2013 年 11 月购入自营证券时，其会计分录为：

借：自营证券（A 股票）   6 900 000.00

自营证券［14 国债（1）净价］   9 500 000.00

自营国债［14 国债（1）应计利息］   200 000.00

贷：结算备付金——公司   16 600 000.00

2014 年 2 月，收到 14 国债（1）利息 266 000 元时，其会计分录为：

借：结算备付金——公司   266 000.00

贷：证券销售［14 国债（1）应计利息］   200 000.00

投资收益   66 000.00

结转 14 国债利息（1）应计利息，其会计分录为：

借：证券销售［14 国债（1）应计利息］   200 000.00

贷：自营债券［14 国债（1）应计利息］   200 000.00

2014 年 3 月，卖出 A 公司股票 100 万股，卖出 14 国债（1）5 000 手，其会计分录为：

借：结算备用金——公司   9 200 000.00

贷：证券销售（A 股票）   4 500 000.00

证券销售［14 国债（1）］   4 680 000.00

投资收益   20 000.00

2014 年 3 月收到 B 公司股票分红 30 万元，其会计分录为：

借：结算备付金——公司   300 000.00

贷：投资收益   300 000.00

2014 年 3 月结转卖出证券成本，因以上股票均为初次购入，因此，A 公司股票总成本为 690 万元（200 万股），单位成本 3.45 元，14 国债（1）总成本 950 万元（10 000 手），单位成本每手 950 元。因此：

卖出 A 公司股票总成本＝3.45×100 万股＝345（万元）

卖出 14 国债（1）总成本＝950×5 000 手＝475（万元）

其会计分录为：

借：证券销售（A 股票）   3 450 000.00

证券销售［14 国债（1）］   4 750 000.00

贷：自营债券（A 股票）   3 450 000.00

自营债券［14 国债（1）］   4 750 000.00

【例 9-9】某证券公司持有 C 公司股票 50 000 股，2014 年 4 月 C 公司宣布按 10∶1 的比例在网上配股，配股价为 10 元/股。该证券公司可配股 50 00 股。实际支付配股款时，其会计分录为：

借：自营证券——B 股票　　　　　　　　　　　　　　　　　　50 000.00

　　贷：清算备付金——公司　　　　　　　　　　　　　　　　　　　　50 000.00

【例 9-10】某证券公司通过网上认购西南公司发行的新股，证券交易所从该公司账户中划出 800 000 元作为申购款，其会计分录为：

借：应收款项——应收认购新股占用款　　　　　　　　　　　800 000.00

　　贷：清算备付金——公司　　　　　　　　　　　　　　　　　　　800 000.00

认购新股实际中签款为 600 000 元，其会计分录为：

借：自营证券——西南股票　　　　　　　　　　　　　　　　600 000.00

　　贷：应收款项——应收认购新股占用款　　　　　　　　　　　　　600 000.00

退回未中签申购款时，其会计分录为：

借：清算备付金——公司　　　　　　　　　　　　　　　　　200 000.00

　　贷：应收款项——应收认购新股占用款　　　　　　　　　　　　　200 000.00

【例 9-11】某证券公司作为全国银行间债券市场 2013 年国债承销团成员，10 月 14 日投标购买国债面额 3 000 万元，中标价位为每百元面值 101.43 元，票面利率 4.4%，国债承销手续费率 0.1%。公司 10 月 17 日付款 30 429 000 元，在 10 月 14—17 日间未能将国债分销给机构客户，于 17 日转作自营。公司 10 月 22 日收到国债承销手续费。

根据承销协议确定承销的金额，其会计分录为：

借：承销证券　　　　　　　　　　　　　　　　　　　　30 429 000.00

　　贷：承销证券款　　　　　　　　　　　　　　　　　　　　30 429 000.00

10 月 17 日缴款时，其会计分录为：

借：承销证券款　　　　　　　　　　　　　　　　　　　30 429 000.00

　　贷：银行存款　　　　　　　　　　　　　　　　　　　　　30 429 000.00

10 月 18 日将承销国债转作自营时，其会计分录为：

借：自营证券　　　　　　　　　　　　　　　　　　　　30 429 000.00

　　贷：承销证券　　　　　　　　　　　　　　　　　　　　30 429 000.00

10 月 22 日收到国债承销手续费时，其会计分录为：

借：银行存款　　　　　　　　　　　　　　　　　　　　　30 000.00

　　贷：证券承销　　　　　　　　　　　　　　　　　　　　　　30 000.00

四、自营证券的期末计量

自营证券业务是一项高风险、高收益的业务，买入的证券在证券市场进行流通，其价格波动通常较大，对于证券公司来说，自营收益伴随着相当大的自营风险，从会计核算的角度考虑，提取自营证券跌价准备充分体现了会计核算的谨慎性原则。

（一）自营证券的期末计价

自营证券的期末计价是指期末自营证券在资产负债表上反映的价值，也即期末自营证券的账面价值。自营证券在持有期间内的期末计价方法有以下三种。

1. 以成本计价

以成本计价是指按买入成本入账后直到出售变现前均不调整自营证券账面价值的方法。按成本计价在自营证券持有期间内，不确认由于对自营证券进行估价而产生的未实现损益，直到自营证券出售时，才确认损益。

2. 按市场计价

按市场计价是指在每一会计期末编制会计报表时，自营证券账面价值按市价调整，并据此在资产负债表上反映的方法。

3. 按成本与市价孰低计价

按成本与市价孰低计价是指自营证券的账面价值以期末成本与市价较低者反映的一种计价方法。在具体处理时，当市价低于成本时，按市价计价，当市价高于成本时，则按成本计价。采用这种方法，在资产负债表中，自营证券以成本与市价较低者列示；在利润表中，将未实现的市价低于成本的损失列入当期损益。

制度要求自营证券采用成本与市价孰低法计价。

（二）自营证券期末成本与市场孰低计价的运用

1. 科目设置

（1）"自营证券跌价准备"科目。

用来核算公司提取的自营证券跌价准备。借方登记减少的自营证券跌价准备金额，贷方登记增加的自营证券跌价准备金额，余额在贷方，反映公司已计提的自营证券跌价准备的余额。

（2）"资产减值损失——计提的自营证券跌价准备"科目。

用来核算证券公司期末计提的跌价准备金。借方登记当期增加的自营证券跌价准备金额，贷方登记当期减少的自营证券跌价准备金额，期末应将科目余额转入"本年利润"科目，结转后本科目无余额。

在制度中要求设置"自营证券跌价准备"科目，作为"自营证券"科目的备抵科目。

在资产负债表上，"自营证券"项目按照"自营证券"科目的期末余额减去"自营证券跌价准备"科目期末余额的净额填列。

2. 计提方法

证券公司应在期末比较自营证券的成本与市价，以其较低者作为自营证券的账面价值。市价是指自营证券在证券市场上挂牌的交易价格。通常情况下，自营证券的市价应当选取当期最后一个交易日在证券交易所挂牌的市价（平均价或收盘价）确定；当期最后一个交易日无交易的，应选取最近交易日的市价确定。股票价格异常变动的自营证券，期末计提自营证券跌价准备时，应当考虑实际可收回的金额，同时应当在报表附注中说明其影响。

采用成本与市价孰低计价时，证券公司可以根据自身情况，分别采用按单项比较法、分类比较法和总额比较法计算并确定计提的跌价损失准备。

（1）单项比较法。

单项比较法是指将库存自营证券中每一种证券的成本与其可变现价值逐项进行比较，每一种证券都以较低数确定其期末价值。

（2）分类比较法。

分类比较法是指按库存自营证券类别（股票、企业债券、基金、国债等）的成本与相同类别的可变现价值进行比较，每类证券以较低数确定其期末价值。

（3）总额比较法。

总额比较法是指按全部库存自营证券的总成本与其可变现价值进行比较，以较低数作为全部库存自营的期末价值。

现行制度规定证券公司可以在分类的基础上计提跌价准备。如果某项自营证券比较重大（占整个自营证券 10％及以上），应按单项证券为基础计算并确定应计提的跌价准备。在期末或者至少在每年年度终了对自营证券进行全面检查，并根据谨慎性原则，合理地预计各项自营证券可能发生的损失，按照备抵法进行核算。

3.账务处理

期末，公司应将自营证券的市价与其成本进行比较，如市价低于成本，按其差额计提跌价准备，其会计分录为：

借：资产减值损失——计提的自营证券跌价准备

　　贷：自营证券跌价准备

如已计提跌价准备的自营证券的市价以后又恢复了，应在已计提的跌价准备的范围内转回，其会计分录为：

借：自营证券跌价准备

　　贷：资产减值损失——计提的自营证券跌价准备

当期自营证券市价低于成本的金额大于"自营证券跌价准备"科目的贷方余额，按其差额计提跌价准备；如果当期自营证券市价低于成本的金额小于"自营证券跌价准备"科目的贷方余额，按其差额冲减已计提的跌价准备；如果当期自营证券市价高于成本，应将"自营证券跌价准备"科目余额全部冲回。

【例 9-12】 A 公司自营证券按成本与市价孰低计价，其 2013 年 6 月 30 日自营证券成本与市价金额见表 9-3。

表 9-3　A 公司自营证券的成本与市价资料　　　　　　　　（单位：元）

项目	2013 年 6 月 30 日		
自营证券——股票	成本	市价	预计跌价（损）溢
股票 A	1 703 200	1 688 000	−15 200
股票 B	1 654 850	1 660 000	5 150
股票 C	1 719 200	1 705 000	−14 200
股票 D	1 213 600	1 215 000	1 400
小计	6 290 850	6 268 000	−22 850
自营证券——债券			
B 企业债券	13 565 000	13 500 000	−65 000
C 企业债券	12 550 000	12 600 000	50 000
小计	26 115 000	26 100 000	−15 000
合计	32 405 850	32 368 000	−37 850

A 公司分别按单项比较法、分类比较法、总额比较法计提跌价损失准备，计算过程及账务处理如下。

（1）按单项比较法计提：

应提跌价准备＝15 200＋14 200＋65 000＝94 400（元）

借：资产减值损失——计提的自营证券跌价准备　94 400.00

　　贷：自营证券跌价准备（股票 A）　15 200.00

　　　　自营证券跌价准备（股票 C）　14200.00

　　　　自营证券跌价准备（B 企业债券）　65 000.00

A 公司 2013 年 6 月 30 日"自营证券"账面价值（元）：

2013 年 6 月 30 日"自营证券"科目账面余额 32 405 850 元

减：自营证券跌价准备　94 400

自营证券账面价值　32 311 450

（2）按分类比较法计提：

自营股票应提跌价准备＝6 290 850－6 268 000＝22 850（元）

自营债券应提跌价准备＝6 115 000－6 100 000＝15 000（元）

借：资产减值损失——计提自营证券跌价准备　37 850.00

　　贷：自营证券跌价准备——股票　22 850.00

　　　　自营证券跌价准备——债券　15 000.00

A 公司 2013 年 6 月 30 日"自营证券"账面价值（元）：

2013 年 6 月 30 日"自营证券"科目账面余额 32 405 850 元

减：自营证券跌价准备　37 850

自营证券账面价值　32 368 000

（3）按总额比较法计提：

应计提跌价准备＝32 405 850－32 368 000＝37 850（元）

借：资产减值损失——计提的自营证券跌价准备　37 850.00

　　贷：自营证券跌价准备　37 850.00

A 公司 2013 年 6 月 30 日"自营证券"的账面价值（元）：

2013 年 6 月 30 日"自营证券"科目余额 32 405 850 元

借：自营证券跌价准备　37 850

　　贷：自营证券账面价值　32 368 000

【例 9-13】上述 A 公司 2013 年 12 月 31 日按成本与市价孰低计价，其成本与市价有关资料见表 9-4，其他资料同【例 9-3】。

表 9-4　A 公司自营证券的成本与市价资料　　　　　　　（单位：元）

项目	2013 年 12 月 31 日		
自营证券——股票	成本	市价	预计跌价（损）益
股票 A	1 703 200	1 703 200	0
股票 B	1 654 850	1 662 000	7 150
股票 C	1 719 200	1 703 000	(16 200)
股票 D	1 213 600	1 211 000	(2 600)

（续表）

自营证券——股票	成本	市价	预计跌价（损）益
小计	6 290 850	6 279 200	（11 650）
自营证券——债券			
B 企业债券	13 565 000	13 600 000	35 000
C 企业债券	12 550 000	12 540 000	（10 000）
小计	26 115 000	26 140 000	25 000
合计	32 405 850	32 419 200	13 350

A 公司分别按单项比较法、分类比较法、总额比较法计提跌价损失准备：

①按单项比较法计提：

A 股票应计提跌价准备＝0－15 200＝－15 200（元）

C 股票应计提跌价准备＝16 200－14 200＝2 000（元）

D 股票应计提跌价准备＝2 600－0＝2 600（元）

B 股票应计提跌价准备＝0－65 000＝－65 000（元）

C 股票应计提跌价准备＝10 000－0＝10 000（元）

借：自营证券跌价准备（股票 A）　　　　　　　　　　　　　　15 200.00

　　自营证券跌价准备（B 企业债券）　　　　　　　　　　　　65 000.00

　　贷：资产减值损失——计提的自营证券跌价准备　　　　　　　　80 200.00

借：资产减值损失——计提的自营证券跌价准备　　　　　　　　14 600.00

　　贷：自营证券跌价准备（股票 C）　　　　　　　　　　　　　　2 000.00

　　　　自营证券跌价准备（股票 D）　　　　　　　　　　　　　　2 600.00

　　　　自营证券跌价准备（C 企业债券）　　　　　　　　　　　10 000.00

A 公司 2013 年 12 月 31 日 "自营证券" 账面价值（元）：

2013 年 12 月 31 日 "自营证券" 科目账面余额 32 405 850 元

减：自营证券跌价准备　　　　　　　　　　　　　　　　　　　28 800

　　自营证券账面价值　　　　　　　　　　　　　　　　　　　32 377 050

注：自营证券跌价准备＝16 200＋2 600＋10 000＝28 800（元）

②按分类比较法计提：

自营股票应计提跌价准备＝（6 290 850－6 279 200）－22 850＝－11 200（元）

自营债券市价高于成本＝26 140 000－26 115 000＝25 000（元）

由于股票的市价有所回升，应冲回跌价准备 11 200 元，以保持股票跌价准备账面余额为 11 650 元。

借：自营证券跌价准备——股票　　　　　　　　　　　　　　　11 200.00

　　贷：资产减值损失——计提的自营证券跌价准备　　　　　　　　11 200.00

A 公司 2013 年 12 月 31 日 "自营证券" 账面价值（元）：

2013 年 12 月 31 日 "自营证券" 科目账面余额 32 405 850 元

减：自营证券跌价准备　　　　　　　　　　　　　　　　　　　11 650

　　自营证券账面价值　　　　　　　　　　　　　　　　　　　32 394 200

③按总额比较法计提：

自营证券市价高于成本＝32 419 200－32 405 850＝13 350（元），表明自营证券市价已经恢复，由于 A 公司已计提跌价准备 37 850 元，A 公司应在 37 850 元的范围内冲回已计提的跌价准备。

借：自营证券跌价准备　　　　　　　　　　　　　　　　37 850.00
　　贷：资产减值损失——计提的自营证券跌价准备　　　　　37 850.00

A 公司 2013 年 12 月 31 日"自营证券"科目账面余额 32 405 850 元

2013 年 12 月 31 日"自营证券"科目账面余额 32 405 850 元

减：自营证券跌价准备　　　　　　　　　　　　　　　　　　0
　　自营证券账面价值　　　　　　　　　　　　　　　32 405 850

任务三　证券承销业务的核算

一、证券承销业务概述

证券承销业务是指在证券委托发行方式下，证券公司接受证券发行人的委托代其向投资人销售证券的过程，是综合类证券公司的主营业务之一。

（一）证券承销资格

证券公司取得证券承销资格的条件：取得证监会颁发的《经营股票承销业务资格证书》；具有不低于人民币 2 000 万元的净资产；具有不低于人民币 1 000 万元的净资本；2/3 以上的高级管理人员和主要业务人员获得证监会颁发的《证券从业人员资格证书》；证券经营机构持有企业 7% 以上的股份，或是其前五名股东之一，不得成为该企业的主承销商或副主承销商。

（二）承销方式

根据对发行风险的承担、所筹资金的划拨安排及手续费高低等因素，承销方式可分为包销和代销两种。

1. 包销

证券包销是指承销商按照协议将发行人发行的证券全部购入（全额包销）或者在承销期结束时将售后剩余证券全部购入（余额包销）的承销方式。在这种承销方式下，无论证券的实际发行结果如何，发行人均可在协议规定的期限内获得本次发行计划筹集的全部资金，发行风险由承销商承担。

2. 代销

证券代销是指证券公司代发行人（或包销商）销售证券，在承销期结束时，划付已销售证券所获的价款，将未售出的证券全部退还给发行人（或包销商）并收取代销手续费的承销方式。在代销方式下，证券发行的风险由发行人自行承担。

（三）证券发行的一般过程

证券发行一般要经过四个阶段，即证券发行的准备阶段、证券发行的核准阶段、证发行的实施阶段和证券发行的后续阶段。由于不同类型证券的发行法定程序不同，因此其发行的具体过程也存在差异。这里以最具代表性的股票发行为例来介绍证券发行程序与过程。

1. 股票的发行程序

股份有限公司首次公开发行股票的程序包括首次公开发行股票公司的辅导、首次发行股票审评文件的准备（以上为准备阶段）；首次公开发行（以上为实施阶段）及后期工作（此为后续阶段）。

上市公司再融资包括向原股东配售股票（以下简称"配股"）和向全体社会公众发售股票（以下简称"增发"）。配股和增发除了不含辅导过程以外，其余工作与首次发行基本相同。

2. 股票的销售方式

（1）网上销售方式。

网上销售方式是指承销商利用证券交易所的交易网络系统，由主承销商作为唯一"买方"，在交易所挂牌销售，投资者在销售时间内，通过证券营业机构的交易系统，按现行股票委托买入方式进行申购的销售方式。网上销售的具体方式包括网上定价销售、网上竞价销售、网上定价市值配售、网上累计投标询价销售。

（2）竞价销售方式。

在证券的定价方式上，目前有一种采用竞价方式确定的趋势。当引入竞价方式后，上述网上和网下的承销方式中都应加入相应的竞价方式。在竞价方式下，股票的承销流程基本不变，只有在定价方面引入竞价环节，对于该项业务的核算影响不大。

（四）证券的发行费用

1. 中介机构费

中介机构费指支付给中介机构的费用，包括承销费用、注册会计师费用、资产评估费用、律师费用等。

2. 上网费

采用网上发行方式发行股票时，由于使用了证券交易所的交易系统，发行人需向证券交易所缴纳上网发行手续费。

3. 其他

按现行规定，股票发行费用可在股票发行溢价中扣除。

（五）证券承销收入的确定和计量

根据证券承销方式的不同，其收入的类型也不同，因此，需要根据收入的性质，依据对应的收入确认原则确认收入。

在全额包销方式下，证券承销收入表现为证券的买卖差价，因此，其收入应在证券公司将承销证券转售给投资者时确认为证券的买卖差价，因此，其收入应在证券公司将承销证券转售给投资者时确认为证券承销收入，相应收入的计量则是以销售证券的所得，扣除按配比原则分配的对应的包销证券成本确定。

以余额包销或代销方式进行的承销业务，其收入应归于金融服务性收入，因此，应当

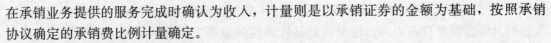

在承销业务提供的服务完成时确认为收入，计量则是以承销证券的金额为基础，按照承销协议确定的承销费比例计量确定。

（六）证券承销费用的确认与计量

证券承销费用是证券公司在从事证券发行承销业务过程中，发生的与承销项目有直接关系的费用。按照配比原则，该部分费用应与其所对应的收入同时确认，因此，在发生费用时不直接确认为一项支出，而是在"代转承销费用"科目中归集，当承销项目完成，在确认证券承销收入的同时，结转承销费用。期末，应将不成功承销项目发生的各项费用，结转到当期营业费用中。

二、证券承购业务的核算

证券公司证券发行与承销业务的会计核算，主要包括全额承购包销、余额承购包销和代销方式的会计处理。

（一）科目设置

1. "结算备付金"科目

用于核算证券公司为证券交易的资金清算与交收而存入指定清算代理机构的款项。该科目为资产类科目，期末借方余额反映证券公司当期在指定清算代理机构的款项。

2. "代理承销证券款"科目

用于核算证券公司接受委托，采用余额承购包销或代销方式代理证券发行人发行证券所形成的应付证券发行人的资金。该科目为负债类科目，期末贷方余额反映证券公司在代理发行证券过程中已售出的证券所对应的尚未划付的金额。

（二）承销证券业务的会计核算

证券承销业务需要设置的会计科目有："结算备付金"属于资产类会计科目；"代理承销证券款"属于负债类会计科目。

1. 全额包销

证券公司采用全额包销方式承销证券时，首先将全部待发行证券认购下来，再转售给投资人。发行期结束后，如有未售出的证券，应按承购价格转为公司的自营证券或长期投资。

（1）与证券交易所交割清算时，按实际收到的金额，做会计分录为：

借：结算备付金
　　贷：代理承销证券款

（2）承销期结束，将承销证券款交付委托单位并收取手续费，会计分录为：

借：代理承销证券款
　　贷：手续费及佣金收入
　　　　银行存款

承销期结束，将未售出的证券转为自营证券或长期投资，按承购价，做会计分录为：

借：交易性金融资产
　　可供出售金融资产

　　贷：代理承销证券款

【例 9-14】中原证券公司与客户签订协议，采用全额承购包销方式代为发行股票 2 亿股，股票面值 1 元，公司承购价 5 元，对外售价为 6 元，发行期为 20 天。预计售完。

　　公司全额承购，与证券交易所清算时，会计分录为：

　　借：结算备付金　　　　　　　　　　　　　　　　　　　　1 200 000 000.00
　　　　贷：代理承销证券款　　　　　　　　　　　　　　　　　　　1 200 000 000.00

　　发行期结束后，会计分录为：

　　借：代理承销证券款　　　　　　　　　　　　　　　　　　　1 200 000 000.00
　　　　贷：手续费及佣金收入　　　　　　　　　　　　　　　　　　　200 000 000.00
　　　　　　银行存款　　　　　　　　　　　　　　　　　　　　　1 000 000 000.00

2. 余额包销

证券公司以余额包销方式经办承销业务时，如为上网发行的，先在网上代为销售，发行期结束后，如有未售出的证券，应按约定的发行价格转为公司的自营证券或长期投资，代发行证券的手续费收入，应于发行期结束后，与发行人结算发行价款时确认收入。具体账务处理如下。

（1）通过网上发行的，在证券上网发行日，根据承销合同确认的发行总额，按承销价款，在备查登记簿中记录承销证券的情况。

（2）与证券交易所交割清算，按实际收到的金额，做会计分录为：

　　借：结算备付金
　　　　贷：代理承销证券款

（3）未售出的部分按规定由本公司认购，转为自营证券或者长期投资，会计分录为：

　　借：交易性金融资产
　　　　可供出售金融资产
　　　　贷：代理承销证券款

（4）发行期结束，将所募资金交付给委托单位，并收取手续费，会计分录为：

　　借：代理承销证券款
　　　　贷：手续费及佣金收入
　　　　　　银行存款

3. 代销

公司以代销方式经办承销业务的，应在收到发行人发售的证券时，按照委托方约定的发行价格确认一项资产和一项负债；代发行证券的手续费收入，应于发行期结束后，与发行人结算发行价款时确认收入。采用代销发行证券（记名证券）的具体账务处理程序如下：

（1）通过网上发行的，在证券上网发行日，根据承销合同确认的发行总额，按承销价款，在备查登记簿中记录承销证券的情况。

（2）网上发行结束后，与证券交易所交割清算，按上网发行数量和发行价格计算的发行款项减去上网费用，会计分录为：

　　借：结算备付金——证券公司
　　　　应收款项——应收代垫委托单位上网费
　　　　贷：代理发行证券款

（3）将发行证券款项交付委托单位，并收取发行手续费和代上网费用，会计分录为：

借：代理发行证券款

　　贷：应收款项——应收代垫委托单位上网费

　　　　手续费及佣金收入——代发行证券手续费收入

（4）发行期结束，将未售出的代发行证券退还委托单位，销记备查登记簿。

【例 9-15】中原证券公司代客户发行企业债券 1 500 万元，发行期结束时全部售出，按合同规定收取手续费 30 万元，将所筹资金交给客户，收到客户交来的代发行证券时，登记备查登记簿。发行期销售的会计分录为：

借：银行存款（或库存现金）　　　　　　　　　　　　15 000 000.00

　　贷：代理发行证券款　　　　　　　　　　　　　　　　15 000 000.00

发行期结束，从代发行证券款中扣除手续费 30 万元，将所筹资金交付客户，会计分录为：

借：代理发行证券款　　　　　　　　　　　　　　　　15 000 000.00

　　贷：银行存款　　　　　　　　　　　　　　　　　　14 700 000.00

　　　　手续费及佣金收入——代发行证券手续费收入　　　300 000.00

三、证券回购业务的核算

（一）证券回购业务的概念

证券回购是指债券持有方（融入资金方、正回购方）和另一方（拆出资金方、逆回购方）在达成一笔债券买卖交易的同时，规定融入资金方必须在未来的某一约定时间以约定的价格，再从拆出资金方那里购回同等数量的原先那笔债券，并以商定的利率支付利息这一交易过程。根据回购期内能否动用质押权，债券回购可分为封闭式回购和开放式债券回购。

（1）封闭式债券回购，又称质押式债券回购，指在债券质押期内，正、逆回购方均无权动用质押券的债券回购方式。

（2）开放式债券回购，又称买断式债券回购，是指逆回购方在回购期内可以对交易债券进行使用，只要到期时有足够的同种债券返售给回购方的债券回购方式。

（二）证券交易所证券回购业务的程序

1. 以券融资的程序

在交易所回购业务开始时，其申报买卖部位为买入。这是因其在回购到期时方向交易中处于买入债券的地位而确定的。回购交易申报操作类似于股票交易。成交后由登记结算机构根据成交记录和有关规则进行清算交割；到期反向成交时，无须再申报，由交易所计算机系统自动产生一条反向成交记录，登记结算机构据此进行资金和债券的清算与交割。

2. 以资融券的程序

在交易所回购业务开始时，其申报买卖部位为卖出。这是因其在回购到期时反向交易中处于卖出债券地位而定的。其交易程序除方向相反外，其余均同以券融资。

（1）买入返售金融资产业务，是指公司与其他企业以合同或协议的方式，按一定价格买入证券，到期日再按合同规定的价格将该批证券返售给其他企业，以获取利息收入的证券业务。

（2）卖出返售金融资产业务，是指公司与其他企业以合同或协议方式，按一定价格卖出证券，到期日再按合同规定的价格买回该批证券，以获得一定时期内资金的使用权的证券业务。

（三）买入返售证券业务的会计核算

1. 科目的设置

"买入返售金融资产"科目：用于核算证券公司按规定进行证券回购业务买入证券所发生的成本。该科目期末借方余额，反映证券公司已经买入尚未到期返售证券的实际成本。

2. 公司通过证券交易所进行买入返售证券的账务处理

（1）买入证券付款时，按实际支付的款项，其会计分录为：

　　借：买入返售金融资产——××证券
　　　　贷：结算备付金——公司（或银行存款等科目）

（2）买入返售金融资产在到期返售时，按规定的卖出价返售给原交易方。卖出价与买入价的差额，作为证券公司的营业收入。其会计分录为：

　　借：结算备付金——公司（或银行存款）
　　　　贷：卖出返售金融资产款——××证券

（3）买入返售金融资产在当期没有到期的，证券公司应做如下账务处理。期末应计提未到期的买入返售证券利息，其会计分录为：

　　借：应收利息
　　　　贷：利息收入

（4）买入返售金融资产到期时，按实际收到的金额，其会计分录为：

　　借：结算备付金——公司
　　　　（或：银行存款）
　　　　贷：买入返售金融资产（买入时的价款）
　　　　　　应收利息（已计未收利息）
　　　　　　利息收入（本期应计利息）

（四）公司通过证券交易所卖出回购证券的账务处理

公司通过资金拆借市场进行买入返售证券的会计核算方法与公司通过证券交易所进行买入返售证券的账务处理基本一致，所不同的是将"结算备付金——公司"科目改为"银行存款——公司"科目。

1. 科目的设置

"卖出回购金融资产款"科目：用于核算证券公司按规定进行证券回购业务卖出证券取得的款项。该科目期末贷方余额，反映证券公司卖出尚未回购的债券价款。

2. 公司通过证券交易所卖出回购证券的账务处理

（1）卖出回购金融资产收到款时，按实际收到的价款，其会计分录为：

　　借：结算备付金——公司（或银行存款）
　　　　贷：卖出回购金融资产款——××证券

（2）卖出回购金融资产在到期回购时，其会计分录为：

借：卖出回购金融资产款——××证券（卖出证券时实际收款金额）

　　卖出回购证券支出（借贷方差额）

　　贷：结算备付金——公司（回购证券时实际支付的款项）

（3）卖出的回购金融资产在当期没有到期的，应做如下账务处理：

期末应计提未到期的卖出回购证券利息，其会计分录为：

借：利息支出

　　贷：应付利息

（4）到期回购时，其会计分录为：

借：卖出回购金融资产款——××证券（卖出回购金融资产时实际收款金额）

　　利息支出（借贷方差额）

　　应付利息（已计提未到期的卖出回购证券利息）

　　贷：结算备付金公司（或银行存款）

⬤⬤⬤ **课后实训**

1. 某证券公司 2014 年 4 月购入 A 公司股票 100 万股，支付资金 550 万元；买入 14 国债（1）1 万手，支付 510 万元，其中包含应计利息 15 万元。2014 年 7 月，收到 14 国债（1）利息 16.6 万元。2014 年 6 月，收到 B 公司股票分红 24 万元；卖出 A 公司股票 80 万股，收到资金 460 万元；卖出 14 国债（1）5 000 手，收到资金 255 万元，其中包含应计利息 3 万元。

要求：根据上述资料做出有关会计分录（假设上述证券为初次购入）。

2. 证券公司甲以 4.2 元/股的价格全额包销 A 公司的 3 000 万股新股发行业务，此外不另记承销手续费，资金先行划付。证券公司甲确定发售价格为 4.8 元/股，并以此价格与证券公司乙签订了 1 000 万股的余额包销协议，手续费率为 0.25%；与证券公司丙签订了 800 万股的代销协议，手续费率为 0.12%。发行期结束，证券公司甲实际售出了 1 120 万股；证券公司乙实际售出 900 万股，证券公司甲直接划付了相应的手续费；证券公司丙售出了 650 万股，余股退回，并用抵扣方式收取了相应的手续费。在发行过程中，证券公司甲发生材料制作及广告费用 50 万元，以银行存款支付。

要求：根据上述资料分别做出证券公司甲、乙、丙相关的账务处理。

3. 某公司于 20×× 年 5 月 20 日通过证券交易所进行买入返售证券的业务，买入 A 证券，实际支付的款项为 500 万元；当年 12 月 31 日，A 证券到期，该公司以 515 万元的价格返售给原交易对方。

要求：根据上述资料做出该公司相应的账务处理。

项目十　证券投资基金公司业务的核算

🔲 **学习目标** ///

1. 了解基金的概念、分类以及基金当事人之间的关系；
2. 掌握基金资产的核算；
3. 掌握基金申购和赎回的核算；
4. 掌握基金收益的核算。

🔲 **案例导入** ///

2001 年 9 月 11 日，我国第一只开放式基金"华安创新"证券投资基金在全国 13 个城市的 139 个交通银行网点公开发行。华安创新首次设立募集目标为 50 亿份基金单位。在设立募集期内，基金发起人可以根据认购情况对设立募集目标做适当调整。预定 30 亿份基金单位向个人投资者销售，预定 20 份基金单位向机构投资者销售。

那么，什么是证券投资基金？什么是开放式基金？基金公司如何运作证券投资基金？

任务一　证券投资基金概述

一、证券投资的概念及其分类

（一）证券投资基金概念

我国国务院证券委员会发布的《证券投资基金管理证券暂行办法》中规定："证券投资基金是一种利益共享、风险共担的集合证券投资方式，即通过发行基金单位，集中投资者的资金，由基金托管人托管，由基金管理人管理和运用资金，从事股票、债券等金融工具投资。"

（二）证券投资基金的分类

（1）按组织形态，可以将证券投资基金分为公司型和契约型两种。

①公司型基金，是依据公司法组成，通过发行基金股份将集中起来的资金投资于各种有价证券的投资基金，公司型基金本身就是投资公司，是具有法人资格的经济实体。

②契约型基金，也称信托型基金。它是通过信托契约的形式向投资者发行受益凭证募集资金而组建的投资基金。《中华人民共和国证券投资基金法》所规定的基金类型属契约型

基金。

（2）按交易方式，可以将证券投资基金分为封闭式基金和开放式基金。

①封闭式基金，是指基金发起人在设立基金时，限定了基金的发行总额，在初次发行达到了预定的发行计划后，基金即宣告成立，并进行封闭，在一定时期内部再追加发行新的基金单位。基金的流通采取在证券交易所上市的办法，投资者以后买卖基金单位，都必须经过证券经纪商，在二级市场进行竞价交易。封闭式基金的期限是指基金的存续期，即基金从成立之日起到结束之日止的整个时间。认购或赎回的买卖价取决于基金市场的供求状况，存在随行就市的特点。

②开放式基金，是指基金发行总额不固定，基金单位总数随时增减，投资者可以根据市场情况和自己的投资决策，随时要求发行机构赎回自己持有的基金单位份额，或者再买入受益凭证以增持基金单位份额。认购或赎回基金受益凭证的价格按基金资产净值计算。

（3）按投资对象，可以将证券投资基金分为股票基金、债券基金、货币市场基金。

二、基金组织结构

开放式基金的组织结构涉及四个方面的当事人，即基金持有人、基金管理人、基金托管人和基金承销人。如果是公司型的开放式基金，还要增加基金公司为当事人之一。

1. 基金持有人

基金持有人，又称基金投资人或基金收益人，是基金单位或基金收益凭证的持有人。基金持有人可以是自然人，也可以是法人。

2. 基金管理人

基金管理人，是负责开放式基金发起设立与经营管理的专业性机构，是专门从事基金资产管理运作的独立法人机构，如我国的基金管理人的主要职责，是进行基金资产的投资运作、负责基金资产的财务管理、促进基金资产的保值增值及其他与基金资产有关的经营活动。基金管理人按基金净资产价值的一定比例提取管理费。基金管理人不实际接触资产，其自身资产与基金资产分账管理，以确保基金资产的独立性和安全性。

3. 基金托管人

基金托管人，是基金资产的保管人与名义持有人。为了保障广大投资者的利益，防止基金资产被基金管理人任意挪用，开放式基金一般要委托一个基金保管机构，一般由商业银行或信托投资公司等金融机构担任。基金托管人按基金净资产价值的一定比例提取托管费。基金托管人依据管理公司的指示负责保管和处分基金资产，并对管理人的投资计划进行监督。基金托管人的资产必须与基金资产分开，独立开设基金资产账户，即使受托的金融机构破产，受托保管的基金资产也不在清算之列。

4. 基金承销人

基金承销人，是基金管理人的代理人，代表基金管理人与基金投资人进行基金单位的买卖活动，并收取一定的销售佣金和服务费。基金承销人一般由商业银行、证券企业、信托投资企业或保险企业来担任，也可以由基金管理人进行直接销售。

契约型开放式基金当事人的相互关系如图 10-1 所示。基金持有人通过购买基金份额将资金委托给基金管理人进行投资和管理，同时委托基金托管人保管基金资产。基金管理人与托管人均为受托人，二者分工协作，相互监督。基金承销人则代理销售和赎回基金单位。

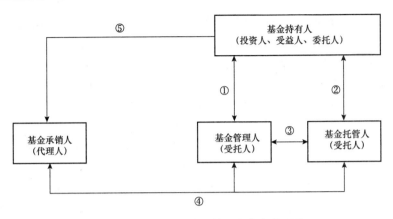

图 10-1　契约型开放式基金当事人关系图

公司型开放式基金当事人关系如图 10-2 所示。与契约型基金相比，图 10-2 中增加了基金公司。基金公司是公司型开放式基金组织的一个有形机构，通常设有基金持有人大会、基金公司董事及其他办事机构。其中，基金持有人会议是基金公司最高权力机构，董事会负责对日常重大事项做出决策。基金公司作为委托方，委托承销人销售和赎回基金单位，委托管理人投资运作，委托托管人保管资产。基金持有人则成为基金公司的股东和受益人。

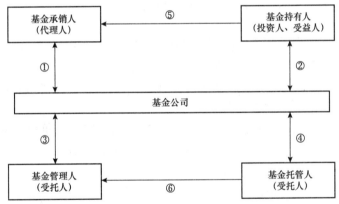

图 10-2　公司型开放式基金当事人关系图

三、证券投资基金会计核算的特点

证券投资基金会计核算是以基金管理人为主体所进行的会计核算。基于证券投资基金业务的特点，证券投资基金会计核算具有以下几个方面特点。

1. 建立独立的会计核算体系

基金管理人可以是专门从事基金运作或兼营基金的金融企业。但无论是专营还是兼营基金，都必须按照《金融企业会计制度》第一百四十五条的规定，以基金为会计核算主体，保证不同基金之间在名册登记、账户设置、资金划拨、账簿记录等方面相互独立，即基金管理人必须将自有资产和负债与受托经营的基金资产及负债区分开来，独立设账，分别核算。对于专门从事基金运作的企业，由于管理多只基金，而每只基金的权益由不同的基金持有人所拥有，因此，除了将自有资产和负债与受托运作的基金资产及负债分开核算外，还要对每只基金单独建账，以核算每只基金的资产、负债、收入、费用及单位净值情况，为基金投资人买卖基金提供可靠数据。

2. 计算和公告基金单位净值

按照规定，基金管理公司应于估值日计算基金净值和基金单位净值，并予以公告。

基金净值是指基金资产减去负债后的差额。用公式表示为：

$$基金净值＝基金资产－基金负债$$

用基金净值除以基金单位数即可得到基金单位净值。用公式表示为：

$$基金单位净值＝基金净值/基金单位总数$$

反映基金业务经营业绩的最终指标是基金单位净值及其增长速度。运作好的基金单位净值上升速度快，基金单位净值高；反之，则低。投资者可以根据每只基金的单位净值和增长速度确定是否投资于基金或投资于哪只基金。

3. 按公允价值计价

公允价值是指以市场价格或未来现金流量现值作为资产或负债的主要计量属性。以公允价值反映证券投资基金。可以随时"跟踪"金融工具价值的变动及其风险，有利于投资者对基金价值和风险做出正确的判断。同时，也有利于金融监管部门防范和化解金融风险。基金管理公司应按下列估价原则对基金资产估值：

（1）任何上市流通的有价证券，以其估值日在证券交易所挂牌的市价（平均价或收盘价）估值；估值日无交易的，以最近交易日的市价估值。

（2）对未上市股票应分以下情况处理：

①配股和增发新股，按估值日在证券交易所挂牌的同一股票的市价估值。

②首次公开发行的股票，按成本价值。

③配股权证，从配股除权日起到配股确认日止，按市价高于配股价的差额估值；如果市价低于配股价，按配股价估值。

④如有确凿证据表明按上述方法进行估值不能客观反映公允价值，基金管理公司应根据具体情况与基金托管人商定，按最能反映公允价值的价格估值。

⑤如有新增事项，按国家的新规定估值。

任务二　基金资产的核算

基金资产包括银行存款、清算备付金、交易保证金、证券清算款、应收股利、应收利息、应收申购款、其他应收款、股票投资、债券投资、买入返售证券、配股权证、待摊费用、投资估值增值等。本节主要介绍基金管理公司结算业务、股票投资、债券投资、证券回购业务及投资估值增值特有的资产业务。

一、结算业务的核算

基金管理公司为进行基金发起和基金投资业务，必然与证券交易所等机构发生各种业务往来，包括证券登记结算机构、证券交易所等发生款项结算业务。

（一）科目设置

1. "结算备付金"科目

"结算备付金"科目，属资产类科目，用来核算为证券交易的资金交割与交收而存入证券登记结算机构的款项。该科目期末借方余额反映存入证券登记结算机构尚未使用的款项。

2. "交易保证金"科目

"交易保证金"科目，属资产类科目，接受其交易保证金的单位设置明细科目，用来核算向交易所交存的交易保证金。该科目借方余额反映交存的交易保证金。

3. "证券清算款"科目

"证券清算款"科目，属往来类科目，用来核算因买卖证券、回购证券、申购新股、配售股票等业务而发生的，应与证券登记结算机构清算的款项。该科目应按不同证券登记结算机构设置明细科目，所属明细科目借方余额反映尚未收回的证券清算款，所属明细科目贷方余额反映尚未支付的证券清算款。

（二）账务处理

基金管理公司将款项存入证券登记机构时，借记"结算备付金"科目，贷记"银行存款"科目，从证券登记结算机构收回资金时，借记"银行存款"科目，贷记"结算备付金"科目。

（1）基金管理公司将款项通过证券交易所买卖证券，在证券成交日做如下处理：

①如果买入证券成交额大于卖出证券成交额借记有关科目，贷记"证券清算款"科目和有关科目；

②如果卖出证券成交额大于买入证券成交额，借记"证券清算款"科目和有关科目，贷记有关科目。

（2）在资金交收日做如下处理：

①如果买入证券成交总额大于卖出证券成交总额，按资金交收日实际支付金额（买入证券与卖出证券差额，加相关费用），借记"证券清算款"，贷记"结算备付金"科目；

②如果卖出证券成交总额大于买入证券成交总额，按资金交收日实际收到的金额（买入证券与卖出证券差额，减相关费用），借记"结算备付金"科目，贷记"证券清算款"科目；

③基金管理公司向证券交易所交存交易保证金时，借记"交易保证金"科目，贷记"银行存款"等科目；收回交易保证金时则做相反分录。

二、股票投资的核算

（一）股票投资的确认和计量原则

（1）买入股票应于成交日确认为股票投资。股票投资按成交日应支付的全部价款（成交总额和相关费用）入账；资金交收日，按实际支付的价款与证券登记结算机构进行清算。

（2）卖出股票应于成交日确认股票差价收入。股票差价收入按卖出股票成交总额与其成本和相关费用的差额入账。卖出股票应逐日结转成本，结转的方法采用移动加权平均法。

（3）股票持有期间分派的股票股利，应于除权日根据上市公司股东大会决议公告，按股权登记日持有的股数及送股或转增比例，计算确定增加的股票数量，在"股票投资"账户进行记录。

（4）股票投资应分派的现金股利，在除息日确认为股利收入。

（5）估值日，对股票投资和配股权证进行估值时产生的估值增值或减值，应确认为未实现利得。

（二）科目设置

1.“股票投资”科目

“股票投资”科目，用来核算各类股票的成本，按股票的种类设置明细账，期末借方余额反映持有各类股票的实际成本。

2.“配股权证”科目

“配股权证”科目，属资产类科目，用来核算对基金拥有的配股权的估值。借方登记从配股除权日起到配股确认日止，按市价高于配股价的差额逐日进行的估值；贷方登记在配股期限内向证券交易所确认配股时以及在配股期限内未向证券交易所配股时（放弃配股），将配股权的估值冲减至零的数额；期末借方余额反映尚未行使配股权的估值。该科目应按配股权种类设置明细科目。

3.“应付佣金”科目

“应付佣金”科目，用来核算因证券交易而应支付给券商的佣金。该科目按券商设置明细科目，期末贷方余额反映尚未支付给券商的佣金。

4.“股票差价收入”科目

“股票差价收入”科目，属损益类科目，用来核算买卖股票实现的差价收入。该科目按股票种类设置明细科目。期末应将本科目余额全部转入“本期收益”科目，结转后本科目应无余额。

5.“股利收入”科目

“股利收入”科目，用来核算因上市公司分红派息而确认的股利收入。该科目按股票种类设置明细科目。期末将本科目的贷方余额全部转入“本期收益”科目，结转后本科目应无余额。

6.“未实现利得”科目

“未实现利得”科目，用来核算按照规定的估值原则，以及基金契约和招募说明书载明的估值事项，对资产估值时所形成的未实现利得。基金申购、赎回款中所含的未实现利得也在本科目核算。本科目属持有人权益类科目，贷方登记对基金持有的股票、债券进行估值时的投资估值增值，配股权证逐日进行估值时市价高于配股价的差额，以及基金申购确认日基金申购款中含有的未实现利得；借方登记股票、债券投资估值减值，确认配股或放弃配股时冲减“配股权证”的配股权股指数，以及基金赎回确认日基金赎回款中含有的未实现利得。本科目应分别按“投资股指增值”“未实现利得平准金”设置明细科目，进行明细核算，期末余额反映未实现利得。

（三）账务处理

1.通过证券交易所买卖股票的处理

基金管理公司通过证券交易所买卖股票，应分别以下情况进行处理。

（1）买入股票成交日，按股票成交总额加相关费用，借记“股票投资”，按应支付的证券清算款，贷记“证券清算款”科目，按应付券商佣金，贷记“应付佣金”科目；资金交收日，按实际支付的证券清算款，借记"证券清算款"科目，贷记"结算备付金"科目。

（2）卖出股票成交日，按应收取的证券清算款，借记"证券清算款"科目，按结转的股票投资成本，贷记"股票投资"科目，按应付券商佣金，贷记"应付佣金"科目，按其差额，贷记或借记"股票差价收入"科目；资金交收日，按实际支付的证券清算款，借记"结算备付金"科目，贷记"证券清算款"科目。

2. 收到分派的股票股利的处理

基金于股票持有期间收到分派的股票股利（送红股和公积金转增股本），应于除权日，根据上市公司股东大会决议公告，按股权登记日持有的股数及送股或转增比例，计算确定增加的股票数量，在"股票投资"账户"数量"栏进行记录。

3. 配股权的处理

基金因持有股票而享有配股权，应做如下处理。

（1）从配股权日起到配股确认日止，按市价高于配股价的差额逐日进行估值，借记"配股权证"科目，贷记"未实现利得"科目。

（2）向证券交易所确认配股时，借记"股票投资"科目，贷记"证券清算款"科目，同时，将配股权的估值冲减为零，借记"未实现利得"科目，贷记"配股权证"科目；资金交收日，实际支付配股款时，借记"证券清算款"科目，贷记"结算备付金"科目。

（3）放弃配股权的，应将配股权的估值冲减为零，借记"未实现利得"科目，贷记"配股权证"科目。

4. 现金股利的处理

基金持有的股票应分配的现金股利，在除息日按照上市公司宣告的分红派息比例确认股利实现，借记"应收股利"科目，贷记"股利收入"科目，实际收到现金股利时，借记"结算备付金"科目，贷记"应收股利"科目。

5. 申购新股的处理

申购新股，应按新股的不同发行方式、不同资金结算方式分别处理。

（1）通过交易所网上发行的，按实际交付的申购款，借记"股票投资"科目，贷记"清算备付金"科目；申购新股中签时，按确认的中签金额，借记"股票投资"科目，贷记"证券清算款"科目；收到退回余款（未中签部分），借记"结算备付金"科目，贷记"证券清算款"科目。

（2）通过网下发行的，按实际预交的申购款，借记"其他应收款"科目，贷记"银行存款"科目。申购新股确认日，如果实际确认的申购新股金额小于已经预交的申购款的，按实际确认的申购新股金额，借记"股票投资"科目，贷记"其他应收款"科目；收到退回余款，借记"银行存款"科目，贷记"其他应收款"科目。如果实际确认的申购新股金额大于已经预交到的申购款时，按实际确认的申购新股金额，借记"股票投资"科目，贷记"其他应收款"科目，补付申购款时，按支付的余款，借记"其他应收款"科目，贷记"银行存款"科目。

【例10-1】2014年3月20日，XYZ基金在上海证券登记结算公司购入1 500万股A股票，购入价格10元/股，应付佣金127 500元，其他各项费用30 000元，印花税率为2‰，那么：

$$股票的投资成本＝150\ 000\ 000＋127\ 500＋30\ 000＋150\ 000\ 000×2‰$$
$$＝150\ 457\ 500（元）$$

会计分录为：

借：股票投资——A 股票 150 457 500.00
　　贷：证券清算款——上海证券中央登记结算公司 150 330 000.00
　　　　应付佣金——上海证券中央登记结算公司 127 500.00

次日为资金交收日，会计分录为：

借：证券清算款——上海证券中央登记结算公司 150 330 000.00
　　贷：结算备付金——上海证券中央登记结算公司 150 330 000.00

【例 10-2】承接【例 10-1】，2014 年 5 月 20 日，XYZ 基金公司以 12 元/股的价格卖出 A 股票 500 万股，应支付的佣金为 51 000 元，其他费用 11 500 元，印花税率为 2‰，则：

$$应收取的证券清算款 = 60\ 000\ 000 - 11\ 500 - 60\ 000\ 000 \times 2‰$$
$$= 59\ 868\ 500（元）$$
$$应结转的股票投资成本 = 150\ 457\ 500 \times 500 \div 1\ 500$$
$$= 50\ 152\ 500（元）$$

会计分录为：

借：证券清算款 59 868 500.00
　　贷：股票投资——A 股票 50 152 500.00
　　　　应付佣金——××交易所 51 000.00
　　　　投资收益 9 665 000.00

5 月 21 日为资金交收日，会计分录为：

借：结算备付金——××交易所 59 868 500.00
　　贷：证券清算款——××交易所 59 868 500.00

三、债券投资的核算

（一）债券投资的确认和计量原则

（1）买入上市债券应于成交日确认债券投资。

债券投资按成交日应支付的全部价款入账。应支付的全部价款中若包含债券起息日或上次除息日至购买日止的利息，该部分应作为应收利息单独核算，不构成债券投资成本。资金交收人，按实际支付的价款与证券登记结算机构进行交收。

（2）买入非上市债券应于实际支付价款时确认债券投资。

债券投资按实际支付的全部价款入账。如果支付的价款中包含债券起息日或上次除息日至购买日止的利息，该部分应作为应收利息单独核算，不构成债券投资成本。

（3）卖出上市债券应于成交日确认债券差价收入。

债券差价收入按卖出债券应收取的全部价款与成本、应收利息和相关费用的差额入账。卖出债券的成本应逐日进行结转，结转的方法采用移动加权平均法。

（4）卖出非上市债券应于实际收到全部价款时确认债券差价收入。

债券差价收入按实际收到的全部价款与其成本、应收利息的差额入账。卖出债券的成本应逐日进行结转，结转的方法采用移动加权平均法。

（5）估值日，对债券投资进行估值时产生的估值增值或减值，应确认为未实现利得。

（二）科目设置

1. "债券投资"科目

"债券投资"科目，用来核算债券投资的实际成本。该科目为资产类科目，按债券的种类设置明细科目，借方余额反映持有各类债券的实际成本。

2. "债券差价收入"科目

"债券差价收入"科目，属损益类科目，用来核算因投资债券而实现的差价收入，该科目分别按债券种类等设置明细科目，期末将本科目的余额全部转入"本期收益"科目，结转后本科目应无余额。

3. "债券利息收入"科目

"债券利息收入"科目，属损益类科目，用来核算因投资债券而实现的利息收入，按债券种类等设置明细科目，期末将本科目的贷方余额全部转入"本期收益"科目，结转后本科目应无余额。

（三）账务处理

1. 通过证券交易所买卖债券的处理

通过证券交易所买卖债券，应分别对以下情况进行处理：

（1）买入上市债券时，按成交日应支付的证券清算款扣除债券起息日或上次除息日至购买日止的利息，借记"债券投资"科目，按债券起息日或上次除息日至购买日止的利息，借记"应收利息"科目，按应支付的证券清算款，贷记"证券清算款"科目。

（2）卖出上市债券时，按成交日应收取的证券清算款，借记"证券清算款"科目，按应收利息，贷记"应收利息"科目，按债券投资成本，贷记"债券投资"科目，按其差额，贷记或借记"债券差价收入"科目。

2. 通过银行间市场买卖债券的处理

通过银行间市场买卖债券，应分别对以下情况进行处理。

（1）买入非上市债券，按实际支付的价款，借记"债券投资"科目和"应收利息"科目（指债券起息日或上次除息日至购买日止的利息），贷记"银行存款"科目。

（2）卖出非上市债券，按实际收到金额，借记"银行存款"科目，按已售债券成本，贷记"债券投资"科目，按应收利息，贷记"应收利息"科目，按其差额。贷记或借记"债券差价收入"科目。

3. 购入到期还本付息国债的处理

购入到期还本付息的国债，在持有国债到期时，按实际收到的本息，借记"银行存款"等科目，贷记"债券投资"科目和"应收利息"科目。收到债券持有期间分派的利息，借记"银行存款""证券清算款"科目，贷记"应收利息"科目。

4. 购入新发行国债的处理

购入新发行的国债，根据承购合同规定，按国债面值，借记"债券投资"科目，贷记"其他应付款"科目；实际付款时，借记"其他应付款"科目，贷记"银行存款"科目。

四、证券回购业务

证券回购业务包括买入返售证券、卖出回购证券两个环节以及由此产生的收入和支出。

（一）证券回购业务损益的核算原则

1. 买入返售证券收入的核算原则

买入返售证券收入应在证券持有期内采用直线法逐日计提，并按计提的金额入账。

2. 卖出回购证券支出的核算原则

卖出回购证券支出应在该证券持有期内采用直线法逐日计提，并按计提金额入账。

3. 其他费用的核算原则

发生的其他费用如果影响基金单位净值小数点后第五位的，即发生的其他费用大于基金净值 10‰，应采用待摊或预提的方法，待摊或预提计入基金损益；发生的其他费用如果不影响基金单位净值小数点后五位的，即发生的其他费用小于基金净值 0.1‰，应于发生时直接计入基金损益。

（二）科目设置

1. "买入返售金融资产"科目

"买入返售金融资产"科目，属资产类科目，用来核算通过国家规定的场所进行融券业务而发生的实际成本。该科目借方登记买入证券时扣除相关费用后实际支付的价款，贷方登记证券到期返售时，扣除应收利息以外的贩售证券的应收款，期末借方余额反映已经买入但尚未到期返售证券的实际成本，该科目应按买入返售证券的种类设置明细科目。

2. "卖出回购证券款"科目

"卖出回购证券款"科目，属负债类科目，用来核算通过国家规定的场所进行证券回购业务卖出证券取得的款项。该科目贷方登记卖出回购证券的金额，借方登记到期回购该批证券时扣除应付利息后的金额，期末贷方余额反映卖出尚未回购的证券款。该科目按证券的种类设置明细科目。

3. "买入返售证券收入"科目

"买入返售证券收入"科目，属损益类科目，用来核算在国家规定的场所进行融券业务而取得的收入。该科目贷方登记买入返售证券在融券期限内计提的利息，借方登记结转本期收益的金额，期末结转后该科目应无余额。该科目应按证券的种类等设置明细科目。

4. "卖出回购证券支出"科目

"卖出回购证券支出"科目，属损益类科目，核算返售的卖出回购证券支出。该科目借方登记卖出回购证券在融资期限内逐日计提的利息支出，贷方登记期末转入本期收益的金额，结转后该科目应无余额。该科目应按证券的种类等设置明细科目。

5. "其他费用"科目

"其他费用"科目，属损益类科目，核算基金运作过程中发生的除管理人员报酬、基金托管费、卖出回购证券支出、利息支出以外的其他各项费用，如注册登记费、上市年费、信息披露费、持有人大会费、审计费用、律师费用等。该科目借方登记直接计入或通过待摊、预提计入其他费用数，贷方登记期末转入本期收益数，期末结转后该科目应无余额。该科目应按费用的种类设置明细科目。

（三）账务处理

1. 买入返售证券业务的账务处理

（1）通过证券交易所进行融券业务，按成交日应付金额，借记"买入返售金融资产"

科目和"其他费用"科目，贷记"证券清算款"科目；资金交收日，按实际支付金额，借记"证券清算款"科目，贷记"清算备付金"科目；逐日计提利息，借记"应收利息"科目，贷记"买入返售证券收入"科目；证券到期返售时，按返售证券的应收金额，借记"证券清算款"科目，贷记"买入返售金融资产"科目和"应收利息"科目；资金交收日，按实际收到的金额，借记"结算备付金"科目，贷记"证券清算款"科目。

（2）通过银行间市场买入证券，按实际支付的价款，借记"买入返售金融资产"科目，贷记"银行存款"科目；逐日计提利息，借记"应收利息"科目，贷记"买入返售证券收入"科目；证券到期返售时，按实际收到的金额，借记"银行存款"，贷记"买入返售金融资产"科目和"应收利息"科目。

2. 卖出回购证券业务

（1）通过证券交易所卖出证券成交时，按成交日应收金额，借记"证券清算款""其他费用"科目，贷记"卖出回购证券款"科目；资金交收日，按实际收到的价款，借记"结算备付金"科目，贷记"证券清算款"科目。在融资期限内逐日计提利息支出，借记"卖出回购证券支出"科目，贷记"应付利息"科目。到期购回该批证券时，借记"卖出回购证券款"科目，按已提未付利息，借记"应付利息"科目，按应付金额，贷记"证券清算款"科目；资金交收日，按实际支付金额，借记"证券清算款"科目，贷记"清算备付金"科目。

（2）通过银行间市场卖出回购证券，按卖出证券交收金额，借记"银行存款"科目，贷记"卖出回购证券款"科目；在融资期限内逐日计提融资利息支出，借记"卖出回购证券支出"科目，贷记"应付利息"科目。到期回购该批证券时，借记"卖出回购证券款"科目，按已提未付利息，借记"应付利息"科目，按实际支付金额，贷记"银行存款"科目。

【例10-3】2014年5月4日，XYZ基金公司买入返售证券为1亿元，其他费率为0.004‰，3日后返售，利息为210 000元。

5月4日，记录该笔业务并提取应付利息，会计分录为：

借：买入返售金融资产——3日返售　　　　　　　　100 000 000.00
　　其他费用——手续费　　　　　　　　　　　　　　　　400.00
　　　贷：证券清算款——上海证券中央登记结算公司　100 400 000.00
借：应收利息　　　　　　　　　　　　　　　　　　　70 000.00
　　　贷：利息收入——买入返售证券收入　　　　　　　　70 000.00

5月5日—6日计提应收利息，会计分录为：

借：应收利息　　　　　　　　　　　　　　　　　　　70 000.00
　　　贷：利息收入——买入返售证券收入　　　　　　　　70 000.00

5月7日，证券到期返售，会计分录为：

借：证券清算款——上海证券中央登记结算公司　　　100 210 000.00
　　　贷：买入返售金融资产——3日返售　　　　　　100 000 000.00
　　　　　应收利息　　　　　　　　　　　　　　　　210 000.00

五、投资基金估值增值的核算

证券投资基金会计的特征之一是逐日对基金资产进行估值。

基金资产估值，是指对基金的净资产按照公允价值进行估算。由于基金大多投资于股

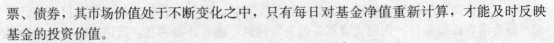

票、债券，其市场价值处于不断变化之中，只有每日对基金净值重新计算，才能及时反映基金的投资价值。

（一）科目设置

基金管理公司应设置"投资估值增值"科目，用于核算按照规定的估值原则，以及基金契约和招募说明书载明的估值事项，对资产估值时所估值与其成本的差额。该科目借方登记估值日基金持有的股票、债券的投资增值，贷方登记估值减值，期末借方余额反映未实现资产估值增值，贷方余额反映未实现资产估值减值。该科目属资产类科目，应按所估值资产的种类设置明细科目。

（二）账务处理

估值日对基金持有的股票、债券估值时，如为估值增值，按所估值与上一日所估价值的差额，借记"投资估值增值"科目，贷记"未实现利得"科目；如为估值减值，按所估值价值与上一日所估价值的差额，借记"未实现利得"科目，贷记"投资估值价值"科目。

任务三　基金申购和赎回的核算

基金的申购和赎回业务包括基金管理公司对实收基金的确认和计量、基金申购时发生的应收申购款、基金赎回时的应付赎回款、应付赎回费以及由此产生的损溢平准金、未实现利得和其他收入的核算。

一、基金申购和赎回的核算原则

封闭式基金都事先确定发行总额，在封闭期内基金单位总数不变。基金成立时，实收基金按实际收到的基金单位发行总额入账。而将基金发行费收入扣除相关费用后的结余，作为其他收入处理。

开放式基金的基金单位总额不固定，基金单位总数随时增减。基金成立时，实收基金按实际收到的基金单位发行总额入账；基金成立后，实收基金应于基金申购、回购确认日，根据基金契约和招募说明书中载明的有关事项进行确认和计量。

基金管理公司应于收到基金投资人申购申请之日起，在规定的工作日内，对该交易的有效性进行确认。确认时，按照实收基金、未实现利得、未分配收益和损益平准金的余额占基金净值的比例，将确认的有效申购款项分割为三部分，分别确认为实收基金、未实现利得、损益平准金的增加。基金管理公司应当在接受基金投资人有效申请之日起，在规定的工作日内收回申购款项，在尚未收回之前作为应收申购款入账。办理申购业务的机构按规定收取的申购费，如由办理申购业务的机构按规定收取的申购费，如在基金申购时收取的，不纳入基金会计核算范围；如在基金赎回时收取的，待基金投资人赎回时从赎回款中抵扣。

基金管理公司应于收到基金投资人赎回申请之日起，规定的工作日内，对该交易的有效性进行确认。确认日，按照实收基金、未实现利得、未分配收益和损益平准金的余额占基金净值的比例，将确认的有效赎回款项分割为三部分，分别确认为实收基金、未实现利得、损益平准金的减少。基金管理公司应当在接受基金投资人申请之日起，规定的工作日内支付赎回款项，尚未支付之前将其作为应付赎回款入账。开放式基金按规定收取的赎回费，其中基本手续费部分归办理赎回业务的机构所有，尚未支付之前将其作为应付赎回费入账；赎回费在扣除基本手续费后的余额归基金所有，作为其他收入入账。

二、基金申购的核算

（一）科目设置

1. "实收基金"科目

"实收基金"科目，属持有人权益类科目，用来核算对外发行的基金单位总额。该科目借方登记基金赎回时，赎回款中含有的实收基金，贷方登记基金发行所实际收到的款项，期末贷方余额反映封闭式基金或开放式基金单位总额。

2. "损益平准金"科目

"损益平准金"科目，属持有人权益类科目，按损益平准金的种类设置明细科目，用来核算非收益转化而形成的损益平准金，如申购、赎回款中所含有的未分配收益。该科目借方登记基金赎回时，基金赎回款中所含有的未分配收益，贷方登记基金申购时基金申购款中所含有的未分配收益。期末应将本科目余额全部转入"收益分配——未分配收益"科目，结转后本科目应无余额。

3. "应收申购款"科目

"应收申购款"科目，属资产类科目，按办理申购业务的机构设置明细科目，用来核算应向办理申购业务的机构收取的申购款项（不含申购费）。该科目借方登记基金申购确认日的有效申购款，贷方登记收到的有效申购款，期末借方余额反映尚未收回的有效申购款。

（二）账务处理

1. 封闭式基金的发行

基金募集发行结束，按照实际收到的金额，借记"银行存款"科目，按基金单位发行总额，贷记"实收基金"科目，按其差额，贷记"其他收入"科目。

2. 开放式基金认购及申购

（1）基金认购业务。基金募集发行期结束，按照实际收到的金额，借记"银行存款"科目，贷记"实收基金"科目。

（2）基金申购业务。基金申购确认日，按基金申购款，借记"应收申购款"科目，按基金申购款中含有的实收基金，贷记"实收基金"科目，按基金申购款中含有的未实现利得，贷记"未实现利得"科目，按基金申购款中含有的未分配收益，贷记"损益平准金"科目。

【例10-4】2011年5月5日，投资者申购XYZ开放式基金1 000万元，当日该基金单位资产净值为1.002 9元，申购费率为1%，那么：

$$申购费用＝申购金额×申购费率$$
$$＝10\ 000\ 000×1\%$$
$$＝100\ 000（元）$$
$$净申购金额＝申购金额－申购费用$$
$$＝10\ 000\ 000－100\ 000$$
$$＝9\ 900\ 000（元）$$

$$申购份额＝申购金额÷当日基金单位资产净值$$
$$＝9\ 900\ 000÷1.002\ 9$$
$$＝9\ 871\ 373$$

会计分录为：

借：应收申购额 　　　　　　　　　　　　9 900 000.00

　　贷：实收基金 　　　　　　　　　　　9 871 373.00

　　　　未实现利得 　　　　　　　　　　　28 794.20

　　　　损益平准金 　　　　　　　　　　　－167.20

交割日会计分录为：

借：银行存款 　　　　　　　　　　　　9 900 000.00

　　贷：应收申购款 　　　　　　　　　　9 900 000.00

三、基金赎回的核算

（一）科目设置

1."应付赎回款"科目

"应付赎回款"科目，属负债类科目，按办理赎回业务的销售机构或申请赎回业务的投资人设置明细科目，核算按照基金契约和招募说明书中载明的相关事项计算的应付给投资人的赎回款。该科目借方登记支付给投资人的赎回款，贷方登记基金赎回确认日应付给投资人的赎回款，期末贷方反映尚未支付的基金赎回款。

2."应付赎回费"科目

"应付赎回费"科目，属负债类科目，按办理赎回业务的机构设置明细科目，核算按照基金契约和招募说明书载明的相关事项计算的，应付给办理赎回业务的机构的赎回费。该科目借方登记向办理赎回业务的机构支付的赎回费，贷方登记基金赎回确认日赎回款中属于销售机构所有的部分，期末贷方余额反映尚未支付的基金赎回费用。

3."其他收入"科目

"其他收入"科目，属损益类科目，按其他收入的种类设置明细科目，核算除股票差价收入、债券差价收入、债券利息收入、存款利息收入、股利收入、买入返售证券收入以外的其他各项收入，如赎回费扣除基本手续费后的余额、配股手续费返还等。该科目贷方登记其他收入的发生额，借方登记结转本期收益数。期末将该科目的贷方余额全部转入"本期收益"科目，结转后该科目应无余额。

（二）账务处理

基金赎回确认日，按赎回款中含有的实收基金，借记"实收基金"科目，按赎回款中含有的未分配收益，借记"损益平准金"科目，按赎回款中含有的未实现利得，借记"未实现利得"科目，按应付给投资人的赎回款，贷记"应付赎回款"科目，按赎回费中属于销售机构所有的部分，贷记"应付赎回费"科目，按赎回费中属于基金所有的部分，贷记"其他收入——赎回费"科目。

支付给投资人赎回款时，借记"应付赎回款"科目，贷记"银行存款"科目；向办理赎回机构支付赎回费时，借记"应付赎回费"科目，贷记"银行存款科目"。

【例10-5】承接【例10-4】，2014年5月15日，投资者申请赎回XYZ开放式基金500

万份，当日该基金单位资产净值为 1.012 0 元，赎回费率为 0.5%。应付给代为办理赎回业务的 Y 银行 3 000 元，那么：

$$赎回总额＝赎回份数×当日该基金单位净值$$
$$＝5\ 000\ 000×1.012\ 0$$
$$＝5\ 060\ 000\ (元)$$
$$赎回费用＝赎回总额×赎回费率$$
$$＝5\ 060\ 000×0.5\%$$
$$＝25\ 300\ (元)$$
$$赎回金额＝赎回总额－赎回费用$$
$$＝5\ 060\ 000－25\ 300$$
$$＝5\ 034\ 700\ (元)$$

会计分录为：

借：实收基金　　　　　　　　　　　　　　　　　　　5 000 000.00
　　损益平准金　　　　　　　　　　　　　　　　　　　　 60 000.00
　　贷：应付赎回款　　　　　　　　　　　　　　　　　　5 034 700.00
　　　　其他收入——赎回费　　　　　　　　　　　　　　　 22 300.00
　　　　应付赎回费——Y 银行　　　　　　　　　　　　　　　3 000.00

5 月 16 日，款项交割时会计分录为：

借：应付赎回款　　　　　　　　　　　　　　　　　　5 034 700.00
　　贷：银行存款　　　　　　　　　　　　　　　　　　5 034 700.00

任务四　基金收入、基金费用及收益分配的核算

一、基金收入和基金费用的核算

基金收入包括股票差价收入、债券差价收入、债券利息收入、存款利息收入、股利收入、卖出回购证券收入和其他收入。

基金费用包括管理人报酬、基金托管费、卖出回购证券支出和其他费用。基金管理人和基金托管人因未履行义务导致的费用支出或资产的损失，以及处理与基金运作无关的事项所发生的费用等不得列入费用。

(一) 科目设置

1. "管理人报酬" 科目

"管理人报酬" 科目，属损益类科目，分别管理费和业绩报酬设置明细科目，核算按基金契约和招募说明书的规定计提的基金管理人报酬，包括管理费和业绩报酬。该科目借方登记计提的基金管理费和业绩报酬，贷方登记转入本期收益的金额，期末结转后该科目无余额。

2. "基金托管" 科目

"基金托管" 科目，属损益类科目，核算按基金契约和招募说明书的规定计提的基金托管费。该科目借方登记计提的基金托管费，贷方登记转入本期收益的金额，期末结转后该

科目无余额。

3. "应付管理人报酬"科目

"应付管理人报酬"科目，属负债类科目，核算按照基金契约和招募说明书载明的相关事项计提的，应付给基金管理人的报酬，包括基金管理费和业绩报酬。该科目贷方登记计提的基金管理费和业绩报酬，借方登记支付的管理费和业绩报酬，期末贷方余额反映尚未支付给基金管理人的基金管理费和业绩报酬。

4. "应付托管费"科目

"应付托管费"科目，属负债类科目，核算按基金契约和招募说明书中载明的相关事项计提的，应支付给基金托管人的托管费。该科目贷方登记逐日计提的基金托管费，借记登记支付的托管费，期末贷方余额反映未支付给基金托管人的基金托管费。

(二)账务处理

1. 管理人报酬的账务处理

管理人报酬应按照契约和招募说明书规定的方法和标准计提并入账。

计提基金管理费和业绩报酬时，借记"管理人报酬"科目，贷记"应付管理人报酬"科目；支付基金管理人报酬时，借记"应付管理人报酬"科目，贷记"银行存款"科目。

2. 基金托管费的账务处理

基金托管费应按照契约和招募说明书规定的方法和标准计提并入账。

计提基金托管费时，借记"基金托管费"科目，贷记"应付托管费"科目；支付基金托管费时，借记"应付托管费"科目，贷记"银行存款"科目。

二、收益及收益分配的核算

(一)科目设置

1. "本期收益"科目

"本期收益"科目，属持有人权益类科目，核算本期实现的基金净收益（或基金净亏损）。该科目借方登记从费用、支出类科目结转的金额，贷方登记从收入类科目结转的金额，期末将本期收入和支出相抵后的余额转入"收益分配"科目，结转后该科目无余额。

2. "收益分配"科目

"收益分配"科目，属持有人权益类科目，分别应付收益、未分配收益设置明细科目。核算按规定分配给基金持有人的净收益以及历年分配后（后弥补亏损）的结存余额。该科目借方登记从本期收益结转的净亏损以及根据收益分配方案向基金持有人分配的收益，贷方登记从本期收益结转的本期净收益、从损益平准金结转的金额，期末贷方余额反映基金历年积存的未分配收益，借方余额反映未弥补亏损。

3. "应付收益"科目

"应付收益"科目，属负债类科目，核算按照基金契约和招募说明书载明的相关事项计算的，应付基金持有人的基金收益。该科目贷方登记根据收益分配方案应付基金持有人的收益，借方登记实际支付的收益或将收益结转投资数，期末贷方余额反映尚未支付给基金持有人的收益。

（二）账务处理

1. 结转基金收益

期末结转基金收益时，将"股票差价收入""债券差价收入""股利收入""债券利息收入""存款利息收入""买入返售证券收入""其他收入"等科目的余额转入"本期收益"科目贷方，将"管理人报酬""基金托管费""卖出回购证券支出""利息支出""其他费用"科目的余额转入"本期收益"科目借方。

2. 收益分配的账务处理

除权日，根据基金收益分配方案，借记"收益分配——应付收益"科目，贷记"应付收益"科目。

实际支付基金持有人收益时，借记"应付收益"科目，贷记"银行存款"科目，借记"本期收益"科目，贷记"收益分配——未分配收益"科目；如为净损失，做相反会计分录。将"损益平准金"科目的余额转入"收益分配"科目，借记"损益平准金"科目，贷记"收益分配——未分配收益"科目。将"收益分配"科目"应付收益"明细科目的余额转入"未分配收益"明细科目，借记"收益分配——未分配收益"科目，贷记"收益分配——应付收益"科目。

⑪》课后实训

1. 某基金管理公司向证券经营机构存入股票投资买卖备付金 9 000 万元。2013 年 7 月 1 日，该公司申请购买股价 3.5 元 A 股票 400 万股，手续费为股价的 0.3%。次日，公司以备付金支付股票款和手续费。2013 年 7 月 25 日，基金管理公司以 3.9 元的价格将 A 股票全部卖出，手续费为股价的 0.3%，款项于 2013 年 7 月 30 日收到。

要求：根据资料做出该基金管理公司相应的账务处理。

2. 某基金管理公司持有的 500 万元股票按 10∶2 的比例获得配股。该股票的配股价格为 3.3 元，市价为 4 元。公司获得配股权。

要求：根据资料做出该基金管理公司获取配股权时、认购股票时及实际缴付款项时的会计分录。

3. 2013 年 12 月 5 日，某基金管理公司购买价格为 1.2 元的上市债券 4 000 万元。该债券含有已到期利息 320 万元。2013 年 12 月 26 日，基金管理公司将上诉债券以 1.5 元的价格全部出售，手续费为买卖价的 0.3%。

要求：根据资料做出该基金管理公司相应的账务处理。

4. 某投资者向某基金管公司申购 10 亿份基金单位，基金发行价为 1.02 元，费用为 310 万元。按照契约规定，高于基金单位的部分在扣除手续费用后，将 2/3 作为未实现利得，1/3 为未分配收益。

要求：根据上述资料做出新华基金管理公司在受理申购基金时、实际收到申购款时的会计分录。

5. 基金管理公司应某投资者的要求购回其发行的基金 10 亿份基金单位，赎回价为 0.99 元，手续费 10 000 元。同时，按照契约规定结转未实现利得 10 000 万元，未分配收益 12 000 万元。公司已以存款支付。

要求：根据资料做出基金管理公司相应的账务处理。

项目十一 保险公司业务的核算

📦 学习目标 ///

1. 掌握财产保险公司业务的核算；
2. 掌握人寿保险公司业务的核算。

📦 案例导入 ///

学生李刚升学报到的第一天，就缴纳了各项学杂费，其中包括50元的保险费，保险费由老师代缴给保险公司。2013年1月，李刚因患病住院治疗。其父母找到学校和保险公司要求理赔，但都被告知李刚未缴纳保险费。因为，学校查核投保学生花名册（老师书写的）时的确没有李刚的名字，保险公司拒绝理赔。

思考： 案例中李刚投保的是什么保险？还知道有哪些险种？未理赔的原因是什么？如何核算？

保险是指投保人根据合同的约定，向保险人支付保险费，保险人对于合同约定的可能发生的事故因其发生所造成的财产损失承担赔偿保险金责任，或者当被保险人死亡、伤残、疾病或者达到合同约定的年龄、期限时承担给付保险金责任的保险行为。

保险主要包括政策性保险与商业保险。政策性保险一般有社会福利性质，甚至带有强制性，主要有社会保险、机动车交通事故责任强制保险（交强险）等。商业保险顾名思义就是商业性质，不具有强制性，这个时候的保险就是一种金融产品，主要包括人身保险和财产保险。

任务一 财产保险业务的核算

一、财产保险的种类

财产保险是指以各种物质财产及其有关利益、责任为保险标的的保险。财产保险是一种综合性保险，主要包括财产损失险、责任险等。

（一）财产损失险

财产损失险是指以物质财产为保险标的的各种保险。其险种主要包括普通财产保险、海上保险、运输工具保险、工程保险、特殊风险的财产保险等。

1. 普通财产保险

普通财产保险是以物质财产及其有关利益为保险标的，以火灾及其他的自然灾害和意外事故为保险责任的保险。现行的普通财产保险险种有企业财产保险、家庭财产保险、涉外财产保险。

2. 海上保险

海上保险简称水险，指保险人对于保险标的因海上风险所导致的损失或赔偿责任提供经济保障的一种保险。海上保险的保险标的主要包括与海上运输有关的财产、利益和责任等。其险种主要有：海洋货物运输保险、船舶保险等。

3. 运输工具保险

运输工具保险是以各种运输工具，如机动车辆、船舶、飞机等为保险标的的保险。承保运输工具因自然灾害、意外事故造成的损失和对第三者造成的财产损失及人身伤亡依法应承担的损害赔偿责任。运输工具险主要有机动车辆保险、船舶保险和飞机保险。

4. 工程保险

工程保险承保建筑工程、安装工程、机器及附属设备、工程所有人提供的物料、建筑安装设备和各种建筑物，由于自然灾害、意外事故遭受的损失，包括物质财产损毁和第三者责任。工程保险在性质上属于综合保险，既有财产风险的保障，又有责任风险的保障。工程保险分为建筑工程一切险、安装工程一切险和机器损坏险。

5. 特殊风险的财产保险

特殊风险的财产保险主要是指以高新技术开发与应用过程中可能产生的高风险作为保险责任而开发的一类新险种。目前，开办的有航天保险、核电站保险和海洋石油开发保险等。

（二）责任保险

责任保险是以被保险人依法应负的民事损害赔偿责任或经过特别约定的合同责任作为保险标的的一种保险。主要包括公众责任保险、产品责任保险、职业责任保险、雇主责任保险。

1. 公众责任保险

公众责任保险又称普通责任保险或综合责任保险，它是责任保险中独立的、适用范围极为广泛的保险类别，主要承保企业、机关、团体、家庭、个人以及各种组织在固定的场所因其疏忽、过失行为而造成他人人身伤害或财产损失时，依法应承担的经济赔偿责任的一种保险。公众责任保险包括场所责任保险、个人责任保险等。

2. 产品责任保险

产品责任保险是承保产品制造者、销售者因产品缺陷致使他人人身伤害或财产损失而依法应由其承担的经济赔偿责任的一种保险。保险人承担被保险人所生产、出售或分配的产品或商品发生事故，造成使用、消费或操作该产品或商品的人或其他任何人的人身伤害、疾病、死亡或财产损失时，依法由被保险人所负的经济赔偿责任。保险赔偿限额由保险双方当事人商定。可以规定每次事故的赔偿限额，也可以规定一年内累计赔偿限额。

3. 职业责任保险

职业责任保险是指承保各种专业技术人员因工作上的疏忽或过失造成合同对方或他人人身伤害或财产损失而依法应承担的经济赔偿责任的一种保险。职业责任保险一般由提供各种专业技术服务的单位投保，它适用于医生、药剂师、工程师、设计师、律师、会计师等专业技术工作者。目前，国际保险市场上主要有医疗责任保险、律师责任保险、会计师责任保险、建筑工程技术人员责任保险及其他职业责任保险等。

4. 雇主责任保险

雇主责任保险是指承保被保险人（雇主）的雇员在受雇期间从事业务活动时，因遭受意外事故导致伤、残、死亡，或患有与职业有关的职业性疾病而依法或根据雇用合同应由被保险人承担的经济赔偿责任的保险。

二、财产保险保费收入的核算

保费收入是保险公司销售保险产品取得的收入，是保险公司的主要收入项目。财产保险业务保费收入的核算包括保费的计算、保费收入的确认和保费收入的账务处理等内容。

（一）保费的计算

1. 保费的构成

投保人缴纳的保险费通常可分解为纯保费和附加费两部分。纯保费是保险人用来建立保险基金，将来用于赔付的那部分保费，也称为净保费；附加费主要用于保险人的各项业务开支及形成预期利润。保险费的数额通常是由保险金额、保险费率和保险期限三个因素决定的。

保险费率是保险人按单位保险金额向投保人收取保险费的标准。保险费率与保险费之间一般存在以下关系：

$$保险费＝保险金额×保险费率$$

或　　　　　　$$保险费＝某项保险标的数×每一保险标的应缴纳的保险费$$

保险费率的高低与保费的多少成正比。它与保险费的分解相对应，保险费率也有纯费率和附加费率之分。其中，纯费率是对应于每单位保额的可能损失额，在理论上它是所投保标的因保险事故而发生损失的概率；附加费率是对应于保险人每单位保额的经营费用。

2. 保险费率的计算

（1）纯费率的确定。

依据保险费率厘定的公平合理原则，纯费率应当等于损失概率，即反映未来保额损失的可能性。因此，纯费率的确定可以由损失概率入手。在实务中的做法是利用保险人过去的损失经验资料来推断损失概率。通常选择一组适当的历年保额损失率，确定平均保额损失率，以其近似代替损失概率，进而确定纯费率。

（2）附加费率的确定。

附加费率的确定比较简单，一般按如下三种方法确定：

方法一　按单位保额的附加费用来确定，即

$$附加费率＝单位保额的附加费用/单位保险金额×100\%$$

方法二 按保险费的一定比例提取附加费用来确定，即

附加费率＝保险费率×按保险费提取附加费用的比例

方法三 按纯费率的一定比例来确定，即

附加费率＝纯费率×附加费占纯保费的比例

（二）保费收入的确认

保费收入应在下列三个条件均能满足时予以确认：一是保险合同成立并承担相应保险责任；二是与保险合同相关的经济利益能够流入保险公司；三是与保险合同相关的收入和成本能够可靠地计量。

此外，由于财产保险合同存在不可预见的风险损失，如政策风险、意外灾害风险，因此，有时存在收到金额的可能性小于不能收到金额的可能性的情况，这种情况一旦出现，保险公司不能确认保费收入，而应于实际收到保费时确认收入。

（三）保费收入的核算

1. 科目设置

为了核算和监督财产保险业务的保费收入情况，应设置"保费收入""应收保费""预收保费"和"保户储金"等科目。

（1）"保费收入"科目。

"保费收入"科目，属损益类科目，按险种设置明细科目，核算保险公司直接承保业务取得的保费收入（保险业务以储金实现的利息收入作为保费收入，亦在本科目核算）。实现的保费收入，应按实际价款记账。该科目贷方登记本期实现的保费收入和保险业务储金实现的利息收入，借方登记发生退保费和续保时的折扣与无赔款优待。期末应将本科目的余额转入"本年利润"科目，结转后本科目无余额。

（2）"应收保费"科目。

"应收保费"科目，属资产类科目，按投保人设置明细科目，核算保险公司应向投保人收取但尚未收到的保险费。该科目借方登记公司发生的应收保费及已确认坏账并转销的应收保费又收回的金额，贷方登记收回的应收保费及确认为坏账而冲销的应收保费，期末借方余额反映公司尚未收回的保险费。

（3）"预收保费"科目。

"预收保费"科目，属负债类科目，按投保人设置明细科目，核算公司在保险责任生效前向投保人预收的保险费。该科目借方登记保费收入实现时结转保费收入的金额，贷方登记预收保费，期末贷方余额反映公司向投保人预收的保险费。

（4）"保户储金"科目。

"保户储金"科目，属负债类科目，核算保险公司以储金利息作为保费收入的保险业务收到的保户缴存的储金。该科目借方登记返还的储金，贷方登记收到保户的储金，期末贷方余额反映保户缴存的尚未返还的储金。

2. 账务处理

（1）签发保险单时，直接缴纳保费的处理。

【例 11-1】某财产保险公司会计部门收到业务部门交来货运险保费日报表、保费收据存根和银行收账通知 60 000 元，该业务为签单生效时收到全部保费。其会计分录为：

借：银行存款——活期户　　　　　　　　　　　　　　　60 000.00
　　贷：保费收入——货运险　　　　　　　　　　　　　　　　60 000.00

（2）预收保费的处理。

如果发生保险客户提前缴费或缴纳保费在前、承担保险责任在后的业务，则应作为预收保费处理，到期再转入保费收入。会计部门应根据业务部门交来的财产险保费日报表、保费收据存根和银行收账通知进行账务处理。

【例 11-2】某财产保险公司会计部门收到业务部门交来的财产基本险保费日报表和保费收据存根，以及银行收账通知 40 000 元。该业务下月 6 日起承担保险责任。其会计分录为：

向投保人预收保费时：

借：银行存款　　　　　　　　　　　　　　　　　　　40 000.00
　　贷：预收保费——某公司　　　　　　　　　　　　　　　40 000.00

下月 6 日确认保费收入时：

借：预收保费——某公司　　　　　　　　　　　　　　40 000.00
　　贷：保费收入——财产基本险　　　　　　　　　　　　　40 000.00

（3）分期缴费的保费处理。

对于一些大保户或保额高的保户，经保险公司同意，投保人可以分期缴纳保费。保险单一经签订，则全部保费均应作为保费收入，未收款的部分则作为"应收保费"递延，待下期收款时再冲销。经确认为坏账的应收保费，则通过冲销"坏账准备"予以处理。收回已确认坏账并转销的应收保费时，再转回坏账准备和应收保费。

【例 11-3】某企业投保财产综合险，与某财产保险公司签订保险单，双方约定保费 400 000 元，该项业务分四次缴费。财产保险公司通过银行已收到首期保费 100 000 元。其会计分录为：

收到保费日报表及首期保费时：

借：银行存款——活期户　　　　　　　　　　　　　　100 000.00
　　应收保费——某企业　　　　　　　　　　　　　　　300 000.00
　　贷：保费收入　　　　　　　　　　　　　　　　　　　400 000.00

以后每期收到应收保费时：

借：银行存款——活期户　　　　　　　　　　　　　　100 000.00
　　贷：应收保费——某企业　　　　　　　　　　　　　　100 000.00

（4）将保户储金收益转作保费收入的处理。

在财产保险业务中两全保险如家财两全险，投保人在投保时按保险金额与保险公司规定的储金比例一次交存保险储金，保险公司将该保险储金存入银行或进行债券投资，将从银行取得的利息收入或投资收益作为保险费收入，保险期满，投保人到保险公司领回投保时所缴纳的全部保险储金。这种保险业务形式，要把保户储金作为定期存款存入银行，期限一般为 3 年或 5 年，并按保户储金金额及预定利率计算利息并转为保费收入。

【例 11-4】某财产保险公司会计部门收到业务部门交来 5 年期家财两全险保户储金日汇总表、储金收据及银行储金专户收账通知计 1 000 000 元，预定年利率为 2.45%，按单利计算，5 年后一次还本付息。其会计分录为：

收到保户储金存入银行时：

借：银行存款——储金专户　　　　　　　　　　　　　　　1 000 000.00

　　贷：保户储金——家财两全险　　　　　　　　　　　　　　　　　1 000 000.00

按预定利率计算保户储金当年应收利息 24 500 元，转作保费收入时：

借：应收利息　　　　　　　　　　　　　　　　　　　　　　24 500.00

　　贷：保费收入——家财两全险　　　　　　　　　　　　　　　　　24 500.00

第 5 年，家庭财产两全保险的保单到期，遂将 5 年期专户存储的定期存单转为活期存款，并将银行存款归还保户储金：

借：银行存款——活期户　　　　　　　　　　　　　　　　　122 500.00

　　贷：银行存款——储金专户　　　　　　　　　　　　　　　　　　10 000.00

　　　　应收利息　　　　　　　　　　　　　　　　　　　　　　　　98 000.00

　　　　保费收入——家财两全险　　　　　　　　　　　　　　　　　24 500.00

同时，

借：保户储金——家财两全险　　　　　　　　　　　　　　　1 000 000.00

　　贷：银行存款——活期户　　　　　　　　　　　　　　　　　　　1 000 000.00

（5）中途加保和退保的处理。

保单签发后至期满前，由于所保标的价值发生了变化、财产重估等原因，都会发生保户中途要求加保或退保等情况。中途加保的保费收入核算，与投保时的保费收入账务处理相同；中途退保或部分退保，应按已保期限与剩余期限的比例计算退保费，退保费直接冲减保费收入。退保时尚未结清的应收保费，应从所退保费中直接扣除。

【例 11-5】某公司投保的财产综合险因资产重估增值而引起保险金额上升，按保费率计算应追加保费 30 000 元。保险公司会计部门收到业务部门转来的批单、保费收据及银行收账通知。其会计分录为：

借：银行存款——活期户　　　　　　　　　　　　　　　　　30 000.00

　　贷：保费收入——财产综合险　　　　　　　　　　　　　　　　　30 000.00

【例 11-6】某企业倒闭，要求退保企业财产保险综合险，应退保费 70 000 元，该企业尚欠保费 25 000 元。保险公司的会计分录为：

借：保费收入——财产综合险　　　　　　　　　　　　　　　70 000.00

　　贷：应收保费——财产综合险　　　　　　　　　　　　　　　　　25 000.00

　　　　银行存款——活期户　　　　　　　　　　　　　　　　　　　45 000.00

拓展阅读

汽车保险理赔技巧

（1）报案方式：电话报案、网上报案、到保险公司报案以及由理赔员转达报案。

（2）保险事故发生后，应在 24 小时之内通知派出所或者交警队，在 48 小时内通知保险公司。

（3）理赔周期：被保险人自保险车辆修复或事故处理结案之日起，3 个月内不向保险公司提出理赔申请，或自保险公司通知被保险人领取保险赔款之日起 1 年内不领取应得的赔款，即视为自动放弃权益。车辆发生撞墙、台阶、水泥柱及树等不涉及向他人赔偿的事故时，可以不向交警等部门报案，及时直接向保险公司报案就可以了。在事故现场附近等候保险公司来人查勘，或将车开到保险公司报案、验车。

理赔流程：

(1) 被保险人需及时向保险公司报案，并认真填写《机动车辆保险出险/索赔通知书》并盖章。

(2) 及时告知保险公司损坏车辆所在地点，以便对车辆查勘定损。

(3) 根据《道路交通事故处理办法》的规定处理事故时，对财物损失的赔偿需取得相应的票据、凭证。

(4) 车辆修复及事故处理结案后，办理保险索赔所需资料。

(5) 领取理赔款。

理赔技巧：

定损单是理赔依据，通常定损单的维修价格是指汽车完全修复所需要支付的费用，除非在汽车维修时保险公司发现新的零部件故障，需要重新定损，否则就将定损单的维修价作为保险公司需要给予车主的理赔款依据。异地出险的施救和理赔，当汽车异地出险时，车主务必须及时报案，安心等待保险公司的定损施救。车主绝不能自行维修汽车或人力推车，有时聪明反被聪明误，由于擅自拖运维修汽车而造成车损扩大，保险公司通常是不负责理赔的。当汽车异地出险时，车主还需要第一时间拍下事故现场的照片作为理赔凭据。假如定损员难以在预定时间内做好事故定损工作，车主也能通过这些照片与实际维修单据，向保险公司索赔。私了事故要留证据事故现场快速处理方便了事故双方，但部分驾驶员对"事故快速处理"程序及规定不了解，以为只要由责任方掏钱私了就完了，连交警都不通知到现场，结果在保险理赔时就很麻烦。

汽车出险理赔标准：

汽车出险已经成了有车族们每天都可能遇到的问题，出了险的理赔标准如下。

(1) 医疗费：在公费医疗范围内，按照医院对当事人的交通事故创伤治疗所必需的费用计算，凭据支付。

(2) 误工费：当事人有固定收入的，按照本人因误工减少的固定收入计算，对收入高于交通事故发生地平均生活费 3 倍以上的，按照 3 倍计算；无固定收入的，按照交通事故发生地国营同行业的平均收入计算。

三、财产保险赔款支出的核算

保险赔款是指保险标的发生了保险责任范围内的保险事故后，保险人根据保险合同的规定，对被保险人支付的损失补偿金。

(一) 保险理赔的程序

1. 受理案件

受理案件包括接受报案、查抄单底、报告案情和登记立案四项具体工作。

2. 现场查勘

在保险财产遭受保险事故后，保险人到事故灾害现场实地了解出险情况和损失勘估。

3. 责任审核

责任审核的任务是确定赔案是否属于保险责任范围，并做出赔与不赔和赔偿范围的结论。

4. 核定损失

受损财产经过施救、保护、整理后，由被保险人提供财产损失清单和费用支出的原始单据，并根据现场勘查掌握的情况逐项核实，最终确定赔款数额。

(二) 保险赔款的计算

保险赔款的计算方式，因险种不同而有所不同。财产保险经现场勘查核实后，即可按条款规定的赔偿处理方式计算保险赔偿。

1. 固定资产的赔款计算

（1）全部损失。

保险金额等于或高于保险财产出险当时的重置价值，其赔偿金额以不超过出险当时的重置价值为限，超过部分无效；保险金额低于出险当时的重置价值，其赔款金额不得超过保险金额。

（2）部分损失。

受损财产的保险金额等于或高于出险当时的重置价值，其赔偿金额按实际损失计算；保险金额低于出险当时的重置价值，应按比例赔付，并扣除受损财产的残值。可按下列公式计算：

保险赔款＝保险金额÷出险时重置价值×实际损失（或受损财产修复费用）－残值

2. 流动资产的赔款计算

（1）全部损失。

受损财产的保险金额等于或高于出险当时账面余额的，其赔偿金额以不超过出险当时账面余额为限；受损财产的保险金额低于出险当时账面余额的，其赔款不得超过该项财产的保险金额。

（2）部分损失。

受损财产的保险金额等于或高于账面余额，按其实际损失计算赔偿金额；受损财产的保险金额低于账面余额，则按下列公式计算赔款金额，即

保险赔款＝保险金额÷出险时账面余额×实际损失（或受损财产所需修复费用）

3. 账外财产和代保管财产赔款的计算

（1）全部损失。

受损财产的保险金额等于或高于出险当时重置价值或账面余额，其赔偿金额以不超过出险当时重置价值或账面余额为限；受损财产的保险金额低于出险当时的重置价值或账面余额，其赔款不得超过该项财产的保险金额。

（2）部分损失。

受损财产的保险金额等于或高于出险当时重置价值或账面余额，按实际损失计算赔偿金额；受损财产的保险金额低于出险当时重置价值或账面余额，则按下列公式计算赔款金额，即

保险赔款＝保险金额÷出险当时重置价（或账面余额）×实际损失（或修复费用）

理赔人员通过上述方法计算出赔偿金额后，填制"赔款计算书"，连同被保险人签章的"赔款收据"送交会计部门。会计部门接到业务部门的赔款计算书后，应认真审查有关内

容，审查无误后，支付赔款。

（三）赔款支出的核算

1. 科目设置

（1）"赔款支出"科目。

"赔款支出"科目，属损益类科目，按险种设置明细科目，核算保险公司的财产保险、意外伤害保险、一年期以内（含一年）的健康保险业务按保险合同约定支付的赔款。该科目借记登记发生赔款支出、"预付赔款"科目的转销数和发生的理赔勘查费，贷方登记收回损余物资转作物料用品，错赔、骗赔追回的赔款等。期末应将本科目的余额转入"本年利润"科目，结转后本科目无余额。

（2）"预付赔款"科目。

"预付赔款"科目，属资产类科目，按险种或赔案设置明细科目，核算保险公司在处理各种理赔案件过程中按照保险合同约定预先支付的赔款。该科目借方登记预付的赔款，贷方登记结案后转成的赔款支出，期末借方余额反映实际预付的赔款。

2. 账务处理

赔款的计算和审核是一项细致、复杂的工作。有的赔款能当时结案，有的往往需要很长时间，保险公司为了使被保险人能及时恢复生产经营活动，经常采取按估计损失的一定比例先预付赔款，等损失核定后再补足差额的办法。

（1）当时结案的赔款支出的处理。

【例 11-7】某企业投保的一台机器设备出险，承保的某保险公司会计部门收到业务部门交来的赔款计算书和被保险人签章的赔款收据，应赔款 280 000 元，经审核，开出转账支票支付赔款。其会计分录为：

借：赔款支出——企业财产险   280 000.00
    贷：银行存款——活期户   280 000.00

（2）理赔勘查费的处理。

理赔过程中聘请保险公估机构进行协助所支付的各项费用，如理赔勘查费，按照我国《保险公司财务制度》的规定，也在"赔款支出"科目核算。

【例 11-8】某财产保险公司对某保户财产基本险出险，聘用某保险公司机构进行评估工作，以银行存款支付评估费 90 000 元。其会计分录为：

借：赔款支出——财产基本险   90 000.00
    贷：银行存款——活期户   90 000.00

（3）预付赔款的处理。

【例 11-9】某企业财产保险基本险出险，由于投保人与保险公司就其损失存在争议，一时不能结案，为了使企业能及时恢复生产经营活动，保险公司按一定比例支付预付赔款 300 000 元，以银行转账支票付讫。后经双方协商，确认理赔支出总额为 380 000 元，保险公司在结案后以转账支票 80 000 元补足赔款。其会计分录为：

预付赔款时：

借：预付赔款——财产基本险   380 000.00
    贷：银行存款——活期户   380 000.00

补付赔款及结案时：

借：赔款支出——财产基本险　　　　　　　　　　　　　380 000.00

　　贷：预付赔款——财产基本险　　　　　　　　　　　　　300 000.00

　　　　银行存款——活期户　　　　　　　　　　　　　　　80 000.00

（4）损余物资的处理。

保险财产遭受保险事故后，在多数情况下，是部分受损。因此，还有具有一定利用价值的残留物资，即"损余物资"。损余物资一般应归被保险人，并在赔款中予以扣除；如果被保险人不愿接受，保险公司可按全额赔付，损余物资归保险公司处理，然后用处理损余物资的收入冲减赔款支出。损余物资在没有处理之前，要妥善保管。为此，要设"损余物资登记簿"，登记损余物资的数量和金额。

【例 11-10】某商场发生火灾，经计算财产损失应赔款 600 000 元，保险公司应得的损余物资折价 90 000 元归商场所有，其余赔款由保险公司全部支付。其会计分录为：

借：赔款支出——财产综合险　　　　　　　　　　　　510 000.00

　　贷：银行存款　　　　　　　　　　　　　　　　　　　510 000.00

【例 11-11】若【例 11-10】中的损余物资，商场没有接受，而是由保险公司作价 93 000元出售。其会计分录为：

支付商场赔款时：

借：赔款支出——财产综合险　　　　　　　　　　　　600 000.00

　　贷：银行存款　　　　　　　　　　　　　　　　　　　600 000.00

出售损余物资时：

借：银行存款　　　　　　　　　　　　　　　　　　　93 000.00

　　贷：赔款支出——财产综合险　　　　　　　　　　　　93 000.00

对于损余物资，如果保险人一时不愿处理或无法处理，可由保险公司收回，作为物料用品暂存。此时，应按估价入账。

【例 11-12】若【例 11-11】中的损余物资由保险公司收回入库，估价 90 000 元。其会计分录为：

借：物料用品　　　　　　　　　　　　　　　　　　　90 000.00

　　贷：赔款支出——财产综合险　　　　　　　　　　　　90 000.00

（5）对错赔或骗赔的处理。

在保险理赔过程中，不可避免地要发生某些错赔或骗赔案件。一经发现，要认真查处并追回赔款，并冲减相应的赔款支出。

【例 11-13】保险公司在支付了某企业财产基本险赔款后，发现这是一桩骗赔案件。经保险公司和公安部门的通力合作，追回了全部赔款 700 000 元。其会计分录为：

借：银行存款　　　　　　　　　　　　　　　　　　　700 000.00

　　贷：赔款支出——财产基本险　　　　　　　　　　　　700 000.00

四、财产保险准备金的核算

财产保险准备金，是保险公司为履行其承担的保险责任或者备付未来赔款，从所收取的保险费中提存的资金准备，它是一种资金的积累。根据《保险公司会计制度》规定，财

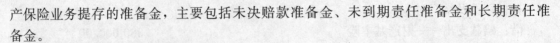

产保险业务提存的准备金，主要包括未决赔款准备金、未到期责任准备金和长期责任准备金。

(一) 未决赔款准备金的核算

1. 未决赔款准备金的内容及计算方法

未决赔款准备金，是指保险公司对保险事故已发生已报案或已发生未报案而按规定对未决赔款提存的准备金。保险公司在会计期末所提存的未决赔款准备金是一种资金准备，应于期末按估计保险赔款额入账，一般包括以下三种情况。

(1) 未决赔案应提存的未决赔款准备金。

所谓未决赔案，是指被保险人已提出保险赔款，但保险公司与索赔人就索赔案件是否属于保险责任范围、保险赔款额应为多少等事项尚未达成协议的案件。其准备金金额可采用如下三种估计方法。

①逐案估计法。由理赔人员根据每起索赔案件逐一估计赔款额，然后记入理赔档案，到一定时间把这些估计的数字汇总、修正后，据以提存准备金。这种方法比较简单，但工作量较大，适用于索赔金额确定，或索赔金额大小相差悬殊而难以估算平均赔付额的保险业务。

②平均值估计法。首先根据保险公司的以往损失数据计算出平均值，再根据对将来赔付金额变动趋势的预测加以修正，把这一平均值乘以已报告赔案数目就得出未决赔款额。这一方法适用于索赔案多且金额不大的业务。

③赔付率法。选择一个时期的赔付率来估计某类业务的最终赔付金额，从估计的最终赔付额中扣除已支付的赔款和理赔费用，即为未决赔款额。这种方法简便易行，但假定的赔付率与实际赔付率可能会有较大出入，此时按这种方法计算则不是很准确。

(2) 已决未付赔案应提存的已决未付赔款准备金。

所谓已决未付赔案，是指索赔案件已理算完结，应赔金额也已确定，但尚未赔付或尚未支付全部赔款的案件。其赔款准备金只需逐笔计算即可。

(3) 已经发生保险事故但尚未报告的赔案应提存的已发生未报告赔款准备金。

此类赔款准备金的数额估计比较复杂，一般以过去的经验数据为基础，再根据各种因素的变化进行修正，如出险单位索赔次数、金额、理赔费用的增减、索赔程序的变更等。这种索赔估计需要非常熟悉和精通业务的管理人员凭经验准确判断。

我国《保险公司财务制度》对赔款准备金的提存数定了量化标准，对已决未付赔案按最高不超过当期已经提出的保险赔款或者给付金额的100％提存；对已发生未报告的未决赔案按不高于当年实际赔款支出额的4％提存未决赔款准备金。

2. 科目设置

(1) "未决赔款准备金"科目。

"未决赔款准备金"科目，属负债类科目，按险种设置明细科目，用来核算保险公司由于已经发生保险事故并已提出保险赔款以及已经发生保险事故但尚未提出保险赔款而按规定提存的未决赔款准备金。该科目贷方登记保险公司期末按规定提存的准备金数额，借方登记转回的准备金数额，余额在贷方，反映保险公司本期提存但尚未转回的未决赔款准备金。

（2）"转回未决赔款准备金"科目。

"转回未决赔款准备金"科目，属损益类科目，按险种设置明细科目，用来核算保险公司转回上期提存的未决赔款准备金。该科目贷方登记转回上期提存的准备金数额，借方登记结转"本年利润"科目的数额，期末结转后，本科目无余额。

（3）"提存未决赔款准备金"科目。

"提存未决赔款准备金"科目，属损益类科目，按险种设置明细科目，用来核算保险公司由于已经发生保险事故并已提出保险赔款以及已经发生保险事故但尚未提出保险赔款而按规定提存的未决赔款准备金。该科目借方登记提存的准备金数额，贷方登记结转"本年利润"科目的数额，期末结转后，本科目无余额。在"提存未决赔款准备金"科目下还应设置"已提出赔款的准备金"和"未提出赔款的准备金"两个明细科目。

3. 账务处理及核算举例

（1）账务处理。

未决赔款准备金的账务处理主要包括提存未决赔款准备金，转回未决赔款准备金，以及将提存、转回未决赔款准备金结转本年利润 3 项内容。

①期末，保险公司按规定提存未决赔款准备金时，借记"提存未决赔款准备金（有关明细）"科目，贷记"未决赔款准备金"科目。

②按规定转回上期提存的未决赔款准备金时，借记"未决赔款准备金"，科目，贷记"转回未决赔款准备金"科目。

③期末，将"提存未决赔款准备金"科目余额转入"本年利润"科目，借记"本年利润"科目，贷记"提存未决赔款准备金"科目；将"转回未决赔款准备金"科目余额转入"本年利润"科目，借记"转回未决赔款准备金"科目，贷记"本年利润"科目。期末结转后，"提存未决赔款准备金"和"转回未决赔款准备金"科目应无余额。

（2）核算案例。

【例 11-14】某财产保险公司期末计提未决赔款准备金，对已决未付赔案按当期已经提出的保险赔款 4 000 000 元计提，对已发生未报告的未付赔案按当期实际赔款支出额 5 000 000 元的 4% 计提，同时，本期转回上期提存的未决赔款准备金 2 000 000 元，期末结转相关准备金。其会计分录为：

本期末提存未决赔款准备金时：

借：提存未决赔款准备金——已提出赔款的准备金　　　　3 000 000.00

　　提存未决赔款准备金——未提出赔款的准备金　　　　　200 000.00

　　　贷：未决赔款准备金　　　　　　　　　　　　　　　　3 200 000.00

转回上年未决赔款准备金时：

借：未决赔款准备金　　　　　　　　　　　　　　　　　2 000 000.00

　　　贷：转回未决赔款准备金　　　　　　　　　　　　　　2 000 000.00

期末结转各项准备金确定损益时：

借：转回未决赔款准备金　　　　　　　　　　　　　　　2 000 000.00

　　　贷：本年利润　　　　　　　　　　　　　　　　　　　2 000 000.00

借：本年利润　　　　　　　　　　　　　　　　　　　　3 200 000.00

　　　贷：提存未决赔款准备金　　　　　　　　　　　　　　3 200 000.00

(二) 未到期责任准备金的核算

1. 未到期责任准备金的内容及计算方法

未到期责任准备金，是指保险公司对 1 年期以内（含 1 年）的保险业务，为承担未来保险责任而按规定提取的准备金。未到期责任准备金是在会计年度决算时一次计提的，并在开始实行年度前报主管财政机关及保险监督管理部门备案。一般有三种提取方法：

（1）年平均估算法。

年平均估算法假定一年中承保的所有保单是在 365 天中逐日均匀开出的，即每天开出的保险单数量及保险金额大体相同，每天收取的保险费数额也差不多，这样，1 年的保险单在当年还有 50％的有效部分未到期，则应提留有效保单的 50％作为准备金。

（2）月平均估算法。

月平均估算法假定一个月内所有承保的保险单是 30 天内逐日开出的，且每天开立的保险单数量、保险金额大体均匀，也就是假定本月承保的保险单在当月内的有效期天数都是 15 天，即半个月，则对 1 年期保险单来说，出立保险单的当月末已到期责任为 1/24，23/24 的保费则是未到期责任准备金。以后每过一个月，已到期责任加上 2/24，未到期责任准备金减少 2/24，到年末，1 月份开出的保险单的未到期责任准备金为保费的 1/24，2 月份的是 3/24，其余类推，到 12 月份的保险单则为 23/24。

这种方法比年平均估算法精确，适用于每月内每天开出保险单份数与保额大致相同而各月之间差异较大的业务。

（3）季平均估算法。

季平均估算法假定每一季度中承保的所有保险单是逐日开出的，且每天开出的保险单数量、每份保险单的保险额大体均匀。这样，每季度末已到期责任为 1/8，未到期责任为 7/8，然后每过一季，已到期责任加上 2/8，未到期责任减少 2/8，以此类推。年末到期责任准备金为：第一季度保费收入×1/8＋第二季度保费收入×3/8＋第三季度保费收入×5/8＋第四季度保费收入×7/8。

2. 科目设置

（1）"未到期责任准备金"科目。

"未到期责任准备金"科目，属负债类科目，按险种设置明细科目，核算保险公司 1 年以内（含 1 年）的财产保险业务按规定提存的未到期责任准备金。该科目贷方登记提存的准备金数额，借方登记转回上年同期提存的准备金数额，余额在贷方。反映保险公司已提存但尚未转回的未到期责任准备金。

（2）"转回未到期责任准备金"科目。

"转回未到期责任准备金"科目，属损益类科目，按险种设置明细科目，核算保险公司转回上年同期提存的未到期责任准备金。该科目贷方登记转回上年同期提存的准备金数额。借方登记结转"本年利润"科目的数额，期末结转后，本科目无余额。

（3）"提存未到期责任准备金"科目。

"提存未到期责任准备金"科目，属损益类科目，按险种设置明细科目，核算保险公司 1 年以内（含 1 年）的财产险业务按规定提存的未到期责任准备金。该科目借方登记提存的准备金数额，贷方登记结转"本年利润"科目的数额，期末结转后，本科目无余额。

3. 账务处理及核算

（1）账务处理。

①期末，保险公司按规定提存未到期责任准备金时，借记"提存未到期责任准备金"科目，贷记"未到期责任准备金"科目。

②转回上年同期提存的未到期责任准备金时，借记"未到期责任准备金"科目，贷记"转回未到期责任准备金"科目。

③期末结转各项责任准备金时，借记"本年利润"科目，贷记"提存未到期责任准备金"科目；同时，借记"转回未到期责任准备金"科目，贷记"本年利润"科目。期末结转后，"提存未到期责任准备金"和"转回未到期责任准备金"科目应无余额。

（2）核算案例。

【例 11-15】某财产保险公司全年 1 年期直接承保的保费收入 50 000 000 元；分保费收入为 20 000 000 元，分保费支出为 20 000 000 元，按自留保费的 50% 提取未到期责任准备金，同时转回上年同期提存未到期责任准备金 25 000 000 元。其会计分录为：

提取未到期责任准备金时：

$$提存未到期责任准备金＝（50\ 000\ 000.00＋20\ 000\ 000.00－20\ 000\ 000.00）×50\%$$
$$＝35\ 000\ 000.00（元）$$

借：提存未到期责任准备金　　　　　　　　　　　35 000 000.00

　　贷：未到期责任准备金　　　　　　　　　　　　　　35 000 000.00

转回上年提存的未到期责任准备金时：

借：未到期责任准备金　　　　　　　　　　　　　25 000 000.00

　　贷：转回未到期责任准备金　　　　　　　　　　　　25 000 000.00

期末结转有关责任准备金时：

借：转回未到期责任准备金　　　　　　　　　　　25 000 000.00

　　贷：本年利润　　　　　　　　　　　　　　　　　　25 000 000.00

借：本年利润　　　　　　　　　　　　　　　　　35 000 000.00

　　贷：提存未到期责任准备金　　　　　　　　　　　　35 000 000.00

（三）长期责任准备金的核算

1. 长期责任准备金的内容及计算

长期责任准备金，是指保险公司对 1 年（不含 1 年）以上的长期财产保险业务和再保险业务，为承担保险期内保险责任和有关费用而提取的准备金。

由于长期财产保险业务保险金额和风险较大，根据稳健性原则，按业务年度而不是按会计年度结算损益，更能真正反映此类保险业务的经营结果。这里的业务年度根据业务性质确定，如果长期财产保险业务的责任期是 5 年，则结算损益年度为 5 年，以此类推。长期责任准备金在未到结算损益年度之前，按业务年度的营业收支差额提存，即根据长期财产保险业务取得的收入扣除相关成本费用后的差额提存。长期责任准备金于期末提存，同时转回上年同期提存数，计入当期损益。

2. 科目设置

（1）"长期责任准备金"科目。

"长期责任准备金"科目，属负债类科目，按险种设置明细科目，用来核算保险公司长期工程险等业务按规定提存的准备金。该科目贷方登记提存的准备金数额，借方登记转回的准备金数额，期末余额在贷方，反映保险公司已提存尚未转回的长期责任准备金。

（2）"转回长期责任准备金"科目。

"转回长期责任准备金"科目，属损益类科目，按险种设置明细科目，用来核算保险公司转回上年同期提存的长期责任准备金。该科目贷方登记转回的准备金数额，借方登记结转"本年利润"科目的数额，期末结转后，本科目无余额。

（3）"提存长期责任准备金"科目。

"提存长期责任准备金"科目，属损益类科目，按险种设置明细科目，用来核算保险公司长期工程险等业务按规定提存的长期责任准备金。该科目借方登记提存的准备金数额，贷方登记结转"本年利润"科目的数额，期末结转后，本科目无余额。

3. 账务处理及核算

（1）账务处理。

长期责任准备金的账务处理主要有以下三项内容：提存长期责任准备金、转回长期责任准备金以及将提存、转回长期责任准备金结转本年利润。

期末，保险公司按规定提存长期责任准备金时，借记"提存长期责任准备金"科目，贷记"长期责任准备金"科目。

转回上年同期提存的长期责任准备金时，借记"长期责任准备金"科目，贷记"转回长期责任准备金"科目。

期末结转各项责任准备金时，借记"本年利润"科目，贷记"提存长期责任准备金"科目；将"转回长期责任准备金"科目余额转入"本年利润"科目，借记"转回长期责任准备金"科目，贷记"本年利润"科目。期末结转后，"提存长期责任准备金"和"转回长期责任准备金"科目应无余额。

（2）核算案例。

【例 11-16】某财产保险公司承保 3 年期长期工程险，今年为第二年，保费收入为 10 000 000 元，赔款及其他支出合计为 3 000 000 元，上年提存的长期责任准备金为 3 000 000 元。其会计分录为：

将上年提存的长期责任准备金转回时：

借：长期责任准备金 3 000 000.00
　　贷：转回长期责任准备金 3 000 000.00

提存长期责任准备金：

提存长期责任准备金＝10 000 000.00＋3 000 000.00－3 000 000＝10 000 000.00（元）

借：提存长期责任准备金 10 000 000.00
　　贷：长期责任准备金 10 000 000.00

期末结转有关责任准备金时：

借：转回长期责任准备金 3 000 000.00
　　贷：本年利润 3 000 000.00
借：本年利润 10 000 000.00
　　贷：提存长期责任准备金 10 000 000.00

▶▶ **拓展阅读**

汽车保险理赔程序

车险理赔是汽车发生交通事故后，车主到保险公司理赔。理赔工作的基本流程包括报案、查勘定损、签收审核索赔单证、理算复核、审批、赔付结案等步骤。

车险理赔流程

出险：发生事故。

1. 报案：一般保险公司要求在事发 48 小时内报案。

（1）出险后，客户向保险公司理赔部门报案。

（2）内勤接报案后，要求客户将出险情况立即填写《业务出险登记表》（电话、传真等报案由内勤代填）。

（3）内勤根据客户提供的保险凭证或保险单号立即查阅保单副本并抄单以及复印保单、保单副本和附表。查阅保费收费情况并由财务人员在保费收据（业务及统计联）复印件上确认签章（特约付款须附上协议书或约定）。

（4）确认保险标的在保险有效期限内或出险前特约缴费，要求客户填写《出险立案查询表》，予以立案（电话、传真等报案，由检验人员负责要求客户填写），并按报案顺序编写立案号。

（5）发放索赔单证。经立案后向被保险人发放有关索赔单证，并告知索赔手续和方法（电话、传真等报案，由检验人员负责）。

（6）通知检验人员，报告损失情况及出险地点。

以上工作在半个工作日内完成。

2. 查勘定损

（1）检验人员在接保险公司内勤通知后 1 个工作日内完成现场查勘和检验工作（受损标的在外地的检验，可委托当地保险公司在 3 个工作日内完成）；

（2）要求客户提供有关单证；

（3）指导客户填列有关索赔单证。

3. 签收审核索赔单证

（1）营业部、各保险支公司内勤人员审核客户交来的赔案索赔单证，对手续不完备的向客户说明需补交的单证后退回客户，对单证齐全的赔案应在"出险报告（索赔）书"（一式二联）上签收后，将黄色联交还被保险人；

（2）将索陪单证及备存的资料整理后，交产险部核赔科。

4. 理算复核

（1）核赔科经办人接到内勤交来的资料后审核，单证手续齐全的在交接本上签收；

（2）所有赔案必须在 3 个工作日内理算完毕，交核赔科负责人复核。

5. 审批

（1）产险部权限内的赔案交主管理赔的经理审批；

（2）超产险部权限的逐级上报。

6. 赔付结案

（1）核赔科经办人将已完成审批手续的赔案编号，将赔款收据和计算书交财务划款；

（2）财务对赔付确认后，除陪款收据和计算书红色联外，其余取回。

（资料来源：找法网 汽车保险理赔知识）

任务二 人寿保险公司业务的核算

一、人寿保险业务的种类

目前，我国保险业务被划分为财产保险业务和人身保险业务两类，根据《中华人民共和国保险法》规定，人身保险可以分为人寿保险、健康保险和伤害保险三大类。

（一）人寿保险

人寿保险是以人的生命和身体为保险标的，以被保险人的生、死、残废为保险事故的保险。人寿保险按保险事故可分为生存保险、死亡保险、两全保险和年金保险。

1. 生存保险

生存保险是指以被保险人在某一时期内的生存为保险事故，给付约定的保险金的保险。也就是说，只有当被保险人一直生存到保险期限届满时，保险人才给付保险金，若被保险人在中途死亡，则保险人不给付保险金。

2. 死亡保险

死亡保险是以被保险人在保险期间内死亡为给付保险金条件的保险。如果被保险人生存到保险期满，保险人不负给付保险金责任。它可以分为定期死亡保险与终身死亡保险两种。

3. 两全保险

两全保险又称储蓄保险或生死保险，是将定期死亡保险和生存保险结合起来的保险。它是指被保险人不论在保险期内死亡还是生存到保险期届满，保险人都给付保险金的保险。被保险人在保险合同规定的年限内死亡，或保险规定年限期满时仍然生存，保险人按保险合同都要给付保险金。两全保险的纯保费由自然保险费和储蓄保险费组成，自然保险费用于当年死亡给付，储蓄保险费则逐年积累形成责任准备金，既可用于中途退保时支付保险金，也可用于期满生存时的生存给付。

4. 年金保险

年金保险也称养老金保险，是保险人在约定的期间内，按照一定的周期给付保险金的保险。其目的是为被保险人老年生活提供经济保障。被保险人在年轻时，从其收入中支付一定量的保险费购买年金保险，当到达约定领取年金年龄时开始领取保险金，直到受益人死亡或规定的期限终了为止。

（二）健康保险

健康保险是补偿被保险人因疾病或身体伤残所致损失的保险。当被保险人因身体伤残、疾病或医疗费用造成损失时，保险人提供一次性给付或定期给付保险金。健康保险的市场潜力巨大，是现代人寿保险公司主要的险种之一。

（三）伤害保险

伤害保险是指被保险人因意外事故（亦即外来、急剧、偶然的事故）致使身体蒙受伤害，并以此伤害为直接原因致使被保险人死亡、残废需就医治疗时，由保险人按具体伤害情况依照约定的金额给付死亡保险金、残废保险金或医疗保险金的保险。伤害保险区别于人寿保险，其保险期限一般为 1 年或更短的期限。

二、人寿保险业务的核算

（一）人寿保险业务保费收入的核算

寿险保费是根据"保险合同双方权利和义务对等"的原则确定的。对于投保人来说，按保险合同规定交付保险费是其义务，只有履行了缴费义务，寿险合同的受益人才有在未来保险事故发生时领取保险金的权利。寿险保费收入的确定条件与财产保费收入的确认条件相同。

1. 人寿保险业务保费的构成

寿险保费由纯保险费和附加费两部分构成，两部分之和等于毛保险费，及营业保费。

纯保险费是用于各种保险金给付的保险基金的来源，它是根据预定死亡率（或预定生存率）及预付利息率计算出来的。在其计算中未计入保险业务经营中所需要的业务费用。

附加费用适用于各种业务及管理费用支出的资金来源，它是根据预定费用率计算出来的。

投保人向保险人缴纳保险费的形式主要有两种：趸缴和分期缴付。趸缴保险费是投保人在投保时一次缴清保险费。分期缴付的保险费有两类：一类是缴费期等于保险期；另一类是缴费期小于保险期限，及限期缴付的保险费。

2. 保费收入的业务程序

寿险保单的保险费一般是分期缴付，并在保险合同中载明。投保人向人寿保险公司缴付的第一期保费一般是直接向保险公司缴付现金或通过银行划账。以后续缴保费，保户应按规定的缴费时间和保费金额，前往保险公司指定的地点（保险公司营业部门等）缴费或将保费存入银行由保险人通过银行划收。保险公司的内勤人员收到保费时，当即交由出纳人员收款，随及在三联式的"缴费凭证"上加盖"现金收讫"章及经办人员名章。缴费凭证一式三联：一联"保费收据"交保户收执；一联"收据副本"由业务部门留作登记业务卡片；一联"收据存根"连同银行存款解缴回单，一并送交会计部门，由会计人员据以办理会计手续。待每日对外营业结束后，保险公司的会计部门收到业务部门交来的"保险日报表"及所附的缴费凭证、银行存款解缴回单等，必须对有关单证内容进行审查，审查无误后，才可编制记账凭证，办理相关入账手续。

如属于集体投保的寿险手续，由保险公司与代办单位直接建立代收保险费关系。由单位指定经办人员代收代缴，并以转账方式将保费划入保险公司账户。

3. 科目设置

（1）"保费收入"科目。

"保费收入"科目，属损益类科目，按险种设置明细科目，用来核算保险公司按保险契约或批单向保户收取的保险费。该科目贷方登记实现的保险收入，借方登记期末转入"本年利润"科目的本期发生额，期末结转后无余额。

（2）"预收保费"科目。

"预收保费"科目，属负债类科目，按投保人设置明细科目，核算保险公司在保险责任生效前向投保人预收的保险费。该科目贷方登记发生的保费预收数，借方登记转作保费收入的保费预收数，期末余额在贷方，表示期末公司向投保人预收的保险费。

4. 账务处理

（1）保险业务发生时收取保费的处理。

根据《保险公司会计制度》规定，在保险业务发生时收取保费的情况下，所收保险费就是即期保费收入，趸交保费视同为即期保险收入，并一次性记入"保费收入"科目。

【例 11-17】某保险公司会计部门收到业务部门送来"简易人寿保险日结单"及有关收据存根和现金 50 000 元，审查无误后办理入账。其会计分录为：

借：库存现金 50 000.00
　　贷：保险收入——普通寿险（简易人寿保险） 50 000.00

【例 11-18】某人寿保险公司会计部门收到业务部门交来一张转账支票，金额 550 000 元，系某集团投保的 5 年期团体寿险保费，投保对象为该集团所有员工。经会计部门审查，各项单证相符。其会计分录为：

借：银行存款 550 000.00
　　贷：保费收入——普通寿险（团寿险） 550 000.00

（2）预收保费的处理。

在预收保费时，保险客户提前缴纳的保险费，应通过"预收保费"科目核算。

【例 11-19】某投保人交来终身寿险保单一份及保费现金 5 500 元。则保险公司会计分录为：

借：库存现金 5 500.00
　　贷：预收保费——××保户 5 500.00

【例 11-20】接【例 11-19】，经核保部门核保，同意承包并签发保单，将预收保费转为实现的保费收入。其会计分录为：

借：预收保费——××保户 5 500.00
　　贷：保险收入——终身寿险 5 500.00

【例 11-21】某企业预交团体寿险保险 500 000 元，经核保部门核保，保险公司同意承保，将预收保费转为实现的保费收入。其会计分录为：

预收保费时：

借：银行存款 500 000.00
　　贷：预收保费——某企业 500 000.00

将预收保险转为实现的保费收入时：

借：预收保费——某企业 500 000.00
　　贷：预收保费——团寿险 500 000.00

（二）人寿保险业务保险金给付的核算

人寿保险业务保险金给付是指保险公司对投保人在保险期满或在保险期中支付保险金，以及对保险期内发生保险责任范围内的意外事故按规定给付保险金。寿险保险金的给付具体可以分为满期给付、死伤医疗给付和年金给付三种。

1. 满期给付的核算

当被保险人生存至保险契约满期时，保险公司按照保险契约所规定的保险金额给付。满期给付一般由被保险人本人领受。寿险业务中只有生存保险和两全保险有满期给付。我国开办的满期给付险种主要有：简易人寿保险、团体人寿保险、普通个人生存保险及生死两全保险等。

（1）科目设置："满期给付"科目。

"满期给付"科目，属损益类科目，按险种设置明细科目，用来核算当人寿保险业务的被保险人生存至保险期满时，人寿保险公司按保险合同约定支付给被保险人的满期保险金。

该科目借方登记满期给付实际支付的金额，贷方登记期末转入"本年利润"科目的本期发生额，期末结转后，本科目应无余额。

（2）账务处理。

保险公司发生满期给付时，借记"满期给付"科目，贷记"库存现金""银行存款"等科目。若在满期给付时，有贷款本息未还清者，应将其未还清贷款本息从应支付的保险金中扣除。其会计处理为，按应给付保险金额，借记"满期给付"科目，按未收回的保户质押贷款本金，贷记"保户质押贷款"科目，按欠息数，贷记"利息收入"科目，按实际支付的金额，贷记"库存现金""银行存款"等科目。

在保险合同规定的缴费宽限期内发生满期给付时，按应给付金额，借记"满期给付"科目，按投保人未交保费部分，贷记"保费收入"科目，按欠息数，贷记"利息收入"科目，按实际支付金额，贷记"库存现金""银行存款"等科目。

期末将"满期给付"科目的余额转入"本年利润"科目时，借记"本年利润"科目，贷记"满期给付"科目。

【例 11-22】某简易人寿保险保户保险期满，持必要单证申请给付保险金 60 000 元。业务部门核对后，将所填"满期给付领款收据"交会计部门，会计人员复核后以现金支付保险金。其会计分录为：

借：满期给付——简易人寿保险　　　　　　　　　　　　60 000.00
　　贷：库存现金　　　　　　　　　　　　　　　　　　　　　60 000.00

【例 11-23】某公司给员工投保险限为 5 年的团体两全人寿保险，现已到期。保险公司业务部按缴费期限、投保份数，计算每一个被保险人已满期的保险金，总计为 250 000 元。会计人员复核后，用转账支票支付这笔保险金。其会计分录为：

借：满期给付——团体两全人寿保险　　　　　　　　　　250 000.00
　　贷：银行存款　　　　　　　　　　　　　　　　　　　　　250 000.00

【例 11-24】某保险金额为 200 000 元的两全保险满期，投保人尚有 24 000 元的保单质押贷款未归还，这笔贷款应付利息 1 600 元。会计部门将贷款及利息扣除后办理给付。其会计分录为：

借：满期给付　　　　　　　　　　　　　　　　　　　　200 000.00
　　贷：保单质押贷款　　　　　　　　　　　　　　　　　　　24 000.00
　　　　利息收入　　　　　　　　　　　　　　　　　　　　　1 600.00
　　　　库存现金　　　　　　　　　　　　　　　　　　　　174 400.00

2. 死伤医疗给付的核算

死伤医疗给付是指投保人在保险期内发生保险责任范围内的死亡、伤残等意外事故，按规定给付保险金。包括死亡给付和医疗给付两项责任。

（1）科目设置："死伤医疗给付"科目。

"死伤医疗给付"科目，属损益类科目，用来核算当人寿保险及长期健康保险业务的被保险人在保险期内发生保险责任范围内的保险事故，保险公司按保险合同约定支付给被保险人（或受益人）的保险金。该科目借方登记实际支付的死伤医疗给付金额，贷方登记期末转入"本年利润"科目的本期发生额，期末结转后，本科目应无余额。该科目应设置"死亡给付"和"医疗给付"两个明细科目，并按险种进行明细分类核算。

（2）账务处理。

死伤医疗给付时，借记"死伤医疗给付"科目。贷记"库存现金"或"银行存款"科目。若发生死伤医疗给付时，有贷款本息未还清者，按应给付金额，借记"死伤医疗给付"科目按未收回的保户质押贷款本金，贷记"保户质押贷款"科目。按欠息数，贷记"利息收入"科目，按实际支付的金额，贷记"保户质押贷款"科目，按欠息数，贷记"利息收入"科目，按实际支付的金额，贷记"库存现金"或"银行存款"等科目。期末将"死伤医疗给付"科目的余额转入"本年利润"科目时，借记"本年利润"科目，贷记"死伤医疗给付"科目。

【例 11-25】 某简易人寿保险保户因病死亡，其受益人提出死亡给付申请，业务本门审核无误后同意给付全部保险金 50 000 元，另外该保户还有当月应缴而未缴保费 100 元。会计本门审核后，以现金支付余额。其会计分录为：

借：死伤医疗给付——简易人寿保险	50 000.00	
贷：保费收入		100.00
库存现金		49 900.00

【例 11-26】 接【例 11-25】，假设【例 11-25】中保户还有尚未归还的贷款 1 000 元，借款利息 500 元，均应从给付的保险金中扣除。会计部门审核后，其会计分录为：

借：死伤医疗给付——简易人寿保险	50 000.00	
贷：保费收入		100.00
保户质押贷款		1 000.00
利息收入		500.00
库存现金		48 400.00

【例 11-27】 某养老金保户因病死亡，其受益人持有关单证申请领取丧葬费。业务部门经审查无误后，按规定同意给付 8 000 元。会计部门核对无误后，以现金支付。其会计分录为：

借：死伤医疗给付——养老金保险	8 000.00	
贷：库存现金		8 000.00

3. 年金给付的核算

年金给付是指人寿保险公司年金保险业务的被保险人生存至规定的年龄，按保险合同约定支付给被保险人的给付金额。

（1）科目设置："年金给付"科目。

"年金给付"科目，属损益类科目，按险种设置明细科目，用来核算公司因年金保险业务的被保险人生存至规定的年龄，按保险合同约定支付给被保险人的给付金额。该科目借方登记实际支付的年金给付金额，贷方登记期末转入"本年利润"科目的本期发生额，期末结转后，本科目应无余额。

（2）账务处理。

发生年金给付时，借记"年金给付"科目，贷记"库存现金""银行存款"等科目。若年金给付时，有贷款本息未还清者，按未收回的保户质押贷款本金，贷记"保户质押贷款"科目，按欠息数，贷记"利息收入"科目，按实际支付的金额，贷记"保户质押贷款"科目，按欠息数，贷记"利息收入"科目，按实际支付的金额，贷记"库存现金"或"银行存款"等科目。

【例 11-28】 某投保终身年金保险的被保人，先以生存至约定年金领取年龄，该投保人持有关证件向保险公司办理领取手续，保险人审核确认后，按规定每月让其领取保险金 4 000 元，直到被保险人死亡为止。每月让其发放年金时，其会计分录为：

```
借：年金给付                                           4 000.00
    贷：库存现金                                         4 000.00
```

（三）退保金的核算

寿险业务是长期性业务。在这个较长的过程中，由于种种原因，往往会发生保户要求退保的情况。不同险种，退保处理规定有所不同。

（1）科目设置："退保金"科目。

"退保金"科目，属损益类科目，按险种设置明细科目，用来核算寿险保单的投保人申请退保时，保险人按规定支付给投保人的退保金。该科目借方登记实际支付的退保金数额，贷方登记期末转入"本年利润"科目的本期发生额，期末结转后，本科目无余额。

（2）账务处理。

支付退保金时，借记"退保金"科目，贷记"库存现金"或"银行存款"等科目。支付退保金时，若有贷款本息未还清，按扣除应归还本息后的应付退保金数额，借记"退保金"科目，按未收回的保户质押贷款本金，贷记"保户质押贷款"科目，按欠息数，贷记"本息收入"科目，按实际支付的金额，贷记"库存现金"或"银行存款"等科目。被保险人退保时，若有预交保费的，应退还预交部分，按应付退保金数借记"退保金"科目，按应退预交保费数借记"预收保费"科目，按实付金额贷记"库存现金"或"银行存款"科目。期末将"退保金"科目的余额转入"本年利润"科目时，借记"本年利润"科目，贷记"退保金"科目。

【例11-29】 某养老保险保户因经济困难要求退保，经业务部门审查，同意支付退保金10 000元，会计部门核对有关单证后支付现金。其会计分录为：

```
借：退保金——养老保险                                 10 000.00
    贷：库存现金                                       10 000.00
```

【例11-30】 某简易人寿保险保户，因迁居国外要求退保，业务部门审核后，同意退金100 000元，财务部门审查无误后即以现金支付。其会计分录为：

```
借：退保金——简易人寿保险                             100 000.00
    贷：库存现金                                      100 000.00
```

【例11-31】 接上例，假设【例11-30】中保户退保时，保户尚有5 000元借款未还，借款利息为100元，财会部门审核无误后，扣除其借款本息，以现金支付退保金。其会计分录为：

```
借：退保金                                          100 000.00
    贷：保户质押贷款                                    5 000.00
        利息收入                                        100.00
        库存现金                                      94 900.00
```

【例11-32】 某保护要求退保，业务部门审核应退18 000元，该保户另外还预交了3个月的保费900元，财会部门审核无误后，将退保金与预交保费一并退还被保险人。其会计分录为：

```
借：退保金                                           18 000.00
    预交保费                                            900.00
    贷：库存现金                                       18 900.00
```

三、意外伤害保险与健康保险业务的核算

人身意外伤害保险是以被保险人的身体或劳动能力作为保险标的保险。它是以被保险人因遭受意外伤害造成死亡、残废、支出医疗费、暂时丧失劳动能力为给付保险金条件的人身保险业务。健康保险是以被保险人的疾病、分娩及其所致残废或死亡为保险标的保险。

（一）核算特点

意外伤害保险和健康保险与人寿保险都是人身保险业务的有机组成部分。人身意外伤害保险具有损害赔偿的性质，具体地说，只有当被保险人的身体因意外伤害而引起死亡或者伤残时，保险人才给付保险金。如果被保险人死亡、伤残是由于疾病引起的，或者是自然死亡，在人身意外伤害保险中都不给付保险金。而健康保险是在保险合同有效期内，被保险人因疾病、分娩及其所造成的残废死亡，保险人按照合同的规定，承担给付保险金的责任。健康保险同普通财产保险一样，属于有价补偿保险的范畴。

意外伤害保险和健康保险与其他人身保险业务相比，由于它们的业务特点和经营管理要求不同，因而在会计核算上有所不同。其核算特征主要表现为以下几方面。

1. 记账基础不同

意外伤害保险和健康保险业务核算实行权责发生制原则记账，而其他人身保险业务核算实行混合原则记账，即采用收付实现制为主、兼用权责发生制的记账原则。

2. 给付保险金不同

由于保险公司承担的责任不同，意外伤害保险与健康保险只有保险补偿给付，其他人身保险业务除保险补偿给付，还有保险期满给付，并且会计核算科目也不相同。

3. 法定再保险不同

意外伤害保险与健康保险按规定应实行法定再保险，而其他人身保险业务不实行法定再保险。

4. 提存准备金计算不同

意外伤害保险与健康保险未到期责任准备金一般按自留保费的50％计提，而其他人身保险各种准备金又各不相同。

5. 退保费核算不同

意外伤害保险与健康保险按规定退保费直接冲减"保费收入"科目，而其他人身保险另设"退保金"科目专门进行核算。

6. 损益计算不同

意外伤害保险与健康保险按各类险种计算经营结果，而其他人身保险虽然按各类险种计算，但不反映经营结果。

（二）科目设置与账务处理

1. 科目设置

为了反映意外伤害保险和健康保险收取保费和保险金给付的情况，应分别设置"保费收入""应收保费""赔款支出""死伤医疗给付"等科目。

2. 账务处理

（1）收到保险人交来的保费的账务处理。

【例 11-33】某人寿保险公司会计部门收到业务部门送来的"公路旅客人身意外伤害险保费日结单"及所附收费存根和现金 10 000 元，经审核无误办理入账。其会计分录为：

借：库存现金   10 000.00

  贷：保费收入——伤害保险（公路旅客险）   10 000.00

（2）发生保险给付的账务处理。

【例 11-34】某长期健康险保单的被保险人发生重大疾病，向保险人提出给付申请，保险人审查后同意给付全部保险金 300 000 元，但须扣除宽限期内尚未缴纳的保费 1 000 元和保单质押贷款 10 000 元及利息 500 元。其会计分录为：

借：死伤医疗给付——长期健康险   300 000.00

  贷：保费收入   1 000.00

    保户质押贷款   10 000.00

    利息收入   500.00

    库存现金   288 500.00

四、人身保险准备金的核算

人身保险准备金是保险人根据保险合同，为支付将来的保险给付而设置的积累基金。它主要包括寿险责任准备金、长期健康险责任准备金、未到期责任准备金和未决赔款准备金四种。下面介绍寿险责任准备金和长期健康险责任准备金的核算方法。

（一）科目设置

1. "寿险责任准备金"科目

"寿险责任准备金"科目，属负债类科目，按险种设置明细科目，用来核算人寿保险公司按规定对人寿保险业务提存的责任准备金。该科目贷方登记提存的准备金数额，借方登记转回的准备金数额，期末贷方余额反映已提存但尚未转回的寿险准备金。

2. "提存寿险责任准备金"科目

"提存寿险责任准备金"科目，属损益类科目，按险种设置明细科目，用来核算公司对人寿保险业务提存的责任准备金。该科目借方登记提存的准备金数额，贷方登记结转"本年利润"科目的数额，期末无余额。

3. "转回寿险责任准备金"科目

"转回寿险责任准备金"科目，属损益类科目，按险种设置明细科目，用来核算人寿保险公司转回上年同期提存的寿险责任准备金。该科目贷方登记转回上年同期提存的准备金数额，借方登记结转"本年利润"科目的数额，期末结转后，本科目应无余额。

（二）账务处理

寿险责任准备金的账务处理包括提存寿险责任准备金、转回寿险责任准备金，以及将提存、转回的寿险责任准备金结转至本年利润三项内容。

1. 提存

保险公司期末按规定提存寿险责任准备金时，借记"提存寿险责任准备金"科目，贷记"寿险责任准备金"科目。

2. 转回

期末按规定转回上年同期提存的寿险责任准备金时，借记"寿险责任准备金"科目，贷记"转回寿险责任准备金"科目。

3. 结转

期末将"提存寿险责任准备金""转回寿险责任准备金"科目余额转入"本年利润"科目时，借记"本年利润"科目，贷记"提存寿险责任准备金"科目；同时，借记"转回寿险责任准备金"科目，贷记"本年利润"科目。

【例 11-35】某人寿保险公司 2013 年 12 月 31 日提存寿险责任准备金 10 000 000 元，转回上年同期提存的寿险责任准备金 10 000 000 元。其会计分录为：

提存寿险责任准备金时：

借：提存寿险责任准备金　　　　　　　　　　　　　10 000 000.00
　　贷：寿险责任准备金　　　　　　　　　　　　　　　　　10 000 000.00

转回寿险责任准备金时：

借：寿险责任准备金　　　　　　　　　　　　　　　10 000 000.00
　　贷：转回寿险责任准备金　　　　　　　　　　　　　　　10 000 000.00

将提存、转回的寿险责任准备金结转至本年利润时：

借：本年利润　　　　　　　　　　　　　　　　　　10 000 000.00
　　贷：提存寿险责任准备金　　　　　　　　　　　　　　　10 000 000.00

借：转回寿险责任准备金　　　　　　　　　　　　　10 000 000.00
　　贷：本年利润　　　　　　　　　　　　　　　　　　　　10 000 000.00

（三）长期健康险责任准备金的核算

1. 科目设置

（1）"长期健康险责任准备金"科目。

"长期健康险责任准备金"科目，属负债类科目，按险种设置明细科目，用来核算人寿保险公司对长期健康保险业务提存的准备金。该科目贷方登记提存的准备金数额，借方登记转回的准备金数额，期末余额在贷方，反映人寿保险公司本期提存尚未转回的准备金。

（2）"提存长期健康险责任准备金"科目。

"提存长期健康险责任准备金"科目，属损益类科目，按险种设置明细科目，用来核算人寿保险公司对长期健康保险业务提存的准备金。该科目借方登记提存的准备金数额，贷方登记结转"本年利润"科目的数额，期末结转后，本科目无余额。

（3）"转回长期健康险责任准备金"科目。

"转回长期健康险责任准备金"科目，属损益类科目，按险种设置明细科目，用来核算人寿保险公司转回上年同期提存的长期健康险责任准备金。该科目贷方登记转回上年同期提存的准备金数额，借方登记结转"本年利润"科目的数额，期末结转后，本科目应无余额。

2. 账务处理

长期健康险责任准备金的账务处理包括提存长期健康险责任准备金、转回长期健康险责任准备金，以及将提存、转回的长期健康险责任准备金结转至本年利润科目三项内容。其核算方法与人寿保险业务的寿险责任准备金的核算方法基本相同。

【例 11-36】某人寿保险公司 2013 年 12 月 31 日提存长期健康险责任准备金 8 000 000 元，转回上年同期提存的长期健康险责任准备金 5 000 000 元。其会计分录为：

提存长期健康险责任准备金时：

借：提存长期健康险责任准备金   8 000 000.00

  贷：长期健康险责任准备金   8 000 000.00

转回长期健康险责任准备金时：

借：长期健康险责任准备金   5 000 000.00

  贷：转回长期健康险责任准备金   5 000 000.00

将提存、转回的长期健康险责任准备金结转至本年利润科目时：

借：本年利润   8 000 000.00

  贷：提存长期健康险责任准备金   8 000 000.00

借：转回长期健康险责任准备金   5 000 000.00

  贷：本年利润   5 000 000.00

▶ 课后实训

资料：某保险公司 12 月份发生的各项业务收入如下：

1. 业务部门交来家庭财产险保费日报表和保费收据存根，以及现金 2 000 元，该业务是在保单生效时收到的全部保费。

2. 某厂投保财产基本险，保费 100 000 元，约定半月后缴付。

3. 12 月 18 日保险公司收到上述保费 100 000 元。

4. 收到家庭财产两全保险保户储金 40 000 元，存入银行。按预定利率计算此保户储金当年应收利息 25 元，并转作保费收入。

5. 获得某机动车辆险追偿款收入 40 000 元。

6. 某保户出险，业务部门交来赔款计算书，应赔款 500 000 元，经审核，开出转账支票赔付。

7. 追回某骗赔案的已付全部赔款 100 000 元。

8. 收到某保户交来团体寿险保费 20 000 元，存入银行。

9. 收到某单位以转账支票预交团体养老保险保费，金额 10 000 元。

要求：根据上述资料编制会计分录。

项目十二　其他金融公司业务的核算

📖 学习目标 ///

1. 掌握期货经纪公司会计科目的设置和核算方法；
2. 掌握信托投资公司会计科目的设置和核算方法；
3. 掌握金融租赁公司会计科目的设置和核算方法。

📖 案例导入 ///

张先生为了进行期货交易，选择了一家期货经纪公司作为他的代理机构。在签合同后，把 10 万元的资金存入这家公司开设的交易账户。某日他以 16 500 元/吨的价格买入 20 手上海铜（1 手为 5 吨）的多头合同，初始保证金比率为 10%，规定维持保证金为初始保证金的 75%，回答如下问题：

思考：

(1) 计算张先生的履约保证金、初始保证金和维持保证金各是多少？

(2) 如第六天价格又跌至 16 000 元/吨，这时的浮动亏损是多少？需要追加多少保证金？

任务一　期货经纪公司业务的核算

期货交易是指在期货交易所内集中买卖某种期货合约的交易活动；期货合约是指由期货交易所统一制定的、规定在将来某一特定的时间和地点交割一定数量与质量商品的标准化合约。期货交易者在进行交易之前要交纳一定数额的保证金，以增强期货交易的安全性。期货交易涉及期货交易所、期货经纪公司和期货投资者三方。

一、期货经纪公司业务内容

期货经纪公司作为联结期货交易所和期货投资者之间的桥梁，主要是通过收取客户手续费来获取收入。它一方面与期货交易所发生业务往来，如会员资格的取得、保证金的存取及清算等；另一方面与客户发生业务往来，如对客户保证金的收取和退还、盈亏的结转、手续费的收取等。

拓展阅读

期货交易流程

期货交易流程主要包括开户、下单、竞价、成交回报、结算、交割等环节，全面了解期货交易的各主要业务流程，理解期货交易中的有关概念，有助于投资者熟悉期货业务，正确履行交易过程中的权利与义务，保证交易行为的畅通与完整，是投资者参与期货交易前的必要准备。

一、开户

开户程序如下：

1. 风险揭示

客户委托期货经纪公司从事期货交易的，必须事先在期货经纪公司办理开户登记。期货经纪公司在接受客户开户申请时，应向客户提供《期货交易风险说明书》。个人客户仔细阅读和理解后，在该《期货交易风险说明书》上签字；单位客户在仔细阅读并理解后，由单位法定代表人在该《期货交易风险说明书》上签字并加盖单位公章。

2. 签署合同

期货经纪公司在接受客户开户申请时，双方需签署《期货经纪合同》。个人客户应在该合同上签字，单位客户应由法人在该合同上签字并加盖公章。个人开户应提供本人身份证，留存印鉴或签名样卡。单位开户应提供《企业法人营业执照》影印件，并提供法定代表人及本单位期货交易业务执行人的姓名、联系电话、单位及其法定代表人或单位负责人印鉴等书面内容材料及法定代表人授权期货交易业务执行人的书面授权书。

3. 缴纳保证金

客户在与期货经纪公司签署《期货经纪合同》之后，应按规定缴纳开户保证金。期货经纪公司将客户缴纳的保证金存入期货经纪合同指定的客户账户中，供客户进行期货交易之用。期货经纪公司向客户收取的保证金，属于客户所有，期货经纪公司除按照中国证监会的规定为客户向期货交易所交存保证金，进行期货交易结算外，严禁挪作他用。

二、下单

客户在按规定缴纳开户保证金后，即可开始交易，进行委托下单。所谓下单，是指客户在每笔交易前向期货经纪公司业务人员下达交易指令，说明拟买卖合约的种类、数量、价格等行为。交易指令的内容一般包括期货交易的品种、交易方向、数量、价格、日期及时间、期货交易所名称、客户名称、客户编码和账户、期货经纪公司和客户签名等。

客户可以通过书面、电话或中国证监会规定的其他方式进行下单。

三、竞价

期货合约价格的形成方式主要有：公开喊价方式和计算机撮合成交方式。目前国内期货交易所采用的是计算机撮合成交方式。

计算机撮合成交是根据公开喊价的原理设计而成的一种计算机自动化交易方式，是指期货交易所的计算机交易系统对交易双方的交易指令进行配对的过程。

国内期货交易所计算机交易系统的运行，一般是将买卖申报单以价格优先、时间优先的原则进行排序。当买入价大于、等于卖出价则自动撮合成交，撮合成交价等于买入价（BP）、卖出价（SP）和前一成交价（CP）三者中居中的一个价格。

开盘价和收盘价均由集合竞价产生。

国际上期货交易撮合成交的三种主要方法：

（1）公开喊价是指在交易所大厅的交易池内由场内经纪人和自营商面对面地公开叫价，并辅以手势交易期货合约的方式。这种交易方式流行于欧美。

（2）集体叫价是指期货合约的价格均由交易的主席喊出，所有场内经纪人根据其喊价申报的数量，直至在某一价格上买卖的交易数量相等为止。这个交易方式起源于日本。

（3）电子交易是指场内出市代表通过计算机联网终端将买卖交易的指令输入交易所的计算机自动撮合成交系统，按价格优先、时间优先的原则自动撮合成交的交易方式。这种成交方式在国际期货市场上也得到广泛的应用，我国期货交易所均采用此种竞价方式。

四、成交回报

当客户的交易指令在交易所计算机系统中撮合成交后，出市代表应将成交结果反馈回期货经纪公司下单室，期货经纪公司下单室将成交结果记录在交易单上并打上时间戳记返还给客户代理人，再由客户代理报告给客户。成交回报记录包括以下内容：交易方向、成交手数、成交价格、成交回报时间等。

五、结算

结算是指根据交易结果和交易所有关规定对会员交易保证金、盈亏、手续费和其他有关事项进行的计算、划拨。结算包括交易所对会员的结算和期货经纪公司会员对客户的结算，其计算结果将被计入客户的保证金账户。

当每日结算后客户保证金低于期货交易所规定的保证金水平时，期货经纪公司按照期货经纪合同约定的方式通知客户追加保证金；客户不能按时追加保证金的，期货经纪公司应当将该客户部分或全部持仓强行平仓，直至保证金余额能够维持其剩余头寸。

六、交割

在期货交易中，了结期货开仓头寸的方式有两种：一种是对冲平仓；另一种是实物交割。

商品期货交易一般采用实物交割制度。虽然最终用于实物交割的期货合约的比例非常低，但正是这极少量（占期货交易总金额的比例）的实物交割将期货市场与现货市场联系起来，为期货市场功能的发挥提供了重要的前提条件。

结算完毕后，当客户权益低于持仓保证金金额时，期货经纪公司将按照规定给客户发出追加保证金通知单，客户必须在一个交易日第一交易小节结束前补足，否则公司将按照合同规定，执行强行平仓指令，一切损失将由客户无条件承担。

（一）期货经纪公司与期货交易所往来业务

1. 会员资格业务

期货经纪公司进行经纪业务，必须在期货交易所取得会员资格，即缴纳会员资格费取得席位。会员资格业务包括会员资格费的缴纳；转让会员资格时实现的损益，在基本席位以外需要缴纳的席位占用费、退让席位时收回的席位占用费；每年向期货交易所缴纳的年会费。

2. 日常交易业务

期货经纪公司取得会员资格以后，接受客户委托进行期货经纪业务，代理非会员客户进行期货合约的买卖，并与期货交易所进行保证金的存取和清算业务。这些日常交易业务主要包括期货保证金存入、划回或提取；客户平仓后代扣手续费；当不能用货币资金补充保证金时，提交质押物进行融资；代理客户对未平仓的合约进行实物交割；交易盈亏的结转。

（二）期货经纪公司与客户的往来业务

期货经纪公司与客户的往来业务包括向客户收取交易保证金；向客户清退交易保证金；平仓后从保证金中收取代理手续费；当客户不能用货币资金追加保证金时，开展保证金质押业务进行融资；代理客户进行实物交割；客户平仓盈亏的结转。

（三）其他业务

其他业务包括期货经纪公司按规定提取风险准备金、因各种原因形成的错交易、对结算差异的反映、客户违约处罚等。

二、期货经纪公司与期货交易所往来业务的核算

（一）会员资格费的核算

1. 科目设置

期货经纪公司应在"长期股权投资"科目下设置"期货会员资格投资"明细科目，核算为取得会员资格而以交纳会员资格费的形式对交易所的投资。该科目属于资产类科目，按交易所进行明细核算。

2. 账务处理

（1）取得期货会员资格时的处理。

期货经纪公司为取得交易所会员资格而交纳会员资格费时，应按实际支付的款项，借记"长期股权投资——期货会员资格投资"科目，贷记"银行存款"科目。

【例12-1】太平洋期货经纪公司按A交易所的章程规定，向该交易所支付会员资格费100万元，取得该交易所的会员资格。其会计分录为：

借：长期股权投资——期货会员资格投资——A交易所　　　1 000 000.00
　　贷：银行存款　　　　　　　　　　　　　　　　　　　　　1 000 000.00

（2）转让和取消期货会员资格时的处理。

期货经纪公司转让或取消会员资格，应按实际收到的转让收入或交易所实际退还的会员资格费，借记"银行存款"科目，按经纪公司会员资格投资的账面价值，贷记"长期股权投资——期货会员资格投资"科目，按其差额，借（或贷）记"投资收益"科目。

【例12-2】接【例12-1】，太平洋期货经纪公司出让其在A交易所的会员资格，报经交易所理事会审核批准后，与受让方协商作价120万元。转让手续办理完毕后收到受让方支付的转让价款。其会计分录为：

借：银行存款　　　　　　　　　　　　　　　　　　　　　　1 200 000.00
　　贷：长期股权投资——期货会员资格投资——A交易所　　1 000 000.00
　　　　投资收益　　　　　　　　　　　　　　　　　　　　　 200 000.00

（二）席位占用费和年会费的核算

1. 席位占用费的核算

期货公司在交纳会员资格费后，可在交易所无条件获得一个交易席位。但期货经纪公司如想申请增加一个或多个交易席位，须经审查批准后，与交易所签订为期一年的协议书，并按增加交易席位的多少交纳席位占用费。

（1）科目设置。

期货经纪公司应设置"应收席位费"科目，核算为取得基本席位之外的席位而交纳的席位占用费。该科目为资产类科目，按交易所进行明细核算。

（2）账务处理。

期货经纪公司为取得基本席位之外的席位而向交易所交纳席位占用费时，借记"应收席位费"科目，贷记"银行存款"科目；如退还席位，在收到交易所退还的席位占用费时，做相反分录。

【例 12-3】太平洋期货经纪公司为满足业务需要，向 A 交易所申请增加一个交易席位，按该交易所规定支付席位占用费 50 万元。其会计分录为：

借：应收席位费——A 交易所   500 000.00
       贷：银行存款   500 000.00

2. 年会费的核算

（1）科目设置。

期货经纪公司应在"营业费用"科目下设置"期货年会费"明细科目，核算向交易所交纳的年会费。

（2）账务处理。

期货经纪公司向交易所交纳年会费时，按实际支付的款项，借记"营业费用——期货年会费"科目，贷记"应收保证金"或"银行存款"科目。

【例 12-4】太平洋期货公司在 A 交易所拥有一个交易席位，按规定应缴纳年会费 10 万元。其会计分录为：

借：营业费用——期货年会费   100 000.00
       贷：应收保证金（或银行存款）   100 000.00

（三）保证金业务的核算

保证金，是指期货交易所为确保买卖双方履约的一种财力保证要求，具体表现为期货经纪公司存入期货交易所或客户存入期货经纪公司一定数额的货币资金。在初次买卖时交存的保证金，为初始保证金；交易开始后，交易者按期货交易所或期货经纪公司通知补充的保证金，为追加保证金。

期货经纪公司向交易所缴纳的保证金按是否被合约所占用可分为两类：结算准备金和交易保证金。结算准备金是指期货经纪公司在期货交易所存入的、为交易结算预先准备的款项，它是尚未被合约占用的保证金。交易保证金是指持仓合约占用的保证金，它随着交易量及结算价格的变动而变动。对于存在交易所的交易保证金，期货经纪公司代客户拥有所有权但没有使用权。

1. 划出和划回保证金的核算

（1）科目设置。

期货经纪公司应设置"应收保证金"科目，核算对期货交易所划出和追加的用于办理期货交易业务的保证金。该科目为资产类科目，按交易所进行明细核算。

（2）账务处理。

期货经纪公司向交易所划出以及追加保证金时，借记"应收保证金"科目，贷记"银行存款"科目；若为划回的保证金，则做相反分录。收到交易所划转的保证金存款利息时，借记"应收保证金"科目，贷记"财务费用"科目。

【例12-5】太平洋期货公司为A期货交易所会员，该公司向其所在交易所的保证金账户划转保证金1 000万元。其会计分录为：

借：应收保证金——A交易所　　　　　　　　　　　　　10 000 000.00
　　贷：银行存款　　　　　　　　　　　　　　　　　　　　10 000 000.00

2. 开仓、持仓与追加保证金的核算

期货合约的交易过程包括开仓、持仓、平仓或交割几个步骤。在开仓时，经纪公司需要支付保证金，在持仓阶段会形成浮动盈亏，若浮动亏损低于维持保证金水平，则可动用保证金，保证金不足时需追加保证金。

（1）开仓的核算。

期货经纪公司开仓的合约成交后，交易所结算部门根据成交合约的市价按一定的保证金比例，将结算准备金账户中可动用保证金划转到交易保证金账户。开新仓的业务本身并不涉及期货经纪公司的账务处理，因为期货经纪公司存入交易所的保证金不论是否被合约所占用，期货经纪公司都会将其作为应收保证金。交易所结算部门将结算准备金划转为交易保证金时，经纪公司无须做出任何会计处理，只是在结算部门每日的结算单据上反映。

（2）持仓与追加保证金的核算。

持仓，是指期货经纪公司按客户指令开仓买入或卖出合约后，在尚未对冲平仓前拥有一定的控盘量。持仓过程中，合约市价处于不断变化中，形成浮动盈亏（又称持仓盈亏），当浮动亏损达到一定程度后，且可动用的保证金低于结算准备金的最低水平时，交易所就发出追加保证金通知，经纪公司支付追加保证金时，借记"应收保证金"科目，贷记"银行存款"科目。

当日结算准备金余额＝上一交易日结算准备金余额＋入金－出金＋上一交易日交易保证金－当日交易保证金±当日盈亏－手续费等

【例12-6】太平洋经纪公司在A交易所进行期货交易，3月20日持有的期货合约发生浮动亏损50万元，当日未发生出入金及开仓和平仓业务，上一交易日的结算准备金余额为100万元，交易所要求的结算准备金最低余额为75万元。

大平洋经纪公司当日结算准备金余额＝100－50＝50（万元）

应追加的保证金＝75－50＝25（万元）

其会计分录为：

借：应收保证金——A交易所　　　　　　　　　　　　　250 000.00
　　贷：银行存款　　　　　　　　　　　　　　　　　　　　250 000.00

（四）结算盈亏的核算

1. 结算盈亏的核算内容

结算盈亏的核算内容包括浮动盈亏、平仓盈亏和结算差异的核算。

（1）浮动盈亏，是指按持仓合约当日结算与其前一日的结算价或初始成交价计算出的潜在盈利或亏损金额，它是尚未实现的损益。浮动盈亏是反映期货交易者持仓风险情况的一个重要指标。

（2）平仓盈亏，是指按合约的初始成交价与平仓成交价计算的已实现盈亏。平仓盈亏有三种情形：不盈不亏、盈利和亏损。

（3）结算差异，是指由于各交易所与经纪公司的平仓范围、顺序和结算方法不同而形成的差异。形成结算差异的原因主要有两种。

一是由于交易所按时间顺序平仓，而经纪公司根据客户指定的交易部位进行平仓，两者计算的平仓盈亏不同而出现差额。

二是交易所与经纪公司的结算方式不同造成结算差异。期货交易所是按上一天的结算价格与当天的计算价的差额结算逐日盯市盈亏，逐日盯市盈亏中包括了平仓盈亏和浮动盈亏两部分，交易所与经纪公司结算时不再区分平仓盈亏和浮动盈亏，而统一视为盯市盈亏；期货经纪公司在与客户结算时，按照开仓价与平仓价结算平仓盈亏，对浮动盈亏平时不入账，仅对平仓盈亏入账，调整保证金账户。这样，交易所和经纪公司计算的保证金因盈亏的计算口径不同而产生差异。

2. 科目设置

期货经纪公司对结算盈亏通过"应收保证金""应付保证金"和"结算差异"科目进行核算。"应付保证金"科目，属负债类科目，按客户设置明细科目，核算收到客户划入的保证金。"结算差异"科目，核算经纪公司同交易所及客户办理结算时，因采用的结算方式和结算程序不同而形成的应收保证金与应付保证金之间的差额。

3. 账务处理

对于期货合约当日结算的盈亏，经纪公司应根据交易所结算单据列明的盈利金额（平仓盈利和浮动盈利），借记"应收保证金"科目，按照同客户结算的平仓盈利金额，贷记"应付保证金"科目，按照交易所结算金额小于经纪公司与客户结算金额的差额，借记"结算差异"或按照交易所结算金额大于经纪公司与客户结算金额的差额，贷记"结算差异"科目。对于期货合约当日结算的亏损，会计分录与上相反。

（五）手续费的核算

期货交易所可按期货合约成交情况向其会员单位收取手续费，期货经纪公司也可按成交情况向客户收取手续费。按现行制度规定，期货交易所向会员单位收取的手续费不能超过成交合约金额的5‰；期货经纪公司向客户收取的手续费一般不应低于其向交易所上交的部分。期货经纪公司向客户收取的手续费包括两部分：为交易所代收代交的部分和属于经纪公司营业收入的部分。

1. 科目设置

为核算手续费业务，经纪公司应设置"手续费收入"科目，核算从事代理业务取得的手续费收入；并在"应付账款"科目下设置"代收手续费"明细科目，核算从客户保证金中划转的、为交易所代收代付的手续费。

2. 账务处理

期货经纪公司向客户收取的手续费，将扣除向交易所划转部分后的净额作为其营业收入处理。经纪公司向客户收取交易手续费、交割手续费时，按实际划转的款项，借记"应付保证金"科目，按实际划转的款项中属于经纪公司的部分，贷记"手续费收入"科目，按为交易所代收代付的部分，贷记"应付账款——代收手续费"科目。

期货经纪公司向交易所支付代收的手续费，应按结算单据列明的金额，借记"应付款项——代收手续费"科目，贷记"应收保证金"科目。

（六）实物交割

实物交割是了结期货合约的一种形式，即当买入或卖出期货合约到期未对冲平仓时，买卖双方需要通过实物交割来了结合约。在期货合约交易中，大部分交易都是通过对冲平仓了结，只有很少一部分是通过实物交割了结的。实物交割一般通过期货交易所进行，并在指定的交割仓库进行实物交收。

1. 实物交割程序

实物交割是期货交易与现货交易的交叉点，一般分为三个环节，即第一通知日、最后交易日和最后交割日。

2. 实物交割的核算

对于以实物交割了结的合约，按交割结算价先做对冲平仓处理。

（1）经纪公司代理买方客户进行实物交割的，依据交易所提供的交割单据，按实际划转支付的交割货款金额（含增值税额），借记"应付保证金"科目，贷记"应收保证金"科目。

【例 12-7】 太平洋期货经纪公司代理客户在 A 交易所买入 12 月份小麦期货合约 1 000 手，计 10 000 吨，买入时的初始成交价为 3 500 元/吨。进入交割月准备进行实物交割，最后交易日的结算价为 3 400 元/吨（含增值税额），其前一交易日的结算价为 3 450 元/吨，交易所要求支付的交割手续费为 20 元/手。

经纪公司对准备进行实物交割了结的合约先按最后交易日的结算价对冲平仓，实现的平仓亏损＝（3 400－3 450）×1 000＝－50 000（元），其会计分录为：

借：应付保证金——客户　　　　　　　　　　　　　　　50 000.00
　　贷：应收保证金——A 交易所　　　　　　　　　　　　　　50 000.00

按最后交易日的结算价计算应支付的交割货款：

借：应付保证金——客户　　　　　　　　　　　　　34 000 000.00
　　贷：应收保证金——A 交易所　　　　　　　　　　　　34 000 000.00

经纪公司应向交易所缴纳交割手续费 20 000 元：

借：应付账款——代收手续费——A 交易所　　　　　　　20 000.00
　　贷：应收保证金——A 交易所　　　　　　　　　　　　　20 000.00

（2）经纪公司代理卖方客户进行实物交割的，依据交易所交割单据，按实际划转收到的交割货款（含增值税额），借记"应收保证金"科目，贷记"应付保证金"科目。

【例 12-8】 太平洋经纪公司代理客户卖出 A 交易所 12 月份大豆合约 1 000 手，计 10 000 吨，卖出时的初始成交价为 3 000 元/吨。进入交割期准备进行实物交割，最后交易日的交割结算价为 2 900 元/吨（含增值税额），最后交易日前一交易日的结算价为 2 910 元/吨。交易所要求支付的交割手续费为 5 元/吨。

经纪公司对准备以实物交割了结的合约按最后交易日的交割结算价先做对冲平仓处理，实现的平仓盈利＝（2 910－2 900）×10 000＝100 000（元），其会计分录为：

借：应收保证金——A 交易所　　　　　　　　　　　　　　　100 000.00
　　贷：应付保证金——客户　　　　　　　　　　　　　　　　　　　100 000.00

按最后交易日的交割结算价计算应收取的交割货款 29 000 000 元：

借：应收保证金——A 交易所　　　　　　　　　　　　　29 000 000.00
　　贷：应付保证金——客户　　　　　　　　　　　　　　　　　29 000 000.00

经纪公司应向交易所缴纳交割手续费 50 000 元：

借：应付账款——代收手续费——A 交易所　　　　　　　　　50 000.00
　　贷：应收保证金——A 交易所　　　　　　　　　　　　　　　　50 000.00

3. 交割违约的核算

在实物交割过程中，因出现数量、质量、付款时间等方面的违约行为，交易所通常按规定对责任方实施交割违约罚款。

期货经纪公司代理客户向交易所交纳违约罚款支出时，借记"应收风险损失款——客户罚款"科目，贷记"应收保证金"科目；实际从客户保证金中划转违约罚款支出时，借记"应付保证金"科目，贷记"应收风险损失款——客户罚款"科目。若客户不能归还经纪公司为其垫付的交割违约款，经纪公司应将垫付款予以核销，借记"风险准备"科目，贷记"应收风险损失款"科目。

（七）结算准备金存款利息

结算准备金是尚未被期货合约占用的保证金。对于经纪公司，结算准备金相当于在交易所的存款，交易所应支付相应的存款利息。一般情况下，交易所按同期银行活期存款利率向经纪公司支付结算准备金利息。

交易所向经纪公司支付的结算准备金存款利息，通过会员单位的保证金账户直接划转。经纪公司根据交易所实际支付的利息数额，借记"应收保证金"科目，贷记"财务费用"科目。经纪公司对交易所支付的存款利息进行账务处理后，在收到交易所划来款项后，应及时将收到的保证金存款利息从结算准备金账户转出，借记"银行存款"科目，贷记"应收保证金"科目。

三、期货经纪公司与客户往来业务的核算

期货经纪公司在进行期货合约买卖的交易中，同时与交易所和客户发生业务往来。在与客户的业务往来中，部分业务的处理和经纪公司与交易所的业务处理是相同的（实物交割业务），因此对这部分业务不再赘述。

（一）客户交存保证金的核算

经纪公司对收到的客户保证金，通过"应付保证金"科目核算。实际收到客户交来的保证金时，借记"银行存款"科目，贷记"应付保证金"科目。当客户划回保证金时，做反向会计分录。

（二）客户合约成交与浮动盈亏的核算

1. 合约成交的处理

期货经纪公司根据期货交易所的结算结果对客户进行结算，并应当将结算结果以"客户结算通知单"的形式及时通知客户。"客户结算通知单"的主要内容包括新开仓成交记

录、平仓盈亏记录、未平仓合约记录、手续费扣缴及客户资金状况等。

经纪公司代客户下单成交后，交易所通过交易结算系统，将经纪公司存在交易所的部分结算准备金划转为交易保证金。经纪公司也按成交情况，将成交合约应占有的保证金从客户交存的保证金账户中划出形成交易保证金。交易保证金的划转不涉及经纪公司对客户保证金的账务处理，而只是用以确定是否需要追加保证金。

每日收盘后，经纪公司将根据客户当日的盈亏情况调整客户保证金账户，将盈利或亏损用来增加或减少保证金余额。当客户保证金账户中余额低于要求的水平时，经纪公司应要求客户追加保证金。

2. 浮动盈亏的处理

经纪公司与交易所之间、经纪公司与客户之间对浮动盈亏的处理有所不同，主要是由于其账户设置的不同。交易所对经纪公司保证金设置两个二级账户：结算准备金和交易准备金，对于经纪公司持仓合约形成的浮动盈亏，交易所将按浮动盈亏金额从结算准备金账户划转到交易保证金账户。而经纪公司对客户保证金只设置一个保证金账户，因此由于结算方式不同，交易所与经纪公司结算金额和经纪公司与客户结算金额会存在差异。

经纪公司对于客户持仓形成的浮动盈亏有两种处理方法：

（1）浮动盈亏不增减保证金。

经纪公司对浮动盈亏不增减保证金，而是将同交易所结算金额与同客户结算金额的差异记入"结算差异"科目。

（2）浮动盈亏增减保证金。

经纪公司根据浮动盈亏情况相应调整客户保证金账户余额，即通过"应付保证金"科目进行核算。

经纪公司与客户之间对于浮动盈亏的核算，在经纪公司与交易所之间往来业务中已做过介绍，其内容和方法基本雷同。

（三）平仓盈亏的核算

经纪公司按客户指令对其合约进行平仓处理后，按交易所结算单据上列明的平仓盈亏金额，结转客户保证金账户。其账务处理在经纪公司与交易所业务核算中已有论述。

（四）手续费收入的核算

经纪公司向客户收取的手续费总额可以分为两部分。

1. 为交易所代收代扣部分

经纪公司向客户收取的手续费中有一部分是代交易所向客户收取的，不构成经纪公司的收入。

2. 属于经纪公司的服务报酬部分

经纪公司向客户收取的手续费总额在扣除了为交易所代收部分后，才是属于向客户提供服务的报酬，这部分是经纪公司的业务收入。期货经纪公司营业收入的主要来源就是手续费收入。经纪公司向客户收取的手续费收入包括交易手续费和交割手续费，其中交易手续费在合约交易环节收取，而交割手续费在交割环节收取。

经纪公司向客户收取的手续费通过"手续费收入"科目核算。经纪公司向客户收取交易手续费、交割手续费时，按实际划转的款项，借记"应付保证金"科目，按实际划转的款项中属于经纪公司收入的部分，贷记"手续费收入"科目，按为交易所代收代付的部分，贷记"应付账款——代收手续费"科目。

(五) 风险准备金和客户违约的核算

风险准备金是从经纪公司手续费收入中提取的准备金，以应付随时可能出现的风险。

经纪公司应按向客户收取的手续费净收入（手续费收入总额扣除为交易所代收代付部分的余额）的 5％提取风险准备金，并计入营业费用。当累计提取的风险准备金达到相当于经纪公司注册资本的 10 倍时，则不再提取。风险准备金应专户储存，专款专用。当出现的风险损失过大，经纪公司累计的风险准备金不足以弥补风险损失时，其差额部分应计入经纪公司当期损益。

1. 科目设置

期货经纪公司应设置"风险准备"科目，核算按规定从手续费收入中提取的期货风险准备，同时在"营业费用"科目下设置"提取期货风险准备"明细科目，核算按规定提取的期货风险准备。

2. 账务处理

经纪公司根据有关规定按手续费收入的一定比例提取风险准备金时，按实际提取的金额，借记"营业费用——提取期货风险准备"科目，贷记"风险准备"科目。错单合约平仓产生的亏损，按成交结算单据列明的金额，借记"风险准备"科目，贷记"应付保证金"科目；而对于错单平仓实现的盈利，则做相反的会计分录。

因经纪公司自身原因造成的风险损失，应按照有关规定追究相关当事人的责任。按应由当事人负担的金额，借记"其他应收款"科目，按应由经纪公司负担的金额，借记"风险准备"科目，按实际向交易所或客户划转的金额，贷记"应收保证金"或"应付保证金"科目。

因客户责任造成的风险损失，需要经纪公司代为客户垫付时，按实际向交易所划转的金额，借记"应收风险损失款——客户垫付"科目，贷记"应收保证金"科目；向客户收回垫付的风险损失款时，借记"应付保证金"科目，贷记"应收风险损失款——客户垫付"科目；按规定对难以收回的风险损失垫付款予以核销时，借记"风险准备"科目，贷记"应收风险损失款——客户垫付"科目。

经纪公司因客户违约、违规等行为对其实施罚款，在客户实际支付罚款前，借记"应收风险损失款——客户罚款"科目，贷记"营业外收入"科目；实际收到客户支付的罚款时，借记"应付保证金"或"银行存款"科目，贷记"应收风险损失款——客户罚款"科目。

(六) 质押保证金的核算

期货经纪公司向会员收取的保证金应是现金、可上市流通的国债和标准仓单。其中现金在交易保证金中所占的比例不得低于 60％，国债质押保证金的比例不得高于该券种市值的 80％。

用仓单进行保证金质押时，应按交易所规定的折抵率计算保证金。

权利凭证质押仅限于交易保证金，亏损、费用、税金等款项均须以货币资金结清。

对于质押品的核算，可以不单独设置科目，而作为报表补充资料予以披露。期货经纪公司应当对质押业务做出详尽的备查，登记完整记录，以反映客户的质押情况。

任务二 信托投资公司业务核算

一、信托投资公司概述

信托投资公司，是指依照《中华人民共和国公司法》和《信托投资公司管理办法》设立的主要经营信托业务的金融机构。信托，是指委托人基于对受托人的信任，将其财产权委托给受托人，由受托人按委托人的意愿以自己的名义，为受益人的利益或者特定目的，进行管理或者处分的行为。信托业务，是指信托投资公司以收取报酬为目的，以受托人身份接受信托和处理信托事务的经营行为。

（一）信托概念

信托就是信任委托，信托业务是一种以信用为基础的法律行为，一般涉及三方面当事人，即投入信用的委托人，受信于人的受托人，以及受益于人的受益人。信托业务是由委托人依照契约或遗嘱的规定，为自己或第三者（受益人）的利益，将财产上的权利转给受托人（自然人或法人），受托人按规定的条件和范围，占有、管理、使用信托财产，并处理其收益。

（二）信托与银行信贷的区别

信托和银行信贷都是一种信用方式，但两者多有不同。

1. 经济关系不同

信托是按照"受人之托、代人理财"的经营宗旨来融通资金、管理财产，涉及委托人、受托人和受益人三个当事人，其信托行为体现的是多边的信用关系。而银行信贷则是作为"信用中介"筹集和调节资金供求，是银行与存款人及贷款人之间发生的双边信用关系。

2. 行为主体不同

信托业务的行为主体是委托人。在信托行为中，受托人要按照委托人的意旨开展业务，为受益人服务，在其整个过程，委托人都占主动地位，受托人被动地履行信托契约，受委托人意旨的制约。而银行信贷的行为主体是银行，银行自主地发放贷款，进行经营，其行为既不受存款人意旨的制约，也不受借款人意旨的强求。

3. 承担风险不同

信托一般按委托人的意图经营管理信托财产，信托的经营风险一般由委托人或受益人承担，信托投资公司只收取手续费和佣金，不保证信托本金不受损失和最低收益。而银行信贷则是根据国家规定的存放款利率吸收存款、发放贷款，自主经营，因而银行承担整个信贷资金的营运风险，只要不破产，对存款要保本付息、按期支付。

4. 清算方式不同

银行破产时，存、贷款作为破产清算财产统一参与清算；而信托投资公司终止时，信托财产不属于清算财产，由新的受托人承接继续管理，保护信托财产免受损失。

二、信托业务会计核算的特点

（一）信托资产不属于信托公司的资产和负债

信托资产是指信托投资公司因接受信托而取得的财产，以及因对信托资产的管理、处分或者其他情形而取得的财产。《金融企业会计制度》第一百五十五条规定，"信托资产不属于信托投资公司的自有财产，也不属于信托投资公司对受益人的负债。信托投资公司终止时，信托资产不属于其清算资产"。这一规定与过去信托投资公司会计实务处理不一致。过去，信托存款是信托投资公司的负债，发放信托贷款是信托投资公司的资产，两者都被记入信托投资公司的资产负债表。关闭时信托资产与负债参与信托投资公司的清算。

（二）信托资产与自有资产分开管理和分别核算

《金融企业会计制度》第一百五十六条规定，"信托投资公司的自有资产与信托资产应分开管理，分别核算。信托投资公司管理不同类型的信托业务，应分别按项目设置信托业务明细账进行核算管理"。

（三）对信托资产运用和来源应进行明细核算

《金融企业会计制度》第一百五十七条规定，"信托投资公司对不同信托资产来源和运用，应设置相应会计科目进行核算反映，来源类科目应按类别、委托人等设置明细账。运用类科目应按其类别、使用人和委托人等设置明细账。信托投资公司对信托货币资金应设置专用银行账户予以反映"。

三、信托业务的核算

（一）信托存款的核算

客户提出申请，填写"存款委托书"后，信托投资公司审查符合规定后，与客户签订"信托存款协议书"，写明信托存款金额、期限、信托收益支付方法、指定受益人、手续费等。信托投资公司开立账户，签发存款凭证给委托人。

1. 账户设置

应设置"代理业务负债——信托存款""应付利息"和"营业费用——利息支出"等科目。

2. 账务处理

（1）开户。

开户时会计分录为：

借：银行存款

　　贷：代理业务负债——××单位信托存款户

（2）计息。

信托存款是定期存款，原则上是期满后利随本清，但在存期内应根据权责发生制原则定期计算利息。

借：营业费用——××单位信托利息支出户

　　贷：应付利息

（3）到期支取。

借：代理业务负债——××单位信托存款户
　　应付利息
　　营业费用——××单位信托利息支出户
　　　贷：银行存款

（二）委托存款的核算

客户与投资公司商定办理委托业务后，双方应签订"委托存款协议书"，标明存款来源、金额、期限及双方责任等。并开立存款账户，开出"委托存款单"。

1. 账户设置

应设置"代理业务负债——委托存款""营业费用——委托支出"等科目。

2. 账务处理

（1）开户。

借：银行存款
　　　贷：代理业务负债——××单位委托存款户

（2）计息。

借：营业费用——××单位委托存款利息支出户
　　　贷：代理业务负债——××单位委托存款户

（3）支取。

借：代理业务负债——××单位委托存款户
　　　贷：银行存款

【例 12-9】2013 年 10 月 10 日，南方信托公司接受甲公司委托存款 500 万元，其会计分录为：

借：银行存款　　　　　　　　　　　　　　　　　　　5 000 000.00
　　贷：代理业务负债——甲公司委托存款户　　　　　　　5 000 000.00

（三）信托贷款业务核算

信托贷款是指信托机构在国家规定的范围内，制订信托发行计划，募集资金，通过信托计划募集的信托资金，对自行审定的单位和项目发放的贷款。

发放信托贷款时，首先要由借款人提出申请，信托投资公司对借款理由、项目及还款能力等进行审查，对符合贷款原则、条件的，与借款人签订贷款合同，并由借款人填写借款单据提交信托投资公司办理贷款发放手续。信托投资公司将发放的贷款通过开户银行转入借款人存款账户。信托贷款应按借款人进行明细核算。

1. 账户设置

应设置"贷款——信托贷款"属资产类会计科目、"应收利息"属资产类会计科目、"利息收入"属损益类会计科目。

2. 账务处理

（1）开户。

借：贷款——××单位信托贷款户
　　　贷：银行存款

（2）计息。按季计息。

借：应收利息

    贷：利息收入——××贷款利息收入户

（3）收回。

借：银行存款

    贷：贷款——××单位信托贷款户

        利息收入——××贷款利息收入户

（四）委托贷款的核算

委托贷款是指由委托人提供合法来源的资金，委托业务银行根据委托人确定的贷款对象、用途、金额、期限、利率等代为发放、监督使用并协助收回的贷款业务。

委托贷款的期限，由委托人根据借款人的贷款用途、偿还能力或根据委托贷款的具体情况来确定。

在委托贷款中，所涉及的委托贷款利率是由委托双方自行商定，但是最高不能超过人民银行规定的同期贷款利率和上浮幅度。自 2004 年起，商业银行贷款利率浮动区间扩大到了（0.9，1.7），即商业银行对客户的贷款利率的下限为基准利率乘以下限系数 0.9，上限为基准利率乘以上限系数 1.7，金融机构可以根据中国人民银行的有关规定在规定的范围内自行确定浮动利率。

委托人与借款人达成融资意向，协商确定贷款利率、期限等要素。

委托人与借款人在业务银行开设结算账户，委托人向业务银行出具《贷款委托书》，并由委托人和借款人共同向银行提出申请。

银行受理客户委托申请，进行调查并经审批后，对符合条件的客户接受委托。

1. 账户设置

应设置"代理客户资产——委托贷款"属资产类会计科目、"应付受托人报酬"属负债类会计科目、"其他收入——委托贷款手续费收入"等科目。

2. 账务处理

（1）发放贷款。

借：代理客户资产——××单位委托贷款户

    贷：银行存款

（2）收取手续费。

借：银行存款

    贷：其他收入——委托贷款手续费收入

如果按存贷差收取手续费，则按季计算贷款利息时一并收取。

借：银行存款

    贷：其他收入——委托贷款手续费收入

        应付受托人报酬——××单位户

（3）结息。信托公司负责按季收取利息，在委托贷款到期时付给委托单位。

借：银行存款

    贷：代理客户资产——××单位委托贷款户

如果协议规定收回后终止委托，则将款项划转到委托方的存款账户里。

借：代理客户负债——××单位户

    贷：银行存款

（五）信托投资

1. 信托投资概念

信托投资是金融信托投资机构用自有资金及组织的资金进行的投资。以投资者身份直接参与对企业的投资是目前我国信托投资公司的一项主要业务，这种信托投资与委托投资业务有两点不同。

第一，信托投资的资金来源是信托投资公司的自有资金及稳定的长期信托资金，而委托投资的资金来源是与之相对应的委托人提供的投资保证金。

第二，在信托投资过程中，信托投资公司直接参与投资企业经营成果的分配，并承担相应的风险，而对委托投资，信托公司则不参与投资企业的收益分配，只收取手续费，对投资效益也不承担经济责任。

2. 信托投资业务的核算

信托投资应设置"交易性金融资产"属资产类科目、"可供出售金融资产"属资产类科目以及"公允价值变动损益"属损益类科目进行核算。

（1）交易性金融资产的核算。

信托公司对外取得交易性金融资产时，会计分录为：

借：交易性金融资产——成本

投资收益——交易费用

应收利息（已到付息期但尚未领取的利息）

或应收股利（已宣告但尚未发放的现金股利额）

贷：银行存款等科目

持有期间取得股息、利息时，会计分录为：

借：应收股息（或应收股利）

贷：投资收益

资产负债表日，对发生的交易性金融资产的公允价值高于其账面价值的差额进行账务处理，会计分录为：

借：交易性金融资产——公允价值变动

贷：公允价值变动损益

若发生公允价值低于其账面价值的差额，则做相反会计分录。

信托公司出售交易性金融资产，会计分录为：

借：银行存款等科目（实际收到金额）

贷：交易性金融资产（账面价值）

按借贷方的差额借记或贷记"投资损益"科目，同时将原计入该金融资产的公允价值变动转出，贷记或借记"公允价值变动损益"科目，贷记或借记"投资收益"科目。

（2）可供出售金融资产的核算。

信托公司取得可供出售的金融资产为股票时，会计分录为：

借：可供出售金融资产——成本（公允价值与交易费用之和）

应收股利（已宣告但尚未发放的现金股利额）

贷：银行存款等科目

信托公司取得可供出售的金融资产为债券时，会计分录为：

借：可供出售金融资产——成本（面值）

　　应收利息（支付的价款中包含的已到付息期但尚未领取的利息）

　　贷：银行存款等科目

按借贷方差额，借记或贷记"可供出售金融资产——利息调整"

资产负债表日，可供出售债券为分期付息、一次还本债券投资的，应按票面利率计算确定应收未收的利息。

借：应收利息

　　贷：投资收益（可供出售债券摊余成本和按实际利率计算确定的利息收入）

按借贷方差额，借记或贷记"可供出售金融资产——利息调整"

可供出售债券为一次还本债券投资的，应于资产负债表日按票面利率计算确定的应收未收利息进行账务处理，会计分录为：

借：可供出售金融资产——应计利息

　　贷：投资收益（可供出售债券摊余成本和以实际利率计算确定的利息收入）

按借贷方差额，借记或贷记"可供出售金融资产——利息调整"

资产负债表日，若发生交易性金融资产的公允价值高于其账面价值的差额时，其会计分录为：

借：可供出售金融资产——公允价值变动

　　贷：资本公积——其他资本公积

若发生公允价值低于其账面价值的差额，则做相反会计分录。

（六）委托投资业务的核算

1. 委托投资概述

委托投资是委托人将资金事先存入金融信托机构作为委托投资基金，委托金融信托机构向其指定的联营或投资单位进行投资，并对投资的使用情况、投资单位的经营情况及利润分红等进行管理和监督的一种金融信托业务。

委托投资与委托贷款是相似的业务种类，都属于特定信托业务。委托投资的委托人可以是企业主管部门、公司、各级财政部门、企业等单位；在办理委托投资前，委托人同样必须将委托投资基金存入金融信托机构；委托投资的对象和用途也同样必须符合国家有关法律、政策和计划管理的规定，项目同样应具有良好的经济效益和社会效益。委托投资项目必须按规定报经有关部门审批，取得有权单位批准的纳入固定资产投资计划文件，金融信托机构在办理委托投资业务时同样不承担风险；因为是作为投资，所以委托人在投资期间不可以收回委托投资基金；金融信托机构对办理委托投资同样须收取一定的手续费。

2. 委托投资业务的核算

（1）科目设置。

"代理业务资产——委托投资"属资产类科目，本科目按委托单位和投资种类设置明细科目。

"其他收入——委托投资手续费收入"为损益类科目。

（2）账务处理。

委托投资时的会计分录：

借：银行存款

贷：代理业务负债——××单位委托存款户
借：代理业务资产——委托投资——××投资单位户
　　贷：银行存款
分红时的会计分录：
借：银行存款
　　贷：代理业务负债——××单位委托存款户
收取手续费时的会计分录：
借：银行存款
　　贷：其他收入——委托投资手续费收入

（七）信托投资公司损益的核算

1. 信托收入的核算

信托收入是指信托业务产生的经济利益的流入。

信托收入包括信托投资股票差价收入、信托投资债券差价收入、信托投资债券利息收入、信托投资股利收入、信托贷款利息收入、拆出信托资金利息收入、信托租赁收入等。信托投资公司发生信托收入时，借记"银行存款"等科目，贷记"利息收入""投资收益"等科目。

信托收入应按委托人和收入类别（信托投资股票差价收入、信托投资债券差价收入、信托投资债券利息收入、信托投资股利收入、信托贷款利息收入、拆出信托资金利息收入、信托租赁收入等）进行明细核算。

2. 信托费用的核算

信托费用是指信托业务发生的、可直接归属于某项信托资产的经济利益的流出。

《金融企业会计制度》第一百六十条规定，"因办理某项信托业务而发生的费用，可直接归集于该项信托资产的，由该项信托资产承担；不能直接归集于该项信托资产的，由信托投资公司承担"。

发生的由信托资产承担的费用，借记"营业费用"科目，贷记"银行存款"等科目。信托费用应按委托人和信托费用类别等进行明细核算。

3. 信托业务赔偿的处理

属于信托投资公司原因使受益人受到损失的，以信托赔偿准备金赔偿，信托投资公司的会计处理为：
借：信托赔偿准备金
　　贷：相关科目
属于委托人自身原因造成损失的，信托投资公司不承担赔偿责任。

4. 信托损益的结转

期末，信托收入和信托费用的结转，其会计分录为：
借：信托收入
　　贷：本年利润
借：本年利润
　　贷：信托费用
期末，信托投资公司应将未分配利润分配给受益人和委托人的信托收益结转为待分配信托收益，其会计分录为：

借：本年利润

贷：利润分配

任务三　金融租赁公司

一、金融租赁公司概述

（一）金融租赁公司概念

金融租赁公司，是指经中国人民银行批准以经营融资租赁业务为主的非银行金融机构。金融租赁公司依法接受中国人民银行的监督管理。

（二）融资租赁概念

融资租赁是指出租人根据承租人对租赁物件的特定要求和对供货人的选择，出资向供货人购买租赁物件，并租给承租人使用，承租人则分期向出租人支付租金，租赁期间内，承租方按合同规定分期向出租方交付租金。租赁设备的所有权属于出租方，承租方在租期内享有设备的使用权。租期届满，租金支付完毕并且承租人根据融资租赁合同的规定履行完全部义务后，对租赁物的归属没有约定的或者约定不明的，可以协议补充；不能达成补充协议的，按照合同有关条款或者交易习惯确定，仍然不能确定的，租赁物件所有权归出租人所有。

（三）判断条件

符合下列条件之一的租赁为融资租赁：

（1）在租赁期满时，将租赁资产的所有权转让给承租方；

（2）租赁期为资产使用年限的大部分（75％或以上）；

（3）租赁期内租赁最低付款额大于或基本等于租赁开始日资产的公允价值。

（四）融资租赁分类

1. 直接融资租赁

直接融资租赁是指由承租人选设备，出租人（租赁公司）出资购买，并出租给承租人，租赁期内租赁物所有权归出租人，使用权归承租人，租赁期满承租人可选择留购设备；租赁期内承租人按期支付租金，折旧由承租人计提。

2. 转租赁

转租赁是指转租人根据最终承租人（最终用户）对设备的选择，从原始出租人那里租入设备，转租给最终承租人使用的交易安排。转租赁是租赁公司同时兼有承租人和出租人双重身份的一种租赁形式。

3. 出售回租

出售回租是指承租人将自有物件出卖给出租人，同时与出租人签订租赁合同，再将该物件从出租人处租回的租赁形式。

二、金融租赁公司会计核算特点

金融租赁公司作为受托人经营的委托租赁财产和作为转租人经营的转租赁财产独立于金融租赁公司的其他财产。金融租赁公司应当对上述委托租赁、转租赁财产分别管理，单独建账。公司清算时，委托租赁和转租赁财产不作为清算资产。

三、金融租赁公司业务核算

(一) 承租人对融资租赁的会计处理

1. 租赁开始日的会计处理

在租赁开始日，承租人通常应当将租赁开始日租赁资产原账面价值和最低租赁付款额的现值两者中较低者作为租入资产的入账价值，将最低租赁付款额作为长期应付款的入账价值，并将两者之间的差额记录为未确认融资费用。但是如果该项融资租赁资产占企业资产总额的比例不大，承租人在租赁开始日可按最低租赁付款记录租入资产和长期应付款。这时的"比例不大"通常是指融资租入固定资产总额小于承租人资产总额的 30%（含 30%）。在这种情况下，对于融资租入资产和长期应付款额的确定，承租人可以自行选择，即可以采用最低租赁付款额，也可以采用租赁资产原账面价值和最低租赁付款额的现值两者中较低者。这时所讲的"租赁资产的原账面价值"是指租赁开始日在出租者账户上所反映的该项租赁资产的账面价值。

承租人在计算最低租赁付款额的现值时，如果知道出租人的租赁内含利率，应当采用出租人的内含利率作为折现率；否则，应当采用租赁合同中规定的利率作为折现率。如果出租人的租赁内含利率和租赁合同中规定的利率都无法得到，应当采用同期银行贷款利率作为折现率。其中租赁内含利率是指，在租赁开始日，使最低租赁付款额的现值与未担保余值的现值之和等于资产原账面价值的折现率。

2. 初始直接费用的会计处理

初始直接费用是指在租赁谈判和签订租赁合同的过程中发生的可直接归属于租赁项目的费用。承租人发生的初始直接费用通常有印花税、佣金、律师费、差旅费、谈判发生的费用等。承租人发生的初始直接费用，应当计入租入资产的入账价值。其账务处理为：借记"固定资产"，贷记"银行存款"等科目。

3. 未确认融资费用的分摊

在融资租赁下，承租人向出租人支付的租金中，包含了本金和利息两部分。承租人支付租金时，一方面应减少长期应付款；另一方面应同时将未确认的融资租赁费用按一定的方法确认为当期融资费用，在先付租金（每期期初等额支付租金）的情况下，租赁期第一期支付的租金不含利息，只需减少长期应付款，不必确认当期融资费用。

在分摊未确认融资费用时，承租人应采用一定的方法加以计算。按照准则的规定，承租人可以采用实际利率法，也可以采用直线法和年数总和法等。在采用实际利率法时，根据租赁开始时租赁资产和负债的入账价值基础不同，融资费用分摊率的选择也不同。未确认融资费用的分摊具体分为以下几种情况。

（1）租赁资产和负债以最低租赁付款额的现值为入账价值，且以出资人的租赁内含利率为折现率。在这种情况下，应以出资人的租赁内含利率为分摊率。

　　　　　　　　　　　　　　　　　　　　　　　　　　　　　　金融企业会计项目化教程 ◀◀◀

（2）租赁资产和负债以最低租赁付款额的现值为入账价值，且以租赁合同中规定的利率作为折现率。在这种情况下，应以租赁合同中规定的利率作为分摊率。

（3）租赁资产和负债以租赁资产原账面价值为入账价值，且不存在承租人担保余值和优惠购买选择权。

在这种情况下，应重新计算融资费用分摊率。融资费用分摊率是指，在租赁开始日，使最低租赁付款额的现值等于租赁资产原账面价值的折现率。在承租人或与其有关的第三方对租赁资产余值提供担保的情况下，与上类似，在租赁期满时，未确认融资费用应全部摊完，并且租赁负债也应减为零。

（4）租赁资产和负债以租赁资产原账面价值为入账价值，且不存在承租人担保余值，但存在优惠购买选择权。在这种情况下，应重新计算融资费用分摊率。

（5）租赁资产和负债以租赁资产原账面价值为入账价值，且存在承租人担保余值。

这种情况下，应重新确定融资费用分摊率。在承租人或与其有关的第三方对租赁资产余值提供了担保或由于在租赁期满时没有续租而支付违约金的情况下，在租赁期满时，未确认融资费用应全部摊完，并且租赁负债也应减少至担保余值或该日应支付的违约金。

承租人对每期应支付的租金，应按支付的租金金额，借记"长期应付款——应付融资租赁款"科目，贷记"银行存款"科目，如果支付的租金中包含有履约成本，应同时借记"制造费用""管理费用"等科目。同时根据当期应确认的融资费用金额，借记"财务费用"科目，贷记"未确认融资费用"科目。

4. 租赁资产折旧的计提

承租人应对融资租入固定资产计提折旧，主要应解决两个问题。

（1）折旧政策。

计提租赁资产折旧时，承租人应与自有资产计提折旧方法相一致。如果承租人或与其有关的第三方对租赁资产提供了担保，则应记折旧总额为租赁开始日固定资产的入账价值扣除余值后的余额。如果承租人或与其有关的第三方对租赁资产余值提供了担保，则应记折旧总额为租赁开始日固定资产的入账价值。

（2）折旧期间。

确定租赁资产的折旧期间时，应根据租赁合同规定。如果能够合理确定租赁期满时承租人将会取得租赁资产所有权，即可认定承租人拥有该项资产的全部尚可使用年限，因此应以租赁开始日租赁资产的尚可使用年限作为折旧期间；如果无法合理确定租赁期满时承租人是否能够取得租赁资产所有权，则应以租赁期与租赁资产尚可使用年限两者中较短者作为折旧期间。

5. 履约成本的会计处理

履约成本种类很多，对于融资租入固定资产的改良支出、技术咨询和服务费、人员培训费等应予递延分摊计入各期费用，借记"长期待摊费用""预提费用""制造费用""管理费用"等科目，对于固定资产的经常性修理费、保险费等可直接计入当期费用，借记"制造费用""营业费用"等科目，贷记"银行存款"等科目。

6. 或有租金的会计处理

由于或有租金的金额不确定，无法采用系统合理的方法对其进行分摊，因此在实际发生时，借记"制造费用""营业费用"等科目，贷记"银行存款"等科目。

7 租赁期满时的会计处理

租赁期满时，承租人通常对租赁资产的处理有三种情况。

（1）返还租赁资产。

借记"长期应付款——应付融资租赁款""累计折旧"科目，贷记"固定资产——融资租入固定资产"科目。

（2）优惠续租租赁资产。

如果承租人行使优惠续租选择权，则应视同该项租赁一直存在而做出相应的会计处理。如果期满没有续租，根据租赁合同要向出租人支付违约金时，借记"营业外支出"科目，贷记"银行存款"等科目。

（3）留购租赁资产。

在承租人享有优惠购买选择权时，支付购价时，借记"长期应付款——应付融资租赁款"，贷记"银行存款"等科目；同时，将固定资产从"融资租入固定资产"明细科目转入有关其他明细科目。

8. 相关信息的会计披露

承租人应当在财务报告中披露与融资租赁有关的事项，主要有以下几项。

（1）每类租入资产在资产负债表日的账面原值、累计折旧及账面净值。

（2）资产负债表日后连续三个会计年度每年将支付的最低付款额，以及以后年度内将支付的最低付款总额。

（3）未确认融资费用的余额，即未确认融资费用的总额减去已确认融资费用部分后的余额。

（4）分摊未确认融资费用所采用的方法，如实际利率法、直线法或年数总和法。

（二）出租人对融资租赁的会计处理

1. 租赁开始日的会计处理

出租人应将租赁开始日最低租赁收款额作为应收融资租赁款的入账价值，并同时记录未担保余值，将最低租赁收款额与未担保余值之和及其现值之和的差额记录为未实现融资收益。

在租赁开始日，出租人应按最低租赁收款额，借记"应收融资租赁款"科目，按未担保余值的金额，借记"未担保余值"科目，按租赁资产的原账面价值，贷记"融资租赁资产"科目，按上述科目计算后的差额，贷记"未实现融资收益"科目。

2. 初始直接费用的会计处理

出租人发生的初始直接费用，通常包括印花税、佣金、律师费、差旅费、谈判费等。出租人发生的初始直接费用，应当确认为当期费用。借记"管理费用"等科目，贷记"银行存款"等科目。

3. 未实现融资收益的分配

出租人每期收到的租金包括本金和利息两部分。未实现融资收益应当在租赁期内各个期间进行分配，确认为各期的融资收入。分配时，出租人应当采用实际利率法计算当期应确认融资收入，在与实际利率法计算结果相比无重大变化的情况下，也可以采用直线法和年数总和法。

出租人每期收到租金，借记"银行存款"科目，贷记"应收融资租赁款"科目。同时，每期确认融资租赁收入时，借记"递延收益——未实现融资收益"科目，贷记"主营业务收入——融资收入"科目。

当出租人超过一个租金支付期没有收到租金时，应当停止确认收入，其已确认的收入，应予转回，转作表外核算。到实际收到租金时，再将租金中所含融资收入确认为当期收入。

4. 未担保余值发生变动时的会计处理

出租人应当定期对未担保余值进行检查，如果有证据表明未担保余值已经减少，应当重新计算租赁内含利率，并将本期的租赁投资净额的减少确认为当期损失，以后各期根据修正后的投资净额和重新计算的租赁内含利率确定应确认的融资收入。如果已经确认损失的未担保余值得以恢复，应当在原已确认的损失金额内转回，并重新计算租赁内含利率。其中租赁投资净额是指，融资租赁中最低租赁收款额与未担保余值之和及未实现融资收益之间的差额。

由于未担保余值的金额决定了租赁内含利率的大小，从而决定着融资未实现收益的分配，因此，为了真实反映企业的资产和经营业绩，根据谨慎性原则的要求，在未担保余值发生减少和已确认损失的未担保余值得以恢复的情况下，都应重新计算租赁内含利率，未担保余值增加时，不做调整。

期末，发现出租人的未担保余值的预计可回收金额低于其账面价值的差额时，借记"递延收益——未实现融资收益"科目，贷记"未担保余值"科目。如果已确认的未担保余值得以恢复，应当在原已确认的损失金额内转回，科目与前述相反。

5. 或有租金的会计处理

或有租金应当在实际发生时确认为收入。借记"应收账款""银行存款"等科目，贷记"主营业务收入——融资收入"。

6. 租赁期满时的会计处理

（1）租赁期满时，承租人将租赁资产交还出租人。这时有四种情况。

①存在担保余值，不存在未担保余值。

出租人收到承租人交还的资产时，借记"融资租赁资产"科目，贷记"应收融资租赁款"科目。

②存在担保余值，同时存在未担保余值。

出租人收到承租人交还的资产时，借记"融资租赁资产"科目，贷记"应收融资租赁款""未担保余值"科目。

③不存在担保余值，存在未担保余值。

出租人收到承租人交还的资产时，借记"融资租赁资产"科目，贷记"未担保余值"科目。

④担保余值和未担保余值都不存在。

出租人无须做处理，只需进行相应的备查登记。

（2）优惠续租租赁资产。

如果承租人行使优惠续租选择权，则出租人应视同该项租赁一直存在而做出相应的账务处理。如果承租人没有续租，根据合同规定向承租人收取违约金时，借记"其他应收款"，贷记"营业外收入"科目。同时将收回的资产按上述规定进行处理。

（3）留购租赁资产。

承租人行使了优惠购买选择权。出租人应该按照收到的承租人支付的购买资产的价款，借记"银行存款"等科目，贷记"应收融资租赁款"等科目。

7. 相关会计信息的披露

出租人应在财务报告中披露下列事项。

（1）资产负债表日后连续三个会计年度每年度将收取的最低收款额，以及以后年度内将收取的最低收款总额。

（2）未确认融资收益的余额，即未确认融资收益的总额减去已确认融资收益部分后的余额。

（3）分配未确认融资收益所采用的方法，如实际利率法、直线法或年数总和法。

课后实训

1. 信托业务的核算。

××单位于2012年8月20日向信托投资公司办理信托存款一笔，金额500 000元，期限一年，商定月收益率为6.75%，手续费率1.5%，平时按月计收收益金和手续费，到期一次付清本息。请做出开户、计收收益金、手续费和结清本息时的会计分录（全额列账）。

2. 租赁业务的核算。

9月16日，金融租赁公司收到某合资企业按租赁合同规定交来的租赁保证金300 000元；9月28日，租赁公司购入合资公司所需的设备一台，总成本1 000 000元；10月8日公司将设备交付承租企业开始起租。按合同规定：设备租赁期五年，年利率8.23%，手续费按设备成本的5%计收，每季交租一次，租赁期满后，转移设备所有权。该金融租赁公司按总额法核算。

（1）计算租赁总利息及每期交租数额。

（2）设租赁保证金可抵最后几期租金，计算最后一次承租人应补交租金数。

（3）做出收取租赁保证金、起租、第一次交租、最后一次交租的有关会计分录。

3. 某租赁公司购入汽车一辆，价值150 000元，另支付购置税、保险费等28 950元。5月7日，公司以经营性租赁方式将汽车租给某个体户，租期一年，每月交租，设租金总额为60 000元，期满后收回产权。该汽车年折旧率为14%，按年计提折旧。请做出租赁公司购置汽车、起租、每月收租、期满收回汽车以及按年提取折旧的有关会计分录。

第四篇　损益核算及财务报告

项目十三　所有者权益及财务损益的核算

📗 学习目标 ///

1. 了解金融企业所有者权益的构成及损益的构成；
2. 掌握金融企业所有者权益的账务处理；
3. 掌握金融企业损益以及利润分配的账务处理。

📗 案例导入 ///

2013 年 12 月 31 日中国银行取得营业收入 40 750 800 元，其中利息收入为 51 899 500 元，利息支出为 23 541 000 元。

思考：中国银行是如何进行核算的？

任务一　所有者权益的核算

所有者权益来源于所有者投入的资本、直接计入所有者权益的利得和损失，是指不应计入当期损益，会导致所有者权益发生增减变动的、与所有者投入资本或向所有者分配利润无关的利得和损失。

金融企业所有者权益可分为实收资本（或股本）、资本公积、盈余公积和未分配利润等部分，其中，盈余公积和未分配利润统称为留存收益。

实收资本，按照投入主体不同，分为：国家资本金、法人资本金、个人资本金和外商资本金。

资本公积，包括股票溢价、法定资产重估增值部分和接受捐赠的财产等形式所增加的资本。它可以按照法定程序转增资本金。

盈余公积，是商业银行按照规定从税后利润中提取的，是商业银行自我发展的一种积累，包括法定盈余公积金（达到注册资本金的50%）和任意盈余公积金。

未分配利润，是商业银行实现的利润中尚未分配的部分，在其未分配前与实收资本和公积金具有同样的作用。

一、实收资本

实收资本是指投资者按照商业银行的章程、合同或协议的约定，实际投入到商业银行的注册资本。2004年2月1日实施的《中华人民共和国商业银行法》规定：设立全国性商业银行的注册资本最低限额为10亿元人民币，设立城市商业银行的注册资本最低限额为1亿元人民币，设立农村商业银行的注册资本最低限额为5千万元人民币。为了反映和监督投资者投入资本的增减变动情况，银行必须按照国家统一的会计制度的规定进行实收资本的核算，真实地反映所有者投入银行资本的情况，维护所有者各方在银行的权益。除股份制银行以外，其他银行应通过"实收资本"科目核算，股份制银行应通过"股本"科目核算。

（一）对投资者以现金投入资本的核算

国家、企业、外商、个人以人民币现钞或银行存款进行投资时，以实际收到的金额作为实收资本入账。其会计分录为：

借：库存现金（或存放中央银行款项或银行存款）
　　贷：实收资本（或股本）

（二）对投资者以实物投入资本的核算

银行收到投资者实物形态的投资时，需按照合同、协议约定的价值或公允价值入账，其会计分录为：

借：固定资产（或无形资产）
　　贷：实收资本（或股本）

（三）以资本公积、盈余公积转增实收资本的核算

经股本大会或类似权力机构决议，用资本公积、盈余公积转增资本时，应冲减资本公积、盈余公积，同时按照转增前的实收资本（或股本）的结构或比例，将转增的金额记入"实收资本"（或股本）科目。其会计分录为：

借：资本公积（或盈余公积）
　　贷：实收资本（或股本）

二、资本公积

资本公积是指金融企业收到投资者提出的超出其在金融企业注册资本中所占份额的部分，以及直接计入所有者权益的利得和损失等。资本公积包括资本溢价（或股本溢价）和直接计入所有者权益的利得及损失等。

资本溢价是指金融企业收到投资者提出的超出其在金融企业注册资本中所占份额的投资。形成资本溢价的原因是溢价发行股票、投资者超额缴入资本等。

直接计入所有者权益的利得和损失是指不应计入当期损益，会导致所有者权益发生增减变动的、与所有者投入资本或者向所有者分配利润无关的利得或损失。

金融企业资本公积的核算包括资本溢价的核算、其他资本公积的核算和资本公积转增资本的核算等内容。

（一）资本溢价（或股本溢价）的核算

1. 资本溢价

除股份制金融企业外的其他类型的金融企业，在金融企业创立时，投资者认缴的出资额与注册资本一致，一般不会产生资本溢价。但在金融企业重组或有新的投资者加入时，常常会出现资本溢价。因为金融企业进行正常经营后，其资本利润率通常要高于银行初创阶段；另外，金融企业有内部积累，新投资者加入金融企业后，对这些积累也要分享，所以新加入的投资者往往要付出大于原投资者的出资额，才能取得与原投资者相同的出资比例。投资者多缴的部分就形成了资本溢价，通过"资本公积"科目核算。其会计分录如下：

借：库存现金（或存放中央银行款项或银行存款）
　　贷：实收资本
　　　　资本公积——资本溢价

2. 股本溢价

股份制金融企业是以发行股票的方式筹集股本的。股票可按面值发行，也可按溢价发行，我国目前不准折价发行。

（1）在按面值发行股票的情况下，金融企业发行股票取得的收入，应全部作为股本处理；发行股票发生的相关手续费、佣金等交易费用，应冲减盈余公积或未分配利润。其会计分录如下：

借：库存现金（或存放中央银行款项或银行存款）
　　盈余公积（或未分配利润）
　　　　贷：股本

（2）在溢价发行股票的情况下，金融企业发行股票取得的收入，等于股票面值的部分作为股本处理，超出股票面值的溢价收入应作为股本溢价处理，记入"资本公积"科目。其会计分录如下：

借：库存现金（或存放在中央银行款项或银行存款）
　　　　贷：股本
　　　　　　资本公积——股本溢价

发行股票相关的手续费、佣金等交易费用，应从溢价中抵扣；溢价金额不足以抵扣的，应将不足抵扣的部分冲减盈余公积和未分配利润。其会计分录如下：

借：资本公积——股本溢价
　　　　贷：库存现金（或存放中央银行款项或银行存款）

（二）其他资本公积的核算

其他资本公积是指除资本溢价（或股本溢价）项目以外所形成的资本公积，其中主要是直接计入所有者权益的利得和损失。

金融企业对某被投资单位的长期股权投资采用权益法核算的，在持股比例不变的情况下，对应被投资单位除净损益以外的所有者权益的其他变动，如果是利得，则应按持股比例计算其应享有被投资单位所有者权益的增加数额，借记"长期股权投资"科目，贷记"资本公积——其他资本公积"科目；如果是损失，则做相反的会计分录。在处置长期股权投资时，应转销与该笔投资相关的其他资本公积。

（三）资本公积转增资本的核算

经股东大会或类似机构决议，用资本公积转增资本时，应冲减资本公积，同时按照转增前的实收资本的结构或比例，将转增的金额，借记"资本公积"科目，贷记"实收资本"科目。

三、盈余公积

盈余公积是指金融企业按规定从净利润中提取的金融企业积累资金。它按照用途不同，分为法定盈余公积和任意盈余公积。

按《中华人民共和国公司法》的有关规定，公司制金融企业应按照净利润的10%提取法定盈余公积。非公司制金融企业法定盈余公积的提取比例可超过净利润的10%。法定盈余公积累计额已达注册资本的50%，可以不再提取。

公司制金融企业可根据股东大会的决议提取任意盈余公积。非公司制金融企业经类似权力机构批准，也可提取任意盈余公积。

法定盈余公积和任意盈余公积的区别在于其各自计提的依据不同，前者以国家的法律法规为依据；后者以金融企业的权力机构自行决定。

金融企业提取的盈余公积经批准可用于弥补亏损、转增资本、发放现金股利或利润等。

（一）提取法定盈余公积

金融企业按规定提取法定盈余公积时，借记"利润分配"科目，贷记"盈余公积"科目。其会计分录为：

借：利润分配——提取法定盈余公积
　　　　　　——提取任意盈余公积
　　贷：盈余公积——法定盈余公积
　　　　　　——任意盈余公积

（二）盈余公积补亏

以盈余公积补亏时，借记"盈余公积"科目，贷记"利润分配"科目。其会计分录为：

借：盈余公积
　　贷：利润分配——盈余公积补亏

（三）盈余公积转增实收资本

以盈余公积转增实收资本时，借记"盈余公积"科目，贷记"实收资本"科目。其会计分录为：

借：盈余公积
　　贷：实收资本（或股本）

（四）以盈余公积发放现金股利或利润

以盈余公积发放现金股利或利润时，宣告分派股利的会计分录为：

借：盈余公积
　　贷：应付股利
支付股利时，会计分录为：
借：应付股利
　　贷：存放中央银行款项等科目

四、未分配利润

未分配利润是金融企业留待以后年度进行分配的结存利润，其属于所有者权益的组成部分。

年度终了，金融企业将各财务收入，财务支出科目的余额通过"本年利润"科目结转出当年的净利润，再将"本年利润"科目余额转入"利润分配——未分配利润"科目。在按规定做了各种分配后，将"利润分配"科目其他各账户的余额转入"未分配利润"账户。结转后，"未分配利润"账户的贷方余额为未分配利润，如出现借方余额，则表示为未弥补亏损。

拓展阅读

资本公积与实收资本（或股本）、留存收益的区别

1. 资本公积与实收资本（或股本）的区别

在所有者权益中，资本公积与实收资本的区别主要表现在以下几个方面。

（1）从来源和性质看，实收资本（或股本）是指投资者按照公司章程或合同、协议的约定，实际投入银行并依法进行注册的资本，它体现了银行所有者对银行的基本产权关系；资本公积是投资者的出资中超出其在注册资本中所占份额的部分，以及直接计入所有者权益的利得和损失，它不直接表明所有者对银行的基本产权关系。

（2）从用途看，实收资本的构成比例是确定所有者参与银行生产经营决策的基础，也是银行进行利润分配或股权分配的依据，同时还是银行清算时确定所有者对净资产的要求权的依据；资本公积的用途主要是用来转增资本。资本公积不体现各所有者的占有比例，也不能作为所有者参与银行财务经营决策或进行利润分配的依据。

2. 资本公积与留存收益的区别

留存收益是银行从历年实现的利润中提取或形成的留存于银行的内部积累，来源于银行经营活动实现的利润；资本公积的来源不是银行实现的利润，而主要来自资本溢价等。

（资料来源：2013 初级会计实务）

任务二　损益的核算

金融企业在办理各项资产、负债及中间业务的过程中，必然会发生各种经济利益的流入和流出，从而形成金融企业的收入和支出，这些即构成了金融企业损益的主要内容。

一、收入的核算

（一）收入的概念

收入是指金融企业在日常活动中形成的、会导致所有者权益增加的、与所有者投入资本无关的经济利益的总流入。

金融企业的收入主要是指金融企业让渡资产使用权、提供金融产品服务所取得的各项收入，主要包括利息收入、手续费收入、投资收益、公允价值变动收益、汇总收益和其他业务收入。金融企业的收入不包括为第三方或客户代收的款项，如代垫工本费、代电信部门收取的电话费、代收的水电费。

（二）收入的确认

收入的确认是明确收入入账时间的问题。金融企业应当根据收入的性质，按照收入确认的条件，合理确认和计量各项收入。金融企业通过让渡资产使用权、提供金融产品服务取得的收入同时满足下列条件的，才能予以确认：第一，与交易相关的经济利益能够流入金融企业；第二，收入的金额能够可靠计量。

（三）收入的核算

1. 利息收入

（1）利息收入的内容。

利息收入是指金融企业根据收入推测确认的收入，包括发放各类贷款（银团贷款、贸易融资、贴现和转贴现融出资金、协议透支、信用卡透支、转贷款和垫款等）与其他金融机构之间发生资金往来业务、买入返售金融资产等实现的利息收入等。利息收入应按照他人使用本金融企业货币资金的时间和实际利率计算确定。

利息收入在银行营业收入中占有较大比重，应通过"利息收入"科目予以核算。本科目应按照业务类别进行明细核算。

（2）利息收入的核算。

资产负债表日，银行应按照合同利率计算确定的应收未收利息，借记"应收利息"科目；按摊余成本和实际利率计算确定的利息收入，贷记"利息收入"科目；按其差额，借记或贷记"贷款——利息调整"等科目。其会计分录如下：

借：应收利息

　　贷：利息收入

期末，应将"利息收入"科目余额转入"本年利润"科目，结转后"利息收入"科目无余额。其会计分录如下：

借：利息收入

　　贷：本年利润

2. 手续费收入

（1）手续费收入。

手续费收入是指金融企业根据收入准则确认的手续费及佣金收入，包括结算业务、咨询业务、担保业务、代保管等代理业务以及办理受托贷款以及投资业务等取得的手续费及佣金，如结算手续费收入、佣金收入、业务代办手续费、基金托管收入、资讯服务收入、担保收入、受托贷款手续费收入，代保管收入、代理买卖证券、代理兑付证券、代理保管证券和代理保险业务等代理业务以及其他相关服务实现的手续费收入等。

金融企业应设置"手续费收入"科目进行核算。本科目可按手续费及佣金收入类别进行明细核算。

（2）手续费及佣金收入的核算。

金融企业确认的手续费及佣金收入，按应收金额，借记"应收账款""代理承销证券款"等科目，贷记"手续费收入"科目。其会计分录为：

借：应收账款（或代理承销证券款）

　　贷：手续费收入

实际收到手续费收入时，其会计分录为：

借：库存现金（或吸收存款、存款中央银行款项）

　　贷：应收账款（或代理承销证券款）

期末，应将"手续费收入"科目余额转入"本年利润"科目，结转后"手续费收入"科目无余额。其会计分录为：

借：手续费收入

　　贷：本年利润

3. 投资收益、公允价值变动损益

（1）投资收益。

"投资收益"属损益类科目，本科目核算金融企业确认的投资收益或投资损失，本科目按项目进行明细核算，具体会计分录如下：

借：长期股权投资等科目

　　贷：投资收益

（2）公允价值变动损益。

"公允价值变动损益"属损益类科目，本科目核算金融企业因投资交易性金融资产、交易性金融负债，已经采用公允价值模式计量的衍生工具、套期保值业务等公允变动形式的应计入当期损益的利得或损失。本科目可按项目进行明细核算。

①交易性金融资产的核算。在资产负债表日，若发生交易性金融资产的公允价值高于其账面余额的差额时，则其会计分录为：

借：交易性金融资产——公允价值变动

　　贷：公允价值变动损益

反之，做相反的会计分录。

借：公允价值变动损益

　　贷：交易性金融资产——公允价值变动

②交易性金融负债的核算。在资产负债表日，若出现交易性金融负债的公允价值高于其账面余额的差额时，则其会计分录为：

借：公允价值变动损益

　　贷：交易性金融负债——公允价值变动

若出现公允价值低于其账面价值的差额，则做相反的会计分录。

4. 汇兑损益

汇兑损益是指金融企业发生的外币交易因汇率变动而产生的损益。金融企业应设置"汇兑损益"科目。

采用统账制核算的，各外部性项目的外币期末余额，应当按照期末汇率折算为记账本位币金额，按照期末汇率折算的记账本位币金额与原账面记账本位币金额之间的差额，如为汇兑收益，借记有关科目，贷记"汇兑损益"科目；如为汇兑损失，则做相反的会计分录。

采用分账制核算的，期末将所有以外币表示的"外汇买卖"科目余额按期末汇率折算为记账本位币金额，折算后的记账本位币金额与"外汇买卖——记账本位币"科目余额进行比较，为贷方差额的，借记"外汇买卖——记账本位币"科目，贷记"汇兑损益"科目；如为借方差额的，则做相反会计分录。

期末，将"汇兑损益"科目的余额转入"本年利润"科目，结转后"汇兑损益"科目应无余额。

5. 其他业务收入

其他业务收入是指金融企业根据收入准则确认的除主营业务收入以外的其他经营业务活动实现的收入，包括出租固定资产、出租无形资产、出租包装物和商品、销售材料、用材料进行非货币性交换或债务重组等实现的收入。

金融企业应设置"其他业务收入"科目。金融企业取得各项其他业务收入时，借记"库存现金"科目、"存放中央银行款项""银行存款"等科目，贷记"其他业务收入"科目。期末，应将"其他业务收入"科目余额转入"本年利润"科目，结转后"其他业务收入"科目应无余额。

二、费用的核算

（一）费用的概念

费用是指金融企业在日常活动中发生的、会导致所有者权益减少的，与向所有者分配利润无关的经济利益的总流出。

金融企业费用主要是由营业支出和营业外支出、营业税金及附加三部分组成。营业支出是指金融企业在业务经营过程中发生的与金融企业业务经营有关的支出，包括利息支出、手续费及佣金支出、提取未到期责任准备金、提取的保险责任准备金、赔付支出等。营业外支出是指金融企业发生的与其经营活动无直接关系的各项净支出，包括处置非流动资产损失、非货币性资产交换损失、债务重组损失、罚款损失、捐赠支出、非常损失等。营业税金及附加是指金融企业在经营活动中发生的营业税、消费税、城市维护建设税、资源税和教育费附加等相关税费。

（二）费用的核算

1. 利息支出的核算

利息支出在金融企业营业支出中占有极大的比重，应通过"利息支出"科目予以核算。本科目可按照利息支出项目进行明细核算。

发生利息支出时，会计分录为：

借：利息支出——××利息支出户

　　贷：库存现金或吸收存款——××活期存款——××户

预提应付利息时，金融企业在资产负债表日，利息支出的核算应按摊余成本和实际利率计算确定的利息费用金额，借记"利息支出"科目；按合同利率计算确定的应付未付利息，贷记"应付利息"等科目；按其差额，借记或贷记"吸收存款——溢/折价"或库存现金等科目。其会计分录为：

借：利息支出——××利息支出户

　　贷：应付利息

　　　　吸收存款——溢价

或　借：利息支出——××利息支出户

　　　吸收存款——折价

　　　贷：应付利息

实际支付已预提的应付利息时，会计分录为：

借：应付利息

　　贷：库存现金或吸收存款——××活期存款——××户

　　期末结转利润时，应将"利息支出"科目余额转入"本年利润"科目，结转后"利息支出"科目无余额。其会计分录为：

　　借：本年利润
　　　　贷：利息支出——××利息支出户

2. 手续费支出的核算

　　手续费支出是指金融企业委托其他单位办理存款、结算等业务时所发生的手续费、佣金等支出。

　　金融企业应设置"手续费支出"科目进行核算。该科目属于损益类科目，本科目可按支出类别进行明细核算。

　　金融企业发生的与其经营活动相关的手续费、佣金等支出，借记"手续费支出"科目，贷记"库存现金""存放中央银行款项"和"存放同业"等科目。

　　发生手续费支出时，会计分录为：

　　借：手续费支出——××手续费支出户
　　　　贷：库存现金等科目

　　期末，应将"手续费支出"科目余额转入"本年利润"科目，结转后"手续费支出"科目应无余额。其会计分录为：

　　借：本年利润
　　　　贷：手续费支出——××手续费支出户

3. 营业税金及附加的核算

　　营业税金及附加主要核算金融企业经营活动中发生的营业税、城市维护建设税、教育费附加等相关税费；与投资房地产相关的房产税、土地使用税也在本科目核算。

　　发生相关税费时，借记"营业税金及附加"科目，贷记"应交税费"科目。其会计分录为：

　　借：营业税金及附加
　　　　贷：应交税费——应交营业税户
　　　　　　　　——应交城市维护建设税户
　　　　　　　　——教育费附加户

　　金融企业实际缴纳营业税及附加时，会计分录为：

　　借：应交税费——应交营业税户
　　　　　　——应交城市维护建设税户
　　　　　　——教育费附加户
　　　　贷：存放中央银行款项等科目

　　期末，应将"营业税金及附加"科目余额转入"本年利润"科目，结转后"营业税金及附加"科目无余额。其会计分录为：

　　借：本年利润
　　　　贷：营业税金及附加

4. 业务及管理费的核算

　　业务及管理费是指金融企业在业务经营和管理过程中发生的各项费用，主要包括折旧费、业务宣传费、业务招待费、电子设备运转费、钱币运送费、安全防范费、劳动保护费、外事费、印刷费、职工工资费、职工教育经费、工会经费、差旅费、水电费、工作经费、会议费、诉讼费、公证费、咨询费、取暖降温费、绿化费、财产保险费、劳动保险费和物业管理费等。

金融企业应通过设置"业务及管理费用"科目，核算业务及管理费的发生和结转情况。该科目借方登记金融企业发生的各项业务及管理费用，贷方记期末转入"本年利润"科目的业务及管理费用，结转后"业务及管理费用"科目应无余额。该科目可按业务及管理费项目进行明细核算。

发生各项费用时，会计分录为：

借：业务及管理费用

　　贷：库存现金（应付工资、应付税金、其他应付款等科目）

期末结转时，会计分录为：

借：本年利润

　　贷：业务及管理费用

5. 资产减值损失的核算

金融企业应根据资产减值等准则计提各项资产减值准备，包括贷款损失准备、坏账准备、长期股权减值准备、持有至到期投资减值准备、可供出售金融资产减值准备、固定资产减值准备和无形资产减值准备等。对资产减值损失，金融企业设置"资产减值损失"科目，并可按资产减值损失的项目进行明细核算。期末，应将"资产减值损失"科目余额转入"本年利润"科目，结转后"资产减值损失"科目无余额。

6. 营业外支出的核算

金融企业设置"营业外支出"科目。该科目属于损益类科目，按照支出明细项目进行明细核算。发生各项营业外支出时，借记本科目，贷记"库存现金"等科目。期末结转利润时，借记"本年利润"科目，贷记本科目。余额平时在借方，结转后，本科目应无余额。

任务三　利润及利润分配的核算

一、利润的构成

利润是金融企业在一定会计期间的经营成果。利润包括收入减去费用后的净额、直接计入当期利润的利得和损失等。利润有营业利润、利润总额和净利润。

利润相关计算公式如下。

（一）营业利润

$$营业利润＝营业收入－营业成本－业务及管理费用＋公允价值$$
$$变动净收益＋投资净收益＋汇兑净收益$$

公允价值变动损益（或损失）是指金融企业交易性金融资产等公允价值变动形成的应计入当期损益的利得。投资收益是指金融企业以各种方式对外投资所取得的收益。

（二）利润总额

$$利润总额＝营业利润－营业外税金及附加＋营业外收入－营业外支出$$

营业外收入是金融企业发生的与其日常活动无直接关系的各项利得。

营业外支出是金融企业发生的与其日常活动无直接关系的各项损失。

（三）净利润

$$净利润＝利润总额－资产减值损失－所得税费用$$

二、所得税费用的核算

所得税费用是指金融企业确认的应从当期利润总额中扣除的所得税费用。在计算确定当期所得税以及递延所得税费用的基础上，应将两者之和确认为利润表中的所得税费用。公式为：

$$所得税费用＝当期所得税费用＋递延所得税费用－递延所得税收益$$
$$递延所得税费用＝递延所得税负债增加额＋递延所得税资产减少额$$
$$递延所得税收益＝递延所得税负债减少额＋递延所得税资产增加额$$

（一）当期所得税费的计算

应纳所得税是在金融企业税前会计利润的基础上调整确定的。计算公式为：

应纳所得税额＝税前会计利润＋纳税调整增加额纳税调整减少额

纳税调整增加额主要包括税法规定允许扣除项目中，金融企业已计入当期费用但超过税法规定扣除标准的金额以及金融企业已计入当期损失但税法规定不允许扣除项目的金额。

纳税调整减少额主要包括按税法规定允许弥补的亏损和准予免税的项目，如前五年内的未弥补亏损和国债利息收入等。

金融企业当期损益的计算公式为：

$$应交所得税＝应纳税所得额×所得税税率$$

（二）所得税费用的核算

金融企业应当设置"所得税费用"科目，核算金融企业确认的应当从当期利润中扣除的所得税费用。

（1）资产负债表日，金融企业按照税法规定计算确定的当期应缴所得税，借记"所得税费用"科目，贷记"应交税费——应交所得税"科目。其会计分录为：

借：所得税费用

  贷：应交税费——应交所得税

（2）在确认相关资产、负债时，根据所得税准则确认的递延所得税资产，会计分录为：

借：递延所得税资产

  贷：所得税费用——递延所得税费用（或资本公积——其他资本公积）等科目

根据所得税准则确认的递延所得税负债，会计分录为：

借：所得税费用——递延所得税费用（或资本公积——其他资本公积）等科目

  贷：递延所得税负债

（3）资产负债表日，根据所得税准则确认的递延所得税资产，会计分录如下。

若变动大于"递延所得税资产"科目余额的差额时：

借：递延所得税资产

  贷：所得税费用——递延所得税费用（或资本公积——其他资本公积）等科目

若变动小于"递延所得税资产"科目余额的差额时，做相反的会计分录。

（4）资产负债表日，根据所得税准则确认的递延所得税负债，会计分录为：

若变动大于"递延所得税负债"科目余额的差额时：

借：所得税费用——递延所得税费用（或资本公积——其他资本公积）等科目

　　贷：递延所得税负债

若变动小于"递延所得税负债"科目余额的差额时，做相反会计分录。

（5）期末，应将"所得税费用"科目余额转入"本年利润"科目，结转后"所得税费用"科目无余额。其会计分录为：

借：本年利润

　　贷：所得税费用

三、本年利润的核算

金融企业实现的利润净额或亏损一律通过"本年利润"科目进行核算，期末，应将各损益收入科目余额转入"本年利润"科目的贷方；各损益支出科目余额转入"本年利润"科目的借方，结平各损益类科目。其会计分录为：

借：利息收入

　　手续费及佣金收入

　　投资收益

　　公允价值变动损益

　　汇兑损益

　　其他业务收入

　　营业外收入

　　保费收入

　　租赁收入

　　…………

　　贷：本年利润

借：本年利润

　　贷：利息支出

　　　　手续费及佣金支出

　　　　营业税金及附加

　　　　业务及管理费用

　　　　资产减值损失

　　　　其他业务成本

　　　　营业外支出

　　　　所得税费用

　　　　提取未到期责任保险金

　　　　退保金

　　　　保户红利支出

　　　　赔付支出

　　　　提取保险责任准备金

　　　　…………

年度终了，应将本年收入和支出相抵后结出的本年实现的利润，转入"利润分配"科目，借记"本年利润"科目，贷记"利润分配——未分配利润"科目。其会计分录为：

借：本年利润

　　贷：利润分配——未分配利润——未分配利润户

如为净亏损则做相反的会计分录。结转后"本年利润"科目应无余额。

四、利润分配的核算

利润分配是指金融企业实现的利润总额，按照有关法规和投资协议所确认的比例，在国家、金融企业和投资者之间进行的分配。

（一）利润分配的顺序

（1）金融企业成本和营业外支出中无法列支的有关惩罚性或赞助性支出，包括被没收的财物损失、延期缴纳各项税款的滞纳金和罚款、少交或迟交中央银行准备金的罚息等。

（2）金融企业亏损。

如果金融企业在五年限期不能使用税前利润弥补完的部分，可用税后利润进行弥补，金融企业历年提取的法定盈余公积金和任意盈余公积金也可以用于弥补亏损。

（3）法定盈余公积金。

按照税后净利润的 10% 提取，当提取的法定盈余公积金累计额为金融企业注册资本的 50% 以上时，可以不再提取法定盈余公积金。法定盈余公积金可用于弥补亏损，也可以转增资本金，但法定盈余公积金弥补亏损和转增资本金后的余额，不得低于注册资本的 25%。

（4）一般风险准备。

金融企业按规定可按风险资产总额的一定比例从税后利润中提取一般风险准备。

（5）任意盈余公积。

公司制金融企业可根据股东大会的决议提取任意盈余公积。非公司制金融企业经类似权力机构批准，也可提取任意盈余公积。

（6）投资者分配利润或股利。

（7）未分配利润。

未分配利润可留待以后年度进行分配。金融企业未分配利润应当在资产负债表的所有者权益项目中单独反映。

（二）利润分配的核算

1. 盈余公积金

金融企业从税后利润中提取盈余公积时，其会计分录为：

借：利润分配——提取法定盈余公积金户

　　贷：盈余公积——盈余公积户

2. 盈余公积金弥补亏损

金融企业用盈余公积弥补亏损时，其会计分录为：

借：盈余公积

　　贷：利润分配——盈余公积补亏户

3. 提取一般风险准备

金融企业按规定提取一般风险准备时，其会计分录为：

借：利润分配——提取风险准备户

　　　　贷：一般风险准备

4. 向投资者分配利润

金融企业实现的净利润，在提取了盈余公积金、一般风险准备金后，剩余的利润可作为投资者的收益，按投资的比例分配给投资者。其会计分录为：

　　借：利润分配——应付优先股（普通股）股利户
　　　　贷：应付利润

5. 结转利润分配

将"利润分配"科目所属其他明细分类科目余额转入"利润分配——未分配利润"科目。其会计分录为：

　　借：利润分配——未分配利润户
　　　　贷：利润分配——提取法定盈余公积户
　　　　　　　　——提取风险准备户
　　　　　　　　——应付优先股（普通股）股利户
　　　　　　　　——提取法定公益金户
　　　　　　……………

结转后，"利润分配"科目除"未分配利润"明细科目外，其他明细科目应无余额。"利润分配——未分配利润"科目如果是贷方余额则为留存，可作为下年初的未分配利润；如是借方余额，则为下年初的未弥补亏损。

ⅱ》课后实训

农业银行焦作某支行 12 月份发生下列业务，请根据资料逐笔做出会计分录。

1. 收入业务核算

（1）12 月 20 日，短期贷款计息余额表上各企业的本季度累计积数分别为 A 商厦 253 256 320 元、B 公司 141 063 000 元、C 超市 56 023 000 元，利率 5.64%，计算并收取本季度的贷款利息。

（2）12 月 21 日，收到人民银行划来存款准备金利息 23 560 元。

（3）12 月 22 日，从各开户单位的存款账户中收取转账结算手续费，A 商厦 264 元、B 公司 368 元、C 超市 160 元。

（4）12 月 30 日，经批准，将处置固定资产的净收入 2 560 元转作为收益。

（5）12 月 31 日，外汇买卖美元账户平仓，结转收益 5 210 元。

（6）12 月 31 日，将各收入类账户余额结转至本年利润账户。其中：贷款利息收入 3 185 000 元、手续费收入 160 230 元、金融机构往来利息收入 285 620 元、汇兑收益 63 120 元、营业外收入 8 360 元。

2. 费用、成本业务核算

（1）12 月 1 日，定期储蓄一年期存款 10，11，12 月初的余额分别是 2 600 万元、2 500 万元、2 550 万元，年利率 2.79%；二年期存款 10，11，12 月初的余额分别是 600 万元、500 万元、610 万元，年利率 3.33%；三年期存款 10，11，12 月初的余额分别是 200 万元、210 万元、230 万元，年利率 3.96%；五年期存款 10，11，12 月初的余额分别是 160 万元、

155 万元、156 万元，年利率 4.41%。计提本季度应付利息。

(2) 12 月 2 日，以现金支付业务招待费 580 元。

(3) 12 月 4 日，开出转账支票支付本月房屋租赁费 12 000 元。

(4) 12 月 8 日，开出转账支票支付财产保险费 15 320 元。

(5) 12 月 10 日，发放本月份职工工资 128 000 元，转入职工个人储蓄账户。

(6) 12 月 12 日，签发两张转账支票，计 50 460 元，分别支付职工住房公积金 30 140 元和养老保险金 20 320 元。

(7) 12 月 25 日，计提本月固定资产折旧费 162 000 元。

(8) 12 月 25 日，分配本月职工工资 128 000 元。

(9) 12 月 25 日，向中央银行支付异地转汇结算手续费 5 320 元。

(10) 12 月 31 日，外汇买卖港元账户平仓结转损失 2 580 元。

(11) 12 月 31 日，将各费用、成本账户结转至"本年利润"账户，其中存款利息支出 1 052 320 元、金融机构往来利息支出 54 830 元、手续费支出 7 580 元、营业费用 1 256 890 元。

3. 税金和利润业务。

(1) 本月营业收入总额 1 642 000 元，按 5% 的税率计算本月份营业税金，按营业税金的 7% 计算本月城市维护建设税，按营业税金 3% 计算本月的教育费附加，同时结转到"本年利润"账户。

(2) 12 月 31 日，计算出利润总额 1 823 600 元，按 33% 税率计算本月应纳所得税额，并结转到"本年利润"账户。

(3) 12 月 31 日，将"本年利润"账户余额 1 221 800 结转到"利润分配——未分配利润"账户。

(4) 12 月 31 日，将"利润分配——法定盈余公积金"账户的 122 180 元、"利润分配——任意盈余公积金"账户的 97 700 元、"利润分配——法定公益金"账户的 61 000 元、"利润分配——应付股利"账户的 700 000 元，转入"利润分配——未分配利润"账户，并求出未分配利润数。

项目十四　财务会计报表

1. 掌握金融企业主要会计报表的编制方法；
2. 能够对金融企业的会计报表进行分析。

案例导入 ///

2014 年年初，中国银行公布了 2013 年利润表，其中营业收入 40 750 800 万元，营业支出 19 531 700 万元，营业利润 21 219 100 万元，利润总额 21 277 700 万元等。

思考： 如何编制利润表？

任务一　财务会计报表概述

一、账务报表组成

年度财务报告是综合反映金融企业全年财务报告、经营成果和现金流量的书面文件，是会计核算工作的结果，是金融企业经营活动的定期总结。金融企业的年度财务报表包括四张报表和一个附注，即资产负债表、利润表、现金流量表、所有者权益（或股东权益）变动表和附注。

二、财务报表编制的基本要求

（一）全面完整

财务报表必须按照国家规定的报表种类、格式和内容填报，不得漏填漏报。每份财务报表应填列的内容，无论是表内项目，还是报表附注资料，都应填列齐全。对于汇总财务报表和合并财务报表，应按项目分别进行汇总或扣除，不得遗漏。

（二）真实可靠

真实可靠是指财务报表与报表编制银行真实客观的财务状况、经营成果和现金流量相吻合。为了保证报表内各项数字的真实可靠，必须做到账证相符、账账相符、账实相符。在财务报表编制完毕后，必须认真复核，进一步核对数字是否相符，不同报表中统一指标的数字是否相符，以保证财务报表数字的真实性。向不同的会计资料使用者提供的财务报表的编制依据应当一致。

（三）相关可比

各种财务报表中报表项目的金额主要来自于日常的账簿记录，但这并不完全是账簿数字的简单转抄。财务报表中有些项目都是需要根据有关账户余额进行分析、计算才能加以填列的，而且报表项目之间也存在着一定的数量钩稽关系。所以，对于这些需要计算填列的项目，必须根据会计准则中规定的计算口径、计算方法进行计算填列，不得任意删减和增加，以保证银行本期会计数据与上期会计数据相互可比，本金融企业的会计数据与其他金融企业的会计数据相互可比，以满足投资者及会计信息使用者的决策需要。

（四）编报及时

编报及时是指金融企业应按规定的时间和程序编制财务报表，及时逐级汇总，以便报表的使用者能够及时、有效地利用财务报表资料。财务报表必须向各信息使用者提供于经济决策有用的会计信息，而经济决策又具有强烈的时间性，因此，财务报表提供的会计信息要满足有用性的质量标准，必须具有及时性。也就是说，有用的信息必须及时。

（五）便于理解

金融企业对外提供的财务报表是为广大使用者提供银行过去、现在和未来的有关资料，为金融企业当前或潜在的投资者和债权人等信息使用者提供决策所需的会计信息，因此，编制的会计报表应当清晰明了，便于使用。

任务二　财务会计报表的编制

一、资产负债表

资产负债表是反映金融企业在某一特定日期财务状况的报表，它主要是反映资产、负债和所有者权益三个方面的内容，并满足"资产＝负债＋所有者权益"平衡式。

（一）资产负债表达格式

金融企业采用账户式结构的资产负债表，表的左边列示资产项目，右边列示负债和所有者权益项目，只管体现"资产＝负债＋所有者权益"这一平衡公式。左边资产项目，大体按资产的流动性大小排列，右边负债及所有者权益项目，一般按要求清偿时间的先后顺序排列。金融企业资产负债表的具体格式见表14-1。

表 14-1 资产负债表

制表单位　　　　　　　　　　　年　月　日　　　　　　　　　　　　单位：元

资产	期初余额	期末余额	负债和所有者权益	期初余额	期末余额
资产：			负债：		
现金及存放中央银行款项			向中央银行借款		
存放同业款项			同业及其他金融机构存放款项		
贵金属			拆入资金		
拆出资金			交易性金融负债		
交易性金融资产			衍生金融负债		
衍生金融资产			卖出回购金融资产款		
买入返售金融资产			吸收存款		
应收利息			应付职工薪酬		
发放贷款和垫款			应交税费		
可供出售金融资产			应付利息		
持有至到期投资			预计负债		
长期股权投资			应付债券		
投资性房地产			递延所得税负债		
固定资产			其他负债		
无形资产			负债合计		
递延所得税资产			所有者权益（或股东权益）		
其他资产			实收资本（或股本）		
			资本公积		
			减：库存股		
			盈余公积		
			一般风险准备		
			未分配利润		
			所有者权益（或股东权益）合计		
资产总计			负债和所有者权益（或股东权益）总计		

会计主管：　　　　　　　　　复核：　　　　　　　　　　制表：

（二）资产负债表的编制方法

资产负债表各项目均需填列"年初余额"和"期末余额"两栏。其中，"年初余额"栏内各项数字，应根据上年末资产负债表的"期末余额"栏内所列数字填列。本表各项目的内容和填列方法如下：

（1）"现金及存放中央银行款项"项目，反映商业银行的库存现金及存放于中国人民银行的各种款项，包括业务资金的调拨、办理同城票据交换和异地跨系统资金汇划、提取或缴存现金等。商业银行按规定缴存的法定准备金和超额准备金存款、农信社"专项中行票据"也在该项目列示。应根据"库存现金"和"存放中央银行款项"科目的期末余额的合计数填列。

（2）"存放同业款项"项目，反映商业银行存放于境内外其他金融机构的各种款项。

（3）"贵金属"项目，反映商业银行持有的黄金、白银等贵重金属存货的成本，商业银行为上市交易而持有的贵金属也在此项目填列。

（4）"拆出资金"项目，反映商业银行拆借给境内、境外其他金融机构的款项。

（5）"交易性金融资产"项目，反映金融企业持有的以公允价值计量，且其变动计入当期损益的以交易为目的所持有的债券投资、股票投资、基金投资和权证投资等金融资产，但衍生金融资产除外。

（6）"衍生金融资产"项目，反映金融企业期末持有的衍生工具、套期工具、被套期项目中属于衍生金融资产的金额，应根据"衍生工具""套期工具"等科目的期末余额分析计算填列。

（7）"买入返售金融资产"项目，反映按照返售协议约定先买入再按固定价格返售的票据、证券、贷款等金融资产所融出资金。

（8）"应收利息"项目，反映金融企业交易性金融资产、持有至到期投资、可供出售金融资产、发放贷款、存放中央银行款项、拆出资金、买入返售金融资产等应收取的利息。

（9）"发放贷款和垫款"项目，反映商业银行发放的贷款和贴现资产扣减贷款损失准备期末余额后的金额。

（10）"可供出售金融资产"项目，反映金融企业持有的以公允价值计量的可供出售股票投资、债券投资等金融资产。本项目应根据"可供出售金融资产"科目的期末余额减去"可供出售金融资产减值准备"科目期末余额后的金额填列。

（11）"持有至到期投资"项目，反映金融企业到期日固定、回收金额固定或可确定、且金融企业有明确意图和能力持有至到期的非衍生金融资产。本项目应根据"持有至到期投资"科目的期末余额减去"持有至到期投资减值准备"科目期末余额后的金额填列。

（12）"长期股权投资"项目，反映金融企业持有的对子公司、联营企业和合营企业的长期股权投资。本项目应根据"长期股权投资"科目的期末余额减去"长期股权投资减值准备"科目期末余额的金额填列。

（13）"投资型房地产"项目，反映金融企业持有的投资型房地产。金融企业采用成本模式计量投资型房地产的，本项目应根据"投资型房地产"科目的期末余额减去"投资型房地产累计折旧（摊销）"和"投资型房地产减值准备"科目余额后的金额填列，采用公允价值计量投资型房地产的，本项目应根据"投资型房地产"科目的期末余额填列。

（14）"固定资产"项目，反映金融企业持有固定资产的账面余额扣减累计折旧、减值准备后的账面价值。

（15）"无形资产"项目，反映金融企业持有无形资产的成本，包括专利权、非专利技术、商标权、著作权、土地使用权等，扣减累计摊销、无形资产减值准备后的账面价值。

（16）"递延所得税资产"项目，反映金融企业确认的可抵扣暂时性差异产生的递延所得税资产。

(17)"其他资产"项目，反映除以上资产以外的其他资产。主要包括应收股利、存出保证金、融资租赁租方的"长期应收款"扣减累计减值准备、未实现融资收益后的净额以及其他未列示的资产。

(18)"向中央银行借款"项目，反映银行向中国人民银行借入的款项；农信社"央行拨付专项票据资产"也在该项目中反映。

(19)"同业及其他金融机构存放款项"项目，反映银行吸收的境内、境外金融机构的存款。

(20)"拆入资金"项目，反映从境内、境外金融机构拆入的款项。

(21)"交易性金融负债"项目，反映金融企业承担的以公允价值计量且其变动计入当期损益的以交易为目的所持有的金融负债，但衍生金融负债除外。

(22)"衍生金融负债"项目，反映衍生工具、套期项目、被套期项目中属于衍生金融负债的金额，应根据"衍生工具""套期项目""被套期项目"等科目的期末贷方余额分析计算填列。本项目本年年初数应以负债年初的公允价值填列，同时调整年初留存收益等。

(23)"卖出回购金融资产款"项目，反映金融企业吸收的除同业存放款项以外的其他各种存款，包括单位存款（企业、事业单位、机关和社会团体等）、个人存款、信用卡存款、特种存款、转贷款资金和财政性存款等，企业收到的存入保证金也在本项目填列。

(24)"吸收存款"项目，反映银行吸收的除同业存放款项以外的其他各种存款。企业收到的存入保证金也包括在内。

(25)"应付职工薪酬"项目，反映金融企业根据有关规定应付给职工的各种薪酬。

(26)"应交税费"项目，反映金融企业按照税法规定计算的应缴纳的各种税费。包括增值税、消费税、营业税、所得税、资源税、土地增值税、城市维护建设税、房产税、土地使用税、车船税、教育费附加、矿产资源补偿。金融企业代扣代缴的个人所得税等也通过本项目反映。

(27)"应付利息"项目，金融企业按照合同约定应支付的利息，包括吸收存款、分期付息到期还本的长期借款、企业债券等应支付的利息。金融企业发行的一次还本付息债券的利息费用在"应付债券"项目列示。

(28)"预计负债"项目，反映银行确认的对外提供担保、未决诉讼、产品质量保证、重组义务和亏损性合同等预计负债。

(29)"应付债券"项目，反映银行为筹集（长期）资金而发行债券的本金和利息。本项目应根据"应付债券"科目的期末余额填列。

(30)"递延所得税负债"项目，反映金融企业确认的应纳税暂时性差异产生的所得税负债。

(31)"其他负债"项目，反映金融企业除以上负债以外的其他负债。

(32)"实收资本"项目，反映金融企业接受投资者投入的实收资本。其中，"国有资本"和"外商资本"单独列示。对于上市金融企业，已公开发行且在市场上流通的股票，如果在披露时能明确界定为国有股或外商持有股份，应填列在"国有资本"或"外商资本"如果不能明确界定则不需填列。

（33）"资本公积"项目，反映金融企业收到投资者出资额超出其在注册资本或股本中所占份额的部分，直接计入所有者权益的利得和损失也在此项目填列。

（34）"库存股"项目，反映金融企业收购、转让或注销的本公司股份金额。

（35）"盈余公积"项目，反映金融企业从净利润中提取的一般风险准备。信托投资公司在税后提取的信托赔偿准备也在该项目中填列。

（36）"一般风险准备"项目，反映银行按规定从净利润中提取的一般风险准备。信托投资公司在税后提取的信托赔偿准备也在该项目中填列。

（37）"未分配利润"项目，反映尚未分配的利润，未弥补的亏损，在本项目内以"－"填列。

二、利润表

利润表是反映银行在一定会计期间经营成果的报表。

通过提供利润表，可以反映金融企业在一定会计期间收入、费用、利润（或亏损）的数额和构成情况，帮助财务报表使用者全面了解金融企业的经营成果，分析其获利能力及盈利增长趋势，从而为其做出经济决策提供依据。

（一）利润表的格式

我国商业银行的利润表采用多步式，它能充分揭示收支项目之间的增减关系，为使用者提供科学的数据结构。多步式利润表采用上下分布式结构，根据构成利润的主要内容分为营业收入、营业支出、营业利润、利润总额、净利润、每股收益几个大项目，各项目之间通过分布式的加减关系计算得出。政策性银行、信托投资公司、融资租赁公司、财务公司、典当公司应当执行商业银行利润表格式和附注的规定。商业银行利润表的具体格式见表 14-2。

表 14-2　利润表

制表单位　　　　　　　　　　年　　月　　日　　　　　　　　　　单位：元

项　　目	本期金额	上期金额
一、营业收入		
利息净收入		
利息收入		
利息支出		
手续费及佣金净收入		
手续费及佣金收入		
手续费及佣金支出		
投资收益（损失以"－"填列）		
其中：对联营企业和合营企业的投资收益		
公允价值变动收益（损失以"－"填列）		
汇兑损益（损失以"－"填列）		

（续表）

项　　目	本期金额	上期金额
其他业务收入		
二、营业支出		
营业税金及附加		
业务及管理费用		
资产减值损失		
其他业务支出		
三、营业利润（损失以"－"填列）		
加：营业外收入		
减：营业外支出		
四、利润总额（损失以"－"填列）		
减：所得税费用		
五、净利润（损失以"－"填列）		
六、每股收益：		
（一）基本每股收益		
（二）稀释每股收益		

会计主管：　　　　　　　　　　　复核：　　　　　　　　　　　　制表：

（二）利润表的编制方法

编制利润表时，应根据审查无误的会计账簿中的有关资料进行制表。表内各主要项目的内容和填列方法如下（其他项目比照企业利润表的列报方法处理）。

其中"本期余额"栏反映各项目的本期实际发生数。报表中各项目主要根据各损益类科目的发生额分析填列。具体填列方法如下：

（1）"营业收入"项目，反映"利息净收入""手续费及佣金净收入""投资收益""公允价值变动损益""汇总收益"和"其他业务收入"等项目的合计金额。

（2）"利息净收入"项目，反映"利息收入"项目金额减去"利息支出"项目金额后的金额。

（3）"利息收入"项目，反映商业银行经营存贷款业务等确认的利息收入，应依据"利息收入"的发生额分析填列。商业银行债券投资的利息收入，也可以在该项目反映。

（4）"利息支出"项目，反映商业银行经营存贷款业务等发生的利息支出，应依据"利息支出"等科目的发生额分析填列。商业银行发行债券的利息支出，也可以在该项目反映。

（5）"手续费及佣金净收入"项目，反映"手续费及佣金收入"项目余额减去"手续费及佣金支出"项目后的余额。

（6）"手续费及佣金收入"项目，反映商业银行确认的包括办理结算业务等在内的手续费、佣金收入，应根据"手续费及佣金收入"等科目的发生额分析填列。

（7）"手续费及佣金支出"项目，反映商业银行确认的包括办理结算业务等在内发生的手续费、佣金支出，应依据"手续费及佣金支出"等科目的发生额分析填列。

(8)"投资收益"项目，反映商业银行以各种方式对外投资取得的收益。本项目应根据"投资收益"科目的发生额分析填列。如为投资损失，本项目以"一"填列。其中，对联营单位和合营单位的投资收益应单独列示。

(9)"公允价值变动收益"项目，反映商业银行应计入当期损益的资产或负债公允价值的变动收益。本项目应根据"公允价值变动收益"科目的发生额分析填列，如为净损失，以"一"填列。

(10)"汇总收益"项目，反映商业银行外币货币项目因汇率变动形成的净收益，应根据"汇兑收益"科目的发生额分析填列，如为净损失，以"一"填列。

(11)"其他业务收入"反映商业银行确认的除主营业务活动以外的其他经营活动实现的收入，包括出租固定资产、出租无形资产等实现的收入。

(12)"营业支出"项目，反映"营业税金及附加""业务及管理费""资产减值损失"和"其他业务成本"等项目的金额合计。

(13)"营业税金及附加"项目，反映商业银行经营业务应负担的消费税、营业税、城市维护建设税、资源税和教育附加等。

(14)"业务及管理费"项目，反映商业银行在业务经营和管理过程中所发生的电子设备运转费、安全防范费、物业管理费等费用，应依据"业务及管理费"科目的发生额分析填列。

(15)"资产减值损失"项目，反映商业银行计提各项资产减值准备所形成的损失，或按规定提取的呆账准备金额，本项目如为恢复后转回的金额，以"一"填列。

(16)"其他业务成本"项目，反映商业银行除"营业税金及附加""业务及管理费"和"资产减值损失或呆账损失"之外的其他业务成本。

(17)"营业外收入"项目，反映商业银行发生的与经营业务无直接关系的各项收入，包括非流动资产处置利得、非货币性资产交换利得、债务重组利得、政府补助、盘盈利得、捐赠利得等。

(18)"营业外支出"项目，反映商业银行发生的与经营业务无直接关系的各项支出，包括非流动资产处置损失、非货币性资产交换损失、债务重组损失、公益性捐赠支出、非常损失和盘亏损失等。

(19)"所得税费用"项目，反映商业银行确认的应从当期利润总额中扣除的所得税费用。

(20)"净利润"项目，反映商业银行实现的净利润。

(21)"基本每股收益""稀释每股收益"项目，反映商业银行按照每股收益准则的规定计算的金额，本项目仅由普通股或潜在普通股、已公开交易的商业银行，以及正处于公开发行普通股或潜在普通股过程中的商业银行填报。

三、现金流量表

现金流量表是反映银行一定会计期间现金和现金等价物流入和流出的报表。

（一）现金流量表的格式

我国金融企业现金流量表采用报告式结构，分类反映经营活动产生的现金流量、投资活动产生的现金流量和筹资活动产生的现金流量，最后汇总反映金融企业某一期间现金及现金等价物的净增加额。以商业银行为例，其现金流量表格式见表 14-3。

（二）现金流量表的编制方法

金融企业应当根据本年有关会计明细账目及统计资料等分析填列。现金流量表反映金融企业经营活动、投资活动、筹资活动所产生的现金和现金等价物的流入和流出情况。现金流量表是以现金为基础编制的，分为主表和补充资料两个部分。主表是按金融企业不同业务活动对现金流量的影响不同，分别列示各类现金流入量、现金流出量和现金净流量。补充资料是对现金流量表信息的补充说明和验证，便于报表编制者对现金流量表制表过程的验算以及报表使用者对现金流量表信息的分析和理解。

表 14-3 现金流量表

制表单位　　　　　　　　　　　　年　月　日　　　　　　　　　　　单位：元

项　目	本期金额	上期金额
一、经营活动产生的现金流量		
客户存款和同业存放款项净增加额		
向中央银行借款净增加额		
向其他金融机构借款净增加额		
收取利息、手续费及佣金的现金		
收到其他与经营活动有关的现金		
经营活动现金流入小计		
客户贷款及垫款净增加额		
存放中央银行和同业款项净增加额		
支付手续费及佣金的现金		
支付给职工及为职工支付的现金		
支付的各种税费		
支付的其他与经营活动有关的现金		
经营活动流出现金小计		
经营活动产生的现金流量净额		
二、投资活动产生的现金流量		
收回投资收到的现金		
取得投资收益收到的现金		
收到其他与投资活动有关的现金		
投资活动现金流入小计		
投资支付的现金		
购建固定资产、无形资产和其他长期资产支付的现金		
支付其他与投资活动有关的现金		
投资活动现金流出小计		

（续表）

项　目	本期金额	上期金额
投资活动产生的现金流量净额		
三、筹资活动产生的现金流量		
吸收投资收到的现金		
发行债券收到的现金		
收到其他与筹资活动有关的现金		
筹资活动现金流入小计		
偿还债务支付的现金		
分配股利、利润或偿付利息支付的现金		
支付的其他与筹资活动有关的现金		
筹资活动现金流出小计		
筹资活动产生的现金流量净额		
四、汇率变动对现金的影响		
五、现金及现金等价物净增加额		
加：期初现金及现金等价物余额		
六、期末现金及现金等价物余额		

会计主管：　　　　　　　　复核：　　　　　　　　制表：

银行资产负债表和利润及利润分配表的编制。

1. 某银行 2013 年年底决算后，各相关科目的期末余额如表 14-4 所列，请根据表内数据编制 2013 年 12 月 31 日资产负债表。

表 14-4　某银行相关科目期末余额　　　　　　单位：万元

会　计　科　目	借　方	贷　方
库存现金	3 000	
银行存款	152	
存放中央银行准备金	2 753	
存放同业款项	626	
短期贷款	66 800	
应收账款	60	
其他应收款	30	
坏账准备	－4.5	
贴现资产	630	
短期投资	280	
中长期贷款	1 680	
逾期贷款	72	

（续表）

会 计 科 目	借　方	贷　方
呆滞贷款	42	
贷款呆账准备		580
固定资产	6 458	
累计折旧		242
无形资产	428	
活期存款		13 900
活期储蓄存款		11 300
定期存款		253
定期储蓄存款		8 960
同业存放款项		110
应付工资		28
应付福利费		3.9
实收资本		45 000
资本公积		2 150
盈余公积		236
未分配利润		243.6
合　　计	82 184.5	82 184.5

2. 某银行 2013 年 12 月份有关损益类账户发生额如表 14-5 所列，请根据表内数据编制 12 月份利润表。

表 14-5　某银行 2013 年 12 月份损益类账户发生额　　　　　单位：万元

会计科目	借方发生额	贷方发生额
利息收入		7 611 600
金融企业往来收入		928 600
手续费及佣金收入		600 00
汇兑收益		645 780
投资收益		9 440
其他营业收入		98 300
利息支出	4 452 300	
金融企业往来支出	652 300	
手续费及佣金支出	523 000	
营业费用	321 000	
其他营业支出	32 000	
营业税金及附加	834 500	
营业外收入		68 340
营业外支出	56 780	
所得税费用	1 013 179	

参 考 文 献

[1] 关新红. 新会计准则下金融企业会计实务 [M]. 北京：电子工业出版社，2012.

[2] 刘红英，乔秀. 银行会计项目化教程 [M]. 北京：冶金工业出版社，2011.

[3] 李光，陈新宁. 金融企业会计 [M]. 北京：清华大学出版社，2010.

[4] 张莲苓. 商业银行会计 [M]. 北京：中国财政经济出版社，2009.

[5] 楼雪婕. 金融会计实务 [M]. 北京：高等教育出版社，2006.

[6] 楼雪婕. 银行会计 [M]. 北京：化学工业出版社，2008.

[7] 王晓枫. 金融企业会计 [M]. 大连：东北财经大学出版社，2008.

[8] 贺瑛，钱红华. 银行会计 [M]. 上海：复旦大学出版社，2008.

[9] 岳龙. 银行会计 [M]. 北京：高等教育出版社，2009.

[10] 潘丽娟. 金融企业会计 [M]. 大连：大连出版社，2007.

[11] 王允平，李晓梅. 商业银行会计 [M]. 上海：立信会计出版社，2007.

[12] 王坚. 银行会计操作实务 [M]. 上海：立信会计出版社，2008.

[13] 志学红. 银行会计 [M]. 北京：中国人民大学出版社，2008.

[14] 郑健娜，刘海燕. 金融会计实训 [M]. 武汉：华中科技大学出版社，2007.

[15] 孙烨. 银行会计 [M]. 上海：上海财经大学出版社，2007.

[16] 财政部会计资格评价中心. 中级会计实务 [M]. 北京：经济科学出版社，2012.

[17] 潘丽娟. 银行会计实务 [M]. 北京：人民邮电出版社，2010.

[18] 张慧珏，莫桂青. 银行会计 [M]. 上海：上海财经大学出版社，2012.